城市轨道交通
轨道工程技术与应用

杨秀仁　等编著

中国建筑工业出版社

图书在版编目(CIP)数据

城市轨道交通轨道工程技术与应用/杨秀仁等编著. —北京:
中国建筑工业出版社,2015.12
ISBN 978-7-112-18982-3

Ⅰ.①城… Ⅱ.①杨… Ⅲ.①城市铁路-轨道(铁路)-工程
施工-研究 Ⅳ.①U239.5

中国版本图书馆 CIP 数据核字(2016)第 004996 号

　　本书以北京城建设计发展集团(UCD)在50余年轨道结构专业的关键技术创新成果
编写,其内容主要包括城市轨道交通的发展现状及轨道结构主要成果和技术的发展历程,
轨道结构设计,轨道结构动力性能和减振性能测试,轨道施工及维修,轨道结构研究成果
应用。
　　本书可供从事城市轨道交通工程设计、建设管理、施工、运营维修人员及高等院校师
生参考。

* * *

责任编辑:郦锁林　曾　威
责任校对:李欣慰　关　健

城市轨道交通
轨道工程技术与应用
杨秀仁　等编著

*

中国建筑工业出版社出版、发行(北京西郊百万庄)
各地新华书店、建筑书店经销
北京红光制版公司制版
北京圣夫亚美印刷有限公司印刷

*

开本:787×1092毫米　1/16　印张:23¾　字数:588千字
2016年7月第一版　2016年7月第一次印刷
定价:**70.00**元
ISBN 978-7-112-18982-3
(28256)

《城市轨道交通轨道工程技术与应用》编写委员会

编著单位：北京城建设计发展集团股份有限公司

主　　编：杨秀仁

副 主 编：吴建忠　张丁盛　李湘久

主　　审：沈子钧　沈景炎　刘语冰　卢耀荣　赵汝康

参 编 人：郑瑞武　王　进　陈　鹏　徐寿伟　孙大新　张宏亮
　　　　　盛碧华　李文英　高晓新　曲　村　任　静　曾向荣
　　　　　刘　峰　孙丽娟　马晓华　韩海燕　翟贝贝　赵　青
　　　　　金　晋　焦　雷　刘　薇　段玉振　李现博　高璐璐

主　编　介　绍

　　杨秀仁，男，1964年11月出生，天津市人，西南交通大学主修隧道及地下铁道专业，北京交通大学主修道路与铁道工程专业。从事城市轨道交通工程设计和科研工作29年，现为北京城建设计发展集团总工程师，北京市轨道结构工程技术研究中心主任，教授级高级工程师，享受国务院政府特殊津贴专家，北京市有突出贡献的科学、技术、管理专家，北京市百千万人才，首都劳动奖章获得者。

　　获授权国家发明和实用新型专利35项，获国家及省部级科技进步和优秀设计奖励30余项，核心期刊发表学术论文30篇。国标《地铁设计规范》的主编人之一，国标《盾构隧道设计规范》主编，北京市地标《城市轨道交通工程设计规范》主编，共主编和参编国家标准和地方标准15部。近年来主持开展了多项城市轨道交通科研攻关项目，其中包括轨道技术研究方向的北京市科委重点科技计划课题"城市轨道交通板式减振轨道成套技术研究"。

　　主要社会兼职有住房城乡建设部城市轨道交通质量安全专家委员会委员，中国土木工程学会常务理事，土木学会城市轨道交通工作委员会副主任，中国建筑业协会深基础施工分会副理事长，中国城市轨道交通学会专家委员会委员，中国勘察设计协会市政分会城市轨道交通发展委员会主任，西南交通大学、北京交通大学、北京工业大学、北京建筑大学兼职教授，上海市科技委委员等。

序

  很高兴看到这本《城市轨道交通轨道工程技术与应用》。这本专著总结了北京城建设计发展集团股份有限公司（前身是北京城建设计研究总院）在城市轨道交通轨道专业半个多世纪的创新成果，记录了"轨道人"在我国城市轨道交通发展不同阶段的刻苦探索和重要贡献，本书的内容也是我国城市轨道交通从无到有，不断发展的见证。

  城市轨道交通是电力驱动列车的运输系统，实践表明，它具有运量大、快捷准时、节能环保等特点，是缓解城市交通拥堵，改善居民出行的最佳选择，并符合城市可持续发展的战略要求。当前，我国城市轨道交通正处于前所未有的大发展时期，截至 2015 年末，仅在中国内地，已有 25 个城市拥有 110 条运营线路，总里程达到 3293km。已发展和规划发展城市轨道交通的城市总数已经超过 54 个，全部规划线路超过 480 条，总里程超过 18500km。北京、上海、广州、南京等大城市的轨道交通已步入网络化发展建设时期。

  城市轨道交通建设要树立"百年大计，质量第一"的理念，轨道结构是列车运行的基础，它直接关系到列车的运行安全、乘客舒适和环境友好。北京城建设计发展集团轨道专业技术人员始终坚持面向实际应用搞科研，1965 年研究并成功应用了弹性分开式 DT Ⅰ 型扣件和短枕式整体道床，后持续研发了 DT 系列扣件、轨道减振器扣件及新型轨道设备等，解决了一系列我国城市轨道交通轨道方面的技术难题，为轨道技术的发展奠定了基础。

  当前我国城市轨道交通正朝着网络化、多制式、倡环保、重安全的方向发展，轨道工程还有更为广阔的创新需求，希望广大技术人员能够与时俱进、整合资源、不断创新，推出更多的轨道精品成果，为城市轨道交通行业发展做出更大的贡献。

中国工程院院士

2016 年 4 月 18 日

前　言

随着国民经济的快速发展，大城市交通问题日显突出，加快发展公共交通，大力快速发展城市轨道交通已成为解决城市交通拥挤的必然选择。当前我国城市轨道交通建设已进入大规模快速发展时期，全国已有 54 个城市正在开展城市轨道交通工程的规划和建设工作，北京、上海、广州、南京等大城市的轨道交通已经初步形成运营网络，初步统计，至2015 年底共有 25 个城市的 110 条线路，总长度达到 3293km。

城市轨道交通轨道结构是城市轨道交通的关键设备，是列车运行的基础，它直接关系着运营安全、平稳，乘客舒适及环境保护等。

北京城建设计发展集团股份有限公司(以下简称 UCD)是我国第一家从事城市轨道交通工程的设计研究单位，早在 1958 年就开始研究地铁轨道结构，在 1965 年我国第一条北京地铁工程上马之际，很快就研究设计成弹性分开式 DTⅠ型扣件和短枕式整体道床，并用于实际工程，满足了当时在轨道技术和产品方面的迫切需求。之后根据发展需要，又相继研究成弹性短枕整体道床、轨道减振器扣件、长枕式整体道床、DTⅢ2 型扣件、无螺栓弹条(φ18mm)弹性分开式 DTⅥ2 型扣件、DTⅦ2 型扣件、弹性长枕式整体道床、可调式框架板整体道床、钢弹簧浮置道床(合作开发)以及 50kg/m、60kg/m 钢轨 9 号曲线尖轨系列道岔和单机牵引 60kg/m 钢轨 9 号曲线尖轨道岔等多种轨道结构和产品。这些创新研究成果在不同阶段均成功应用于城市轨道交通实际工程中，取得了很好的效果。

创新一直是我国城市轨道交通轨道专业发展的主题，UCD 领导非常重视并大力支持科研创新，轨道专业一直坚持结合设计搞科研，科研创新提高了设计水平，主要研究成果除支撑城市轨道交通发展、支撑轨道结构技术和产品的发展外，还获得了丰硕的科技奖励，轨道结构设计研究始终处于全国先进水平。50 年来，UCD 轨道科研创新成果获 1 项国家科技进步奖、1 项国家科技进步二等奖、2 项北京市科技进步一等奖、2 项北京市科技进步二等奖、3 项北京市科技进步三等奖、2 项上海市科技成果奖、2 项北京市优秀设计一等奖、1 项国家重大项目咨询一等奖，并先后获 23 项国家技术专利，其中轨道减振器扣件获十年专利成果展金奖。另外，还参编了国家《地铁设计规范》、参加了中国土木工程技术丛书中"地下铁道设计与施工"、"中国勘察设计 50 年纪事"、"上海市十大建筑丛书"等的编写。

张诚、李俊杰、沈天一、徐连荫、王兆民、杨月云、周才宝、姜秀文等专家对 UCD 轨道技术的发展做出了贡献，黄惠达、叶淑仪、陈永强、王明治、王玉堂、卢耀荣、赵汝康、林之岷、肖俊恒、李腾万、姜坚白、赵张存、倪克琦、袁昊等专家给予了大力帮助，在此向上述专家深表敬意和感谢！

轨道设计、施工及运营维修经历了 50 多年的漫长岁月，积累了丰富的经验，非常有必要将这些宝贵的经验加以总结提高，编著成书以与业内人士交流和共享。

中国工程院施仲衡院士，对城市轨道交通轨道系统研究设计给予极大关注，并在百忙中为本书作序，这是对编者的殷切勉励，衷心感谢。

在编写过程中，得到 UCD 王汉军、李国庆、廖国才、万学红、于松伟、徐成永、陈东、田东等各级领导和沈景炎、沈子钧、刘语冰、卢耀荣、赵汝康、杜文库、郭雅静、刘扬、杨宜谦、刘鹏辉、邹策、袁昊、杨继平、李金良、李恒义、郭满洪、罗信伟、邢良平、张莉、吴文平等专家大力支持、帮助，北京城建顺捷图文公司，为本书编写提供了便捷服务，中国建筑工业出版社为本书出版提供了方便。在此对本书策划、审稿、指导、帮助的领导和专家深表谢意。

编者由衷地感谢被誉为"中国地铁设计摇篮"的 UCD 的老一辈专家们，是他们的不断创新积累了丰富的地铁设计经验，并无私地传授给中青年设计人员。UCD 是设计人员成长的沃土、事业发展的平台，正是公司积极向上的学术氛围、博大精深的技术资源，才促成了本书。

本书是 UCD 老、中、青三代轨道结构设计者集体智慧的结晶。同时行业发展的激励及业内专家的指导，也促进了本书编写。编写主要参考文献附在书末，在此向其作者及单位表示衷心感谢！

由于编写人员水平有限，加之轨道结构技术还在不断地更新和发展，本书难免有疏漏和不当之处，敬请读者批评指正。

编者
2016 年 3 月 16 日

目　录

第1章 绪 论

城市轨道交通是指采用专用轨道导向运行的城市公共客运交通系统，包括地铁、轻轨、单轨、有轨电车、磁浮、自动导向轨道、市域快速轨道系统等多种不同的制式。轨道结构是确保城市轨道交通安全运营的基础，其作用除承受和分布列车荷载、列车运行导向之外，同时还应具备多种不同的性能，如轨道结构的稳定性、一定的减振性能、适宜的纵、横向刚度、防止钢轨爬行等。在多制式的城市轨道交通发展中，采用钢轮钢轨制式的轨道交通系统占绝大多数。

纵观国际以及我国城市轨道交通的发展历程，轨道结构技术的进步和轨道产品的发展基本是在国铁相关技术和产品的基础上，不断实现创新和突破的过程，"轨道结构创新"一直是发展的"主题词"。经过多年的发展和积累，我国城市轨道交通轨道结构已经形成了体系完善、产品丰富、理论深入和持续发展的良好局面。

本书在简要介绍城市轨道交通轨道结构相关知识的基础上，结合在我国城市轨道交通发展不同阶段所进行的轨道结构技术创新和成果产品的应用，系统介绍采用钢轮钢轨的城市轨道交通轨道结构技术、应用效果的测试以及与轨道结构设计相关的关键技术。

1.1 城市轨道交通的发展简况

1.1.1 世界城市轨道交通的发展

世界城市轨道交通已有 140 多年历史。1863 年，世界上第一条用蒸汽机车牵引的地下铁道线路在英国伦敦建成通车，当时还没有电车和电灯，车辆也是采用蒸汽机车牵引，运营线路隧道内的空气环境较差。直到 1879 年，电力驱动机车研制成功，地铁乘客和工作人员才免除了蒸汽机车的烟熏之苦。由此，城市轨道交通才步入了持续发展时期，经过 100 余年的发展，形成了传统轮轨系统、直线电机驱动系统、磁悬浮列车、跨座式单轨交通系统、新交通系统等多种制式并存，因地制宜、重点发展的局面。

纵观世界城市轨道交通发展历史，大致可分为两大阶段。

第一阶段从 1863 年到 20 世纪中叶。从第一条地铁诞生起，欧美的城市轨道交通发展较快，第二次世界大战前，有 13 个城市修建了地铁。

第二阶段从 20 世纪中叶至今。第二次世界大战后，伴随着各国城市的快速发展，地铁发展极为迅速。到 1969 年，又有 17 个城市新建了地铁，特别是 1970 年以后，地铁发展更快。根据 2005 年日本地下铁道统计，全世界有 142 个城市拥有城市轨道交通系统。其中 112 个城市共有 8227km 地铁线路，其中 90% 以上线路均在 20 世纪 90 年代以前建成。按运营公里统计，排名前 10 位的城市依次是：巴黎、纽约、伦敦、首尔、莫斯科、东京、芝加哥、柏林、波士顿、旧金山。其中巴黎、纽约、伦敦，均在 400km 以上。

1.1.2 我国城市轨道交通的发展

我国城市轨道交通起步较晚，起步于20世纪60年代，至今有40多年历史，近20年来发展迅速。

中国第一条地铁线路——北京地铁一期工程于1965年开工建设，1969年建成通车。当时修建地铁出于战备考虑，兼顾民用运营，北京地铁一期工程建设之后，很长一段时间没有新的线路开工建设，处于停滞状态，到20世纪80年代，中国仅有北京和天津拥有地铁运营线路，总线路长度47.6km（北京地铁40km，天津地铁7.6km）。

随着我国国民经济的持续发展，城市化进程的逐步加快，城市人口与机动车数量急剧增长，人员出行和物资交流频繁，在我国大城市及特大城市，普遍存在着交通道路阻塞、交通秩序混乱、交通事故频发、交通污染严重等问题。基于城市轨道交通具有运量大、快捷舒适、安全节能、污染轻、占地少等特点，因此，发展城市轨道交通已经成为国内大中城市缓解交通拥堵问题的最佳选择。

进入20世纪90年代以来，在国家政策的正确引导和各地方城市的积极努力下，我国城市轨道交通进入了一个快速发展期，建设规模之大是世界城市轨道交通发展史上少有的，展现后发之势。截止到2015年12月31日，在中国内地已有25个城市拥有110条建成并正式运营的城市轨道交通线路，总里程达3293km。2014年末，全国有35个城市126条线路（含续建段）正在紧张建设中，总里程约3000km。目前，中国内地共有54个城市正在建设或规划新的城市轨道交通线路，总规划里程超过23000km。

1.1.3 2014年各城市已运营的线路

到2014年12月31日，中国内地各城市投入运营的城市轨道交通线路数量，详情见表1.1-1。

2014年各城市已运营的线路 表 1.1-1

序号	城市	线路	里程（km）		最早通车时间	备 注
			运营	总里程		
1	北京	1 号线	31	527.59	1969	一期
		2 号线	23		1984	
		4 号线	28.18		2009.9	
		5 号线	27.6		2007.1	
		6 号线	42.9		2012.12	一期
		7 号线	23.7		2014.12	
		8 号线	27.6		2008.7	
		9 号线	16.5		2011.12	
		10 号线	57.1		2008.7	环线
		13 号线	40.9		2003.1	
		14 号线	28.2		2013.5	
		15 号线	43.15		2010.12	一期首开段和东段

续表

序号	城市	线路	里程（km） 运营	里程（km） 总里程	最早通车时间	备　注
1	北京	机场线	28		2008.7	
		八通线	19		2003.12	
		亦庄线	24		2010.12	
		大兴线	21.76		2010.12	
		昌平线	21		2010.12	一期
		房山线	24		2010.12	含剩余段
2	上海	1号线	36.9		1995.4	含北延线
		2号线	60.3		2000.6	
		3号线	40.2		2000.12	一期、北延伸线
		4号线	33.8		2005.12	与3号线共线运营
		5号线	16.6		2003.11	
		6号线	32.7		2007.12	
		7号线	43.9		2009.12	一期、北延线
		8号线	37		2007.12	一期、二期
		9号线	49.8	586.9	2007.12	一期、二期、三期
		10号线	35.2		2009.12	一期
		11号线	71.5		2010.12	北段一期、二期、北段延伸线及其支线
		12号线	19		2013.12	东段，试运营
		13号线	12.2		2009.7	一期西段
		16号线	58.9		2013.12	试运营
		磁悬浮	29.9		2002.12	
		张江有轨电车	9		2009.8	
3	广州	1号线	18.5		1997.6.28	
		2号线	31.75		2002.12.29	
		3号线	67.3		2006.12	
		4号线	46.7		2005.12.26	
		5号线	31.9		2009.12.28	
		6号线（首期）	24.5	253.21	2013.12.28	
		8号线	14.97		2003.6.28	
		广佛线首通段	5.93		2010.11.3	
		珠江新城APM	3.96		2010.11.8	
		海珠区环岛新型有轨电车试验段	7.7		2014.12.31	

序号	城市	线路	里程（km）		最早通车时间	备　注
			运营	总里程		
4	天津	1 号线	26.187	147.556	2006.6.12	
		2 号线	27.142		2012.7.1	
		3 号线	33.608		2012.10.1	
		9 号线	52.759		2004.3.28	全线 2012 年开通
		滨海有轨电车	7.86		—	
5	深圳	罗宝线	40.8	178.59	2004.12.28	
		蛇口线	35.75		2010.12.28	
		龙岗线	41.7		2010.12.28	
		龙华线	20.34		2004.12.28	
		环中线	40		2011.6.22	
6	南京	1 号线	38.9	179.5	2005.9	
		2 号线	38		2010.5	
		10 号线	21.6		2014.7	一期
		S1 号线	35.8		2014.7	
		S8 号线	45.2		2014.8	
7	重庆	1 号线	38.94	202.31	2011.7	2014.12 开通
		2 号线	31.36		2005.6	2014.12 开通
		3 号线	56.1		2011.9	2012.12 开通
		6 号线	75.91		2012.9	2013.5 开通
8	长春	3 号线	31.9	55.87	2002.10	
		4 号线	16.33		2011.6	
		有轨电车 54 路	7.64		2002.10	
9	武汉	1 号线	34.2	96.08	2004.7	汉口北延长线于 2014 年 5 月开通
		2 号线	27.73		2012.12	
		4 号线	34.15		2013.12	二期工程于 2014 年 12 月开通
10	大连	大连轨道交通 3 号线	63.45	129.42	2002.10	
		大连轨道交通 8 号线	42.57		2014.5	
		有轨电车 201	10.8		2007.10	
		有轨电车 202	12.6		—	
11	沈阳	沈阳地铁 1 号线	27.926	108.549	2010.9	
		沈阳地铁 2 号线	27.143		2011.12	
		沈阳至铁岭城际铁路一期	5.28		2013.12	松山路-遵义
		有轨电车 1 号线	12		2013	
		有轨电车 2 号线	15.1		2013	
		有轨电车 5 号线	21.1		2013	

续表

序号	城市	线路	里程（km）		最早通车时间	备　注
			运营	总里程		
12	成都	1号线	18.5	61	2010.9.27	
		2号线	42.5		2012.9.16	
13	佛山	广佛线	14.8	14.8	2010	
14	西安	1号线	25.4	52.3	2011.9	
		2号线	26.9		2013.9	
15	苏州	1号线	25.7	70.5	2012	
		2号线	26.6		2013	
		有轨电车1号线	18.2		2014	
16	杭州	1号线	48.0	66.3	2012	
		2号线	18.3		2014	
17	昆明	6号线	18	60.1	2012.6.28	
		1、2号线首期	42.1		2013.5.20	
18	哈尔滨	1号线	17.55	17.55	2012.9	
19	郑州	地铁1号线	26.2	26.2	2013	
20	长沙	2号线一期	22.3	22.3	2014.4	
21	宁波	1号线一期	20.9	20.9	2014.5	
22	无锡	1号线	29.42	55.72	2014	
		2号线	26.3		2014	

注：1. 统计时间截止到2014年12月31日；

　　2. 由于统计口径问题，线路里程可能稍有出入。

1.1.4　2014年各城市正在建设的线路

在2014年末，中国内地共有35个城市的126条线路正在建设，总里程超过3000km。详情见表1.1-2。

2014年各城市正在建设的线路　　　　　　　　　表 1.1-2

序号	城市	线路	首末站	在建里程（km）	站数	开工时间	预计通车时间
1	北京	8号线三期	美术馆—五福堂	17.13	7	2013	2016
		16号线	永丰站—榆树庄	40.2	24	2013.12	2016
		14号线	西局—金台路	47.3	37	2010.4	2015.12
		现代有轨电车西郊线	香山路—巴沟	9.1	7	2011.2	—
		轨道交通S1线（磁悬浮）西段	石门营—苹果园	10.2	8	2011	—
		昌平线二期	十三陵景区站—昌平新区站	9.53	6	2013.4	2015.12

序号	城市	线路	首末站	在建里程（km）	站数	开工时间	预计通车时间
2	上海	11号线迪斯尼段	罗山路—迪士尼乐园	9.20	3	2012.9	2015
		12号线（不含东段）	七莘路—天潼路	21.40	17	2008.12	2015
		13号线一期	金运路—南京西路	16.40	14	2008.12	2015
		13号线二期	南京西路—张江	22.30	17	2014	2017
		5号线南延	西渡—南桥新城	19.50	8	2014.6	2017
		9号线三期	芳甸路—曹路站	13.82	9	2014.9	2017
		10号线二期	新江湾城—港城路	10.08	6	2014.12	2018.3
		14号线	江桥—金桥	39.1	31	2014.12	2020.12
		17号线	虹桥枢纽—东方绿舟	35.3	13	2014.9	2017.12
3	广州	广佛线后通段	西朗—沥滘	11.4	7	2011	2017
		4号线南延线	金洲站—南沙客运港	12.6	6	2013.12.13	2017
		6号线二期	长湴站—香雪站	17.4	10	2011	2016
		7号线一期	广州新客站—大学城南	18.6	9	2012.9	2016
		8号线（凤凰新村—文化公园段）	凤凰新村—文化公园段	1.8	2	2013	2017
		8号线北延段	文化公园站—白云湖	16.1	13	2014	—
		9号线	花都汽车城—新白云国际机场	20.1	10	2011	2016
		13号线首期	鱼珠—象颈岭	26.821	11	2013	2017.12
		14号线主线	嘉禾—街口	54.1	13	2014	2016.8
		14号线支线	新和—镇龙	21.8	8		
		21号线	员村—增城广场	60.9	20	2014	2017
		海珠区有轨电车试验段	万胜围—广州塔	7.7	11	2013.1.1	—
4	天津	5号线	北城科技园北站—李七庄站	34.8	28	2012	2017
		6号线	新外环东路站—梅林路站	42.36	39	2012	2017
		1号线东延至国家会展中心项目	双林站—双桥河站	16.04	11	2014	2018年一期开通至李楼站
		4号线南段	东南角站—新兴村站	19.4	14	2015	2018
5	深圳	机场线（11号线）	福田站—松岗碧头站	51.9	18	2011.12	2016.12
		西丽线（7号线）	丽湖站—太安站	30.173	28	—	2016.12
		梅林线（9号线）	文锦站—深湾站	25.38	22	2013.5	2016.12

序号	城市	线路	首末站	在建里程（km）	站数	开工时间	预计通车时间
6	南京	3号线	林场站—秣周东路站	44.9	29	2010.12	2015
		4号线一期	中保站—仙林东站	33.8	18	2012.08	2016
		宁和城际一期	南京南站—黄里站	36.3	19	2012.12	2017
		宁溧城际	禄口机场—无想山	31	9	2014.9	2017
		宁高城际二期	翔宇路南站—高淳站	52.4	5	2013.12	2017
7	重庆	3号线北延伸段	碧津—举人坝	10.01	6	2012	2016
		环线	环状线	50.88	33	2013	2017
		4号线一期	新牌坊—唐家沱	15.65	8	2013	2017
		5号线一期	金渝大道—跳蹬	39.71	25	2013	2017
		10号线一期	建新东路—王家庄	33.4	18	2014	2017
8	长春	1号线一期	北环路站—红咀子站	18.5	15	2011.5	2016.9
		2号线一期	长春西湖站—东方广场站	22.8	19	2012.1	2017.12
9	武汉	3号线一期	三金潭—沌阳大道	30.1	24	2012.3	2015.12
		6号线一期	体育中心—金银湖	35.95	27	2013.8	2016.12
		7号线一期	野芷湖—东方马城	30.85	19	2013.12	2017.12
		8号线一期	三金潭—梨园	16.5	12	2013.12	2017.12
10	大连	1号线一期	姚家—会展中心	28.6	23	2009	2015
		2号线一期	辛寨子—港湾广场	20.6	16	2011	2015
		10号线	九里站—振兴路站	42.7	16	2010.8	2015
		1号线二期	会展中心—河口	10.63	7	2013.1	2016
		2号线二期	东段：东海公园—港湾广场 北段：辛寨子—大连北站	15.86	11	2013.1	2016
11	沈阳	9号线一期工程	怒江公园站—建筑大学站	28.996	23	2013.3	2018
		沈阳地铁10号线一期	丁香公园站—张沙布站	27.21	21	2013.3	2018
		沈阳至铁岭城际铁路二期	辽宁大学—蒲田路	6.02	4	2014.7	2017
12	成都	1号线南延线	世纪城站—广都站	5.42	5	2012.9	2015
		4号线一期	非遗博览园站—万年场站	22.4	16	2011.11	2015
		3号线一期	军区总医院站—太平园站	21	17	2012.4	2015
		7号线	火车北站—火车北站	38.61	31	2013.10	2017

续表

序号	城市	线路	首末站	在建里程（km）	站数	开工时间	预计通车时间
12	成都	4号线二期西段	非遗博览园站—万盛站	17.6	12	2014	2017
		4号线二期东段	万年场站—来龙站				
		10号线一期	太平园站—空港二站	10.5	6	2014	2018
13	佛山	广佛线二期	新城东站—魁奇路站	6.678	4	2012	2016
		佛山2号线一期	南庄—广州南站	32.4	17	2014	—
14	西安	3号线一期	鱼化寨—保税区	39.15	26	2011	2016
		4号线	航天新城—北客站	35.2	26	2012	2018
15	苏州	2号线延伸线（东延）	宝带桥南站—桑田岛站	13.8	11	2012.9	2016
		2号线延伸线（北延）	高铁苏州北站—苏骑河站	1.8	3	2012.9	2016
		3号线	苏州新区站—夷亭路站	44.9	37	2014	2019
		4号线	苏虞张路站—同津大道站	42.0	31	2012.9	2017
		4号线支线	红庄站—龙翔路站	11.1	7	2012.9	2017
		有轨电车2号线	龙康路站—新区城际站	18.5	8	2014.1	2017.5
16	杭州	1号线下沙延伸段	文海南路站—下沙江滨站	5.5	3	2012	2015
		2号线西北段	丰潭路站—钱江路站	12.5	11	2011.9	2017
		4号线一期首通段	近江站—彭埠站	9.6	10	2007.3	2015
17	昆明	3号线一期	石咀站—东部汽车站	19.1	17	2010.8	2017
		6号线二期	塘子巷站—菊华站	7.4	4	2014.7.1	2017
18	哈尔滨	3号线	红旗大街—红旗大街	37	34	2011.4	—
		2号线一期	松北大学城—气象台	28.6	19	—	—
19	郑州	2号线一期	广播台站—南四环站	30.1	22	2013	2015
		1号线二期	西：河工大战—西流湖站	15.4	10	2013	—
			东：市体育中心—河南大学	5.5	3	2013	—
		5号线	环线	40.7	32	2013	—
		2号线南延	南四环—郑州高铁南站	42.1	18	2013	2016
20	长沙	1号线	汽车北站站—尚双塘站	23.6	20	2010.12	2015.12
		2号线西延一期	望城坡站—梅溪湖西站	4.5	4	—	2015.12
		3号线一期	山塘站—龙角路站	36.5	25	2014.1	2018
		4号线	普瑞大道站—桂花大道站	33.7	24	2014.12	2019
		机场磁浮线	长沙火车南站—黄花国际机场站	18.5	3	2014.5	2016

序号	城市	线路	首末站	在建里程（km）	站数	开工时间	预计通车时间
21	宁波	1号线二期	邱隘站—霞浦站	23.5	9	2012	2016
		2号线一期	栎社机场—清水浦	28.4	22	2010.12	2015.12
		3号线一期	陈婆渡—大通桥	16.7	15	2014.12	2019
22	青岛	2号线	泰山路站—李村公园站	25.2	22	2012.11	2017
		3号线	青岛火车站—铁路青岛北站	25	22	2009.6	2015
23	东莞	2号线	东莞火车站—虎门火车站	37.8	15	2010	2016
24	合肥	1号线	合肥站—徽州大道站	24.58	23	2012.6.1	2016.12
		2号线	长宁大道站—大众路站	30.1	24	2013.2	2017.6
		3号线	相城路站—方兴大道站	37.3	33	2014.12	2019.1
25	南昌	1号线一期	双港大道—奥体中心	28.7	24	2009.12	2015.12
		2号线一期	广播台站—向阳路站	41.6	34	2013.1	2017.12
26	南宁	1号线	石埠—南宁东站	32.1	25	2011	2016
		2号线	玉洞—西津	21	18	2013	2017
27	福州	1号线	象峰站—马尾站	29.2	24	2009	2015
		2号线	沙堤站—鼓山下院站	28.1	22	2014	—
28	贵阳	1号线	下麦西站—场坝村站	33.6	23	2013年	2017年
29	厦门	1号线	镇海路—厦门北站	30.3	24	2013.11	2017
30	太原	2号线一期	人民南路站—西涧河站	23.38	21	2013	2018
31	石家庄	1号线一期	西王站—洨河大道站	23.9	20	—	2017
		3号线一期	小灰楼站—新火车站	6.38	6	—	
32	兰州	1号线	东岗站——陈官营	26	21	2014.3	2016
33	乌鲁木齐	1号线	三屯碑—国际机场	27.06	21	2014	2019
		2号线一期	—	19.1	16		
34	温州	S1线一期工程	桐岭—半岛二站	51.9	20	2011.11.11	2017
35	常州	1号线一期	南夏墅—北海路	33.83	29	2014.10	2019

注：1. 统计时间截止到2014年12月31日；

2. 由于统计口径问题，线路里程可能稍有出入。

1.1.5 线网总体规划统计

根据相关各城市的规划，2014年中国内地共有54个城市线网规划，总数超过480条的城市轨道交通线路，总里程超过23000km。详情，见表1.1-3。

各城市线网总体规划　　　　　　　　　　　　表 1.1-3

序号	城市	规划期	线路条数（条）	总长度（km）	备注
1	北京	2007～2016	19	664	
2	上海	2010～2015	18	850.88	22号线、磁悬浮及有轨电车未计入
3	广州	2010～2020	31	1 221	
4	天津	2015～2020	8	228	
5	深圳	2010～2020	16	596.9	
6	南京	2010～2050	22	808	
7	重庆	2007～2020	18	820	17线1环
8	长春	2020～2030	8	256.9	
9	武汉	2014～2049	25	1045	
10	大连	2014～2020	22	886.6	
11	沈阳	2012～2020	11	168	近期
		2020～2050		400	远期
12	成都	2011～2020	24	1106.8	
13	佛山	—	8	264.3	
14	西安	2013～2018	6	252	三主三辅，棋盘加放射型
15	苏州	2007～2014	7	52.3	远期将达778.1km
		2015～2020		203.3	
16	杭州	2003～2013	5	48.0	远期将达561.8km
		2013～2019		190.0	
17	昆明	2011～2050	9	296.7	
18	哈尔滨	2008～2018	10	340	
19	郑州	2008～2015	8	267.8	
		2013～2019	9	359.7	
20	长沙	2012～2018	12	142.1	
		2018～2050		456	
21	宁波	2008～2015	5	72.1	
		2013～2020		100	
22	无锡	—	5	157	根据2006年无锡市规划
23	青岛	—	19	814.5	
24	东莞	2011～2022	4	218.3	
25	合肥	2009～2025	12	322.5	
26	南昌	2020～2050	5	168	
27	南宁	2010～2050	8	251.7	
28	福州	2012～2030	9	338.12	
29	贵阳	2010～2030	4	142	
30	厦门	2020～2050	6	246.2	

续表

序号	城市	规划期	线路条数（条）	总长度（km）	备注
31	太原	2008~2020	7	233.6	
32	石家庄	2012~远期	6	241.7	
33	兰州	2011~2030	3	90	
34	乌鲁木齐	2012~2020	7	211.4	
35	温州	2011~2020	6	361.8	4条市域线，2条市区线
36	济南	2014~2050	9	331.5	
37	西宁	远期	6	168.1	3条城区线和3条市域线
38	徐州	2011~2050	5	151.9	
39	珠海	2011~2050	3	300	远期将达320km
40	惠州	2020~2050	7	271.2	
41	常州	2011~2018	4	129	
42	鞍山	—	3	140	
43	洛阳	2011~2020	4	102.7	
44	邯郸	2008~2020	2	88	
45	济宁	2011~2030	4	187.7	
46	阜新	—		50	
47	银川	2011~2050	4	126	
48	包头	2011~2030	6	181.5	
49	唐山	2012~2020	2	39.3	
50	芜湖	2016~2030	3	75.1	
51	保定	2011~2030	4	—	
52	柳州				
53	大理	—	10	—	
54	南通	2014~2018	8	324	包含4条市区线和4条市域线

注：统计时间截止到2014年12月31日。

1.1.6 我国城市轨道交通发展的特点

在当前我国城市轨道交通快速发展的大形势下，已经显现出下述主要的发展特点：

1. 主要城市轨道交通网络初步形成

北京、上海、广州等特大城市已建成多条线路，网络化运营态势基本形成，并在未来的10~15年左右，基本完成网络建设任务，形成完善的城市轨道交通网络系统。根据《北京市城市快速轨道交通建设规划（2015年）调整方案》，2015年，北京已建成城市轨道交通线路18条，线路总长度为555km，上海已建成城市轨道交通线路16条，线路总长度为627km。

这些城市面对网络化发展，开展了一系列的网络化专题研究，如车辆段与综合基地、主变电站、控制中心、无线通信、AFC等资源共享研究。

2. 城市轨道交通制式逐步多元化

目前中国内地 25 个城市投入运行 110 条线路，大多数为传统地铁制式，占比约为 75%～80%。随着网络的发展，多制式并存的局面已经显现并将逐步形成，如长春建设了现代化轻轨交通，重庆轨道交通 2 号线为跨座式单轨交通，广州轨道交通 4 号线、北京机场线为直线电机系统，上海市区通往浦东机场则建成了高速磁悬浮线路等。此外，还有 100km/h、120km/h 不同等级的市域快线等。

3. 车辆与机电设备的国产化

在国家城市轨道交通设备国产化政策推动下，通过建立合资企业、引进消化吸收新技术，开展多种形式的技术合作，我国将不断提高城市轨道交通的车辆、设备制造的技术水平和国产化率，逐步形成城市轨道交通车辆与机电设备的产业化。

4. 规范标准体系不断完善

1992 年编制了《地下铁道设计规范》，这是我国第一部城市轨道交通领域的综合规范，对我国城市轨道交通的阶段性发展起到了至关重要的作用。1999 年编制了首部《地下铁道工程施工及验收规范》。另外在勘察、测量和城市轨道交通专业设备产品方面也编制了专用规范，适应了城市轨道交通的发展，为研究设计及施工提供了依据。

随着城市轨道交通的发展，为满足使用需求，不断编制了大量与城市轨道交通规划、设计、施工、运营、管理和产品等相关的规范、标准和规程，目前已经基本覆盖了全领域。

1.2　我国地铁轨道结构技术发展历程

1.2.1　早期参照国铁技术开发地铁轨道产品

我国早期城市轨道交通轨道技术是伴随着北京地铁一期工程的建设同步发展，经历了从无到有，从借用国铁轨道技术和产品，到自主研究开发专用产品的过程。

1965 年毛泽东主席为地铁建设"二四"批示："精心设计，精心施工，在建设过程中，一定会有不少错误、失败，随时注意改正。"拉开了我国地铁建设的序幕。之前，UCD 前身早在 1958 年轨道人员就开始研究探索地铁轨道结构，在"二四"批示鼓舞下，设计研究力度加大，经过反复研究、试验，于 1966 年完成了弹性分开式 DT I 型扣件和短枕式整体道床方案；1966 年铁道部组织，铁道科学研究院、第二、三设计院、铁道兵和地下铁道工程局设计处（UCD 前身）等参加，在京广线街洞车站试铺短枕式整体道床进行了试验验证；1967 年又在广京线正线易家湾明峒试铺了近 100m。经过在国铁正线两次现场试铺和运营使用，效果良好，达到了设计指标的要求，解决了我国第一条地下铁道的轨道技术难题。

北京地铁 1 号线区间均铺设了 DTI 型扣件和短枕式整体道床，经历了 40 多年的运营使用，技术状况良好。短枕式整体道床在国内城市轨道交通和国铁及朝鲜平壤地铁广泛应用。

北京地铁 1 号线区间的道岔区采用的是木枕碎石道床。采用碎石道床后，存在一些问题：为满足道床厚度要求，致使结构底板下降、结构净空增加，进而增大了结构投资；道岔区排水设备复杂；碎石道床稳定性较差，维修工作量和强度大，作业条件差，捣固作业时粉尘飞扬，影响维修人员健康等。运营部门曾多次酝酿设法将道岔区碎石道床改为整体道床，因施工不能中断地铁正常运营，至今未能实现。

1966年铁道部组织成立有铁道部第二、三、四设计院，铁道科学研究院、铁道部专业设计院、中国煤矿设计院和UCD等参加的"道岔整体道床研究小组"，共同研究攻关。1966年7月研究小组赴上海、杭州等地考察国铁无碴无枕梁制作和现场铺设使用状况后，提出了道岔区采用无枕式整体道床方案。1969年7月在广州铁路局石湾车站试铺60kg/m钢轨12号道岔无枕式整体道床，取得了成功。研究成果在1970年北京地铁402线1号线一期实现了成功应用，铺设了10组50kg/m钢轨9号单开道岔无枕式整体道床。经近40年运营使用，其技术状况良好。

道岔无枕式整体道床一组道岔需要在道床内预埋760个玻璃钢套管，存在施工繁琐、机具复杂、道床承轨台面精度不易保证等问题。UCD于1979年研究设计并试铺成功50kg/m钢轨9号单开道岔和复式交分道岔短枕式整体道床。这种短枕式整体道床施工简单、机具轻便，施工进度快，精度容易保证。该成果在北京地铁2号线东、北、西环线道岔区进行了实际应用，经30多年运营使用，道岔技术状况良好，这项科研成果，获北京市科技进步三等奖，并在国内得到广泛应用。目前，城市轨道交通和国铁均采用道岔枕式整体道床。

1.2.2　开发地铁专用轨道产品

北京地铁一期工程，轨道结构设计受力参数是参照国铁的，显然偏大，造成轨道结构一定程度的浪费。为取得地铁轨道的实际动、静力技术参数，1971年UCD与铁道科学研究院合作，在北京地铁运营线礼士路车站东端，进行了地铁轨道结构动力测试，测到列车运行时钢轨扣件、道床受力情况，测得的宝贵资料为地铁轨道结构研究设计、设计规范编制提供了科学依据。

1976年国内首次在北京地铁2号线东四十条站试铺弹性短枕式整体道床，经减振测试振动降低30%，减振效果良好，在国铁秦岭隧道和广州地铁、天津等地铁进行了铺设。

北京地铁1、2号线轨下橡胶垫板均为沟槽形，为进一步摸清橡胶垫板外形与列车轴重及扣件扣压力的匹配关系，1978年与清华大学合作对沟槽形和圆柱粒子形的橡胶垫板进行弹性对比研究试验，得出圆柱粒子形橡胶垫板较沟槽形橡胶垫板有良好的弹性和外形，节省橡胶材料，并于1981年在北京地铁一期工程前门至崇文门区间试铺了这种型式橡胶垫板，现场实测的动弹性和减振性能，较沟槽形的有很大提高，运营使用状况很好，在地铁广泛应用。

1981年研究试制成功移动式气压焊轨机，国铁西安铁路局、北京铁路局和北京地铁等广泛应用。该项研究成果获国家科技进步奖。

1986年经充分研究试验，研制成轨道减振器扣件，并首次推出轨道减振器垂向、横向刚度公式，为其研究设计提供了条件。轨道减振器扣件减振效果良好，填补了我国这项减振技术空白，获北京市科技进步三等奖，并获国家专利十年成果展览金奖。该产品首次在上海地铁1号线铺设，解决了轨道技术减振难题。上海地铁1号线从新闸路新中国成立前建筑的居民楼群下穿过，在居民楼室内谈话时感觉不到地铁列车通过，静态时才能微感列车通过，达到了环境保护的要求。随后，轨道减振器扣件在国内地铁广泛应用。

为解决既有隧道结构不满足轨道结构高度的问题，采用了无枕式整体道床，并使用减振器扣件减振，取得了较好的技术和经济效果。上海地铁1号线建设初期，在漕宝路站南端有一段1958年建成的矩形隧道结构试验段，长度双线80m。该段既有隧道结构可以利用，但不满足设轨枕的轨道结构高度要求，不少专家主张炸掉重建该段结构。UCD轨道专业经过充分研究论证，提出该段采用无枕式整体道床，不设轨枕。同时，采用新研制的轨道减振器扣件，减缓列车荷载对轨下结构的冲击。对于轨道结构高度过小的部位，采取在既有结构底板凿洞，埋设扣件的联结件玻璃钢套管的方法解决。采用架轨法，做承轨台，将施工误差消除在承轨台中，保证了施工精度。此试验段隧道结构的保留，节省了结构建设投资，经近30年运营使用，至今轨道结构状况良好。此后的北京地铁5号线与2号线雍和宫立交段、4号线西直门站、上海南站站改造、9号线西客站站等因轨道结构高度过小，不能设轨枕，均采用了这种无枕式整体道床，效果良好。

为适应不同地质条件和使用条件下的特点，持续开发了弹性分开式DTⅢ型扣件、DTⅢ2型扣件、多型号轨道减振器扣件以及为适用上海软土区地基研究的长枕式整体道床等产品，获上海市科技成果奖，后在上海地铁得到了广泛应用。伊朗德黑兰地铁、北京地铁机场线和苏州等地铁也采用了长枕式整体道床。

研究开发了缓冲滑动式挡车器。北京地铁1、2号线安装了沙堆弯轨式车挡，被列车撞击后，车挡严重损坏。为上海地铁1号线研制成用钢轨制作的固定式车挡，被列车撞击过，车挡也有损坏。UCD和北京、上海地铁公司及沈阳中铁安全设备有限责任公司合作研制成缓冲滑动式挡车器，经现场列车撞击试验，该挡车器性能良好，能保障车辆和人身安全，研究成果获上海市科技成果奖，上海地铁2号线和新建线均安装缓冲滑动式挡车器，并在国内地铁广泛应用。

无螺栓弹条DTⅥ型扣件的研究成果在上海、北京地铁2号线各试铺了200m，运营使用良好，研究成果获上海市科技成果奖。改进后的无螺栓弹条DTⅥ2型扣件在北京、天津、南京、沈阳、苏州、西安等地铁广泛应用。

当初铺轨综合图设计，用人工计算数以万计的轨面标高等，费时还容易出差错。1987年研究开发了软件用于上海地铁2号线和北京地铁复八线，提高效率20多倍，促进了轨道设计CAD化。后又研究编制成更为完善的铺轨综合图设计软件，广泛应用。地铁与轻轨线路综合工程设计CAD系统研究（含轨道）的成果，获北京市科技进步一等奖。

中铁第二设计院参照香港地铁扣件研究设计了无螺栓弹条（$\phi20$）单趾弹簧扣件和橡胶浮置道床，在广州地铁1号线铺设。1号线铺设的橡胶浮置道床，更换橡胶底座时，需中断地铁正常运营，后改进在浮置道床中间留孔，在不中断地铁正常运营条件下可以更换橡胶底座。

1.2.3 在国际工程中的轨道技术创新

1997年UCD为伊朗德黑兰地铁研究设计成弹性分开式MRⅠ型扣件（伊方要求有螺栓弹条$\phi13$）和长枕式整体道床。枕长2.4m为后张拉预应力轨枕，伊方已有从德国引进的生产后张拉法轨枕设备，但没有长2.4m轨枕模具，再从德国进口需花很多外汇，而且时间来不及。为满足伊方求助，经反复研究试验试制，设计和加工制造出长 2.4m 轨枕模具及小龙门吊、钢轨支承架等，中方按时向伊方提供了合格的长 2.4m 轨枕生产模具、小龙门吊和钢轨支承架。在 2.4m 轨枕一端的 4 根后张拉钢筋安装特制加长螺栓套管，将接触轨的角钢支架联结在轨枕端部，解决了接触轨安装的技术难题。三项生产施工设备，解决了工程大难题，使德黑兰地铁工程总进度提前 6 个月以上。为伊方节省外汇 1000 万美元以上。上述三项生产施工设备，目前还在正常使用。

德黑兰地铁轨道结构经十多年运营使用技术状况良好，伊方给予高度评价，受到德黑兰地铁公司总裁的嘉奖。

中方 UCD 还负责伊方轨道施工指导，中方咨询人员根据中国地铁轨道施工经验，帮助伊方轨道承包商研究制定施工方案、施工工艺及轨道验收标准。首先施工 500m 试验段，总结改进，进而全面正式施工。设计人员长期坚守德黑兰，密切与伊方配合，指导施工和监理，轨道施工质量达到优良。伊方轨道施工承包商已熟练掌握了轨道施工方法，中东有了第一支地铁轨道施工队伍。

德黑兰地铁新技术研究开发及应用成果（含轨道）获北京市科技进步二等奖，获建设部优秀设计一等奖，获国家优秀工程咨询一等奖。后张拉法轨枕模具、接触轨安装与轨枕一体化联结，分别获国家专利。

1.2.4　新时期轨道技术的创新

2000 年北京地铁 13 号线采用了研究改进的弹性分开式 DTⅥ2 型扣件（无螺栓 $\phi18$ 弹条，无挡肩）、双刚度Ⅲ型轨道减振器扣件、接触轨加长短轨枕一体化联结和地面线一次性铺设无缝线路及首次在 13 号线引进特殊减振轨道结构钢弹簧浮置道床。13 号线轨道结构研究成果获北京市科技进步三等奖，获一项国家专利。

2002 年 UCD 专为天津地铁研成Ⅱ型减振扣件，并获国家专利。用于天津地铁 1、2、3 号线高架桥上较高减振地段，减振效果良好。

2005 年北京地铁机场线轨道结构设计，将 DTⅥ2 型扣件铁垫板上弹条后座适当降低，使扣件扣压力既满足了地下线的需要，又达到了高架线扣件扣压力的要求，统一了地下线、高架线的扣件种类，方便加工制造和维修备料。

UCD 根据北京地铁机场线直线电机，要求感应板与轨顶面高差精度严格，采用了长枕式整体道床，并与接触轨联结一体化，中等减振地段，国内首次采用弹性长枕式整体道床，枕下弹性垫层容易更换。经多年运营使用轨道结构技术状况良好。机场线设计（含轨道）获北京市优秀设计一等奖。

上海地铁 1 号线规划在漕宝路至新龙华站间改线到上海南站站。1987 年建设 1 号线时，结构已预留条件，建成预留结构，而轨道要预留改造轨道结构很麻烦，业主决定不预留改造轨道结构条件，若干年后改造时，再采取改造轨道结构的相应办法。未料到 2002 年铁路新建上海南站工程就开始实施，地铁南站站工程及相应改造工程也同时进行。上海南站改造工程从漕宝路至新龙华站间右转曲线切线方向延伸到地铁南站站。在不中断地铁 1 号线正常运营条件下实施轨道结构改造难度很大。

UCD 轨道专业经充分研究反复论证，制定改造方案。确定为确保既有长枕式整体道床的稳定，晚间停运后在既有长轨枕隔 3 根做承轨台按扣件尺寸预埋扣件联结的套管，布设钢筋，置入联结筋，涂界面剂。按顺序做完所有承轨台和短、长枕式整体道床；改造南端碎石道床，先将拨接处道砟铺好，相关专业一个晚上顺利拨接左线的整体道床和碎石道床，次日停运再拨接右线。经多年运营使用改造后的轨道技术状况良好。上海地铁南站站改造工程（含轨道）获北京市优秀设计一等奖。上海地铁南站站改造工程，轨道顺利拨接的经验，类似轨道改造工程可以借鉴。北京新建电力管道需从地铁13号线混凝土枕碎石道床下面穿过，施工需建临时施工便线，有上海地铁拨接的经验借鉴施工便线拨接顺利。

2008年UCD开始陆续为北京城市轨道交通编制了扣件、道岔等标准图，一段时间统一了北京地铁轨道主要设备，便于加工订货保证质量和养护维修。

西安地裂缝是轨道设计的很大技术难题，整体道床需最大调高量500mm，调钢轨方向100mm，这在国内乃至国外也是首次遇到的技术难题。2009年UCD轨道专业经充分反复研究试验成功可调式框架板轨道结构，在调高0～50mm时，采用扣件调高垫板和加厚铁垫板调整；调高51～500mm时，采取在框架板支承点处加垫圆形硬塑料垫块和混凝土垫块方法调整。根据需调整方向，扣件两端铁垫板上铁挡肩至螺旋道钉钉孔之差为64mm，配合其长钉孔能调钢轨方向110mm。现场铺设方便、质量良好，可调式框架板研究铺设成功，为西安地铁乃至国内有类似技术的其他城市地铁提供了有效的技术措施。

随着人民生活的提高，对环境保护要求也越来越高，铺设中等、高等、特殊减振轨道地段及长度也随之增大，原先特殊减振地段一般都采用引进的钢弹簧浮置道床。2009年北京市科委立项"钢弹簧浮置道床研究开发"，UCD与北京市轨道交通建设管理有限公司、北京市劳动保护研究所合作研究开发，先完成了室内6.25m钢弹簧浮置道床试验块的研究试制测试，插入损失25dB，减振效果达到了预期标准。为进一步验证所研究开发的成果在现场铺设、顶升和列车通过的减振效果，在北京地铁4号线试铺了单线180m，浮置道床顺利完成试验段试铺施工。委托铁道科学研究院现场测试，振动加速度级的插入损失20dB，测试时未注意钢弹簧浮置道床下坡端水沟未顺坡造成钢弹簧浮置道床下面积水，影响了减振效果。鉴定专家一致认为："钢弹簧浮置道床研究开发成功，为自主知识产品，打破了这一技术的垄断局面，减振效果能满足特殊减振的需要，其成本降低了30%以上，可以推广应用"。目前这一科研成果在北京、西安、大连等地铁广泛应用。

以往车场线道岔区都采用木枕碎石道床，道岔前后还需铺设15根木枕过渡，因此有的车场线均铺设木枕。2009年，UCD研究设计成50kg/m钢轨7号单开道岔、5m间距交叉渡线和60kg/m钢轨9号单开道岔的预应力混凝土岔枕，新建地铁一般均采用。使车场线均采用混凝土枕，节省大量优质木材，增强了轨道的稳定性，减少了维修工作量。

苹果园站原来是站后单渡线折返，地铁客流量日益增多，满足不了列车折返的需要。1991年，苹果园站至古城站中断正常运营2个月，将单渡线道岔改建成50kg/m钢轨9号道岔4.3m交叉渡线（曲线尖轨）道岔短枕式整体道床，满足了列车折返的需要。

2005年与道岔工厂合作研究设计成60kg/m钢轨9号、18号单开道岔，采用相离型曲线尖轨，活动心轨辙叉，用于北京地铁机场线，18号单开道岔整体道床是国内首次用于城市轨道交通。

地铁所铺设的多种类型道岔，经多年运营使用，技术状况良好，满足了运营使用的需要。

北京地铁 4、5 号线运营中产生了非正常钢轨波浪磨耗，北京市科委立项进行专题研究及整治，基本得到控制。

以往国铁和城市轨道交通 60kg/m 钢轨 9 号曲线尖轨的转辙器均采用双机牵引扳动，成本高，增加维修定员。2013 年与中铁宝桥集团有限公司合作开发研究试验成功单机牵引扳动，道岔稳定、扳动力、不足位移均达到使用要求，定会得到推广应用。

1.2.5 主要创新产品

我国不同年代地铁轨道技术和产品的主要成果，见表 1.2-1。

地铁轨道技术和产品的主要成果   表 1.2-1

序号	类别	主要产品
1	扣件及配套类	弹性扣板弹性分开式扣件、有螺栓弹条弹性分开式扣件、无螺栓弹条弹性分开式扣件、橡胶垫板、塑料垫板、橡塑垫板、高弹性垫板、设轨距垫调整轨距，多一道迷流防线
2	道床类	短枕式整体道床、无枕式整体道床、长枕式整体道床、梯形轨枕整体道床（引进）、可调式框架板整体道床
3	道岔类	直线尖轨、曲线尖轨（半切线型、相离型）、高锰钢整辙叉、固定护轨、可调护轨。道岔扣件与区间扣件相同。道岔木枕碎石道床、道岔无枕式整体道床、道岔枕式整体道床。地面线和车场线的道岔木枕碎石道床、道岔混凝土预应力混凝土枕碎石道床
4	钢轨伸缩调节器	单向钢轨伸缩调节器、双向钢轨伸缩调节器
5	减振轨道结构	中等减振轨道结构： 轨道减振器扣件、弹性短枕式整体道床、弹性长枕式整体道床、引进的洛德扣件等 高等减振轨道结构： 梯形轨枕、先锋扣件、减振垫整体道床等 特殊减振轨枕结构： 橡胶浮置道床、引进的钢弹簧浮置道床、自主研究的钢弹簧浮置道床
6	无缝线路	无缝线路，当初长度不超过 1000m，目前已发展为跨区间无缝线路、地面线开通前铺设无缝线路 钢轨焊接方法： 铝热焊、工厂气压焊、移动式气压焊、工厂接触焊、移动接触焊
7	安全设备	护轮设备：防脱护轨、护轮矮墙 车挡：1967 年正线安装沙滩弯轨式车挡、固定式车挡、缓冲滑动式挡车器、液压缓冲滑动式挡车器、液压固定式挡车器；车场线框架固定式车挡、月牙式车挡、摩擦式车轮挡

1.2.6 轨道结构技术创新成果得到推广应用

我国城市轨道交通轨道结构专业在始终坚持技术创新、结合设计搞科研、设计带动科研、科研促进设计技术水平提高，UCD 轨道技术研发团队，为技术标准的制定、为轨道专业技术和产品发展作出了贡献，主要成果在国内乃至国外得到了推广应用。

　　至 2015 年底 UCD 轨道专业已完成轨道设计运营使用的城市轨道交通正线共 36 条线（其中国外 3 条线），总长度双线 1076.08km，正在设计的正线共 20 条线（其中国外 1 条线），总长度双线 477.99km。已完成运营使用的车场共 24 座（其中国外 1 座），线路总长度单线 440.5km，正在设计的车场共 8 座（其中国外 1 座），线路总长度单线 107.95km。UCD 轨道人员满怀信心，乘着改革的春风，科学创新设计出更多的轨道精品。

第2章 轨道结构研究设计

2.1 轨道结构组成及其功能

2.1.1 轨道结构组成

轨道是地铁主要设备之一，轨道一般由钢轨及接头联结件、扣件、道床等组成，另外还包括道岔、钢轨伸缩调节器、减振轨道结构、附属设备及安全设备等。它的作用是引导列车车辆运行，直接承受列车车轮传来的荷载及因温度变化所产生的温度附加力等，能减少振动和噪声。所以轨道结构必须坚固稳定，保持轨道几何尺寸，应结构等强、匹配合理、弹性连续、质量均衡，以保障列车平稳、舒适、环保、安全运行。

2.1.2 轨道结构各部分功能

1. 钢轨及接头联结件

1）钢轨是轨道的主要组成部件之一，它依靠本身的刚度和弹性直接承受列车的荷载并分布传递给扣件。此外，钢轨还依靠轨头内侧面和车辆轮缘的相互作用，引导列车前进。钢轨为车轮提供连续、平顺和最小阻力滚动的表面。钢轨亦兼做牵引供电回流及轨道电路之用。

2）接头联结件是由接头夹板、螺栓、弹簧垫圈等组成，其作用在接头处将钢轨、钢轨与道岔连接成和钢轨一样的整体性，以承受车轮通过钢轨接头处所产生的冲击力、纵向力、横向水平力及因温度变化钢轨所产生的温度附加力等，在抵抗弯曲和位移的同时，还要满足接头钢轨伸缩的要求。

2. 扣件

扣件的功能是固定钢轨于轨枕或整体道床上，阻止钢轨纵向位移及倾翻，要求扣件具有足够的强度、轨距和水平调整量、耐久性、绝缘性能和适量的弹性。能长期有效地固定钢轨，并能在动力作用下有减振功能，延缓轨道残余变形的积累，满足轨道绝缘要求。此外应扣件结构简单、零部件少、施工和维修方便。扣件一般分为分开式扣件和不分开式扣件。分开式扣件一般由扣压件、轨距垫、铁垫板及其上、下弹性垫板、联结件螺旋道钉和尼龙套管等组成；不分开式扣件则不设铁垫板。

3. 轨枕

轨枕的功能一是承受扣件传来的列车各种力，并传递给道床；二是用扣件将钢轨固定在正确位置上，以保持钢轨方向、轨距、轨底坡、曲线超高等，并防止钢轨爬行；三是木枕、树脂轨枕、弹性轨枕、梯形轨枕等能减少振动和噪声。

轨枕有预应力混凝土长轨枕、短轨枕、木枕、树脂轨枕、弹性短轨枕、弹性长轨枕和梯形轨枕等。

4. 道床

道床是轨道重要组成部分，是轨道框架的基础。道床有碎石道床、整体道床、浮置道床等，其功能：

1）固定轨枕位置，防止轨枕纵、横向位移，保持轨道的稳定。

2）承受轨枕传来的压力，并较均匀地传递给路基或隧道、桥梁上。

3）起到排水作用，提高路基承载能力，减少路基病害。整体道床排水通畅，保持隧道内、高架桥不积水、整洁美观。

4）碎石道床、浮置道床减振和降噪效果良好，满足不同级别的减振需要。

5. 道岔

道岔功能是引导列车从一条线路转向另一条线路。

城市轨道交通一般常用的道岔类型有单开道岔、交叉渡线、复式交分道岔、对称道岔等。

6. 减振轨道结构

减振轨道结构，一般分为一般减振轨道结构、中等减振轨道结构、高等减振轨道结构、特殊减振轨道结构，其功能是根据环境保护要求，采用相应级别减振轨道结构，配合相关专业采取减振措施，使列车运行产生的振动和噪声控制在不超过环境保护标准，不影响人们的工作和休息。

7. 无缝线路

无缝线路是轨道的重要组成部分，无缝线路、跨区间无缝线路大大减少了钢轨接头，增强了轨道的稳定性，使列车运行平稳，减少振动和噪声。

8. 钢轨伸缩调节器

钢轨伸缩调节器有单向、双向钢轨伸缩调节器，其功能使无缝线路钢轨自由伸缩，放散无缝线路纵向力，保持无缝线路和道岔的稳定。

9. 附属设备

附属设备包括线路及信号标志、防爬设备、轨距拉杆、道口等。目前新建线所采用的扣件扣压力均较强，能阻止钢轨爬行，保持轨距性能好，因此一般不设防爬设备和轨距拉杆。

1）线路标志和有关信号标志

线路标志有百米标、坡度标、曲线要素标、道岔编号标、桥涵标、水位标、控制基标等。有关信号标志有警冲标、停车标、限速标等。标志供工务维修用，其中供司机瞭望的标志，使司机了解列车要通过的线路状况。

2）道口

城市轨道交通正线线路与道路、铁路相交，一般均为立交，有轨电车车场线与道路平交，需设道口。

道口种类：混凝土板式道口、整体灌注道口、橡胶道口、人行横通道（库内线）。

道口功能是让汽车、人能平顺通过线路。

10. 安全设备

安全设备包括护轨设备和车挡等。

1）护轨设备

护轨设备有防脱护轨、护轨矮墙，其功能是防止车辆脱轨。万一车辆脱轨，能防止列车掉到桥下，造成更大损失。

2）车挡

车挡有竖壁土堆式车挡、框架固定式车挡、缓冲滑动式挡车器、液压滑动式挡车器、液压固定挡车器和月牙式车挡、摩擦式车轮挡等，目前新建线一般不采用竖壁土堆式车挡。

车挡一般设线路尽端，其功能是列车超速或失控时撞击车挡，能减小对车辆和人员的损伤。

2.2 轨道结构设计原则和技术标准

2.2.1 设计原则

1）轨道结构应具有足够的强度、稳定性、耐久性、绝缘性和适量弹性。

2）轨道结构设计应根据车辆运行条件确定轨道结构的承载能力，并应符合质量均衡、弹性连续、结构等强、匹配合理的原则。

3）轨道结构部件的选型应在满足使用功能的前提下，有利于少维修、标准化、系列化，且宜统一全线轨道部件。

4）轨道结构设计应根据工程环境影响评价的要求，并与车辆等系统综合协调后，采取相应减振措施。

5）轨道结构设计应以运营维修中检测现代化、维修机械化为目标，配备必要的检测和维修设备。

2.2.2 技术标准

1）轨距：1435mm，小半径曲线地段适当加宽。

2）轨底坡：1/30、1/40。

3）超高：最大超高值120mm，欠超高一般最大取61mm，困难情况可取75mm。

4）轨道结构高度按设计规范，结合实际情况确定各种结构形式的轨道结构高度及道砟厚度。

5）轨枕铺设数量，见表2.2-1。

轨枕铺设数量（根或对/km）   表2.2-1

序号	道床型式	正线、试车线、出入线		辅助线	车场线（不含试车线）
		直线及R>400m、坡度i<20‰	R≤400m或坡度i≥20‰		
1	整体道床	1520~1600	1600~1680	1520~1600	720~1440
2	混凝土枕碎石道床	1600~1680	1680~1760	1600~1680	1440
3	无缝线路混凝土枕碎石道床	1667~1760	1760~1840	—	—
4	木枕碎石道床	1680~1760	1760~1840	1680	1440

2.3　钢　轨　及　配　件

2.3.1　概述

钢轨是轨道结构的直接受力部分，它引导机车车辆车轮前进，承受车轮的巨大冲击力并将从车轮传来的冲击力传递给轨枕及轨道基础。钢轨是轨道结构中唯一直接与车轮接触的部件，钢轨状态的好坏直接关系着运营的安全。因此钢轨必须为车轮提供连续、平顺和阻力最小的滚动表面。

钢轨的工作条件非常复杂，车轮作用于钢轨上的力有垂直力、横向水平力和纵向水平力。此外，气候和其他因素也对钢轨使用性能有影响。因此钢轨除承受基本弯曲应力外，还有接触应力、残余应力、局部应力和温度应力等，使钢轨产生压缩、伸长、弯曲、扭转、压溃、磨损、断裂等。因此要求钢轨要有足够的强度、韧性和耐磨性能。

钢轨要有足够的强度，以延长其使用寿命，又要求具有一定的塑性，以防脆性折断。还需有一定的硬度增加耐磨性，又要有适当的韧性。要有相当的刚度，抵抗挠曲，又要有可挠性，以减轻轮轨的冲击。钢轨踏面应粗糙适度，以增加轮轨间的黏着力，又能适当减少行车阻力。

图 2.3-1　钢轨断面

以上矛盾的性能要求，使钢轨的设计及制造成为一个非常复杂的技术问题。钢轨断面采用抵抗弯曲最佳的"I"字形，钢轨断面分为轨头、轨腰和轨底三个部分，见图 2.3-1。

轨头提供车轮的滚动表面，其外形应与车轮踏面相匹配，且应耐磨和抵抗压溃，轨头略厚。支承在轨枕上的轨底宽一些，以保证钢轨的稳定性。为了使钢轨有较大的承载能力和抗弯能力，要求轨腰有相应的高度和厚度。从钢轨整个高度来说，尽可能大一点，以保证有足够的惯性矩和断面系数来承受垂直动荷载。但钢轨过高，又影响其横向水平稳定性。一般要求轨高与轨底宽之比为 1.15～1.20。此外，轨头、轨腰和轨底各部分面积比例适宜，以保证在轧制过程中冷却均匀。

2.3.2　钢轨类型及尺寸

钢轨类型一般按取整后的每米钢轨质量（kg/m）来分类。我国地铁系统中目前使用的标准钢轨有 60kg/m 和 50kg/m 两种，目前我国新建地铁正线采用 60kg/m 钢轨；43kg/m 钢轨亦能满足车场线的使用需求，因其不是国内主型钢轨，加之订货较为困难，所以车场线均采用 50kg/m 钢轨。在 60kg/m 钢轨和 50kg/m 钢轨之间通常采用 60～50kg/m 异型钢轨连接。

22

钢轨类型的选择要综合考虑，在技术上应保证强度、韧性、耐磨性、稳定性和减振性能及回流等；在经济上要保证合理的大修周期，减少养护维修工作量。

目前我国生产的标准轨长度有 12.5m、25m、50m 和 100m 长标准轨。曲线地段外股轨线比内股轨线长，为保证两股钢轨接头采用对接方式，内股钢轨采用厂制标准缩短轨。12.5m 标准轨有缩短量为 40mm、80mm、120mm 三种类型的缩短轨；25m 标准轨有缩短量为 40mm、80mm、160mm 三种类型的缩短轨。异型钢轨长度一般有 6.25m 和 12.5m 两种，也可按需方要求制造，但不应大于 25m。

钢轨根据钢的化学成分及其强度级别，可分为碳素钢轨、微合金钢轨和低合金钢轨。一般强度为 1080MPa 及以上的钢轨被称为耐磨轨或高强度钢轨。

2.3.3 钢轨材质及机械性能

为了使钢轨有足够的强度和韧性及良好的耐磨性和硬度、坚固耐用，除了选用适当的钢轨类型外，在很大程度上还应注重钢轨的材质、生产工艺和热处理等方面的问题。

从钢轨材质的角度看，主要是 U71Mn、U74 以及近年开发使用的 PD2、PD3 (U75V)、稀土钢轨以及合金轨。其中 PD3 钢轨在强度、硬度和使用寿命上均有优势，近年来得到了广泛应用。

钢轨的化学成分是影响其力学性能、焊接性能和其他使用性能的基本因素，也是钢轨材质纯净度的指标。

钢轨的主要成分是铁 Fe，其次是碳 C，含碳量增加，钢轨的抗拉强度、耐磨性及硬度均随之大幅增加，但含碳量愈高，钢轨愈脆，钢轨的延伸率、断面收缩率和冲击韧性反而下降。所以，含碳量一般不超过 0.82%。

其他成分还有锰 Mn、硅 Si、磷 P、硫 S 等。锰可以提高钢的强度和韧性，除去氧化铁、硫夹杂物。硅易与氧化合，能除去钢中的气泡，增加密度，使钢轨密实而细致。钢中含有限量的硅能提高钢的强度、硬度，而不影响塑性。磷的含量过高，使钢轨具有冷脆性，在冬季严寒地区易突然折断。硫不熔于铁内，所以不论其含量多少，均生成硫化铁，使金属在 800~1200℃ 发脆，因而，在轧制及加工时易产生次品。

钢轨钢牌号及化学成分，见表 2.3-1。

钢牌号及化学成分（熔炼分析）　　　　　　　　　表 2.3-1

钢牌号	化学成分（质量分数）（%）							
	C	Si	Mn	P	S	Cr	V	Al
U71Mn	0.65~0.76	0.15~0.58	0.7~1.20	≤0.030	≤0.025	—	—	≤0.010
U75V[①]	0.71~0.80	0.50~0.80	0.75~1.05	≤0.030	≤0.025	—	0.04~0.12	≤0.010
U77MnCr	0.72~0.82	0.10~0.50	0.80~1.10	≤0.025	≤0.025	0.25~0.40	—	≤0.010
U78MnCrV[②]	0.72~0.82	0.50~0.80	0.70~1.05	≤0.025	≤0.025	0.35~0.50	0.04~0.12	≤0.010
U76CrRE[③]	0.72~0.82	0.10~0.50	0.80~1.10	≤0.025	≤0.025	0.25~0.40	0.04~0.08	≤0.010

① 75kg/m 及在线热处理钢轨要求 P≤0.025%。

② U78CrV 为原 PG4。

③ U76CrRE 中的 RE 加入量大于 0.02%。

表 2.3-1 中 U71、U74 的 U 表示钢轨的符号，71、74 表示钢轨含碳量分别为 0.71%、0.74%，其他 Mn 和 Cr 等表示这种钢轨钢的合金成分。热轧钢轨抗拉强度、断后伸长率和轨头顶面硬度，见表 2.3-2。

热轧钢轨抗拉强度、断后伸长率和轨头顶面硬度　　　　　　　　表 2.3-2

钢牌号	抗拉强度 R_m (MPa)	断后伸长率 A (%)	轨头顶面中心线硬度 HBW (HBW10/3000)
U71Mn	≥880	≥10	260～300
U75V	≥980	≥10	280～320
U77MnCr	≥980	≥9	290～330
U78MnCrV	≥1080	≥9	310～360
U76CrRE	≥1080	≥9	310～360

注：1. 热锯取样检验时，允许断后伸长率比规定值降低 1 个百分点。
　　2. 同一根钢轨上其硬度值变化范围不应大于 30HB。

对钢轨进行淬火处理可以提高钢材的硬度，改善钢材的机械性能。目前，我国 U71Mn 和 U74 轨采用轨端淬火，PD3 和稀土钢轨可不必进行轨端淬火。淬火层长度从轨端算起为 30～70mm，75kg/m 钢轨为 50～80mm，淬火过渡区长度不小于 80mm。踏面部分淬火层深度应大于或等于 10mm，下颚部分淬火层深度应大于或等于 6mm，75kg/m 钢轨淬火层深度轨头踏面部分应大于或等于 10mm。

钢轨的机械性能用强度极限 σ_b、屈服极限 σ_s、疲劳极限 σ_r、延伸率 δ_s、断面收缩率 ψ、冲击韧性 α_k 以及硬度来表示。这些指标对钢轨的承载能力、抗伤损、使用寿命有很大的影响。如钢轨长期在列车随机和重复荷载作用下，需要具备较高的疲劳强度和较好的冲击韧性。

若将钢轨按强度分级可分为中等强度钢轨（强度极限为 700～900MPa）、高强钢轨（强度极限为 900～1100MPa）和超高强度钢轨（强度极限＞1100MPa）。中等强度钢轨适用于一般干线，材质为普通碳素轨；高强钢轨为全长淬火的普通碳素轨或微合金轨，适用于干线和高速线路；超高强度钢轨适用于轴重大的特重型轨道。

目前世界各国都致力于钢轨的纯净化、重型化和强韧化。而钢轨材质的纯净化（即减少钢轨钢中的夹杂物）是重型化和强韧化的基础。

2.3.4　钢轨联结部件

钢轨接头联结结构的作用是保持轨线的连续性，并传递和承受弯矩和横向力，还要满足钢轨伸缩的要求。一般钢轨接头结构由接头夹板（又称鱼尾板）、接头螺栓、螺母、垫圈等组成。

1. 接头夹板

接头夹板承受弯矩、传递纵向力、阻止钢轨伸缩，要求有一定的垂直和水平刚度，也要有足够的强度。目前广泛使用的是双头式夹板。其特点是具有较好的抵抗挠曲和横向位移的性能。

2. 接头螺栓、螺母及垫圈

接头螺栓、螺母是在钢轨接头处用以夹紧夹板和钢轨，使夹板连接牢固，阻止钢轨部分伸缩。螺栓由螺栓头、颈、杆组成，颈为长圆形，与夹板长孔相对应。螺杆长度、直径与钢轨型号相适应。

接头螺栓根据其机械性能分级。我国目前将螺栓分为 10.9s 和 8.8s 两级，其抗拉强度分别为 1040MPa 和 880MPa。接头螺栓、螺母性能等级和推荐材料，见表 2.3-3；接头螺栓及 10 级螺母机械性能，见表 2.3-4、表 2.3-5。

接头螺栓、螺母性能等级和推荐材料　　　表 2.3-3

类别	性能等级	推荐材料	标准编号
螺栓	10.9s	20MnSi 化学成分	GB1489
	8.8s	Q275	GB700
螺母	10H	Q275	GB700
		35	GB699

接头螺栓主要机械性能　　　表 2.3-4

机械性能　　　　　性能等级	8.8s	10.9s
抗拉强度 σ_{bmin} （MPa）	830	1040
屈服强度 $\sigma_{0.2bmin}$ （MPa）	660	940
洛氏硬度 $HRC_{min/max}$	25/35	34/41
伸长率 δ_{5min} （%）	12	9

10 级螺母主要机械性能　　　表 2.3-5

机械性能　　　　　公称直径（mm）	22	24
保证荷载应力 S_{pmin} （MPa）	1060	1060
保证荷载 （$A_s \times S_p$）（N）	321200	374200
洛氏硬度 $HRC_{min/max}$	28/38	28/38

注：A_s 为公称应力截面积。

钢轨接头用弹性防松垫圈采用 $60Si_2Mn$ 热轧弹簧钢板制造，热处理后硬度为 HRC41-46。按钢轨类型分为三种规格：50、60、75kg/m 钢轨接头用弹性防松垫圈。

2.3.5　钢轨接头及轨缝

1. 钢轨接头

普通线路上钢轨与钢轨之间留有一定的缝隙（称为轨缝），通过夹板和接头螺栓等将钢轨夹紧而连接起来，随着轨温变化，钢轨能伸缩，这个伸缩量是由钢轨螺栓孔、夹板螺栓孔与螺栓杆之间的间隙提供的，将它们之间在构造上能实现的轨端最大缝隙称为构造轨缝。若轨缝超过构造轨缝，接头螺栓就要承受剪力。

在铺轨设计和施工时，需要预留一定的轨缝（称为预留轨缝），预留轨缝要适当。预留轨缝的原则：当轨温达到当地最高轨温 T_{max} 时，轨缝大于或等于零，即轨缝不顶严，以避免轨端受顶力和过大的温度压力引起线路胀轨跑道；当轨温达到当地最低轨温 T_{min} 时，轨缝不超过构造轨缝，以保证接头螺栓不受剪力，并防止大轨缝造成过大的冲击力。钢轨连接零件及轨缝分别，见图 2.3-2 和图 2.3-3。

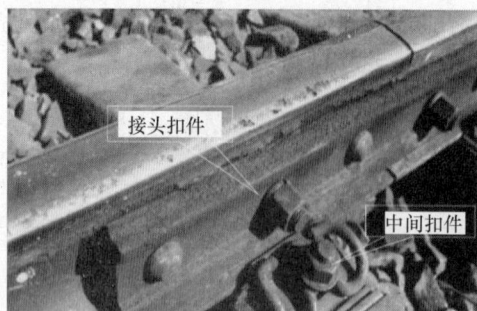

图 2.3-2　钢轨连接零件图

图 2.3-3　钢轨轨缝

2. 钢轨接头类型

钢轨接头是线路的薄弱环节之一，普通线路上钢轨与钢轨之间留有一定的轨缝，通过夹板和接头螺栓等将钢轨夹紧而连接。由于列车的作用，而使接头低塌、碎石道床翻浆、钢轨产生鞍形磨耗和夹板断裂、轨枕开裂等，因而需要投入大量的线路维修工作。对于 12.5m 标准轨线路，几乎一半的维修工作在接头处，因此必须对接头予以充分的重视，选择合理的接头类型。

钢轨接头的类型按左右股钢轨接头相互位置来分有相对式（轨缝对接）和相互式（轨缝错接）两种；按钢轨接头与轨枕相对位置分有悬接式、单枕承垫式和双枕承垫式；按接头连接的用途及工作性能来分有：普通接头、导电接头、绝缘接头、异型接头、尖轨接头、冻结接头及焊接接头。

普通接头用于前后同类型钢轨的正常连接。异型接头（又称过渡接头）则用于前后不同类型钢轨的连接。由于异型接头较易损坏，现多用异型钢轨，不用异型接头。

导电接头和绝缘接头是用于自动闭塞区段上的两种接头，将钢轨作为导电体的自动闭塞区段。为了确保和加强导电性，在接头处铆上或焊上一根导线，称为导电接头，见图 2.3-4。

使信号电流不能从一个闭塞分区传到另一个闭塞分区的接头，称为绝缘接头，见图 2.3-5。在无缝线路上，为保证绝缘接头的平顺和整体性，不允许轨端伸缩，将绝缘接头进行胶接，称之为胶接绝缘接头，能改善钢轨接头的平顺性，减轻列车轮对钢轨接头的附加动力作用。绝缘接头是在钢轨与夹板之间、夹板与螺栓之间、两轨端之间都应用绝缘材料填充，加以严格绝缘，防止漏电，见图 2.3-6。胶结绝缘接头有厂制胶结绝缘接头和现场胶结绝缘接头两种。

图 2.3-4 导电接头

图 2.3-5 绝缘接头

冻结接头是一种一般不允许钢轨伸缩的接头，多用于无缝线路道岔区。

焊接接头是指用焊接方法把钢轨联成整体，见图 2.3-7。

图 2.3-6 胶接绝缘接头

图 2.3-7 焊接接头

2.4 扣 件

2.4.1 概述

扣件研究是随着铁路轨道交通技术的发展而逐步发展的。扣件的基本作用是将钢轨固定在其下部的支承基础上，扣件结构与轨下基础的型式有关。

早期铁路采用木枕，钢轨扣件结构型式非常简单，只是采用普通道钉（俗称狗头道钉）将钢轨固定在木枕上即可。随着新型轨下基础型式的不断涌现，对扣件的功能要求也不断地提高，对新型扣件的研究也得到了进一步加强。从一般的木枕道钉扣件发展到混凝土轨枕扣件，从一般的刚性扣件发展到弹性扣件。随着环境保护要求的不断提高，又从一般弹性扣件发展到高弹性减振扣件。另外根据轨道基础的不同情况，还研制了钢轨轨顶标高和轨距可大调整的各种扣件。经过百多年的发展研究，扣件种类已繁多，功能多样，可满足不同需求，同时为轨道新技术的发展发挥了很大作用。

通常情况下（钢轨直接浇筑在混凝土或其他材料的轨下基础中的情况除外）钢轨是通过扣件与轨枕相联结的，它的作用是将钢轨固定在轨枕上，保持轨距和阻止钢轨发生相对于轨枕的纵横向移动。另外还应有一定的弹性，减缓钢轨对其下基础的冲击。

扣件应具备以下性能：

1. 可靠的扣压力

这是对扣件的最基本要求，也是最重要的考核指标。扣压力的大小必须能够保证钢轨在车轮的冲击作用下抵挡钢轨的纵横向移动和翻转扭转，当轮轨作用力消失后，钢轨仍能恢复原始位置。扣压力大小的选定必须考虑钢轨轨型、轨下基础类型、车辆荷载等情况，结合工程类比和试验确定，并根据使用情况优化。

2. 适宜的弹性

现在的钢轨一般支承在混凝土基础之上，扣件中的弹性垫层对钢轨的振动衰减起着很大的作用，特别对 300Hz 以上的高频振动减振效果明显。适宜的弹性可减缓轮轨冲击荷载对轨下基础的作用、减小车辆弹簧下振动加速度、延长轨道各部件的使用寿命。扣件弹性参数的选定与扣压力、周边环境敏感点情况、材料性能、投资控制密切相关。

3. 一定的调整轨距和钢轨高低的能力

轨道工程在建设、使用中不可避免地存在误差和变形的累积，导致钢轨高低和轨距突破限值，必须及时采取维修措施使其达到运营维护的规范要求。一定范围的误差和变形，一般是通过扣件来调整。特别无砟轨道结构，对扣件的调整性能要求更高。

4. 良好的电气绝缘性能

现代化轨道交通一般将钢轨作为供电回流轨或信号轨道电路的回路，这就要求扣件必须具备电绝缘性能，保证钢轨的对地电阻，以防止泄漏电流对结构钢筋和城市地下管道设备产生电化学腐蚀，保证轨道电路的正常工作。

5. 简洁的结构

良好的扣件还应该结构简洁，尽可能减少零部件数量，便于快速安装施工，并减少维修量。

2.4.2　扣件分类及结构形式

扣件有不同的分类方法，通常按以下分类：

1. 按轨下基础类型分

1）木枕用扣件

（1）无铁垫板的普通道钉扣件

这种扣件是最早最简单的扣件，将钢轨钉联在木枕之上即可。无铁垫板的木枕扣件最大缺点是轨底与木枕的接触面小，在轮轨垂直力和横向水平力的作用下，木枕表面不断地被钢轨轨底挤压切割和磨损，钢轨高低和轨距很难保持。由于这种扣件性能很差，新建线不再采用这种扣件，见图 2.4-1。

（2）有铁垫板的普通道钉扣件

这种扣件是在无铁垫板的普通道钉扣件基础上发展的。设铁垫板能使轮轨垂直力分布到更大范围，减小木枕表面的压强，延长木枕的使用寿命。这种扣件在我国一些运量不大的次要站场线和旧的专用线上还使用，见图 2.4-2。

图 2.4-1　无铁垫板的普通道钉扣件　　　　图 2.4-2　有铁垫板的普通道钉扣件

（3）木枕分开式扣件

木枕分开式扣件是在带铁垫板的普通道钉扣件的基础上发展的，最早是德国研发的 K 型扣件，而后引进到我国。采用普通道钉扣压钢轨的最大缺点是随着时间的推移，道钉会在钢轨挠曲力的作用下慢慢上浮松动，不能有效地扣住钢轨，钢轨产生纵向爬移。另外，道钉孔处进水后木枕容易腐烂，缩短使用寿命。采用轨卡扣板加 T 形螺栓的扣压方式解决了道钉容易浮起的问题。这种扣件在我国被广泛地用在明桥面轨道设计中，它可以结合无缝线路纵向力的要

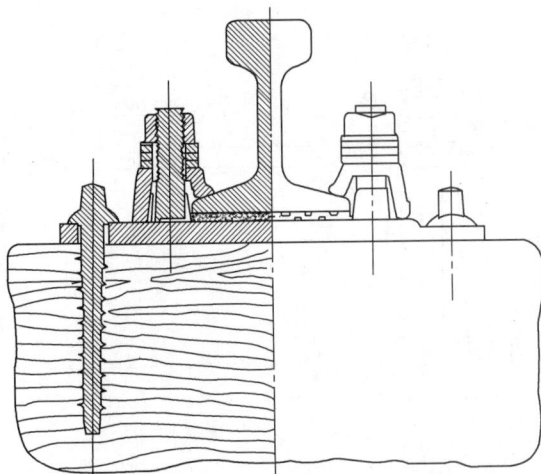

图 2.4-3　木枕刚性分开式扣件图

求，采用轨卡扣板松紧搭配的方法扣压钢轨而使扣压力得到调节。钢轨扣压件除了轨卡扣板的形式外，还有采用弹条扣压件的形式。铁垫板与木枕的联结除了普通道钉直接钉联外，还有采用螺旋道钉的紧固方式。普通木枕刚性分开式扣件见图 2.4-3，木枕弹性分开式扣件见图 2.4-4。

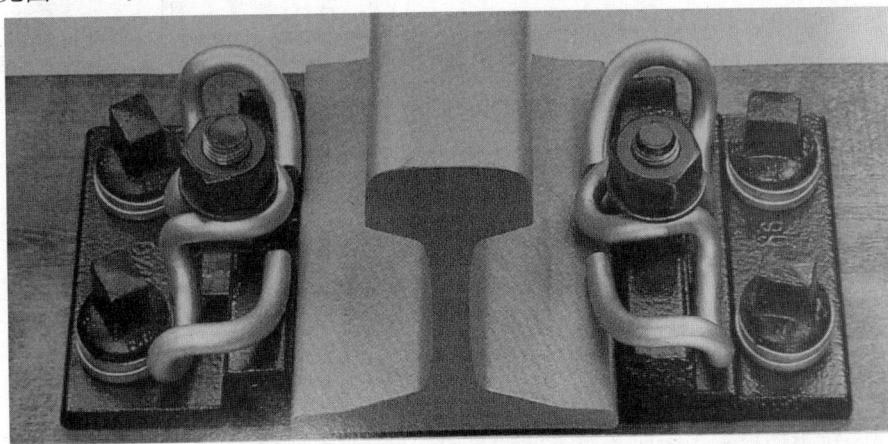

图 2.4-4　木枕弹性分开式扣件

2）混凝土轨下基础用扣件

这类扣件是指钢轨直接支承在混凝土基础之上，混凝土基础包括预应力混凝土轨枕（以下简称混凝土枕）、普通钢筋混凝土短轨枕（以下简称短轨枕）、无轨枕混凝土基础（不包括钢轨直埋式）。

（1）混凝土枕用扣板式扣件

我国这类扣件早期使用较多的是 61 型扣件，后来发展为 63 型扣件和 70 型扣板式扣件。70 型扣板式扣件是我国 20 世纪 70～80 年代初的主要扣件，见图 2.4-5。

扣板式扣件主要由扣板、螺纹道钉、弹簧垫圈、铁座、绝缘缓冲垫片及绝缘缓冲垫板组成。

钢轨被扣板固定于混凝土轨枕上，轮轨横向力通过扣板传递给混凝土枕挡肩，采用硫

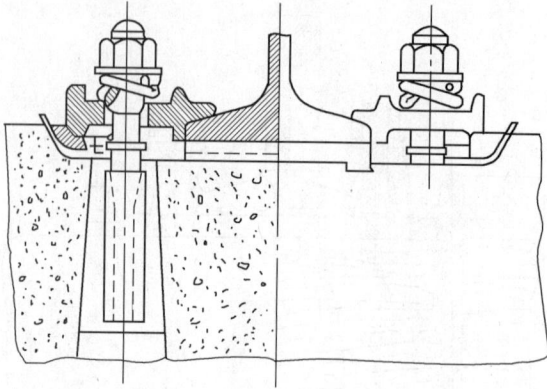

图 2.4-5　70 型扣板式扣件

磺锚固剂将螺纹道钉锚固于轨枕预留孔中，轨下的橡胶垫板和铁座下的绝缘缓冲垫片除起减振作用外还与硫磺锚固剂共同起绝缘作用，确保轨道电路正常工作。

该扣件设有不同号码的扣板，每个扣板有两个号码，可翻转使用，通过翻转和更换扣板可以调整轨距。

该扣件不具备调整钢轨标高的功能。

该扣件扣压力较低，由于是刚性扣件，在使用中容易松动，不适合中高速大运量线路，只适合低速低运量的 50kg/m 钢轨的次要线路，目前逐步淘汰。我国城市轨道交通中不采用。

（2）弹条 I 型扣件

该扣件是我国在 20 世纪 70 年代中期和 80 年初期研制的，用于我国干线铁路上，广泛取代 70 型扣板式扣件。

弹条 I 型扣件分 60kg/m 钢轨和 50kg/m 钢轨用两种，扣件结构主要由 ω 形弹条、螺纹道钉、轨距挡板、挡板座及轨下橡胶垫板组成，见图 2.4-6。

弹条分 A、B 型两种，A 型弹条的扣压力为 8kN，弹程 9mm；B 型弹条的扣压力为 9kN，弹程 8mm。弹条由弹簧圆钢制成，A 型弹条较长。对于 50kg/m 钢轨除 14 号钢轨接头轨距挡板安装 B 型弹条外，其余均安装 A 型弹条。60kg/m 钢轨一律安装 B 型弹条。

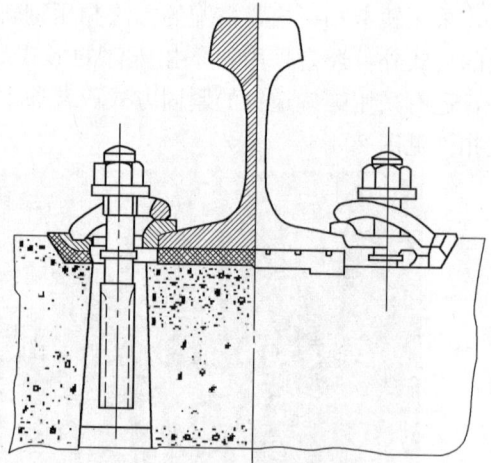

图 2.4-6　弹条 I 型扣件

同样，轨距挡板和挡板座各有不同的号码，两者不同的组合搭配可以调整轨距。

在扣件与轨枕的联结方式以及力的传递上，该扣件与 70 型扣板式扣件相同。

（3）弹条 II 型扣件

弹条 II 型扣件与 I 型扣件的不同之处是更换了新弹条，除弹条外，其他部件均相同。因此这两种扣件可以互换。

弹条 II 型扣件为了提高弹条的扣压力和弹程，选用了优质弹簧钢 60Si2CrA 作为弹条的材料，屈服强度和抗拉强度均有较大提高。弹条扣压力 10kN，弹程 10mm。扣件的整体性能也比 I 型扣件有所提高，主要用于我国 60kg/m 钢轨大运量干线铁路上。

（4）弹条 III 型扣件

弹条 III 扣件是我国 20 世纪 90 年代与 II 型弹条扣件同期研制的，主要是为了满足重载铁路运输的要求。该扣件是借鉴了英国 Pandrol 的 e 型弹条扣件结构型式研制的，它由弹条、预埋铁座、绝缘轨距块、轨下橡胶垫板组成。结构简单，部件数量少。

该扣件适用于标准轨距铁路直线或半径 $R>350m$ 的曲线地段铺设 60kg/m 钢轨和Ⅲ型无挡肩混凝土枕的无缝线路轨道，见图 2.4-7。

弹条Ⅲ型扣件有不同号码的绝缘轨距块，可以用来调整轨距。该扣件不能调整钢轨的高低。

弹条Ⅲ型扣件具有扣压力大、弹性好等优点，特别是取消了混凝土枕挡肩，从而消除了轨底在轮轨横向力作用下发

图 2.4-7　弹条Ⅲ型扣件

生横移导致轨距扩大的可能性，因此保持轨距的能力很强。同时结构简单，零部件很少，减少了安装和维修工作量，尤其是减少了螺栓涂油作业。缺点是弹条经多次装卸后容易变形使扣压力降低，当横向力大时，绝缘轨距块容易磨损。

该扣件在城市轨道交通中使用不多。

2. 按扣件与轨下基础的联结方式分

1）不分开式扣件

不分开式扣件是指钢轨通过一组联结件和扣压件直接与轨下基础相联结的扣件，分不带铁垫板和带铁垫板两种。70 型扣板式扣件、弹条Ⅰ、Ⅱ、Ⅲ型扣件均是不带铁垫板的不分开式扣件。这种扣件的显著特点就是零部件少。其不足是扣件仅设一层弹性垫板，刚度较大，调整钢轨高低的能力较弱。这种不分开式扣件一般只用于碎石道床。近年来研制成带铁垫板的不分开式扣件（将弹性好的垫层放置在铁垫板下），减小钢轨的倾翻，如高铁用的 WJ-8 型扣件和从德国引进的 Vossloh 300 型扣件。

2）分开式扣件

分开式扣件是通过固定于铁垫板上的扣压件将钢轨扣压在铁垫板上，而铁垫板又通过螺栓等其他联结件固定在下部基础上，即钢轨不是通过一套联结件与轨下基础相连接的。通常不分开式扣件结构都可以通过增设铁垫板改造成分开式扣件。

分开式扣件在轨下和铁垫板下均可设置弹性垫板，可实现较好的弹性，一般用于整体道床和道岔区。

3. 按扣压件型式分

1）刚性扣板式扣件

这类扣件的扣压件采用刚性扣板，扣板可用轧制型钢制造也可以用铸铁或铸钢铸造。扣板本身没有弹性，靠螺栓紧固产生的压力扣压钢轨。70 型扣板式扣件和普通木枕 K 型扣件是这类扣件。这种扣件的特点是扣压件造价低廉，缺点是扣板在轮轨作用力的反复冲击下扣压容易松弛。

2）弹片式扣件

这类扣件的钢轨扣压件采用弹片，弹片一般是采用弹簧扁钢制成，日本是采用弹片式扣件最多的国家，法国 NABLA 弹片式扣件，见图 2.4-8。我国在 20 世纪 60 年代曾经研制了 67 拱形弹片式扣件，见图 2.4-9。由于使用效果不良，逐步淘汰。北京地铁 1、2 号线 DTⅠ型扣件就是弹片扣压件。

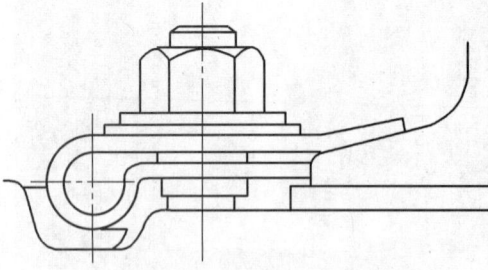

图 2.4-8　NABLA 弹片扣件

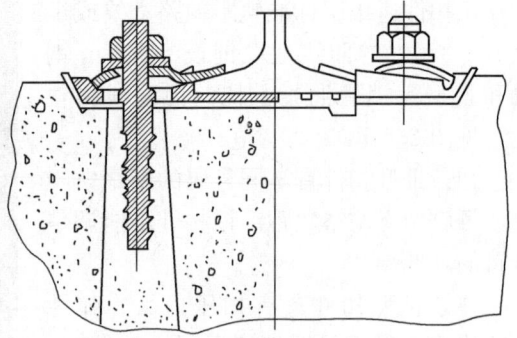

图 2.4-9　67 拱形弹片式扣件

3）弹条式扣件

图 2.4-10　荷兰 DE 型弹条扣件

这类扣件的扣压件是弹条，弹条一般采用弹簧圆钢制成，也有个别采用方形弹簧钢制造。我国的弹条Ⅰ、Ⅱ、Ⅲ型扣件均属于这种扣件，并且采用弹簧圆钢制造。荷兰的 DE 型扣件，弹条采用方形截面的弹簧钢制成，见图 2.4-10。圆形截面的弹簧钢在受扭转方面优于方形截面弹簧钢，而方形截面的弹簧钢受弯曲方面优于圆形截面弹簧钢。我国地铁 DTⅥ2 型、DTⅢ2 型、DJKS-1 型和单趾弹簧扣件等的扣压件均是弹条。

4. 按扣件与轨下基础的联结方式分

1）硫磺锚固螺栓联结方式

硫磺锚固的联结形式是我国发明的一种扣件联结方式，采用按照一定比例混合的硫磺、砂子、水泥并将其加热至 130～160℃ 融化拌合成硫磺水泥砂浆，将螺纹道钉浇筑在混凝土轨枕的预留孔中，再在螺纹道钉上部安装螺母紧固扣压件。

2）预埋绝缘套管的联结方式

在混凝土轨枕生产过程中或者在混凝土轨下基础浇筑中将绝缘套管埋入，而后将螺旋道钉拧入套管中，螺旋道钉既可以直接紧固扣压件也可以紧固铁垫板。德国 VOSSLON 扣件，见图 2.4-11。我国地铁常用的 DTVI2 型扣件，见图 2.4-12，均采用预埋绝缘套管联结。这种扣件有很高的电气绝缘性能，扣件拆卸方便。

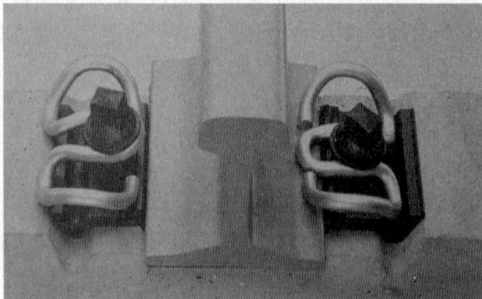

图 2.4-11　德国 VOSSLON 扣件

图 2.4-12　DTⅥ2 型扣件

3）预埋铁座的联结方式

在轨枕生产中把扣件的铁座预埋进去，在铺轨施工现场将扣压件（弹条或扣板）安装到铁座上，扣压件前端扣压钢轨，国铁弹条Ⅲ型和地铁DTⅥ3型扣件是这种型式。这类扣件保持轨距的能力很强，但是调整钢轨高低的能力小。

2.4.3　扣件各部件的作用

不分开式扣件一般包括扣压件、轨距保持件、绝缘件、弹性垫层和联结部件等5大部件，分开式扣件一般还有铁垫板。个别扣件会省去联结件，例如弹条Ⅲ型扣件。扣件各部件的联合作用才能将钢轨固定在轨下基础上，保持钢轨的稳定。

1. 扣压件

扣压件是扣件中的关键零部件，它的主要作用就是将钢轨扣压在轨下基础上，给钢轨施加一定大小的扣压力，使钢轨与轨下基础和扣压件之间产生足够大的纵向摩擦阻力阻止钢轨的爬行。

2. 轨距保持件

轨距保持件的主要功能是保持轨距，它不能独立发挥作用，必须与扣件中的其他部件共同作用。一般它起着钢轨横向定位和传递横向力的作用，兼具调整轨距的功能。它通常是一端扣压在钢轨上或抵靠轨底，另一端抵靠在混凝土轨枕挡肩上，其上安装有弹条，通过螺栓施加的竖直力紧固。

3. 绝缘件

绝缘件的主要作用是电气绝缘，确保轨道电路安全，防止产生迷流。钢轨两侧的绝缘件还兼具调整轨距和传递轮轨横向力的作用。

4. 弹性垫层

在不带铁垫板的不分开式扣件中弹性垫层设置于轨下，而在带铁垫板的不分开式扣件和分开式扣件中一般有两层弹性垫层，刚度较大的一层位于轨下，一层位于铁垫板下。其作用是减缓钢轨对其下部基础的振动冲击，减小残余变形的累积，延长轨道各部件的寿命，同时减小钢轨的侧倾。

5. 联结部件

扣件中的联结部件一般是指各种带螺纹的紧固件，包括螺栓、螺母、垫圈等。其作用是通过拧紧螺母施加紧固力，将扣压件或轨距保持件牢牢地固定，防止松动。

6. 铁垫板

铁垫板是分开式扣件中必不可少的部件。它一方面为扣压件提供安装基础，另一方面与道床等下部基础相联结。它起着分布和传递钢轨各向力的作用，将各种力传递到下部基础。

2.4.4　扣件结构设计

1. 扣件结构型式确定

在扣件结构设计前应首先研究确定扣件的大致结构型式。除了钢轨类型以外，主要考虑轨下基础型式。轨下基础型式影响扣件基本结构型式的选择。如果轨下基础是碎石道床，那么钢轨就需要支承在木枕或混凝土轨枕上。由于碎石道床钢轨高低的调整可以通过捣固抬道作业实现，因此对扣件的钢轨高低调整要求不高。另外碎石道床弹性比较好，对扣件的弹性要求也不很高，一般可以选择不分开式结构。如果轨下基础是整体道床，扣件的联结套管或铁座一般是预埋在浇筑于整体道床内的短（或长）混凝土枕内，由于支承整体道床的构筑物可能会产生沉降变形，使维修困难，因此对扣件在调整钢轨高低和轨距的能力方面要求很高，一般选择分开式扣件。

其次要考虑扣压件的紧固方式，是无螺栓紧固还是有螺栓紧固。一般来讲，机械化作业水平高，基础稳固，钢轨高低调整量要求不大的，可以采用无螺栓紧固方式。反之则采用有螺栓紧固方式。

再次要考虑扣件与下部基础的联结方式，解决扣件联结和力的传递问题。对于分开式扣件一般可采用预埋套管的方式，对于不分开式扣件既可采用预埋套管也可采用预埋铁座的联结方式。

当上面的几个问题解决后，扣件的基本结构型式也就确定，接下来可以开展扣件的各部件设计。

2. 扣件设计参数的确定

扣件的设计参数是各部件设计和验收的依据，主要设计参数包括：扣件节点刚度、扣件节点承受横向水平力的能力、扣件节点抵抗钢轨纵向爬行阻力、扣件的抗疲劳荷载的能力、扣件调整钢轨高低和轨距的能力，以及扣件电气绝缘能力。

1）扣件刚度

扣件节点刚度包括静刚度和动刚度。静刚度是使扣件节点产生单位弹性下沉时所需要施加于扣件节点的垂直力。它是衡量扣件弹性的重要指标，刚度越小则弹性越好。动刚度是反映扣件在往复循环动荷载作用下垂直方向的刚度，它反映扣件在工作状态下的刚度。有了静刚度和动刚度便得到动静刚度比。一般以动静刚度比来衡量扣件的弹性。

扣件刚度一般由两部分决定，一部分是由扣压钢轨的弹性扣压件的刚度，另一部分是钢轨下部弹性垫层的刚度。对于带铁垫板的分开式扣件一般轨下和铁垫板下各有一层弹性垫层。两层弹性垫层可以看做是串联弹簧，轨底上方的弹性扣压件和轨下部分弹性垫层可以看做是并联弹簧。钢轨上下这两部分弹簧共同构成扣件的刚度。

扣件刚度对减振效果和轨枕的静、动压力大小有直接影响，刚度小的扣件减振效果好，轨枕静、动压力小，但是刚度过小钢轨动态变形会较大。所以，扣件的刚度选择应兼顾各方面要求，合理取值。

扣件刚度的确定通常参照国内外同类扣件的刚度值初定一个刚度目标范围，然后进行扣件刚度的设计，结合室内刚度试验结果修改设计，直到满足设计刚度要求。目前国内外典型扣件的设计刚度值，见表 2.4-1。

国内外典型扣件的设计刚度值 表 2.4-1

扣件名称	设计静刚度值 （kN/mm）	动静刚度比	使用范围	备　注
VOSSLON W14	≥50	—	普通铁路用	
PANDROL	EVA：500 橡胶：70	—	普通铁路用	"e" 12 型

扣件名称	设计静刚度值（kN/mm）	动静刚度比	使用范围	备注
LORD 扣件	14～17	<1.5	地铁减振用	
VANGUARD 扣件	5～10	<1.2	地铁减振用	
科隆蛋型扣件	5～20	<1.3	地铁减振用	
弹条Ⅰ型扣件	采用 10～11 型橡胶垫板：90～120；采用 10～17 型橡胶垫板：55～80；采用 12～17 型橡胶垫板：40～60	—	10～11 型橡胶垫板用于：$R<600m$ 曲线　10～17 型橡胶垫板用于：$R\geqslant600m$ 曲线及直线　12～17 型橡胶垫板用于：钢轨接头处	60kg/m 钢轨用
弹条Ⅱ型扣件				60kg/m 钢轨用
弹条Ⅲ型扣件				60kg/m 钢轨用
DTⅥ2 型扣件	20～40	<2.0	一般地铁用	
Ⅲ型减振器扣件	10～20	<1.2	地铁减振用	

2）扣件承受的横向力和垂直力

扣件所承受的横向力和垂直力的大小与车辆的轴重、固定轴距、列车速度、线路曲线半径、纵向坡度、钢轨的横向抗弯刚度、扣件的垂向刚度等有关。目前尚没有一个成熟的理论计算公式来确定扣件所承受的横向力大小。国际上一般通过经验公式估算，然后结合现场的动力测试加以验证。

（1）欧洲铁路联盟（UIC）的估算方法

作用于单个扣件的垂直力（即枕上压力）R 和横向力 H 可用下列公式估算：

$$R=0.5\psi w$$
$$H=0.4R（大半径曲线）$$
$$H=0.6R（小半径曲线）$$

式中　ψ——速度系数，取 1.5；

　　　w——名义轮重。

在欧洲，货车名义轴重为 200kN，此时 $R=75$kN。

对于直线或大半径曲线　$H=30$kN。

对于小半径曲线　$H=45$kN。

日本扣件的设计方法：

日本扣件设计中先按列车轴重计算轮轨垂直力 V 和轮轨横向力 L，再按照弹性点支承连续梁计算或用经验公式估算扣件垂直力 R 和扣件横向力 H。

设计中考虑如下荷载：

① A 荷载（极限荷载，用于研究安全性的要求）：

$$V = 1.3w$$

$$L = 0.8w$$

式中　w——名义轮重。

②B荷载（正常荷载L作用方向指向轨道外侧，用于研究耐久性的要求）：

$$V = 1.15w$$

$$L = 0.4w$$

③C荷载（正常荷载，L作用方向指向轨道内侧）：

$$V = w$$

$$L = 0.2w$$

根据弹性点支承理论计算荷载作用点下扣件垂直力R和横向力H。

如果轮轨垂直力V和轮轨横向力L已知，扣件垂直力R和扣件横向力H也可以用下式估算：

$$R = a_1 V$$

$$H = a_2 L$$

式中　a_1——轮轨垂直力传递系数，一般为 0.4；

　　　a_2——轮轨横向力传递系数，对于扣件横向弹性较好的扣件，a_2可取 0.5，对于扣件横向弹性较差的扣件，a_2可取 0.8。

（2）轨道实测

北京地铁轨道实测资料$R=200$m 曲线扣件所受的横向力一般为 20～30kN。广州地铁的测试资料，$R=300$m 曲线扣件所承受的横向力一般在 14～15kN，约有 1‰车辆产生的横向力超过 18kN。扣件所受的垂直力，一般在 23～30kN，偶然可能会超过 30kN。

（3）国际减振扣件设计荷载情况

国际减振扣件产品有美国洛德扣件、德国"科隆蛋"扣件和澳大利亚 DELKOR 扣件，设计荷载情况，见表 2.4-2。

减振扣件设计荷载 表 2.4-2

扣件名称	洛德扣件	科隆蛋扣件	DELKOR 扣件
一般垂直荷载（kN）	10～45	10～40	15～30
一般横向荷载（kN）	10～25	10～23	10～18

综上分析地铁扣件的一般设计荷载为：

垂直荷载：15～35kN；

横向荷载：20～30kN。

3）扣件抵抗钢轨纵向爬行能力

扣件的主要功能之一是将钢轨以适当的扣压力固定在轨下基础上，防止钢轨纵向和横向移动。阻止钢轨横向移动的方式有挡肩式、横向摩擦力平衡式或连接部件承剪抗弯式以及它们的组合式。扣件的纵向阻力是指扣件抵抗钢轨延线路方向爬移的能力，这种能力要求扣件对钢轨不同的轨下基础和不同的钢轨联结方式（例如焊接长钢轨），在温度力、轮轨作用力以及钢轨与其下基础不同的温度伸缩情况下，能够保证钢轨的纵向位移在规范允许的范围内。

扣件的纵向爬行阻力的确定受几种因素的控制，一般包括：

（1）轨下基础型式。是碎石道床还是整体道床，木枕、混凝土轨枕等；

（2）钢轨联结型式。钢轨是焊接还是采用夹板联结等；

（3）轨下结构型式。轨道是铺设在土路基上还是混凝土梁上，对混凝土梁又区别为简支梁还是连续梁；

（4）气温情况。即一年中钢轨的最大温差变化情况；

（5）轨下弹性垫层的情况。不同的弹性垫层材料对扣件抗纵向阻力值的影响较大，两者应一起研究考虑。

当钢轨产生纵向爬行时，必须克服钢轨与扣件扣压件的摩擦阻力及与轨下弹性垫层的摩擦阻力。一组扣件的防爬行阻力 F：

$$F = 2P(\mu_1 + \mu_2) = 2P\mu$$

式中　P——单个扣压件的扣压力；

μ_1——轨底上表面与扣压件的摩擦系数；

μ_2——轨底下表面与轨下弹性垫层的摩擦系数；

μ——综合摩擦系数。

在用橡胶垫板做弹性垫层的情况下，综合摩擦系数 μ 为 0.8～0.85。当根据不同的轨下基础需要减小扣件的纵向阻力时，可以采用多种方式，例如降低扣压件的扣压力、减小 μ_1、μ_2。减小 μ_1、μ_2 系数的方法等多种。

4）扣件疲劳性能

扣件的疲劳性能主要是指扣件耐受重复荷载的能力，通过扣件组装疲劳试验验证扣件在设计的横向力和垂直力的循环作用下保持轨距的能力和各部件的耐久性。

一般情况下要求扣件组装经过 200、300 万次规定的循环荷载作用后，轨距变化应符合规范要求，各部件均不得出现破损。

5）扣件调整量

扣件应有适量的高低和轨距的调整量，原因如下：

（1）扣件的各部件制造存在误差；

（2）轨下基础和轨道铺设存在施工误差；

（3）轮轨磨耗也会导致轨距或钢轨高低和水平超限；

（4）曲线地段外轨超高与行车速度不匹配等。

因此，要满足轨道几何尺寸的要求，很多情况下需要对钢轨的高低和轨距进行调整。

扣件的轨距调整能力要根据车辆、钢轨、线路平面情况、轨下基础和维修要求等综合考虑。一般扣件轨距负向调整量较大，正向轨距调整量较小。负向调整量用于钢轨侧磨导致轨距扩大后调整至允许轨距，正向调整量主要是解决施工或制造偏差导致轨距偏小的情况。

城市轨道交通整体道床用扣件轨距调整量不宜小于＋8mm、－12mm。

扣件对钢轨的高低调整能力，主要考虑轨下基础型式，对于整体道床的轨下基础，调高量不宜小于＋30mm。

2.4.5　扣件试验

1. 扣件零部件试验

1）弹性扣压件的弹性试验、扣压力及疲劳强度试验。

2）T形螺栓、螺旋道钉、尼龙套管的抗拉（拔）强度试验。

3）弹性垫板的强度、拉伸强度、扯断伸长率、吸油膨胀率、静刚度、动刚度等试验。

4）绝缘轨距块、尼龙套管、弹性垫层的绝缘性能试验。

扣件部件试验方法在轨道设备主要技术要求中均有详细描述，这里不再介绍。

2. 扣件组装整体刚度试验

将一组扣件和短钢轨组装在短轨枕或长轨枕一端，使短钢轨垂直于轨枕承轨面，固定好轨枕。然后在短钢轨顶面施加刚度测试的额定荷载。预先加载 0.5kN，百分表回零，再缓慢加载至额定荷载，中间每增加 5kN 或 10kN 记录一次垂向变形，然后卸载，循环 3 次。最后计算出预加荷载与额定荷载范围内的平均割线静刚度值。组装扣件静刚度一般做 3 组扣件试验，取其平均值。

3. 扣件组装疲劳试验

1）疲劳荷载

疲劳荷载应使扣件所受的垂向、横向荷载接近于扣件使用所受的最大可能垂向、横向荷载，荷载循环 300 万次，加载频率 4Hz。

2）疲劳试验方法

（1）若扣件为错列式布置（即 2 个承受横向力的部件不在轨枕的轴线上），为使加载后钢轨不歪斜，一般应预先将 4 组扣件用 2 根矮钢轨（高度 100mm）分别组装在 2 根长轨枕上，轨距 1435mm。若 2 个承受横向力的部件同在一条垂直钢轨的轴线上，可用一根长轨枕或一对短轨枕做疲劳试验。

（2）采用加力架施加疲劳荷载。若 2 根长轨枕，加力架置于两扣件间距中间。若一根长轨枕或一对短轨枕，加力架置于承受横向力部件的轴线上。

（3）在完成最先 1000 次循环荷载后，卸载测量两钢轨两端的轨距，取其平均值，记为初始轨距 G_1，经 300 万次荷载循环后卸载，再测量轨距记为疲劳后轨距 G_2，轨距扩大量为 $\Delta G = G_2 - G_1$，轨距扩大量不应超过 6mm。经 300 万次循环荷载试验后，扣件的所有零部件不应出现损坏情况。

4. 扣件组装爬行阻力试验

爬行阻力试验方法：

1）方法一

用 2 组新扣件（未经过疲劳试验）将短钢轨安装在 2 根轨枕上采用液压千斤顶在短钢轨一端轴向施加荷载，用千分表测量短钢轨位移。当短钢轨发生滑移时的荷载，即是 2 组扣件的爬行阻力。重复试验 3 次，取其平均值，即是一组扣件的爬行阻力。

2) 方法二

用一组扣件将短钢轨安装在轨枕上，在短钢轨一端施加荷载，当钢轨发生滑移时，该荷载即是本组扣件的防爬阻力。然后换装另一组扣件再做一次试验，将两组扣件的防爬阻力平均，即是该扣件的爬行阻力值。

一般城市轨道交通地铁线路的地下线、地面线正线用扣件的爬行阻力不应小于8kN/组。

2.4.6 地铁扣件

1. 正线扣件

1) 正线地下线扣件

地下线一般采用整体道床，正线扣件多采用弹性分开式结构扣件，见表2.4-3。

正线地下线扣件

表2.4-3

序号	扣件名称	扣件类型及适用地段	扣压件	扣件结构	主要性能	铺设时间地点	使用情况	备注
1	DTⅠ型扣件	弹性分开式结构；50kg/m钢轨、短枕式整体道床	8mm厚弹片	有挡肩式；设2个T24螺旋道钉及玻璃钢套管；M22T形螺栓拧紧弹片；采用六边形轨距块调整轨距	垂向静刚度40～60kN/mm；钢轨爬行阻力11kN/组；轨距调整量＋8mm，－12mm；钢轨调高量20mm	1965年在国铁京广线易家湾明峒试铺；1966年和1972年分别在北京地铁1、2号线和朝鲜平壤地铁铺设	仍在线使用，但是扣压力及弹性均有所损失	
2	DTⅤ型扣件	弹性分开式结构；50kg/m钢轨、短枕式整体道床	无螺栓DTⅠ弹条(Φ18mm)，单个弹条扣压力8.2kN，弹程10.2mm	更新改造可替换DTⅠ型扣件，利用原DTⅠ型扣件配套的短轨枕及预埋的玻璃钢套管；因原套管位于铁垫板右侧，所以弹条设计为左入式；取消T形螺栓	垂向静刚度40～60kN/mm；钢轨爬行阻力11kN/组；轨距调整量＋8mm，－12mm；钢轨调高量20mm	2006年和2014年在北京地铁1、2号线更新改造中铺设	经多年运营使用，技术状况良好	
3	DTⅡ型扣件	弹性不分开式结构；50kg/m钢轨地下线短枕式整体道床	8mm厚弹片	有挡肩式扣件；设2个T24螺旋道钉及玻璃钢套管；M22T形螺栓紧固弹片；采用六边形轨距块调整轨距	垂向静刚度40～60kN/mm；钢轨爬行阻力8kN/组；轨距调整量＋8mm，－12mm；钢轨调高量20mm	1972年铺设在北京地铁2号线西环车公庄站及前后地段	经20多年运营使用，扣压力损失较大	

续表

序号	扣件名称	扣件类型及适用地段	扣压件	扣件结构	主要性能	铺设时间地点	使用情况	备注
4	DTⅡ改型扣件	弹性分开式结构;50kg/m钢轨地下线短枕式整体道床	8mm厚弹片	能替换DTⅡ型扣件,在DTⅡ型扣件基础上加设铁垫板,改为弹性分开式结构	垂向静刚度40~60kN/mm;钢轨爬行阻力8kN/组;轨距调整量+8mm,-12mm;钢轨调高量20mm	2000年铺设在北京地铁2号线西环车公庄站及前后地段	虽然较原DTⅡ型扣件有较大改进,但扣压件为弹片,仍不理想	
5	DTⅤ2型扣件	弹性分开式结构;50kg/m钢轨地下线枕式整体道床	无螺栓DI弹条(Φ18mm)单个弹条扣压力8.2kN,弹程10.2mm	更新改造后替换DTⅡ改型扣件,利用原DTⅡ改型扣件配套的短轨枕及预埋的玻璃钢套管;采用绝缘轨距垫调整轨距	垂向静刚度30~50kN/mm;钢轨爬行阻力10kN/组;轨距调整量+12mm,-16mm;钢轨调高量25mm	2014年铺设在北京地铁2号线西环车公庄站及前后地段	使用状况良好	
6	DTⅢ型扣件	弹性分开式结构;60kg/m钢轨地下线整体道床	国铁Ⅰ型ω弹条(Φ13mm),单个弹条的扣压力为8kN,弹程9mm	有挡肩式;设T形螺栓;采用T24螺旋道钉和绝缘轨距垫	钢轨爬行阻力大于11kN/组;垂向静刚度20~40kN/mm;轨距调整量+8mm,-12mm;钢轨调高量30mm	1987年铺设在上海地铁1、2号线	至今使用状况良好	
7	DTⅢ2型扣件	弹性分开式结构;60kg/m钢轨地下线整体道床	国铁Ⅰ型ω弹条(Φ13mm)	无挡肩式;采用T30螺旋道钉和绝缘轨距垫	钢轨爬行阻力大于11kN/组;垂向静刚度20~40kN/mm;轨距调整量+8mm,-12mm;钢轨调高量30mm	2000年铺设在上海3号线、2013年铺设在无锡地铁1号线。上海地铁正线定型扣件的型式与其类似	目前使用状况良好	
8	DTⅣ型扣件	弹性分开式结构;50kg/m钢轨地下线短枕式整体道床	国铁Ⅰ型ω弹条(Φ13mm)	有挡肩式;为与DTⅠ型扣件相互替换,短轨枕挡肩角度和预埋套管位置与DTⅠ型扣件相同;设有T形螺栓;采用绝缘轨距垫及套管双绝缘	垂向静刚度30~50kN/mm;钢轨爬行阻力11kN/组;轨距调整量+8mm,-12mm;钢轨调高量30mm	1986年铺设在北京地铁1号线复兴门~西单站	至今使用状况良好	
9	DTⅣ2型扣件	弹性分开式结构;50kg/m钢轨整体道床	国铁Ⅰ型ω弹条(Φ13mm)	无挡肩式;采用T30螺旋道钉和绝缘轨距垫	垂向静刚度20~40kN/mm;钢轨爬行阻力11kN/组;轨距调整量+8mm,-12mm;钢轨调高量30mm	2005年铺设在长春轻轨三期工程	至今使用状况良好	

续表

序号	扣件名称	扣件类型及适用地段	扣压件	扣件结构	主要性能	铺设时间地点	使用情况	备注
10	DTⅥ型扣件	弹性分开结构；60kg/m钢轨短枕式整体道床	DI弹条（Φ18mm）	有挡肩式；专为地铁研制了DI弹条（Φ18mm）；弹条插入座表面设有弹条止退簧；采用T24螺旋道钉；采用绝缘轨距垫和套管双绝缘	垂向静刚度30～50kN/mm；钢轨爬行阻力11kN/组；轨距调整量＋8mm，－12mm；钢轨调高量30mm	1998年铺设在北京地铁1号线西单站以东至隧道口；上海地铁2号线试铺200m	至今使用状况良好	
11	DTⅥ2型扣件	弹性分开式结构；60kg/m钢轨地下、地面线整体道床	DI弹条（φ18mm）	无挡肩式，在DTⅥ型扣件基础上优化设计；采用T30螺旋道钉及单层重型弹簧垫圈；轨下设计12mm厚弹性垫板，板下设16mm厚的弹性垫板。（轨下垫板由橡胶改聚酯后，板下垫板厚度改为14mm）	垂向静刚度20～40kN/mm；钢轨爬行阻力11kN/组；轨距调整量＋8mm，－12mm；钢轨调高量30mm	2001年铺设在北京地铁13号线等后建工程及南京、天津、沈阳、杭州等多个城市地铁	经多年运营使用，技术状况良好	
12	DTⅥ2-1型扣件	弹性分开式结构；60kg/m钢轨地下、高架线整体道床	DI弹条（φ18mm）	扣件结构与DTⅥ型扣件基本相同，通过将弹条后座适当降低实现减少弹条扣压力	单个弹条的扣压力为5kN，钢轨爬行阻力7kN/组；垂向静刚度20～40kN/mm；轨距调整量＋8mm，－16mm；钢轨调高量30mm			
13	DTⅥ2-2型扣件	弹性分开式结构；60kg/m钢轨地下、高架线整体道床	DI弹条（φ18mm）	扣件结构与DTⅥ2型扣件基本相同，因与预应力长枕配套使用，将T30螺旋道钉对称布置	垂向静刚度20～40kN/mm；钢轨爬行阻力11kN/组；轨距调整量＋8mm，－12mm；钢轨调高量30mm	2008年铺设在北京地铁机场线	经多年运营使用，技术状况良好	
14	DTⅥ2-3型扣件	弹性分开式结构；60kg/m钢轨地下、高架线整体道床	DI弹条（φ16mm），单个弹条的扣压力为5kN	扣件结构与DTⅥ2型扣件基本相同，仅扣压件为新研制的Φ16mm弹条	垂向静刚度20～40kN/mm；钢轨爬行阻力7kN/组；轨距调整量＋8mm，－16mm；钢轨调高量30mm	—	只经过室内各项试验，能满足地下线、高架线整体道床地段的使用需要，尚未铺设	

续表

序号	扣件名称	扣件类型及适用地段	扣压件	扣件结构	主要性能	铺设时间地点	使用情况	备注
15	单趾弹簧扣件	弹性分开式结构；60kg/m 钢轨地下线整体道床	DI 弹条（φ20mm）	无挡肩式；采用 T30 螺旋道钉和绝缘轨距块	单个弹条的初始扣压力为 13～15kN，钢轨爬行阻力大于 7kN/组；垂向静刚度 40～50kN/mm；轨距调整量＋14mm，－18mm；钢轨调高量 20mm	2004 年铺设在广州地铁 1 号线及后建线，其他城市地铁线亦有铺设	至今使用状况良好	中铁第二设计院设计
16	弹条Ⅲ型扣件	弹性分开式结构；60kg/m 钢轨地下线整体道床	采用国铁Ⅲ型弹条（φ20mm），单个弹条的初始扣压力为 10～13kN	扣压力大，对轨下垫板弹性发挥不利	钢轨爬行阻力大于 12kN/组；垂向静刚度 40～50kN/mm；轨距调整量＋14mm，－18mm；钢轨调高量 20mm	2007 年铺设在广州地铁 2、3 号线及后建线，其他城市地铁线亦有铺设	经过多年运营使用，技术状况良好	中铁工程设计咨询集团有限公司设计
17	新型减振扣件	弹性分开式结构；60kg/m 钢轨地下线整体道床	DI 弹条（φ18mm）	无挡肩式；弹条、T30 螺旋道钉、轨距垫等与 DT Ⅵ₂ 型扣件一致；承轨板与底板之间设有橡胶减振层，并与承轨板和底板硫化为一体，减振层设多个纵向 φ6mm 圆孔，充分利用橡胶的剪切变形，具有良好弹性；承轨板设有纵、横向限位措施	单个弹条的扣压力为 8.25kN，钢轨爬行阻力 11kN/组；垂向静刚度 10～15kN/mm；轨距调整量＋8mm，－12mm；钢轨调高量 30mm。通过室内各项试验，较一般扣件减振 5dB	可铺设在环保要求减振≤5dB 地段		
18	IRM-1 型扣件	弹性分开式结构，UIC45kg/m 钢轨整体道床	国铁Ⅰ型 ω 弹条（φ13mm）	无挡肩式；采用 T30 螺旋道钉；M22T 形螺栓；绝缘轨距垫	单个弹条的扣压力为 9kN，钢轨爬行阻力 11kN/组；垂向静刚度 20～40kN/mm；轨距调整量＋8mm，－12mm；钢轨调高量 30mm	1997 年铺设在伊朗德黑兰地铁 1、2 号线	使用情况良好	

序号	扣件名称	扣件类型及适用地段	扣压件	扣件结构	主要性能	铺设时间地点	使用情况	备注
19	嵌套式双弹性减振Ⅰ型扣件	弹性分开式结构；50、60kg/m 钢轨整体道床	DI 型弹条或ω弹条	无挡肩式；采用内外铁垫板嵌套式结构，外圈铁垫板通过 T30 螺旋道钉固定在轨枕上，内圈铁垫板被外圈铁垫板包裹约束，板下弹性垫板不受预压，可实现较低的刚度，提供较好的弹性	弹条类型及扣压力可根据工程条件灵活选择，扣件垂向静刚度 10～25kN/mm 可根据需要灵活确定（更高的刚度需求则直接采用常规的弹性分开式扣件结构即可）；轨距调整量+8mm，-16mm；钢轨调高量 30mm	2013 年试铺于上海地铁张江实训线	实训线铺设及使用近 2 年，状况良好。在线实测减振效果 6.3～7dB，其余方面如钢轨振动水平、轮轨噪声、行车安全性、平稳性等方面均与常规弹性分开式结构扣件一致或更优	
20	ZX-3 型扣件	弹性分开式结构；60kg/m 钢轨地下线整体道床	国铁Ⅲ型（Φ20mm）弹条	无挡肩式；T30 螺旋道钉；绝缘轨距块与锯齿垫圈调整轨距	钢轨爬行阻力大于 12kN/组；垂向静刚度 20～40kN/mm；轨距调整量+20mm，-28mm；钢轨调高量 30mm	地铁多条线铺设	使用状况良好	中铁工程设计咨询集团有限公司设计

2）正线高架线整体道床地段用扣件

高架线一般采用整体道床，扣件多采用弹性分开式结构。为减小扣件纵向阻力，适当地段轨下设摩擦系数小的复合垫板。高架线整体道床地段用扣件，见表 2.4-4。

正线高架线整体道床地段用扣件　　　　　　　表 2.4-4

序号	扣件名称	扣件类型及适用地段	扣压件	扣件结构	主要性能	铺设时间地点	使用情况	备注
1	DTⅦ型扣件	弹性分开式结构；60kg/m 钢轨高架线整体道床	ω 弹条（φ13mm），单个弹条扣压力为 4kN	专为地铁高架线研制的有挡肩式扣件；φ13mm 弹条扣压力小；设绝缘轨距垫；用轨下复合垫板调整纵向阻力	钢轨爬行阻力 6kN/组；垂向静刚度 30～50kN/mm；轨距调整量+8mm，-16mm；钢轨调高量 20mm	2001 年铺设在上海地铁 2 号线	至今使用状况良好	

续表

序号	扣件名称	扣件类型及适用地段	扣压件	扣件结构	主要性能	铺设时间地点	使用情况	备注
2	DTⅧ2型扣件	弹性分开式结构；60kg/m钢轨高架线整体道床	ω弹条（Φ13mm），单个弹条扣压力为4kN	在DTⅧ型扣件基础上优化设计，改为无挡肩式；采用T30螺旋道钉	单个弹条扣压力为4kN，钢轨爬行阻力6kN/组；垂向静刚度30～50kN/mm；轨距调整量+8mm，−16mm；钢轨调高量30mm	2001年铺设在北京地铁13号线及后建线，其他城市地铁线如南京、杭州、沈阳等亦铺设	至今使用状况良好	
3	高弹性减振扣件	弹性分开式结构；60kg/m钢轨高架线整体道床	ω弹条（Φ13mm），单个弹条扣压力为4.5kN	无挡肩式；上下铁垫板间设有弹性垫板，上铁垫板设有限位	钢轨爬行阻力5kN/组；垂向静刚度20～40kN/mm；轨距调整量+8mm，−16mm；钢轨调高量30mm	2003年铺设在天津地铁1号线	至今使用状况良好	
4	WJ-2型扣件	弹性分开式结构；60kg/m钢轨高架线整体道床	ω弹条（Φ13mm），单个弹条扣压力为4.5kN	无挡肩式；不设轨距垫，利用铁垫板长钉孔调整轨距，当螺旋道钉松动时，对保持轨距不利	钢轨爬行阻力5kN/组；垂向静刚度40～80kN/mm；轨距调整量±16mm；钢轨调高量30mm	北京地铁昌平线及广州、深圳等地铁线铺设	至今使用状况良好	铁道科学研究院设计
5	QG-Ⅱ型扣件	弹性不分开式结构；50kg/m钢轨混凝土枕碎石道床	ω弹条（Φ13mm），单个弹条扣压力4kN，弹程8.5mm	采用轨距挡板及挡板座调整轨距	轨距调整量+16mm，−8mm；钢轨调高量10mm	2002年铺设在大连快速轨道交通3号线高架线及地面线混凝土枕碎石道床地段	经多年的运营使用，扣件技术状况良好	UCD与铁道科学研究院合作研究设计

3）正线地面线碎石道床地段用扣件

正线地面线多采用碎石道床，木枕碎石道床地段一般采用弹性分开式扣件；混凝土枕碎石道床地段一般采用弹性不分开式扣件。地面线碎石道床地段主要采用的扣件，见表2.4-5。

正线地面线碎石道床地段用扣件　　　　表2.4-5

序号	扣件名称	扣件类型及适用地段	扣压件	扣件结构	主要性能	铺设时间地点	使用情况	备注
1	DTⅢ3型扣件	弹性分开式结构；60kg/m钢轨木枕碎石道床	国铁Ⅰ型ω弹条（Φ13mm）	设绝缘轨距垫，铁垫板下设5mm厚塑料垫板；用4个M24螺纹道钉与木枕联结	轨距调整量+4、−8mm；钢轨调高量20mm	1999年铺设在北京地铁1号线复八线段	至今使用状况良好	

序号	扣件名称	扣件类型及适用地段	扣压件	扣件结构	主要性能	铺设时间地点	使用情况	备注
2	DTⅥ1型扣件	弹性分开式结构；60kg/m钢轨木枕碎石道床	DI弹条（φ18mm）	弹条、轨距垫与DTⅥ2型扣件相同；铁垫板下设5mm厚塑料垫板；设4个螺纹道钉与木枕联结	轨距调整量＋4mm、－8mm；钢轨调高量10mm	1998年，北京地铁13号线铺设	至今使用状况良好	
3	DTⅥ3型扣件	弹性不分开式结构；60kg/m钢轨混凝土枕碎石道床	DI弹条（φ18mm）	无挡肩式；弹条、轨距垫与DTⅥ2型扣件相同；在混凝土枕内预埋铁座	钢轨爬行阻力11kN/组；垂向静刚度60～80kN/mm；轨距调整量＋4mm、－8mm；不能调高	2001年铺设在北京地铁13号线	经多年运营使用，技术状况良好；调高需起道捣固	
4	弹条Ⅰ型扣件	弹性不分开式结构；50kg/m钢轨、60kg/m钢轨混凝土枕碎石道床	国铁Ⅰ型ω弹条（φ13mm）	国铁定型扣件，有挡肩式；设轨距挡板和挡板座调整轨距；为通用和增加扣件弹性，轨下弹性垫板采用地铁常用扣件的轨下弹性垫板	单个弹条扣压力8～9kN；用于50kg/m钢轨，轨距调整量＋16mm、－8mm；用于60kg/m钢轨，轨距调整量＋12mm、－8mm；钢轨调高量10mm	一般混凝土枕碎石道床地段采用	使用技术状况良好	国铁定型扣件

2. 车辆段（车场线）扣件

1）车辆段库外线用扣件

早期库外线木枕上采用普通道钉垫板扣件，后采用弹性分开式结构扣件；混凝土枕上均采用弹条Ⅰ型扣件。车辆段库外线用扣件，见表2.4-6。

车辆段库外线用扣件　　　　　　　　　　　　　　　　　表2.4-6

序号	扣件名称	扣件类型及适用地段	扣压件	扣件结构	主要性能	铺设时间地点	使用情况	备注
1	普通道钉垫板扣件	弹性不分开式结构；木枕碎石道床	普通道钉	国铁定型扣件，普通垫板，用道钉固定在木枕上；根据需要确定内外侧道钉数	扣件本身不提供弹性，采用道钉孔加塞木条调整轨距	1966年北京地铁1、2号线车场线铺设；2006年已改造拆除	使用初期还好，时间久了，道钉易浮起，易损坏木枕，不易保持轨距	

序号	扣件名称	扣件类型及适用地段	扣压件	扣件结构	主要性能	铺设时间地点	使用情况	备注
2	DTⅣ1型扣件	弹性分开式结构；50kg/m钢轨木枕碎石道床	国铁Ⅰ型ω弹条（φ13mm），单个弹条扣压力为8kN	设M22 T形螺栓、绝缘轨距垫；轨下设10mm厚橡胶垫板；铁垫板安装弹条部位特殊设计，使中间、接头扣件一致；板下设5mm厚塑料垫板；采用4个M24螺纹道钉与木枕联结	钢轨爬行阻力大于11kN/组；轨距调整量＋4mm，－8mm；钢轨调高量20mm	一般车场线木枕碎石道床地段多采用。2006年在地铁1号线改造及长春轻轨铺设	至今使用状况良好	
3	DTⅣ3型扣件	弹性分开式结构，43kg/m钢轨木枕碎石道床	国铁Ⅰ型ω弹条（φ13mm）	设M22 T形螺栓，绝缘轨距垫，用4个螺纹道钉与木枕联结	扣件稳固，钢轨爬行阻力≥11kN；轨距调整量＋4mm，－8mm，调高量钢轨调高量20mm	2006年古城车辆段改造铺设	至今使用状况良好	
4	弹条Ⅰ型扣件	弹性不分开式结构；50kg/m钢轨、60kg/m钢轨混凝土枕碎石道床	国铁Ⅰ型ω弹条（φ13mm）	国铁定型扣件，有挡肩式；设轨距挡板和挡板座调整轨距；为通用和增加扣件弹性，轨下弹性垫板采用地铁常用扣件的	单个弹条扣压力8～9kN；用于50kg/m钢轨，轨距调整量＋16mm，－8mm；用于60kg/m钢轨，轨距调整量＋12mm、－8mm	一般混凝土枕碎石道床地段采用	使用技术状况良好	

2）车辆段库内线用扣件

库内线一般采用整体道床，多采用弹性分开式扣件。其扣件型式见表 2.4-7。

车辆段库内线用扣件 表 2.4-7

序号	扣件名称	扣件类型及适用地段	扣压件	扣件结构	主要性能	铺设时间地点	使用情况	备注
1	Ⅰ型检查坑扣件	弹性不分开式结构，43kg/m钢轨检查坑（宽1.2m）整体道床	厚8mm弹片，单个弹片扣压力6kN	设M22 T形螺栓；未设短轨枕，铁垫板与道床钢筋焊接在一起	无轨距调整能力，钢轨调高量5mm	1967年铺设在北京地铁1号线古城车辆段检查坑地段	基本满足运营需要，因不能调整轨距，给维修带来麻烦；部分已改造更换，其余还在使用	

序号	扣件名称	扣件类型及适用地段	扣压件	扣件结构	主要性能	铺设时间地点	使用情况	备注
2	Ⅱ型检查坑扣件	弹性不分开式结构，43kg/m 钢轨检查坑（宽1.2m）及一般整体道床	铸钢刚性扣板	用不同号码刚性扣板调整轨距；未设铁垫板，用轨下橡胶垫板包裹钢轨底部及两侧；采用 T24 螺旋道钉	单个扣板的扣压力大于 6kN；轨距调整量+4mm，−8mm，钢轨调高量为 5mm	1976 年铺设在北京地铁2号线太平湖车辆段库内线短枕式整体道床地段	经30年运营使用，技术状况较好，满足了使用的需要。因轨距调整量和钢轨调高量小，后建线不再采用	
3	DJK43-1型扣件	弹性不分开式结构，43kg/m 钢轨检查坑（宽1.2m）及一般整体道床	国铁Ⅰ型ω弹条(φ13mm)	结构形式与 DJK5-1 型扣件相同；设 M22 T形螺栓，绝缘轨距垫，2个 T24 螺旋道钉	扣件扣压力较大，钢轨爬行阻力大于 11kN/组；轨距调整量为+8mm，−12mm，钢轨调高量为 30mm	Ⅰ型检查坑扣件改造时，更换为该扣件	使用状况良好	
4	DJK5-1型扣件	弹性分开式结构，50kg/m 钢轨检查坑（宽1.2m）及一般整体道床	国铁Ⅰ型ω弹条(φ13mm)	设 M22 T形螺栓，绝缘轨距垫，2个 T24 螺旋道钉	扣件扣压力较大，钢轨爬行阻力大于 11kN/组；轨距调整量为+8mm，−12mm，钢轨调高量为 30mm	1989 年北京地铁四惠车辆段、上海地铁2号线车辆段铺设，后多个城市地铁陆续采用、铺设	至今使用状况良好	
5	DJK5-2型扣件	弹性分开式结构，50kg/m 钢轨检查坑（宽1.2m）及一般整体道床	DI 弹条(φ18mm)	设绝缘轨距垫，2个 T24 螺旋道钉	扣件扣压力较大，钢轨爬行阻力大于 11kN/组；轨距调整量为+8mm，−12mm，钢轨调高量为 30mm			
6	Ⅲ型检查坑扣件	弹性分开式结构，60kg/m 钢轨检查坑（宽1.2m）及一般整体道床	国铁Ⅰ型ω弹条(φ13mm)	设 M22 T形螺栓，绝缘轨距垫，2个 T24 螺旋道钉	扣件扣压力较大，钢轨爬行阻力大于 11kN/组；垂直静刚度 30～50kN/mm；轨距调整量为+8mm，−12mm，钢轨调高量为 30mm	北京地铁等铺设	经多年运营使用，技术状况良好	

序号	扣件名称	扣件类型及适用地段	扣压件	扣件结构	主要性能	铺设时间地点	使用情况	备注
7	Ⅳ型检查坑扣件	弹性分开式结构，60kg/m钢轨检查坑及一般整体道床	DI弹条（φ18mm）	类似DTⅥ2型扣件，设绝缘轨距垫，2个T24螺旋道钉	扣件扣压力较大，钢轨爬行阻力大于11kN/组；垂直静刚度30～50kN/mm；轨距调整量为＋8mm，－12mm，钢轨调高量为30mm			
8	钢立柱检查坑扣件	弹性不分开式结构，50kg/m钢轨钢立柱检查坑	铸钢刚性扣板	设铁垫板；采用M22螺栓紧固扣板；螺栓外，扣板上分别采用绝缘套管和绝缘垫圈	钢轨爬行阻力大于8kN/组；轨距调整量＋4mm，－8mm，钢轨调高量为10mm	应港铁要求设计该扣件。2009年铺设在深圳地铁4号线车辆段	使用状况良好	

注：除备注标示扣件研究设计单位外，其余均为UCD研究设计。

2.4.7　国内外城市轨道交通扣件技术发展趋势

城市轨道交通扣件的技术基本上是随着工程建设及运营而不断地改进与发展，特别是不同工程之间、不同城市之间和不同国家之间的技术交流日益频繁，互联网的广泛利用，进一步促进了扣件的技术发展。

1. 扣件结构设计更加精细化

通过互联网技术，设计人员可以广泛收集国内外各种扣件的结构设计信息和使用信息，利用信息技术加以分析研究，结合具体工程需求，可以更加详细地研究设计扣件的每一个细部构造，利用力学分析软件，细化各部件受力，优化各部尺寸，使得各部强度等强均衡。

2. 扣件设计考虑因素更加全面

以前扣件设计更多的是考虑扣件锁定钢轨及部分减振绝缘功能，随着大型分析软件的出现，把扣件纳入轨道结构中的一个设备部件，在研究轨道整体受力及减振中发挥作用。特别是如何选择合理的轨下弹性及扣件铁垫板下弹性，以及如何与道床弹性刚度相匹配，对确定扣件的整体性能至关重要。

3. 扣件结构构造更加简洁

随着机械化自动化程度的不断提高，以及人工成本的进一步增高，越来越多的扣件构造趋向简洁化，零部件少。这不仅受力简单直接，而且安装简便快捷，很容易实现机械化施工，检查维护也变得容易方便。

扣压件应采用弹条，国外也有采用弹片扣压件。北京地铁1、2号线建设时采用弹片扣压件，现已改为无螺栓弹条扣压件。弹条有两种类型，一是有螺栓弹条，扣件零部件较多；二是无螺栓弹条，扣件零部件少，两种扣压件均可采用。

弹性垫层宜采用高弹性聚酯垫板，弹性好，使用年限长。

宜设置绝缘轨距垫调整轨距，使扣件多一道迷流防线。

现在很少采用木枕，多采用混凝土枕，木枕碎石道床应采用弹性分开式扣件，混凝土枕碎石道床应采用弹性不分开式扣件，整体道床应采用弹性分开式扣件。

4. 扣件制造精度愈来愈高

在扣件结构设计不断精细化的同时，各部件的生产加工技术也得到飞速提高，全自动弹条成型工艺的出现及高精度铸造工艺的应用，使得扣件的加工精度得到很大提高，各部件之间的配合误差越来越小，大大提高扣件的安装精度，保证了轨道几何尺寸，改善了轨道受力状况。

5. 减振技术不断涌现

目前各国轨道技术研究者对环境保护越来越重视，尤其是当线路经过城市各种环境敏感点时，千方百计确保列车通过时产生的振动与噪声控制在限值范围内。为此，深入研究各种振动的传播特点和传播途径及各种利于减弱或者阻断振动传播的技术，针对不同的工程特点，将扣件弹性与各种减振道床组合分析研究，设计出更适合的减振轨道结构，取得了很好的效果。

2.5 轨 枕

2.5.1 轨枕研究发展概况

轨枕是轨道结构中重要的部件之一，安装于钢轨、扣件之下，支承钢轨并通过扣件承受来自钢轨的动应力，将荷载弹性地传递给道床。同时，与扣件共同有效地保持轨距等轨道几何形位。

轨枕的性能除与轨枕本身的构造有关外，还与扣件的性能及道床支承状态有关，其强度和结构的变化影响整体轨道结构及其他部件的工作状态。

因此，轨枕应具有一定的坚固性、耐久性，并能便于固定钢轨和扣件，具有抵抗轨道纵向和横向位移的能力。

在新中国成立前和成立初期木枕是轨枕的主要类型。由于我国木枕资源较少，且铁路运量、轴重和行车速度不断提高，20世纪50～60年代，随着我国混凝土和钢筋制造技术的发展，铁路科研人员开始研制混凝土轨枕，并逐步应用于国铁正线。

我国城市轨道交通20世纪60年代开始兴建，在最早设计的北京地铁1号线，整体道床采用钢筋混凝土短轨枕，车辆段地面线、正线道岔区采用木枕。此后，钢筋混凝土短轨枕在国内轨道交通地下线、高架线整体道床中大量采用。20世纪90年代，结合上海地质情况，上海地铁在地下线采用预应力混凝土长轨枕。目前，城市轨道交通工程基本形成了以钢筋混凝土短轨枕、预应力混凝土长轨枕为主，木枕、树脂枕等为辅的轨枕类型。

2.5.2　轨枕类型

1. 木枕

木枕，又称枕木，由木材制成。木枕是铁路最早采用而且到目前为止依然被采用的一种轨枕。

木枕主要优点是弹性好，可缓和列车的动力冲击作用；易加工，运输、铺设、养护维修方便；与钢轨联结比较简单；有较好的绝缘性能等。但木枕要消耗大量优质木材，由于资源有限，其价格较贵。木枕的主要缺点是易磨损、耐腐性能差，使用年限短。木枕轨道早期普遍采用铁垫板加道钉的方式，轨道强度和稳定性与混凝土枕轨道相比弱较多。

普通木枕标准长度为 2.5m，其断面形状分为 Ⅰ、Ⅱ 两类，用于不同等级的线路上，尺寸公差与断面形状，见表 2.5-1。用于道岔上的岔枕，其断面较宽，长度从 2600～4800mm，每种长度相差 20mm，使用时根据道岔的实际宽度分组选用。用于桥梁上的桥枕，其截面尺寸因主梁（或纵梁）中心间距的大小而异。

木枕尺寸公差与断面形状　　　　表 2.5-1

公差（cm）		断面形状及尺寸（cm）
种类	限度	
长度	±6	
枕面宽	−0.5	
宽度	±1	
厚度	±0.5	

木枕的使用寿命短，失效原因很多，主要有机械磨损、开裂和腐朽。木枕机械磨损和开裂是列车荷载反复作用和干湿交替作用造成。木枕一旦腐朽，强度就要降低，同时又会加剧机械磨损和开裂的发展。反过来，木枕一旦出现机械磨损和开裂，木质受到损伤，容易加速腐朽，这三者是互为因果。为延长木枕使用寿命，应对这三者进行综合治理。

木枕的防腐处理是延长其使用寿命的最有效措施。木枕常用的防腐剂有水溶性防腐剂和油类防腐剂两类，主要以油类防腐剂为主。木枕防腐处理按规定的工艺流程进行。

木枕除进行防腐处理外，还应采取措施，防止机械磨损及开裂。为了减少机械磨损，木枕上必须铺设垫板，不用勾头道钉，采用螺纹道钉。为防止木枕开裂，必须严格控制木枕的含水量，进行干燥处理。若出现裂缝，应根据裂缝大小，分别采取补救措施，用防腐浆膏掺以麻筋填塞，或加 C 形钉、S 形钉、组钉板及用铁丝捆扎，使裂缝弥合，不再扩大。

2. 混凝土枕

20 世纪 50 年代后由于木材资源短缺，及增强碎石道床稳定性的需要，世界各国逐渐使用钢筋混凝土轨枕，后改进为预应力混凝土轨枕。

1）混凝土枕优点

混凝土枕的主要优点：

（1）自重大，刚度大，道床纵、横向阻力较大，提高了线路的稳定性，铺设高弹性垫层可以保证轨道弹性均匀；

（2）使用寿命长，不受气候、腐朽及火灾等自然环境的影响，可以降低轨道的养修费用；

（3）铺设混凝土枕可以节约大量优质木材，用混凝土枕代替木枕已成为轨枕发展的方向。

2）混凝土枕受力特点

混凝土轨枕承受来自钢轨的动应力和振动，并将荷载弹性地传递给道床。对碎石道床结构，轨枕可视为支承在弹性基础上的短梁，在钢轨传来的荷载作用下，轨枕底面对轨枕产生反力，轨枕各截面则承受弯应力。设计中规定：轨枕截面上部受拉为"—"，下部受拉为"+"。

混凝土枕受力状况与道床支承条件有密切关系。由于轨枕支承状态的不同，轨枕所受的弯矩变化很大。碎石道床支承条件有中间不支承、中间部分支承和全支承三种情况，见图 2.5-1。在不同支承情况下，轨枕截面弯矩的分布是不同的。由图 2.5-1 可以看出，轨下截面正弯矩以中间部分不支承时为最大，而枕中截面负弯矩则以全支承时为最大。

整体道床支承条件参考碎石道床，以取得比较安全、保守的设计。

3）混凝土枕构造要求

根据以上轨枕的受力特点，其构造要求如下：

（1）碎石道床用混凝土轨枕轨下截面和中间截面能承受一定的弯矩，承压面能满足承载力的要求；

（2）轨枕能满足轨底坡的要求，同时能承受钢轨传递的横向力；

（3）扣件与轨枕本体需牢固联结；

（4）轨枕形状简单，截面变化需设计有过渡段。

4）我国混凝土枕现状

我国铁路使用的混凝土枕，随着轨道设计荷载（轴重、速度、通过总重）的增加，轨枕截面的设计承载弯矩也有所加强。我国混凝土枕主要尺寸，见表 2.5-2。

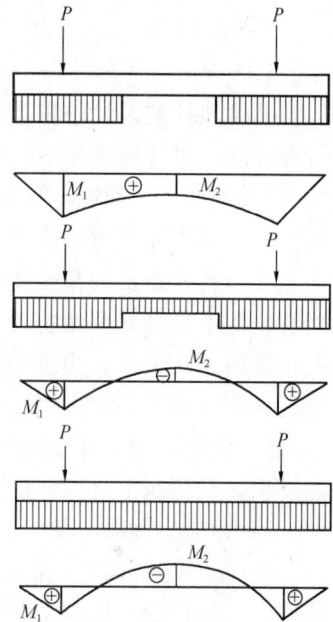

图 2.5-1 轨枕弯矩与道床
支承的关系示意
P—轨枕受到的力；M—轨枕在力
P 作用下产生的弯矩

我国混凝土枕主要尺寸　　　　表 2.5-2

轨枕类型	主筋数量	混凝土等级	截面高度（cm）		截面宽度（cm）			底面积（cm²）	质量（kg）	长度（cm）
			轨下	中间	端部	轨下	中间			
Ⅰ	36ϕ3	C48	20.2	16.5	29.45	27.5	25	6588	251	250
Ⅱ	44ϕ3 4ϕ10	C58	20.2	16.5	29.45	27.5	25	6588	251	250
Ⅲ	10ϕ7 8ϕ7.8	C60	23.0	18.5	—	30.0	28.0	7720	320	260

国内的Ⅰ型、Ⅱ型、Ⅲ型枕的主要设计参数，见表 2.5-3。

国内轨枕主要设计参数　　　　　　　表 2.5-3

轨枕类型	Ⅰ型		Ⅱ型		Ⅲ型	
预应力筋配置	36Φ3.0 4Φ8.2		44Φ3.0 4Φ10.0 16Φ5.0		8（Φ7.5～Φ7.8） 10Φ7.0	
预应力筋用量（kg）	5.1		6.2		7.85～8.0	
初始张拉力（kN）	267		327		423	
设计承载弯矩（kN·m）	11.9	−8.0	13.3	−10.5	19.05	−17.30
抗裂弯矩（kN·m）	17.7	11.9	19.3	−14.0	27.90	−22.50
匹配扣件类型	70型扣扳式 弹条Ⅰ型		弹条Ⅰ型		a型枕用弹条Ⅱ型 b型枕用弹条Ⅲ型	

Ⅱ型轨枕的设计是根据重载线路承受荷载大，重复次数多的特点，采用疲劳可靠性进行设计的。设计标准是按年运量 60Mt，轴重机车 25t，货车 23t，最高行车速度 120km/h，铺设 60kg/m 钢轨。与Ⅰ型轨枕相比，轨下截面正弯矩的计算承载能力提高 13%～25%，中间截面正弯矩提高约 8.8%，中间截面负弯矩提高 14%～41%。

Ⅱ型轨枕是目前我国轨枕中强度较高的类型，基本上能适用于次重型、重型轨道。Ⅱ型轨枕的不足是安全储备还不够大，对提高轨道的整体稳定性能力还不足。现场使用情况调查表明，在重型、次重型轨道上使用的轨枕，在某些区段出现轨枕顶面横向裂缝、沿螺栓孔纵向裂缝、枕端龟裂、侧面纵向水平裂缝、挡肩斜裂等，轨枕年失效率平均约 1.2%。由此可知，Ⅱ型轨枕难以适应重型和特重型轨道的承载条件。为适应强轨道结构的要求，又研制了Ⅲ型轨枕。

5）预应力混凝土枕

预应力钢筋混凝土枕，在轨枕制造时给混凝土施加一定的预压应力，因而具有抗裂性能好、用钢量少的优点。我国主要采用整体式预应力钢筋混凝土枕，简称混凝土枕（PC枕）。

按照制造方法分为先张法和后张法预应力钢筋混凝土枕两类，我国主要采用先张法混凝土枕。为伊朗德黑兰地铁设计的是后张法预应力混凝土枕，轨枕配筋材料为钢丝或钢筋。

我国从 1953 年就开始混凝土枕的研究工作，经过 60 多年不间断的试验研究，使得混凝土枕成为我国铁路轨道中的主型轨枕。为了统一混凝土枕型号及名称，将混凝土枕分为Ⅰ型、Ⅱ型及Ⅲ型三类。Ⅱ型枕主要用于 50kg/m、60kg/m 钢轨，Ⅲ型混凝土轨枕用于 60kg/m、75kg/m 钢轨。国铁研究和设计部门对原Ⅱ型轨枕存在的问题进行优化设计改进成新Ⅱ型轨枕。目前新Ⅱ型混凝土轨枕为我国铁路和城市轨道交通主型混凝土枕。

（1）轨枕形状

PC 轨枕截面为梯形，上窄下宽。梯形截面可以节省混凝土用量，减少自重，也便于脱模。

轨枕顶面宽度应结合轨枕抗弯强度、钢轨支承面积、轨下衬垫宽度、扣件尺寸、截面边坡等因素综合考虑加以确定。

轨枕顶面支承钢轨的部分称为承轨槽，做成 1∶40 的斜面，以适应轨底坡的要求。承轨台根据所用扣件的不同，分为有挡肩和无挡肩两大类。

轨枕底面在纵向采用两侧为梯形、中间为矩形的形状，两端有较大的道床支承面积，以提高轨枕在道床上的横向阻力。当中间部分不支承时，能使钢轨压力 R 与道床反力 q 的合力尽量靠拢，有利于防止枕中截面出现过大的负弯矩。轨枕底面宽度应同时满足减少道床压力和便于捣固两方面的要求。底面上一般还做出各种花纹或凹槽，以增加轨枕与道床间的摩阻力。

城市轨道交通一般采用无挡肩 PC 轨枕，承轨槽根据轨底坡做成 1：40 或 1：30。

（2）轨枕长度

轨枕长度与轨枕受力状态有关。根据图 2.5-1 三种不同支承情况，对不同轨枕长度进行计算表明：长轨枕可以减少中间截面负弯矩，但轨下截面上正弯矩将增大，两者互相矛盾，一般应以轨下截面正弯矩与枕中截面负弯矩保持一定比例来确定轨枕的合理长度。混凝土枕长度一般在 2.3～2.7m 之间，我国Ⅱ型枕长度为 2.5m。

为适应铁路高速、重载发展的需要，国外向增加轨枕长度的方向发展，在主要干线上普遍采用长度 2.6m 的轨枕。有关试验结果表明，轨枕长度增加有以下优点：可减少枕中截面外荷载弯矩，以提高轨枕结构强度；提高纵横向稳定性和整体刚度，改善道床和路基的工作状况，对无缝线路的铺设极为有利；提高道床的纵横向阻力，可适当减少轨枕配置根数。我国设计的Ⅲ型轨枕长度有 2.6m 和 2.5m 两种。

城市轨道交通地面线一般采用新Ⅱ型混凝土轨枕，地下线整体道床采用的长轨枕受圆形隧道结构制约，其长度较短，一般为 2.1m。

（3）轨枕高度

混凝土枕的高度在其全长是不一致的，轨下部分高些，中间部分矮些。这是因为轨下截面通常在荷载作用下产生正弯矩，而中间截面则在荷载作用下产生负弯矩。而混凝土枕采用直线配筋，且各截面上的配筋均相同，所以配筋的重心线在轨下部分应在截面形心之下，而在中间部分则应在截面形心之上，见图 2.5-2。这样对混凝土施加的预压应力形成有利的偏心距，使混凝土的拉应力不超过允许限度，防止裂缝的形成和扩展。

6）混凝土岔枕

20 世纪 70～80 年代研制混凝土岔枕。混凝土岔枕能较好地保持道岔纵横向位置、各部轨距、水平，减少道岔部件应力，保证道岔与区间线路轨下基础刚度基本一致，延长使用寿命。我国 9 号、12 号单开道岔、部分特殊道岔、提速道岔、大号码道岔均配有混凝土岔枕。

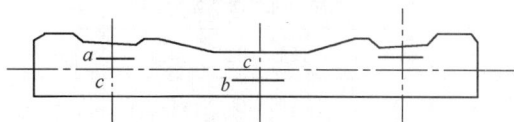

图 2.5-2　混凝土枕配筋重心线示意
a—轨下截面形心；b—中间截面形心；c—应力筋重心线

7）混凝土桥枕

混凝土桥枕有一般和宽枕 2 种，分别有护轮轨平直段部分用桥枕和护轮轨梭头部分用桥枕。桥枕预留安装护轮轨扣件的锚固孔，适用于需要铺设护轮轨的有砟桥面上及路肩挡土墙地段。

8）双块式短轨枕

双块式轨枕由两块短轨枕及中部联结钢桁架组成，采用短轨枕有利于减少轨枕重量，中部采用钢桁架结构能保证两短轨枕相对位置的稳定。

双块式短轨枕来自德国雷达 2000 轨道。具有同长轨枕能保证轨底坡的优点，质量却比长轨枕小，国铁客运专线应用较多。与长轨枕一样，双块式轨枕在地下线采用时，只能设置两侧排水沟。

此外，双块式轨枕需采用成套特殊制造设备及工艺，轨枕成本较高。

9）其他新型轨枕（含树脂轨枕）

合成轨枕是一种新型的轻质、环保型轨枕，它由玻璃纤维增强树脂通过发泡固化成型而成，具有质量轻、耐腐蚀、精度高、可现场加工等优点。由于合成轨枕既满足轨道交通对传统枕木的要求，又具有其本身的特点，可以用于传统枕木不易满足的特殊路段，如轨道交通车辆段、高架桥和道岔地段等，提高轨道交通线路的舒适性和安全性。

（1）合成轨枕主要特点

与木枕、混凝土枕相比，合成枕木具有以下特点：

① 不吸水、电绝缘性好，耐紫外线防老化、耐腐蚀、耐油、耐热、耐火性能优异；

② 质量轻，强度高，可修补，可长期保持施工时的强度、尺寸精度；

③ 可修补，在现场根据要求进行开槽、钻孔等各种加工；

④ 道钉、螺钉的拉拔强度大，反复钉入时的保持率高；

⑤ 抗疲劳性能好，使用寿命长。

（2）主要性能

合成轨枕宽度范围一般在 200～350mm 之间，高度范围在 140～260mm 之间。其主要技术指标，见表 2.5-4。

合成轨枕主要技术指标　　　　　　　　　　表 2.5-4

序号	检验项目	单位	技术要求
1	单位体积质量	g/cm³	0.74±0.1
2	螺纹道钉抗拔强度	kN	≥60
3	制品的抗弯曲载荷	kN	≥170
4	疲劳性能	无破坏	10^5
5	弯曲强度	MPa	≥80（$t=20mm$）
6	弯曲杨氏模量	MPa	≥7000（$t=20mm$）
7	纵向压缩强度	MPa	≥50
8	剪断强度	MPa	≥7（母材破坏）
9	粘接剪断强度	MPa	≥7（母材破坏）
10	交流破坏电压	kV	≥25
11	直流绝缘电阻值	Ω	$≥1×10^{10}$
12	吸水量	mg/cm²	不大于 10

（3）主要力学试验检验项目

合成轨枕主要力学试验检验项目，见表 2.5-5。

合成轨枕主要试验项目 表 2.5-5

序号	检验项目	施加载荷	实验结果
1	中心抗弯曲载荷实验	50.5kN	轨枕结构无断裂
2	轨底抗弯曲载荷实验	200kN	轨枕结构无断裂
3	中心螺栓抗拔实验	40kN	螺栓无滑动，轨枕无断裂
4	中心疲劳实验	30~112.5kN	轨枕无疲劳

合成轨枕在广州地铁应用较多，北京地铁也有采用。

2.5.3 预应力轨枕设计计算

城市轨道交通用预应力轨枕与我国铁路预应力轨枕的荷载条件、使用条件差别较大，宜根据城市轨道交通工程条件，设计出更合理、符合工程实际的预应力轨枕，以满足使用功能要求，节约资源。

预应力轨枕的设计需综合结构原理、工艺水平、材料性能于一体的综合系统设计，设计内容主要包括：确定设计原则、确定设计依据、计算设计荷载、轨枕截面的疲劳（设计）承载能力、极限（破坏）承载能力、抗裂性计算、计算轨枕静载抗裂检验荷载和疲劳抗裂检验荷载。

1. 确定设计依据

1)《混凝土轨枕静载抗裂试验方法》（TB/T 1879）；

2)《预应力混凝土轨枕疲劳试验方法》（TB 1878）；

3)《混凝土结构设计规范》（GB 50010）。

2. 确定设计原则

1）确定轨枕外形；

2）确定生产工艺；

3）确定钢材品种；

4）确定抗裂检验标准。

3. 计算设计荷载

设计荷载应结合轨道交通的荷载、行车速度、钢轨类型、扣件类型等参数条件，按照"铁路强度检算法"或有限元软件计算。主要包括计算列车通过钢轨作用于轨枕承轨部分的动压力，根据枕下道床支撑反力的不同图式计算轨枕枕下、枕中及其他截面的荷载弯矩。

根据计算结果，初步确定预应力钢筋的张拉控制应力值。

4. 计算钢筋预应力损失

根据采用的钢材品种及生产工艺计算各项预应力损失值。以先张法施工工艺为例，主要包括：张拉夹具变形引起的预应力损失；钢筋应力松弛引起的预应力损失；混凝土养护引起的预应力损失；混凝土长期收缩和徐变引起的预应力损失等。总预应力损失值一般约为总张拉控制应力的 20%，此部分值为工厂生产中钢筋预应力正常波动因素。

5. 轨枕截面疲劳设计承载能力计算

轨枕截面疲劳承载力以正截面受拉区混凝土边缘应力达到设计值确定，同时，应检验在设计荷载作用下受压区混凝土边缘应力不大于设计值。计算过程先计算承载弯矩，从而计算出混凝土应力。

6. 轨枕截面极限（破坏）承载能力计算

轨枕截面极限（破坏）承载力通过计算截面受弯极限承载弯矩确定。

7. 抗裂性计算

轨枕在列车动荷载作用下，轨下截面向下弯曲，枕中截面向上弯曲，轨枕侧面的抗裂性通过计算轨枕静载抗裂弯矩判定。计算过程中，钢筋的预应力应采用钢筋张拉后考虑预应力损失后的有效预应力。

8. 静载检验

根据《混凝土轨枕静载抗裂试验方法》（TB/T 1879）的要求，需结合工程经验计算混凝土轨枕的静载抗裂检验荷载。

9. 疲劳检验

根据《预应力混凝土轨枕疲劳试验方法》（TB 1878）的要求，需结合工程经验计算轨枕的疲劳抗裂检验荷载。

按照以上计算方法，需反复调整轨枕截面、配筋截面及位置、预应力钢筋的张拉控制应力值等参数，直至得到满意的计算结果为止。

10. 预应力混凝土枕（板）试验

预应力轨枕应进行静载试验和疲劳试验。

预应力轨枕的静载强度按《预应力混凝土枕静载抗裂试验方法》（TB/T 1879）进行检验。检验荷载值按设计静载抗裂检验荷载计算值确定。

预应力轨枕的疲劳强度按《预应力混凝土枕抗疲劳试验方法》（TB 1878）进行检验。检验荷载值按设计疲劳抗裂检验荷载计算值确定。

2.5.4　轨枕铺设数量

轨枕每千米配置数量是轨道系统的基本技术参数之一。轨枕铺设标准应根据运量、列车轴重、行车速度及轨道设备条件等综合考虑，合理配套，以求在最经济的条件下，轨道具有足够的强度和稳定性。

1. 地铁轨枕铺设数量

《地铁设计规范》（GB 50157—2013），扣件（轨枕）铺设数量规定，见表 2.5-6。

扣件（轨枕）铺设数量（对/km）　　　　　　　　　　表 2.5-6

道床型式	正线、出入线		其他配线	车场线
	直线及 $R>400m$、坡度 $i<20‰$	$R \leqslant 400m$ 或坡度 $i \geqslant 20‰$		
无砟道床	1600～1680	1680～1760	1600	1440
混凝土枕有砟道床	1600～1680	1680～1760	1600～1680	1440
无缝线路混凝土枕有砟道床	1680～1760	1760～1840	—	—
木枕有砟道床	1680～1760	1760～1840	1680	1440

按照"铁路强度检算法"对轨道结构的受力和变形进行检算。检算中要考虑即使一枕

失效的情况下，也可保证轨道强度达标。计算表明：轨枕间距为 600mm、625mm、650mm 时，每相差 25mm，钢轨弹性下沉和钢轨弯曲应力变化约 1.2%，枕上压力和道床应力变化 3%～4%，轨道纵横向阻力变化约 4.3%。

因此表 2.5-6 中的规定有利于降低道床、路基面、钢轨以及轨枕的应力和振动，同时使线路轨距、轨向易于保持。

2. 国铁轨枕铺设数量

我国国铁的轨枕铺设数量标准随轨道技术的进步有降低的趋势，从最早的 1840 根/km 减少至 1760 根/km 直到 1680 根/km，2009 版《高速铁路设计规范》的轨枕间距为 650mm，相当于轨枕铺设数量 1538 根（对）/km。国铁《铁路轨道设计规范》（TB 10083—2005）中的轨枕铺设数量，见表 2.5-7。

国铁轨枕铺设数量   表 2.5-7

项目	单位	特重型	重型		次重型	中型	轻型
年通过总质量	Mt	＞50	25～50		15～25	8～15	＜8
客车设计速度	km/h	160～120	160～120	≤120	≤120	≤100	≤80
钢轨	kg/m	75	60	60	50	50	50
轨枕类型	—	Ⅲ型枕	Ⅲ型枕	Ⅲ型枕	Ⅱ型枕	Ⅱ型枕	Ⅱ型枕	Ⅱ型枕
轨枕铺设数量	根/km	1667	1667	1667	1760	1667 或 1760	1600 或 1680	1520 或 1640

根据《铁路轨道设计规范》（TB 10082—2005）规定，轨枕加强地段及其铺设数量应符合下列规定：

1）下列地段应增加轨枕的铺设数量：

（1）半径 $R \leq 800m$ 的曲线地段（含两端缓和曲线）；

（2）坡度大于 12‰ 的下坡地段；

（3）长度等于或大于 300m 且铺设木枕的隧道内。

上述条件重叠时只增加一次。

2）轨道加强地段每公里增加的轨枕数量和最多铺设根数的规定见表 2.5-8。

每公里增加的轨枕数量和最多铺设根数   表 2.5-8

轨 枕 类 型	Ⅱ型混凝土轨枕	木枕
每公里增加的轨枕数量（根）	80	160
每公里最多铺设根数（根）	1840	1920

注：铺设Ⅲ型混凝土枕的线路不需要增加轨枕铺设根数。

3. 中国香港和国外部分轨道交通的轨枕铺设数量

中国香港地铁车辆轴重 180kN、最高设计速度 100km/h、高峰行车间隔 90s 等标准均高于国内地铁，香港地铁《New Work Design Standards Manual》（新线设计标准手册）中正线扣件支承间距为 650mm，相当于 1538 对/km。

德国铁路的碎石道床及整体道床轨枕铺设数量分别为 1680 根/km、1538 根/km。

新干线前期板式轨道轨枕铺设数量为 1600 对/km，近年来有放宽的趋势。日本地铁轨枕铺设数量也是 1600 对/km，采用的是 50kg/m 钢轨。

欧洲及东南亚等多个国家和地区的地铁正线轨道的轨枕布置间距多采用 700mm（即 1440 对/km），而且国外很多工程都采用 54kg/m 或 57kg/m 钢轨，而未采用 60kg/m 重型轨。

2.5.5 轨枕制造验收

1. 短轨枕制造验收

1）材料规格

采用 C50 级混凝土。优先采用强度等级 42.5 的硅酸盐水泥或普通硅酸盐水泥。粗骨料必须采用碎石，最大粒径为 25mm，骨料级配良好。所有原材料都应符合混凝土施工的有关规定。

钢筋技术标准符合《钢筋混凝土用钢 第 1 部分：热轧光圆钢筋》GB 1499.1—2008《钢筋混凝土用钢 第 2 部分：热轧带肋钢筋》GB 1499.2—2013 的规定。

预埋尼龙套管材料为玻纤增强聚酰胺 66。预埋之前应使用螺栓逐个检查套管的内螺纹质量，合格的方能预埋。

2）生产工艺

混凝土配合比应由工厂试验确定，混凝土的水泥用量不宜大于 450kg/m³，混凝土稠度应符合《普通混凝土拌合物性能试验方法标准》GB/T 50080—2002 或《混凝土拌合物稠度试验方法》TB/T 2181—1990 的规定。

混凝土的搅拌采用强制式搅拌机，材料计量误差应按 GBJ 204 第 4.3.1 条规定执行。

短轨枕宜采用钢模制造，底模必须用钢模制造。成型作业应能确保混凝土需要的密实度。短轨枕底部楔形面为粗糙面，宜刷毛。

若采用蒸汽养护时，静停时间不应小于 2h，升降速度不应大于 20℃/h，蒸养温度不超过 60℃。出坑前的短轨枕表面与坑外环境不大于 20℃，出坑后应有保温措施。

短轨枕混凝土强度达到 C35 时，方可脱模、移动和运输。在搬运过程中应防止摔撞，以保证外形完整。

3）外观质量要求

（1）短轨枕承轨台表面要求光滑，不允许有长度大于 15mm、深度大于 5mm 的气孔、粘皮、麻面等缺陷；

（2）承轨台以外表面不允许有长度大于 30mm、深度大于 10mm 的干灰堆垒和夹杂物；

（3）短轨枕不得有肉眼可见裂纹；

（4）除锚固钢筋外，其余钢筋不得外露。

4）外形尺寸公差

尼龙套管中心间距：±1mm；

短轨枕长、宽、高度：±5mm；

承轨面凸凹：±1mm。

5）检验

模板组装后，先试灌 2~3 块短轨枕，检查各部分尺寸合格后可成批生产。

2. 预应力枕制造验收

1) 检验规定

检验分别按生产条件检查和产品检验同时进行,检验时企业应保持生产线正常生产。

现场检查生产条件关键项不合格时,停止进行产品检验;产品抽样静载试验不合格时,不再进行外形外观与尺寸检验。

生产条件关键项不合格时必须复查生产条件和产品抽样检验;生产条件关键项合格、产品检验不合格时,复查仅进行产品检验。复查时,均须进行疲劳试验。

2) 检验内容和检验方法

检验内容包括:预应力混凝土轨枕企业生产条件关键项检查和产品抽样检验两部分。

(1) 关键项检查

关键项检查主要是混凝土枕的原材料、生产工艺和生产流程进行检验。

(2) 产品抽样检验

产品的抽样检验主要检验轨枕的外形尺寸和外观质量。

预应力轨枕的制造及验收技术条件可参照《预应力混凝土枕Ⅰ型、Ⅱ型及Ⅲ型》(TB/T 2190)中的技术条件执行。

2.5.6 轨枕技术发展趋势

目前,我国轨道交通的轨枕主要以混凝土轨枕为主,木枕为辅。其中整体道床主要使用混凝土短轨枕和预应力钢筋混凝土枕,碎石道床主要使用国铁新Ⅱ型预应力钢筋混凝土枕,部分道岔使用木岔枕。

混凝土轨枕的大量铺设对轨道交通的发展有重要意义,同时,在使用中也发现一些需要改进的问题:一是需要增加混凝土轨枕类型;二是开发研究新材料轨枕,克服既有轨枕硬度大、弹性差、脆性大的不足。在今后一个阶段轨枕技术的发展将重点在以下几个方面:

1. 开发和丰富混凝土轨枕类型

目前我国生产的混凝土轨枕类型比较单一,没能按不同运营条件、线路条件配置不同需求的轨枕,如没有小半径曲线和直线之分。因此,常常发生在钢轨接头处轨枕承受冲击力较大,小半径曲线地段轨枕承受水平力较大。从而,在特殊部位轨枕过早失效,增加养护维修作业工作量。

另外,混凝土枕一般按铺设在有砟道床设计,无砟道床用混凝土枕、短轨枕,弹性短轨枕尚无定型产品,给设计、施工带来不便,从工程需要出发,应增加混凝土轨枕类型,满足不同铺设条件的需要。

2. 研究开发新材料轨枕

制造轨枕用的材料也在不断发展中。近几年,采用玻璃纤维增强树脂材料制造的合成轨枕也在轨道交通行业中开始应用,这项技术最早由日本引进,首先在直线电机轨道系统中使用,而后逐步应用于轨道交通道岔和特殊地段的改造工程中,且使用量逐渐增大。

其他正在研制的新材料轨枕还有:

1) 纤维混凝土枕

在混凝土中掺入一定量的纤维（按材质分钢纤维、碳纤维等，按形状分有平直型、波浪型、钩型等），以提高轨枕的抗冲击韧性和抗裂、抗拉、抗剪、抗弯、抗疲劳等性能。

2）复合式弹性轨枕

利用再生橡胶粉、废塑料、废油漆混合塑化，化废为宝研制出新材料轨枕。该轨枕具有强度高、弹性好、耐腐蚀、易加工，优于木枕，比混凝土枕自重轻。

2.6　道　床

道床是轨道结构的重要组成部分，是轨道框架的基础，具有以下功能：

(1) 承受来自轨枕的压力并均匀地传递到路基面上；

(2) 提供轨道的纵横向阻力，保持轨道的稳定；

(3) 提供轨道弹性，减缓和吸收轮轨的冲击和振动；

(4) 提供良好的排水性能，以提高地面线地段路基的承载能力及减少基床病害；

(5) 便于轨道养护维修作业，校正线路的平纵断面。

基于以上功能，道床在设计时，应遵循如下原则：

(1) 道床结构设计力求达到"质量均衡、结构等强、弹性连续、合理匹配"，从而提高轨道的整体承载能力；

(2) 道床结构稳定，并尽量减少养护维修工作量；

(3) 道床排水通畅，并能保障维修机具存放和地下线的人员疏散；

(4) 配合减振设计，采取相应弹性的道床结构，并使弹性均匀连续；

(5) 采用成熟、先进的技术，提高轨道施工进度及综合技术水平。

2.6.1　道床类型

道床型式主要有整体道床及碎石道床两类。碎石道床具有结构简单、弹性好、易于铺设、方便更换等特点，但轨道几何形位不易保证，每隔一定时间就需要进行养护维修。整体道床结构稳定、外观整洁，养护维修量小，但弹性较差，对城市轨道交通的减振降噪要求适应性较差，对下部基础的变形要求高。

城市轨道交通行车间隔时间短，维修养护只能利用夜间停运时间，进行维修工作较困难。基于以上原因，目前城市轨道交通工程中正线有条件地段一般均采用整体道床结构，配用弹性较好的扣件及相应的减振降噪措施。

1. 碎石道床

碎石道床通常由具有一定粒径、级配和强度的硬质碎石堆集而成，为了实现道床上述功能，碎石道床在结构、材质及养护条件方面必须具备下列性能：

● 在结构方面：

➢ 道床作为轨道结构的一个组成部分，必须具有足够的强度、刚度和抗剪能力，以保持轨道结构的整体性和稳定性。

➢ 对轨枕荷载具有良好的扩散能力。从而使轨枕荷载通过道床的扩散，达到基床表面的容许应力限度之内。

➢ 道床在轨道的纵向和横向具有均匀而足够的弹性，以保证行车的平顺，降低轮轨动力附加荷载。

➢ 道床结构在运营过程中，残余变形的积累速率必须在容许限度之内。

● 在材质方面：

➢ 良好的抗冲击、抗磨耗、抗压碎性能。在重复的冲击、振动作用下，不易破碎和粉化。

➢ 良好的抗大气腐蚀和风化的性能。即在温度、干湿、冻融交变、盐碱及酸雨等恶劣环境条件下不龟裂、不崩解。

➢ 道砟粉末有良好的渗水性，即不滞水、不粘团、不板结。

➢ 有足够的电阻值，以保证在采用轨道电路的信、集、闭区间，电路的正常运营。

● 在养护条件方面：

➢ 方便的扒、起、捣、拨作业条件及作业后快速密实、稳定的性能，便于及时维修并经常保持轨道的平顺性。

➢ 对于基床有良好的覆盖、保护性能，防止基面冬季冻害和春夏季杂草丛生。

➢ 防止自然风砂、车辆渗漏、机车撒砂、轮轨磨屑等外部脏物的渗入。

1）木枕碎石道床

木枕碎石道床是铁路最早采用而且仍被继续使用的一种轨道型式，见图2.6-1。

木枕碎石道床的主要缺点是木枕易腐朽、磨损，使用寿命短，这也有来自生产工艺水平的原因；其次是由于木材种类和部位的不同，其强度、弹性不完全一致，在机车车辆作用下会形成轨道不平顺，增大了轮轨动力作用。

2）混凝土枕碎石道床

混凝土枕碎石道床，见图2.6-2。

图 2.6-1　木枕碎石道床

图 2.6-2　混凝土枕碎石道床

3）树脂枕碎石道床

树脂枕碎石道床，见图2.6-3，采用合成树脂枕取代木材、混凝土枕的新型轨枕碎石道床。合成树脂轨枕尺寸稳定性，现场打孔、定位方便，便于加工（能进行与木材同样的加工，如开槽、钻孔、磨削、打钉、粘结、涂漆等）；道钉、螺钉的拉拔强度大，反复钉入时的保持率也高；耐疲劳性能好，且具有超常的使用寿命。合成轨枕施工与木枕相似，且可采用专用修补液对轨枕进行修补改孔，但合成树脂轨枕价格昂贵。

2. 整体道床

1）无枕式整体道床

该道床又称直联式整体道床，见图 2.6-4。其结构简单，轨道高度低。道床采用混凝土现场直接浇筑，自下而上施工，轨底坡设在道床表面，轨道高度低，矩形隧道最小 440mm，盾构隧道最小可达 650mm。由于现场施工作业多，进度慢，精度不易保证，目前多用于个别土建结构变形、限界不足的地段，其他地段很少采用。

图 2.6-3 　 树脂枕碎石道床

图 2.6-4 　 道岔无枕式整体道床

2）短枕式整体道床

短枕式整体道床由短轨枕、混凝土道床及水沟组成。短轨枕外形简单，便于加工制造，可在工厂预制。其横断面为梯形，底部露出钢筋钩，以加强与混凝土道床的联结。混凝土道床在现场浇筑，并将短轨枕嵌固其中，构成整体道床。

短轨枕顶面高出道床混凝土顶面至少 30mm，不仅可以减少扣件和钢轨的锈蚀，而且便于安放、抽换轨下弹性垫层和铁垫板。道床表面设有 3‰ 的横向坡度，以利于排水。道床可设双侧排水沟，见图 2.6-5，也可设中心排水沟，见图 2.6-6。

图 2.6-5 　 短枕式整体道床（双侧水沟）

图 2.6-6 　 短枕式整体道床（中心水沟）

短枕式整体道床是目前我国城市轨道交通普遍采用的轨道结构型式，其设计、施工技术成熟，结构简单，造价较低，施工方便，现场施工作业灵活，但在轨排组装需要工装设备实现及保持轨距。

3）长枕式整体道床

长枕式整体道床，见图 2.6-7、图 2.6-8。长枕在工厂预制，混凝土强度等级一般为 C50，无挡肩外形，枕长一般为 2.1m。为防止轨枕开裂，采用了预应力钢筋，轨枕预留 5 个 ϕ50 圆孔，道床纵向钢筋穿过，利于保证轨道几何状态及整体稳定性。长枕式整体道床可采用轨排架法施工，进度较快，道床排水采用双侧水沟。

图 2.6-7　高架线长枕式整体道床　　　　图 2.6-8　地下线长枕式整体道床

长轨枕式整体道床在施工精度控制方面优势明显，适应性好、制造简单、运输及码放方便、不存在铺设难度、精度亦可得到有效保证、成本较低。除上海地铁一直采用长轨枕之外，近几年采用长枕式整体道床逐渐增多。

长枕有预应力枕及非预应力枕两种，虽然轨枕为承压构件，非预应力枕也能满足要求，但预应力枕可防止轨枕在运输过程中开裂，便于厂制和质量控制，且价格与非预应力枕基本相当，一般应采用预应力长枕。

2.6.2　地下线整体道床

目前国内城市轨道交通中地下线整体道床有短轨枕式整体道床和长轨枕式整体道床两种类型。

短枕式整体道床可采用中心水沟，长枕式整体道床仅能采用两侧水沟，见图 2.6-9。

地下线道床建议采用两侧水沟，道床中部为平台，便于紧急情况下的乘客疏散。钢轨中心线下道床面比轨枕顶面低 30mm 左右，道床两侧向水沟方向设 2‰ 的排水横坡。

这两种整体道床技术成熟，应用广泛，均能满足工程的需求。相对于短枕式整体道床，长枕式整体道床造价虽然稍高（每千米造价相差不超过 5%），但在提高轨道施工精度（轨底坡）方面优势明显。综合考虑整体道床的结构特点，在工程铺轨工期紧张或地质条件复杂时，推荐采用长枕式整体道床。

图 2.6-9　地下线长枕式整体道床

在洞口水量较大的地段，多采用中心水沟短枕式整体道床；在钢弹簧浮置道床两侧水沟顺接地段，因水沟顺接的原因，也建议采用中心水沟短枕式整体道床。

整体道床内设双层钢筋，纵向钢筋兼做排流钢筋。钢筋保护层厚度应不小于 35mm，道床混凝土强度等级为 C35。混凝土所用水泥、砂、石及水等原材料应符合《混凝土结构工程施工质量验收规范》（GB 50204—2015）、《混凝土结构耐久性设计规范》（GB/T 50476—2008）（混凝土材料按 I-B 类环境类别选用、混凝土耐久性按不低于 100 年设计使用年限考虑）的有关规定。粗骨料宜采用碎石，碎石的最大粒径不大于 40mm。

地下线一般整体道床分段布置，伸缩缝设于轨枕之间，结构沉降缝处应设道床伸缩缝。U 形槽地段、洞口内 50m 范围内、联络通道和泵房前后 20m 范围内每隔 6m 左右设一道宽 20mm 的道床伸缩缝，其余地段每 12m 左右设一道宽 20mm 的道床伸缩缝。伸缩缝以沥青木板或泡沫塑料板形成并以沥青麻筋封顶。每段道床长度可根据结构变形缝设置、集水坑设置及过轨管线布置等情况适当调整，同时钢筋长度等相应调整。

为适应不良地质条件的不均匀沉降，南京等地铁在 U 形结构及地面段采用了碎石道床。在过渡段范围内刚度频繁变化不利于列车的平稳运行，故条件允许情况下一般采用整体道床。为应对可能出现的不均匀沉降，在 U 形结构地段采用整体道床时，配用调高量优化后的扣件，扣件调高量由 30mm 增大为 60mm，可更好地适应下部结构的不均匀沉降。

地质条件限制达不到铺设整体道床的条件，可采用优化的碎石道床，在线路中心线两侧各 1.65m 范围外现场浇筑混凝土，形成整洁的维修通道，可供人员行走和检修机具存放。维修通道间所形成的道床槽后铺设单层碎石道床，道砟厚 300mm，采用一级道砟。线路外侧维修通道的混凝土顶面设面向 U 形槽边墙的排水坡，并在边墙附近设排水沟，将维修通道范围内的水排至隧道内的道床水沟内。

地下线道床设计应注重无障碍疏散设计，与疏散平台结合，优化影响疏散的细部结构，为紧急情况下的乘客疏散提供畅通、无障碍的安全通道。具体如下：

➢ 在道心设置设备（如信号应答器等）的地段，设置无障碍通行盖板，保证道心形成一个连续的、畅通的通道，避免疏散时绊脚摔倒，见图 2.6-10 和图 2.6-11。

➢ 在废水泵房处，一般需设置横向沟将道床水沟与集水坑连通，不便于紧急疏散和人员行走，应在横沟上，增设水沟盖板，形成畅通通道，见图 2.6-12。

➢ 钢弹簧浮置道床地段多不设轨道中心凸台，便于紧急情况下的线路抢修及紧急疏散，见图 2.6-13。

图 2.6-10　区间道床中心的走行盖板

图 2.6-11　车站地段类似道口的走行盖板

图 2.6-12　废水泵房处横向连通沟

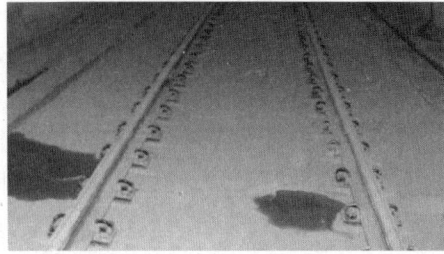

图 2.6-13　钢弹簧浮置板道床（取消凸台）

2.6.3　高架线整体道床

高架线整体道床国内地铁采用最多的是短枕式条带状整体道床，也有采用无枕板式道床。

短枕式整体道床按每股钢轨下宽 0.8m、长 6m 左右的长度纵向排列，道床块之间设宽 100mm 的横向缝，采用混凝土强度等级为 C40，设双层构造筋，并兼做排流钢筋，道床内埋入工厂预制的短轨枕。优点是轨道结构简单、自重较小，造价低。北京、上海、南京、天津、大连等城市地铁均应用，效果良好。

板式道床是在工厂预制预应力混凝土轨道板，板下 50mm 的间隙注入水泥沥青砂浆（简称 CAM），构成板下全面支撑的结构，轨道板的定位、纵横向阻力依靠桥面预制的凸台。优点是精度高，施工进度快。轨道变形或下沉时，可采用在板下 CAM 层的间隙中填充速凝 CAM 恢复。缺点是造价较高。日本以及国内香港地区、秦沈客运专线、广州 4 号线等工程中有应用。

板式道床的轨道结构自重较大，增加桥梁设计荷载，需多种板规格以适应不同曲线和梁跨，过轨管线布置困难。而钢筋混凝土短枕式整体道床自重较小，设计及施工经验成熟，布置灵活，是国内城市轨道交通使用最为广泛的道床结构形式，一般多采用短枕式整体道床，见图 2.6-14。

高架线道床为了加强道床与梁面的粘结，桥面需埋设预埋筋。

整体道床内设双层钢筋，纵向钢筋兼做排流钢筋。钢筋保护层厚度应不小于 40mm，道床混凝土强度等级为 C40。混凝土所用水泥、砂、石及水等原材料应符合《混凝土结构工程施工质量验收规范》（GB 50204—2015）、《混凝土结构耐久性设计规范》（GB/T 50476—2008）（混凝土材料按 I-C 类环境类别选用、混凝土耐久性按不低于 100 年设计使用年限考虑）的有关规定。粗骨料宜采用碎石，碎石的最大粒径不大于 40mm。

图 2.6-14　高架线纵向承轨台短枕式整体道床

2.6.4 地面线整体道床

地面线一般采用长枕式整体道床，传统整体道床块长 6.25m，道床块之间设宽 100mm 的横向缝。地面线为了加强道床与基础的联结，基础需埋设预埋筋。

整体道床内设双层钢筋，纵向钢筋兼做排流钢筋。钢筋保护层厚度应不小于 40mm，道床混凝土强度等级为 C40。混凝土所用水泥、砂、石及水等原材料应符合《混凝土结构工程施工质量验收规范》（GB 50204—2015）、《混凝土结构耐久性设计规范》（GB/T 50476—2008）（混凝土材料按Ⅰ-C 类环境类别选用、混凝土耐久性按不低于 100 年设计使用年限考虑）的有关规定。粗骨料宜采用碎石，碎石的最大粒径不大于 40mm。

地面线路基易产生沉降，采用整体道床时需对路基做特殊处理控制沉降。

2.6.5 可调式框架板整体道床

可调式框架板整体道床，见图 2.6-15。适用于地裂缝的地段。该轨道由分开式大调量扣件、预应力混凝土框架式轨道板、板下可调支座、侧向限位胶垫、钢筋混凝土挡台及混凝土基础等组成。该轨道结构适应地裂缝变形，并保证列车安全运行，随地裂缝变形后，易于调整和维修，维护工作量小，并能利用地铁夜间停运期间完成调整维修。该结构有以下特点：

图 2.6-15 可调式框架板整体道床

1）框架轨道板为轻型预应力结构，方便现场安装和浇筑混凝土道床，施工技术成熟。

2）框架轨道板中部空间大，水平调整量达 500mm，方向调整量达 105mm，维修性好。

3）在框架板的中部外侧设置限位凸榫，用于限制框架板的纵向爬行。

4）框架板轨道地段道床采用中心排水沟。

2.6.6 库内整体道床

库内线根据检修工艺要求铺设不同型式的整体道床，常用型式有一般短枕式整体道床、墙式检查坑整体道床、立柱式检查坑整体道床及直埋式整体道床。

一般短枕式整体道床，见图 2.6-16，其基础要进行加固处理，轨道结构高度一般为 600mm；库内墙式检查坑整体道床，见图 2.6-17，轨道结构高度为 500mm；立柱式检查坑整体道床，见图 2.6-18，按设计要求及尺寸准确将尼龙套管埋入立柱内，立柱纵向间距一般不大于 1.25m。直埋式整体道床，见图 2.6-19，将钢轨直接浇筑在混凝土道床内，结构简单，施工方便，但轨道产生不均匀沉降时很难进行养护维修。

钢筋保护层厚度应不小于 35mm，道床混凝土强度等级为 C35。混凝土所用水泥、砂、石及水等原材料应符合《混凝土结构工程施工质量验收规范》（GB 50204—2015）、《混凝土结构耐久性设计规范》（GB/T 50476—2008）（混凝土材料按Ⅰ-B 类环境类别选用、混凝土耐久性按不低于100年设计使用年限考虑）的有关规定。粗骨料宜采用碎石，碎石的最大粒径不大于40mm。

图 2.6-16 一般短枕式整体道床

图 2.6-17 检查坑式整体道床

图 2.6-18 立柱式检查坑整体道床

图 2.6-19 直埋式坑整体道床

2.6.7 整体道床布筋（与排流筋结合）

杂散电流的防护也是轨道设计的一项重要内容。在整体道床设计中，主要依据供电防迷流专业的设计原则及技术措施，进行轨道防迷流设计，以保证轨道系统的耐久性。整体道床纵向钢筋的面积需满足杂散电流要求的排流面积。除此之外轨道还采取如下措施进行轨道防迷流设计：

1) 走行回流钢轨焊接成长钢轨。若采用短钢轨，用接头夹板螺栓连接，在两根钢轨之间加焊一根绝缘铜电缆。

2) 钢轨采用绝缘法安装。在轨道与混凝土轨枕之间、在紧固螺栓、道钉与混凝土轨枕之间及扣件与混凝土轨枕之间采取绝缘措施，加强钢轨对道床绝缘，以减少钢轨泄漏电流。

3) 道岔采用绝缘扣件，道岔转辙装置控制电缆的金属外铠装与道岔本体之间应具有绝缘措施。

4) 道床与钢轨底部之间间隙保证有70mm。

5) 将整体道床的纵向结构钢筋选作为杂散电流收集网。沿整体道床纵向每隔5m用一根横向钢筋与所有的纵向钢筋焊接。钢筋如有搭接，须进行搭接焊，焊接长度不小于钢筋直径的 6 倍。

6）在整体道床钢筋收集网断开两侧引出连接端子，并且根据防迷流专业要求，在车站附近的整体道床内设置排流端子。

7）车辆段与正线轨道之间应进行绝缘分段。尽头线每条轨道的车挡装置与电化股道间应进行绝缘分段。所有的电化与非电化区段应进行绝缘分段。

2.6.8　整体道床过轨管线

地铁工程轨道系统的过轨管线多、预留管沟多、涉及专业多。信号、供电、给排水等设备专业设计阶段相对滞后，如设备选型、采购或者总体协调不到位，很容易产生遗漏或返工，因此需引起足够的重视。过轨管线应满足一定的要求，具体的过轨管线的要求如下：

1）各专业提出过轨管线的位置应统一以线路里程为准。

2）穿越轨道道床的预埋管最大内径一般不得超过 100mm，若需预埋更大的管，则应特别协商，对横穿管的材质不作要求。

3）横穿管只能从相邻的轨枕空档之间穿过道床，对于 $\phi50\sim70$mm 的横穿管，每处空档最多只能穿 2 根；$\phi75\sim100$mm 以上横穿管每处空档只能穿 1 根。

4）若同一处横穿管数量较多，则必须采取分散过轨的方式，并与结构预留空洞提前协调一致。

5）钢弹簧浮置道床地段原则上不允许过轨，通过前期协调避免钢弹簧浮置道床地段频繁过轨情况的发生。

6）设备专业根据以上要求提供预埋管线位置、规格及数量之后，轨道专业及时对全线所有过轨管线进行核查、协调并汇总所有过轨预留、预埋管线，编制专册的过轨管线综合图。

2.6.9　道床排水

道床表面向排水沟方向设 2‰～3‰ 的排水坡，困难条件下不应小于 1‰。排水沟纵向坡度一般与线路纵坡一致，局部地段根据泵房位置将水沟底标高进行顺坡过渡。

地下线轨行区的排水较为复杂，若处理不当将导致隧道内的水（主要有结构渗漏水、消防水和隧道、道床的冲洗水等）无法及时排除，导致积水，甚至影响行车安全。故轨行区的排水问题是轨道系统设计的重要内容之一。主要涉及水沟方式的选择及排水方案的制定两方面。排水沟方式一般有道床两侧水沟和道床中心水沟两种，见图 2.6-20、图 2.6-21。

图 2.6-20　道床中心水沟　　　　　　　图 2.6-21　道床两侧水沟

　　除需排水顺坡地段外，道床水沟底坡度与线路纵坡一致。一般需在线路最低点处设置废水泵房，轨行区的水流入集水坑后，通过集水坑内预埋的横向排水管将水引入废水泵房。

　　若排水泵站与线路低点不重合时，由道床水沟最低点向集水坑方向做顺坡处理，顺坡坡度不宜小于2‰。通往泵房的结构预留排水管，可设置在两线路之间、线路两侧或仅线路一侧。若排水管仅设在线路一侧，则两线之间需通过横向排水沟连通，施工中应注意避免遗漏。

　　为避免水通过水沟与隧道侧壁的缝隙渗入道床底部，在隧道与排水沟衔接处要求做防水处理。目前常用的防水处理方式为聚合物水泥防水砂浆。UCD对防水材料的深入调研及比选分析，采用抗变形性能更优的聚合物防水涂料作为水沟防水材料，并在地铁中应用，效果良好。两种防水材料的经济技术对比见表2.6-1。

聚合物水泥防水砂浆与聚合物水泥防水涂料的经济技术对比　　　　　表 2.6-1

项目	聚合物水泥防水砂浆	聚合物水泥防水涂料
执行标准	《聚合物水泥防水砂浆》(JC/T 984—2011)	《聚合物水泥防水涂料》(GB/T 23445-2009)
优点	(1) 粘结强度高，和易性好 (2) 施工方便，在潮湿基面，低温条件下均可施工 (3) 耐腐蚀，耐高温，耐低温，耐老化 (4) 无毒无害无味，不污染环境	(1) 为水性涂料，无毒无害，无污染属环保型涂料 (2) 涂膜具有较高抗拉强度，弹性、耐水、耐候性好 (3) 可形成无接缝的连续防水涂膜层，对基面有更好的适应能力，具有一定的裂缝随动性 (4) 可在潮湿基层上施工并粘结牢固 (5) 冷施工，操作方便，基层含水率不受限制，可缩短工期
缺点	(1) 硬度较高，易随着基层的变形开裂而开裂 (2) 没有延展性，不能用于结构变化较大的部位	(1) 施工复杂，形成的防水层厚度薄，强度弱，须做保护层才能防止穿刺破坏 (2) 膜层的力学性能受环境温度影响较大，膜层受基面平整度的影响有薄厚不均的现象
材料特性	刚性材料（易断裂、比较坚硬）	柔性材料（较高弹性）
涂刷厚度	4～6mm	1.5mm 以上
单线千米材料费	3.3万元（以涂刷5mm为标准测算）	3.2万元（以涂刷1.5mm为标准测算）

　　由比选分析可见，二者都是常用的防水涂料，粘结强度高、防水效果好，各有优缺点。但针对地铁而言，因地质条件复杂，隧道结构可能发生变形或沉降，渗水情况也时有发生，故宜选用抗渗、抗变形能力强，能与结构始终形成整体的柔性防水材料。

　　聚合物防水砂浆硬度较大，没有延展性，易随着结构的变形而开裂。而聚合物防水涂料粘结强度高，对基面有较好的适应能力，具有一定的裂缝跟随性。经估算每单线公里的材料费用两者基本相当，且隧道内温度适中，温差很小，有利于聚合物防水涂料的施工。因此水沟的防水材料宜采用聚合物水泥防水涂料。

2.6.10　国内外道床研究发展情况

从国外的轨道交通高架线来看，除地铁轨道常用的短枕式整体道床与长枕式整体道床外，轨道结构型式多种多样。其中，常用的有双块式整体道床和板式轨道。

1. 双块式整体道床

双块式整体道床，见图 2.6-22、图 2.6-23，是由双块式轨枕、混凝土道床组成。是一种先进、成熟的无砟轨道结构，在许多国家都广泛应用。如韩国、印度和荷兰及我国台湾的台北—高雄高速铁路的道岔区部分采用了双块式无砟轨道。2004 年我国选定在遂渝铁路引入无砟轨道综合试验段，其中就在路基、桥梁、隧道内采用双块式整体道床。

双块式整体道床可采用轨排法施工，轨排较轻，施工更快捷，施工调整工作量小，而且道床混凝土捣固作业更方便，质量易于保证，施工精度较高。

图 2.6-22　Ⅰ型双块式整体道床

图 2.6-23　Ⅱ型双块式整体道床

2. 板式轨道

板式轨道，见图 2.6-24，在国外已有几十年的历史，道床采用预制混凝土板，直接铺装、固定在基础上，板与基础之间高压充填特制的砂浆连接。国铁客运专线有比较成熟的铺设经验。

图 2.6-24　板式轨道

板式轨道结构技术先进，轻盈美观，施工速度快。缺点是自重量较大，尤其是应用到大连续梁时因恒载较大，将使桥梁工程造价大幅提高。此外，板式轨道曲线上施工较繁琐，施工工艺要求机械化程度高，专用性强。其制板开模具、运输、CA 砂浆的配料及灌注设备大大增加了初期投资。

2.7　道　　岔

2.7.1　道岔类型

道岔类型主要有单开、对称、交分、渡线套线道岔和多渡多交的组合道岔等，见图 2.7-1。

地铁多采用单开道岔、交叉渡线和复式交分道岔，个别情况采用对称道岔。

2.7.2　道岔主要组成

单开道岔是由转辙器、辙叉及护轨、连接部分组成，见图 2.7-2；交叉渡线一般是由转辙器、锐角辙叉、钝角辙叉、护轨及连接部分组成，见图 2.7-3；复式交分道岔由双转辙器、锐角辙叉和钝角辙叉组成，见图 2.7-4。因此，转辙器、辙叉、锐角辙叉、钝角辙叉、护轨及连接部分是道岔的最基本组成部分。

2.7.3　道岔设计主要技术要求

道岔的设计首先应满足列车的运行要求。在任何情况下，应保证列车以规定的速度通过道岔时有足够的安全性、稳定性和乘客舒适度。道岔各部轨距及间隔，应保证在最不利条件下也能使列车安全顺利通过。道岔整体在任何情况下不得突破设备限界。道岔结构零件应有足够的强度与适度的刚度。道岔长度应尽量缩短，以节省占地。道岔工、电接口应保证正确。

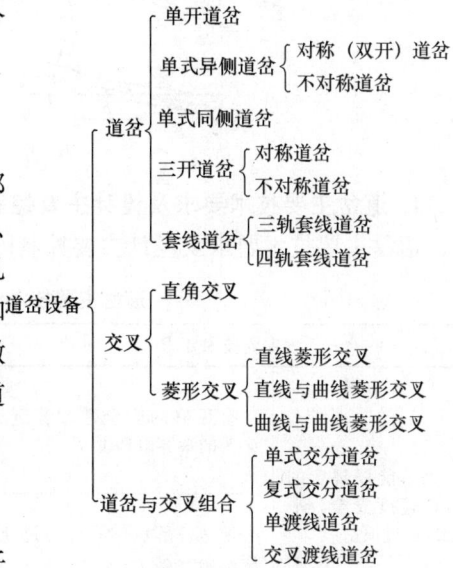

图 2.7-1　道岔类型

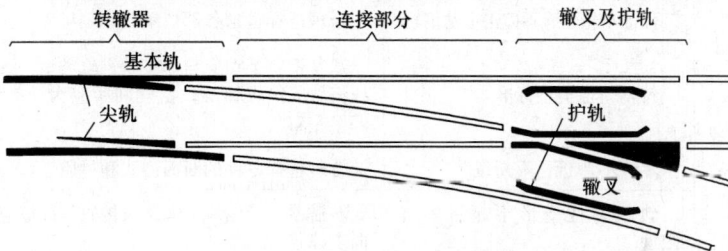

图 2.7-2　单开道岔组成

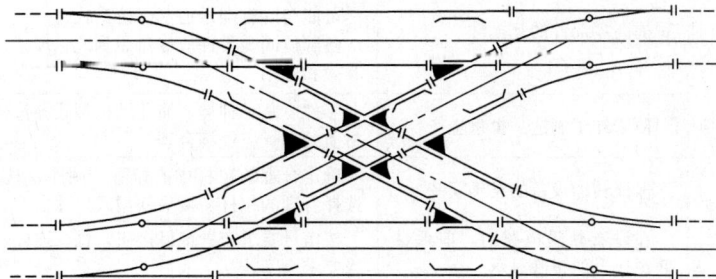

图 2.7-3　交叉渡线

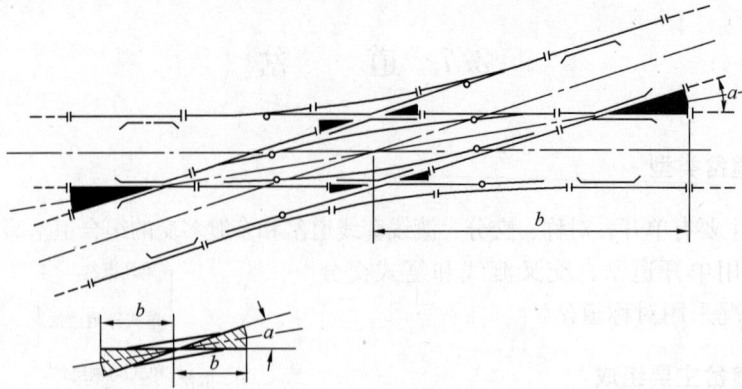

图 2.7-4　复式交分道岔

1. 道岔主要技术要求及设计主要控制因素

道岔主要技术要求及设计主要控制因素，见表 2.7-1。

道岔主要技术要求及设计主要控制因素 　　　　　　　　　表 2.7-1

主要技术要求		设计时主要控制因素
列车能以规定的容许速度安全、平稳地通过道岔	有足够的安全性和稳定性，必要的乘客舒适度	合理选择道岔各部位平面型式及导曲线半径，使未被平衡的离心加速度及其增量不超过容许值。 控制尖轨及翼、护轨缓冲段等冲击角的大小，使车轮撞击的动能损失不超过容许值
	道岔各部位的容许通过速度应协调一致	尖轨的平面型式及冲击角、导曲线线型及半径、辙叉的平面型式等各部的主要几何尺寸应尽可能取得相互间的合理匹配
	道岔不突破设备限界	控制护轨顶面抬高值和导曲线外轨的抬高值
列车走行部分能顺利通过道岔各部位	保证车辆转向架上各轮对有自由内接或正常强制内接的通过条件	检算道岔各部位的轨距，予以必要的加宽
	保证车轮轮缘不撞击道岔钢轨	合理选择道岔各部位钢轨间隔尺寸
道岔构件有足够的强度与刚度	符合轨道类型标准	道岔钢轨类型应与邻接线钢轨类型一致，或不低于邻接线钢轨的等级标准；岔枕间距应为同类线路等级标准的 95% 左右
	零件不弯折、不断裂	合理选择零件的断面型式和材质
	轨距弹性变形不超过容许限度	转辙器、导曲线、辙叉及护轨等部位应有足够强度的横向支撑
便于制造、铺设及养护维修	提高零部件的互换性	道岔全长，各部件主要尺寸，除有特殊要求外，一般应尽可能与既有同号道岔保持一致。 各部位同类零件应尽量做到统一尺寸，简化品种，便于互换和通用
	便于加工制造，批量生产	零件应减少种类，简化结构型式并符合加工工艺；零件材质的选择应经济合理
电务设备的正常安装与运转	保证转辙设备的正确安装	确定合理的拉杆中心位置、闸座岔枕*的间距及长度，选择合理的拉杆、接头铁型式尺寸
	在设有轨道电路时，应保证联锁信号的正确显示	按信号要求布置绝缘接头，拉、连杆、扣件等应满足绝缘要求

注：闸座岔枕指牵引点两侧的岔枕。

2. 信号专业对道岔设计的基本要求

道岔设计除要保证闸座岔枕间距及长度，还要保证设计满足信号设备与道岔尖轨的联结，实现尖轨的正确转换，满足运营要求。

同时，设有轨道电路的道岔设计时还应注意以下几点：

1）两股钢轨上的绝缘接头，尽可能设成对接接头。错接时，两接头相错量应小于相应列车的固定轴距，以保证在任何工况下，轨道电路能正确显示信号，保证行车安全；

2）道岔总布置图配轨计算时，必须考虑道岔直股或侧股都能设置绝缘接头的可能；

3）道岔拉、连杆及扣件必须设有绝缘装置；

4）无特殊说明时，绝缘接头处的钢轨轨缝应为 8mm；

5）道岔中各钢轨接头应留出足够的空间，以便安装必要的信号设备。

2.7.4　道岔设计前提条件和主要内容

1. 道岔设计的前提条件

首先应明确道岔是用于新线，还是用于既有线改造。如果用于既有线改造应注意是否有特殊要求，同时一般情况下道岔尖轨尖端位置、道岔理论导程、道岔全长不应改变，这也是改造设计常遵循的原则。

1）道岔号数一般是由道岔的侧向容许通过速度确定的，因此应取得行车专业对道岔侧向容许通过速度的要求，以确定道岔号数；

2）道岔的各部间隔及轨距加宽值是由机车车辆转向架决定的，应向车辆专业取得车辆定距、轴重及轮对资料；

3）尖轨的转换方式是由信号安装装置决定的，应由信号专业提供尖轨的转换方式（也就是采用内锁闭还是外锁闭）、转辙机的安装方式及道岔区是否设置绝缘节等资料。

2. 道岔设计的主要内容

道岔设计的主要内容包括总布置图的设计和道岔结构、扣件、岔枕、道床的设计。道岔设计的一般程序是先进行总布置图的设计，再依据总布置图开展道岔的结构设计。由于目前国铁、地铁的道岔技术已比较成熟，往往在设计时选用经实践检验、结构均已成熟的零部件，如尖轨、高锰钢整铸辙叉、护轨等。因此，应将选用的成熟零部件的结构、尺寸等，作为开展总图设计时的计算依据。

2.7.5　道岔设计

1. 道岔总布置图

道岔设计应首先设计总布置图，它直接反映道岔整体技术状态。道岔是否技术先进，平面布置是否合理，各部尺寸是否准确，加工、铺设、维护是否方便、经济等，主要都是由总布置图决定的。因此，在总图设计时必须严谨、认真，设计过程中必须经过多方案比选，优选出符合设计要求的道岔总布置图。

1）道岔总布置图设计的主要内容

（1）确定道岔主要尺寸：包括道岔号数、导曲线半径、道岔全长、道岔中线尺寸、转辙器主要尺寸、辙叉及护轨主要尺寸等。

（2）计算确定道岔各部间隔及轨距。

（3）计算配轨长度。

（4）计算导曲线支距。

（5）确定岔枕布置及数量。

（6）计算材料数量。

（7）绘制道岔总布置图。

2）道岔总布置图设计步骤

（1）收集资料并分析，初步确定设计方案。

（2）由直向、侧向容许通过速度选择导曲线半径、道岔号数及尖轨、辙叉型式。

（3）由轮轨关系确定道岔钢轨各部间隔并计算渡线及交分道岔中菱形部分各主要尺寸。

（4）转辙器、双转辙器的主要尺寸的确定，其范围内岔枕的布置及尖轨尖端轨距检算。

（5）各辙叉及护轨的主要尺寸的确定及其范围内的岔枕布置。

（6）总布置图平面主要尺寸的计算确定。

（7）道岔各部件轨距计算、检算。

（8）道岔配轨长度及导曲线支距的计算。

（9）岔枕布置及其长度计算（包括岔枕拼接位置选择）。

（10）绘制道岔总布置图及道岔明细表。

3）轨距

为了缓冲列车通过道岔时对钢轨的挤压、冲撞，在道岔的尖轨尖端、尖轨跟部、导曲线部分，轨距需要适当加宽。

（1）检查道岔轨距部位

为使机车车辆能顺利通过道岔侧线，需要检算道岔各部位的轨距。道岔各部位轨距应保证机车车辆能以静力正常强制内接的条件通过。轨距的加宽要求依据是机车车辆转向架资料及车辆定距、轴重及轮对资料。

通常检算下列五个部位的轨距，见图 2.7-5。

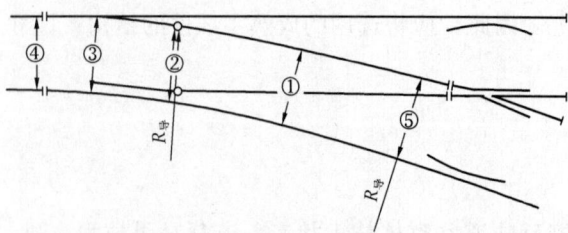

①导曲线中部轨距；②轨跟端处侧股轨距；③尖轨尖端处轨距；
④基本轨前端接头处轨距；⑤导曲线终点处轨距。

图 2.7-5　检查道岔轨距部位

（2）道岔轨距的允许误差，在有控制锁的尖轨尖端处为 ±1mm，其他各处一般均为 +3mm、−2mm。

（3）轨距递减

① 尖轨尖端轨距加宽部分按不大于 6‰ 向外方递减。

② 两对向道岔尖轨尖端轨距递减：两尖轨尖端轨距相等时不作递减；不相等时，则从较大的轨距向较小的轨距均匀递减。

③ 道岔的前端与另一道岔的后端相连时，尖轨尖端轨距递减率亦不应超过 6‰。

④ 尖轨跟端直向轨距加宽部分递减距离，向辙叉方向一般为 1.5m。

⑤ 导曲线两端轨距递减距离：一般情况下直尖轨时，至尖轨跟端为 3m，至辙叉前端

为 4m；曲尖轨时，辙叉前端可按不超过 6‰递减。

4）尖轨动程

尖轨动程是尖轨扳开后，第一位拉杆中心处尖轨非工作边与基本轨工作边的距离，以 d_0 表示。它应保证具有最不利条件的轮对（轨背距最小、车轮轮缘最薄、轮缘紧贴另一侧基本轨运行）顺利通过，而不挤压或碰撞尖轨，见图 2.7-6。

目前地铁道岔尖轨动程多是，活接头道岔为 152mm，弹性可弯尖轨道岔为 160mm。该动程应与信号专业转辙机动程相匹配。

5）轮缘槽

（1）轮缘槽宽度

① 辙叉及护轨平直段以外的轮缘槽

辙叉及护轨平直段以外的轮缘槽，原则上按最不利因素组合法计算，其基本计算公式为

轮缘槽宽度≥（标准轨距＋轨道弹性扩张值＋作道正公差）－（最小轮背距

　　　　　　－ 车辆轮对内侧距在荷载下的减少值）－最薄轮缘厚度＋轨距加宽值

　　　　＝[1435＋（2～4）＋3]－[1350－（0～2）]－（22～23）＋轨距加宽值

　　　　＝（68-72mm＋轨距加宽值）

② 辙叉及护轨平直段轮缘槽

应满足道岔查照间隔要求。车辆轮对、轨距与查照间隔的关系，见图 2.7-7，其平面见图 2.7-8。

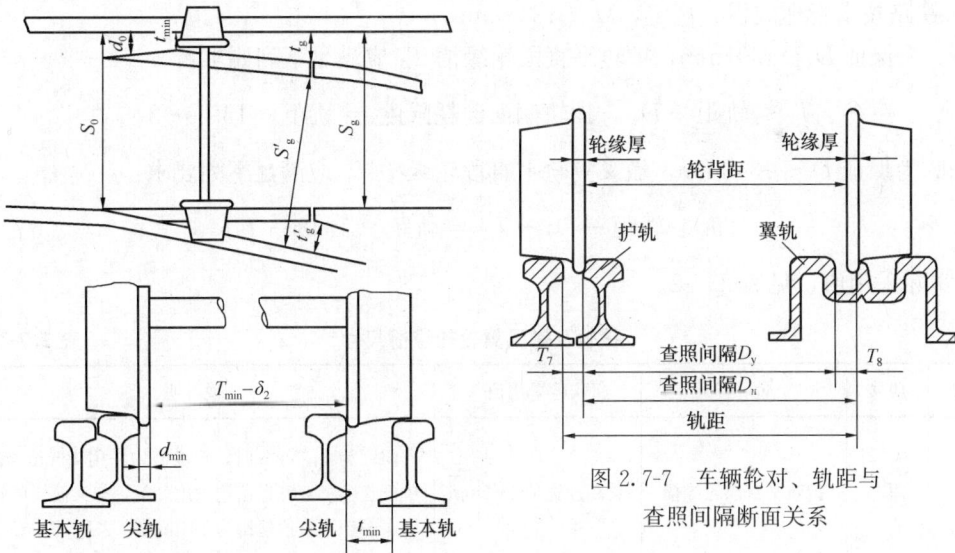

图 2.7-6 车辆通过道岔尖轨

图 2.7-7 车辆轮对、轨距与查照间隔断面关系

a. 为避免在最不利情况下车轮轮缘冲击辙叉心轨，由护轨头部外侧至辙叉心轨工作边距离 D_x：

　　　　D_x≥最大轮背距＋（地铁车辆）车轴下弯时轮背扩大值＋最厚轮缘

　　　　＝1356＋（0～2）＋（32～33）

　　　　＝1388～1391mm

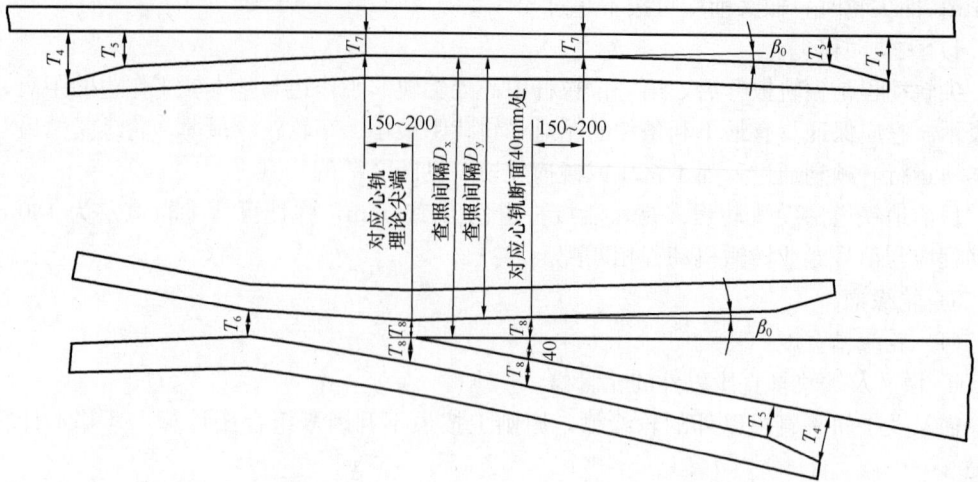

图 2.7-8　车辆轮对、轨距与查照间隔平面关系

《铁路技术管理规程》规定，$D_x \geqslant 1391$mm。

b. 为避免在最不利情况下车轮轮对卡在护轨与翼轨之间，由护轨头部外侧至辙叉翼轨工作边距离 D_y 为：

$$D_y \leqslant 最小轮背距 -（蒸汽机车以外的）机车车辆的车轴上弯时轮背距缩小值$$
$$= 1350 - 2 = 1348\text{mm}$$

《铁路技术管理规程》规定，$D_y \leqslant 1348$mm。

c. 为保证 $D_x \geqslant 1391$mm，护轨平直段轮缘槽 T_7 应满足下列要求：

$$T_7 \leqslant 轨距 - D_x - 护轨侧面磨耗限度 = 轨距 - 1391 - 2$$

d. 为保证 $D_y \leqslant 1348$mm，辙叉翼轨平直段轮缘槽 T_8 应满足下列要求：

$$T_8 \geqslant 轨距 - D_y - T_7 = 轨距 - 1348 - T_7$$

实际采用值，见表 2.7-2。

护轨及辙叉翼轮轮缘槽尺寸 表 2.7-2

序号	代号	名　称	实际采用值	说　明
1	T_7	护轨平直段轮缘槽	轨距加宽值+42mm	轨距为1435mm时，轮缘槽均采用42mm，各型单开道岔、双开道岔均采用此值。交叉渡线的钝角辙叉护轨平直段轨距为1440mm，采用47mm
2	T_8	翼轨平直段轮缘槽	轨距1435mm时，$T_8=46$mm 轨距1440mm时，$T_8=47$mm	单开道岔轨距为1435mm，轮缘槽采用46mm。交叉渡线钝角辙叉轨距为1440mm时，轮缘槽采用47mm

（2）轮缘槽深度

道岔各部位轮缘槽深度，应保证在基本轨（或尖轨及辙叉）垂直磨耗量达到极限时，

踏面垂直磨耗达到极限时车轮能顺利通过,并有一定间隙,见图 2.7-9:

从图 2.7-9 可知:

$$H_1 = H_2 + \delta_{H2} + \delta_{H1} + e$$

式中　H_1——轮缘槽深度;

　　　H_2——标准断面车轮轮缘高度,机车为 28mm,地铁、车辆轮缘高度 25mm;

　　　δ_{H2}——车轮踏面容许磨耗深度,机车为 7mm;

　　　δ_{H1}——道岔钢轨容许垂直磨耗深度,正线、到发线以外线路为 10mm;

　　　e——容许车轮与间隔铁顶部最小间隙,至少应为 3mm。

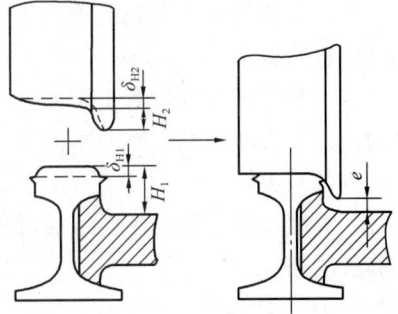

图 2.7-9　车轮与轮缘槽深度关系

新制道岔轮缘槽深度为

$$H_1 \geqslant 28 + 7 + 10 + 3 = 48\text{mm}$$

实际新制道岔轮缘槽深度均大于 48mm。

6) 道岔轨底坡

一般地段道岔不设轨底坡,道岔两端与有轨底坡连接时,在道岔两端进行轨底坡过渡。

7) 道岔钢轨

(1) 道岔配轨的一般要求

① 转辙器及辙叉的左右基本轨长度一般采用等长,以减少基本轨的备件数量,并有利于左右开道岔通用。但还应照顾到导曲线配轨的合理。

② 导曲线配轨不宜过短,在小号数道岔中不应小于 4.5m,在较大号数的道岔中不应小于 6.25m。

③ 导曲线配轨长度应与岔枕布置相配合,使岔枕间距大小适宜。

④ 设轨道电路的道岔,两股钢轨上的绝缘接头应尽可能成对接接头。如相错时,两接头相错量不应大于车辆的固定轴距,并应考虑道岔直股和曲股都能设置绝缘接头。

⑤ 配轨应经济合理,应优先采用整轨、缩短轨或整轨长度的 1/2、1/4 等。如采用零数,应考虑锯下的钢轨有留作他用的可能。

(2) 按相关要求及公式计算配轨长度。

2. 道岔结构

1) 道岔结构设计主要内容

(1) 选择各部件及零件的结构标准及型式;

(2) 确定零件的各断面型式、尺寸、材质,计算零件的质量。

(3) 确定零件的布置及数量。

2) 转辙器

转辙器由两根基本轨、两根尖轨及各种联结零件组成。复式交分道岔的双转辙器由 4 根基本轨、4 根尖轨及各种联结零件组成。

(1) 基本轨

基本轨由标准钢轨制成,一侧为直基本轨,一侧为曲基本轨。尖轨采用贴尖式,基本轨轨头不刨切；尖轨采用藏尖式，基本轨轨头下颚需要刨切。

基本轨除承受车轮的垂直压力外，还与尖轨共同承受车轮的横向水平推力，并保持尖轨位置的稳定。

直基本轨不进行弯折。曲基本轨应按支距进行弯折，以保持转辙器轨距、方向的正确，以及尖轨和基本轨的密贴。

(2) 尖轨

尖轨是转辙器的主要组成部件之一，列车依靠尖轨的开通方向不同而进入道岔直股或侧股线路。

① 尖轨型式

a. 按平面型式分类

(a) 直线型尖轨

直线型尖轨的工作边为一直线，直线尖轨可用于左开或右开单开道岔，加工制造简单，便于修换，是我国目前应用较广泛的一种尖轨。其缺点是道岔长；尖轨尖端轨距加宽大，影响列车沿正线运行的平稳；转辙角 β 较大，当列车逆向进入侧线时，轮缘对尖轨的冲击较大，列车摇晃，尖轨也易磨损。

(b) 曲线型尖轨

曲线型尖轨的工作边除尖端前部有一小段直线外，其余均为圆曲线，一般冲击角 β_c 小于直线型尖轨，所以尖轨磨耗较轻，列车运行平稳，舒适度较好。同时，这种尖轨与导曲线的衔接比较圆顺，与同号码直线型尖轨比较，导曲线半径可以增大，侧向通过速度高，道岔全长可以缩短。其缺点是左右开道岔不能通用，加工较复杂。

曲线型尖轨又分为切线型、半切线型、割线型、半割线型四种。为减低尖轨磨耗，在国铁设计提速道岔时，研发了相离线型的曲线尖轨道岔，城市轨道交通正线道岔多采用相离型曲线尖轨。

b. 按尖轨断面型式分类

可分为普通钢轨断面尖轨和特种断面钢轨尖轨。普通钢轨断面尖轨在国铁、地铁已基本被淘汰，目前地铁道岔主要采用的是矮型特种断面钢轨尖轨。

地铁采用矮型特种断面钢轨（简称 AT 轨）作尖轨。现已推广使用的 50AT 和 60AT 轨均比同轨型普通钢轨矮 24mm。使用时在 AT 轨下设 24mm 高滑床台，跟部锻压成同轨型断面，以与导轨连接。

AT 轨的主要优点如下：

(a) 取消了普通钢轨尖轨 6mm 抬高量，消除了列车过岔的垂直不平顺，可提高道岔直向过岔速度。

(b) AT 轨整体性强，刚度大，在使用中不易出现拱腰臌肚现象，养护维修量小。

(c) AT 轨下设 24mm 高滑床台，基本轨轨底内侧可设置弹片扣压，增加了基本轨的稳定性和道岔的整体性。

(d) 由于滑床台较高，可减少沙、雪的影响，提高行车的安全性。

c. 按尖轨尖端与基本轨的接触型式分类

(a) 贴尖式。贴尖式基本轨轨鄂不刨切，加工简单，备料方便。

(b) 藏尖式。藏尖式是使尖轨尖端藏在基本轨工作边内，以保护尖端不被车轮轧伤并使尖轨在动荷载作用下保持良好的竖向稳定。因基本轨轨鄂需要刨切，要求基本轨和尖轨的刨切接触面良好，加工要求严格，并需备用曲、直基本轨。

d. 按尖轨跟端构造型式分类

（a）间隔铁活接头式。用间隔铁、接头夹板联结尖轨、基本轨及导轨，并保持基本轨与尖轨、导轨的间隔尺寸，尖轨跟端设内外轨撑与辙跟垫板联结，限制尖轨的爬行、跳动。在跟部设双头螺栓保持间隔铁与夹板的距离，以使尖轨扳动灵活。但尖轨跟部不能固定，形成活接头，稳定性较差，容易发生病害。

（b）弹性可弯式。弹性可弯式在跟部采用普通钢轨接头型式，在跟部的固定扣件前设置间隔铁或限位器，限制尖轨的爬行、保持与基本轨的距离。为降低扳动力，在尖轨跟端前将尖轨轨底一侧或两侧刨切一部分（长 1～2m），成为柔性点，尖轨便可围绕该点转动和弹性弯曲。这种尖轨结构简单、坚固、易于保养，比活接头式有较大的优越性。但因此种尖轨较长，如果不设置第二拉杆，扳动后尖轨非工作边与基本轨间的轮缘槽往往小于容许值（65mm），所以目前铺设的 60kg/m 钢轨 9 号弹性可弯尖轨均设第二拉杆。

② 尖轨降低值

尖轨的降低值直接关系到行车安全和尖轨的使用寿命。我国尖轨各部位采用以下的降低值：

a. 尖轨尖端降低值

尖轨尖端的降低值不应大于车轮轮缘高度 25mm，以免车轮逆向进岔时爬上尖轨。另外还应考虑在轮缘最大垂直磨耗 18mm，基本轨轨顶也有一定垂直磨耗时也不会轧伤尖轨尖端。经过多年实践证明，尖轨尖端降低值采用 23mm 是安全可靠的。

b. 尖轨轨头宽 5mm 断面处降低值

在尖轨轨头宽 5mm 断面处，尖轨将引导车轮沿尖轨工作边运行，此时尖轨轨头必须位于车轮轮缘与相应基本轨之间，方可实现引导，其降低值采用 14mm。

c. 尖轨轨头宽 20mm 断面处降低值

在尖轨轨头宽 20mm 处，基本轨与尖轨共同承受车轮的垂直荷载。因车轮踏面有 1：20 和 1：10 的坡度，因此在此断面处尖轨应有一定的降低值。我国规定其降低值采用 2mm。

d. 尖轨轨顶降低始点（与基本轨顶面同一水平）的断面宽度

为了保证行车安全，当具有最小轮背距和轮缘极限磨耗的轮对紧贴一侧基本轨，另一侧车轮踏面外侧圆弧相接触的尖轨轨顶宽度为 50mm 时，确定为轨顶降低始点。《铁路线路维修规则》中规定：在尖轨顶面宽 50mm 及以上断面处，可以完全承受车轮的垂直荷载，尖轨顶面不得低于基本轨顶面 2mm 及以上，以免轮对挤宽轨距或挤翻基本轨。

③ 尖轨顶面纵坡

根据以上尖轨各断面的降低值，可绘制出尖轨顶面的纵坡。尖轨轨头宽 50mm 以后部位完全承受车轮的压力；尖轨轨头宽 20mm 以前仅承受水平力，不承受垂直力，从尖轨轨头宽 20～50mm 部分为车轮荷载的过渡段。

（3）转辙器主要零部件

① 道岔顶铁

道岔顶铁设置在尖轨刨切点处的尖轨或基本轨的轨腰上。其作用是使尖轨与基本轨有一定距离，使尖轨与基本轨共同承受水平力。

道岔顶铁一般由方钢锻造而成。若顶铁与轨腰的间隙大于 1mm 时，可垫入顶铁调整片。

② 轨撑

若基本轨内侧无弹片扣压时，基本轨外侧须设轨撑，以防止基本轨外翻，保持轨距。可调轨撑能调整轨距，北京地铁 1、2 号线、上海 1、2 号线道岔可调轨撑，利用调整块沟槽偏移 4mm，能调整轨距±15mm。

③ 道岔接头铁、拉杆和连杆

接头铁、拉杆和连杆是增强尖轨的框架刚度、提高尖轨的稳定性、连接两尖轨的设备。拉杆与转辙设备相连接，以转换尖轨位置。

a. 接头铁

接头铁用两个螺栓联结在尖轨的轨腰上，其上设有铰接螺栓孔与拉杆、连杆相连接。主要有 T 形接头铁和扁钢接头铁两种。

（a）T 形接头铁用型钢锻造而成，和方钢拉杆、连杆配合使用。在接头铁与尖轨间设调整片以调整两尖轨距离。设有轨道电路时应在接头铁与尖轨间设置绝缘。

（b）扁钢接头铁，用扁钢热弯而成，与扁钢拉杆、连杆配合使用，设有轨道电路，绝缘设在拉杆、连杆的中部。

b. 拉杆

一般第一拉杆设在尖轨前部距尖端 380～500mm（应与信号专业沟通确定）。在拉杆中部设 4 个螺栓孔，以联结转辙机的密贴调整杆，扳动尖轨。一般可弯尖轨道岔，还应在尖轨轨头刨切起点前设第 2 拉杆，以保证尖轨与基本轨的轮缘槽不小于 65mm。单开道岔的拉杆有方钢拉杆和扁钢拉杆两种。

方钢拉杆防止尖轨假密贴效果较好，是目前多使用的型式。扁钢接头铁及配套拉杆，将拉杆延伸到基本轨轨下，可以达到尖轨防跳的目的。但车辆通过时造成拉杆不断敲击基本轨轨底，存在一定的安全隐患，现已基本不采用。

c. 连杆

为增强两尖轨的框架刚度，除拉杆外，还应根据尖轨长度设置 1～3 根连杆。连杆亦有方钢和扁钢两种型式。

④ 尖轨跟部构造

国内尖轨跟部构造主要有间隔铁式和接头夹板两种型式。

a. 间隔铁式跟部结构

间隔铁式跟部构造，有辙跟间隔铁、辙跟夹板、辙跟内外轨撑、双头螺栓、辙跟垫板和联结螺栓等组成。

（a）辙跟间隔铁用以保持轮缘槽宽度，并与辙跟夹板，将基本轨、尖轨和导轨联为一体。一般采用 5 孔间隔铁，用可锻铸铁铸造。

（b）辙跟夹板，一般采用 24mm 厚的 B6 或 B7 钢、56Nb 钢板制造。

为使尖轨能在辙跟间隔铁和辙跟夹板间滑动，辙跟夹板需在相对辙跟轨缝中心处弯折。弯折支距根据尖轨在夹板前端的扳动距离计算确定。夹板弯折顶部与车轮相碰部分进行刨切。

（c）辙跟内、外轨撑，能增强辙跟的稳定性，防止爬行、跳动、钢轨外翻和轨距增大。

（d）桥式辙跟垫板能加强辙跟接头的整体性。整体道床不必设置桥式辙跟垫板。

b. 接头夹板跟部结构

与普通接头相同，可弯式尖轨跟端与导轨的连接，也用两块夹板联结，尖轨与基本轨间也用间隔铁形成间距，在间隔铁前方适当部位，尖轨相应长度内轨底刨切，成为弹性可弯段。这种辙跟接头结构简单，坚固稳定，易于维修。

3）道岔连接部分

在单开道岔中，连接前端的转辙器与后端的辙叉及护轨部分的轨道称为道岔连接部分。连接部分又分为直连接线和曲连接线。曲连接线一般称导曲线，下面简要介绍导曲线。

（1）导曲线平面

我国铁路各型道岔导曲线的平面型式一般为圆曲线。这种型式的导曲线设计简单，铺设、维修方便。

① 圆曲线型导曲线半径的大小依道岔号数大小而定。道岔号数越大，导曲线半径越大。道岔号数一定时，曲线尖轨的导曲线半径比直线尖轨的导曲线半径大。

② 直线尖轨的圆曲线型导曲线，其切点可选择在跟端或跟端后适当的位置上（一般取夹板长度的一半）。

③ 曲线尖轨的圆曲线型导曲线。尖轨曲线与基本轨工作边相切、相割或相离。

④ 导曲线终点一般设在辙叉趾前 400～600mm 处。如有特殊需要，可与直线辙叉相割，常与割线型曲线尖轨配合，以增大导曲线半径。

⑤ 导曲线半径小于 250m 时，应根据车型考虑轨距加宽。加宽递减率应不大于 6‰。

（2）地铁导曲线超高

在导曲线上设置少量超高，对防止反超高的出现和保持轨距以及减轻行车摇晃等有利。北京地铁 2 号线、上海 1、2 号线导曲线设置 6mm 超高，在辙后垫板上设置超高顺坡。由于此道岔导曲线较短，没有足够的超高递减距离，超高顺坡递减较特殊，后建线一般未再设超高。为避免出现反超高，施工时可设置不大于 4mm 的超高。

（3）导曲线轨底坡

设置轨底坡，一般在行车速度达到 160km/h 时对改善车轮与钢轨的接触条件，减少车轮对钢轨的横向推力及增加轨道的稳定是有利的。在道岔上设轨底坡将使结构复杂，制造加工量加大，所以一般行车速度低于 160km/h 时道岔不设轨底坡。

（4）导曲线加强

为防止导曲线钢轨在动载作用下的外倾和轨距扩大，在导曲线两股钢轨外侧成对安设一定数量的轨撑或导曲线部分使用分开式可调扣件。

为减少道岔钢轨的爬行量，安装足够的防爬设备，将道岔锁定。

地铁道岔均采用弹性分开式扣件，扣压力较大，钢轨外侧均不设置轨撑及防爬设备。

（5）导曲线支距

导曲线支距系指直股外侧钢轨工作边至导曲线外股工作边的垂直距离。支距点按总布置图规定从导曲线起点在直股外侧钢轨工作边的投影点开始（一般自尖轨跟端开始），按每 2m 设一个支距点排列。因为导曲线始点到终点的横距不正好是 2m 的倍数，所以导曲线终点到临近支距点的距离往往不是整数。

4）辙叉及护轨

辙叉是使车轮由一股钢轨通过另一股钢轨的轨线平面交叉设备，主要由翼轨、心轨及联结零件组成。我国现行辙叉结构主要是固定型辙叉、合金钢拼装辙叉和可动心轨辙叉三种。

（1）固定型辙叉

① 按平面形式分有直线辙叉和曲线辙叉。地铁一般均采用直线辙叉，两工作边有一条或两条为曲线的为曲线辙叉。曲线辙叉的优点可加大导曲线的半径，缩短道岔全长，能提高侧向行车速度，但其加工复杂，左右开道岔不能通用。

② 按构造形式分有钢轨组合式和高锰钢整铸辙叉，钢轨组合式辙叉零部件多、整体性差、维修量大；高锰钢整铸辙叉具有较高的强度和良好的冲击韧性、坚固耐磨、稳定性好、维修量少，使用年限长等优点，国铁到发线、站线和地铁多采用。

（2）可动心轨辙叉

可动心轨辙叉的心轨在翼轨框架内转换，以保持两方向轨线连接，消除了固定辙叉的有害空间，且不需设置护轨，提高了列车的平顺性及过岔容许速度，可延长辙叉使用年限，显著减少维修量。但因这种辙叉结构较复杂，其长度也较长，并且活动心轨的转换需另设转换装置，因此这种辙叉国铁主要用于高速线路的正线，地铁有的线路也采用。

（3）合金钢拼装辙叉

合金钢拼装辙叉是指采用高强度、高耐磨合金钢替代整铸高锰钢辙叉心轨等易损部分（主要是辙叉咽喉至心轨 100mm 断面部分），国铁正线多采用。有采用普通钢轨做翼轨拼装，也有在趾、跟端焊接普通钢轨拼装的。

（4）护轨

护轨是固定辙叉的重要组成部分，设置在辙叉两侧，是控制车轮运行方向，防止车轮在辙叉有害空间冲击或爬上辙叉心轨尖端，保证列车安全的重要设备。在可动心轨辙叉仅在侧股设护轨，以防止心轨的侧面磨耗。

护轨由平直段、两端缓冲段及两端开口段组成。

目前国内道岔护轨主要有不分开式、分开式 H 型和分开式槽型三种护轨。地铁正线多采用分开式可调槽型护轨。

3. 单开道岔

单开道岔是主线为直线，侧线向主线的左侧或右侧分支的道岔。站在道岔前端，面向尖轨，侧线向左分支的道岔称为左开道岔，侧线向右分支的道岔称为右开道岔。

单开道岔是各种类型道岔的主要型式，应用最为普遍。

单开道岔组成，见图 2.7-10。

我国单开道岔类型有几种分类形式，具体如下：

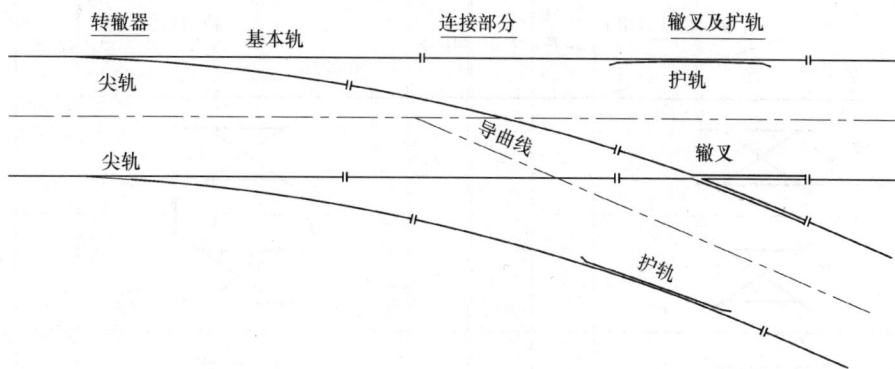

图 2.7-10　单开道岔组成

（1）按钢轨类型分类

目前我国地铁常用的单开道岔有 50kg/m、60kg/m 钢轨道岔，北京地铁 1 号线古城车辆段个别还保留使用 43kg/m 钢轨 6、7 号单开道岔。

（2）按道岔号数分类

GB 1246—76 规定的标准轨距铁路道岔号数系列为 6、7、9、12、18 和 24 号单开道岔。9 号道岔为地铁正线常用的道岔、7 号道岔为车场线常用道岔。在北京、广州等地铁特殊位置上，正线有采用 12 号、18 号单开道岔，车场线有采用 5 号单开道岔。

（3）按道岔平面型式分类

单开道岔按其平面型式主要有直线尖轨、直线辙叉的单开道岔；曲线尖轨、直线辙叉的单开道岔；曲线尖轨、曲线辙叉的单开道岔等。我国除高铁外常用的单开道岔采用前两种型式。

（4）按转辙器结构型式分类

① 按尖轨断面型式分为普通钢轨断面和特种钢轨断面的单开道岔；

② 按尖轨跟端结构型式分为间隔铁式（活接头）和固定可弯式的尖轨跟端结构。

（5）按辙叉结构型式分类

按辙叉结构型式，单开道岔可分为固定型和可动心轨型单开道岔。固定型又分为钢轨组合式、合金钢叉心组合式和高锰钢整铸式；可动心轨型又分为钢轨组合式和高锰钢组合式的单开道岔。地铁主要采用高锰钢整铸式固定型辙叉的单开道岔。合金钢叉心组合式辙叉在国铁有应用，在个别地铁有试铺。北京地铁机场线、广州 4 号线直线电机系统，采用有可动心轨辙叉单开道岔。

4. 交叉渡线

1）交叉渡线型式及组成

为缩短车站的纵向长度，在车站咽喉处常常铺设交叉渡线。正线交叉渡线主要是为提高车辆折返能力和调车效率、减少站区占用线路长度。站场交叉渡线是为提高调车效率、缩短咽喉长度、减少站场占地面积。交叉渡线一般由四组单开道岔（或对称道岔）和一组菱形交叉组合而成。交叉渡线的型式见表 2.7-3。

各类交叉渡线示意 表 2.7-3

序号	示意图	转辙器数量（组）		序号	示意图	转辙器数量（组）	
		左开	右开			左开	右开
1		2	2	6		3	1
2		2	2	7		1	3
3		2	2	8		1	3
4		2	2	9		4	0
5		3	1	10		0	4

　　渡线的连接形式基本上可分为平行线间的单渡线和缩短单渡线。地铁一般采用平行线间的交叉渡线和缩短交叉渡线。

　　平行线间单渡线，见图 2.7-11。它由两组相同号数的单开道岔和两道岔间的连接直线组成。当两道岔间的连接短轨长度大于或等于 4.5m 时，可在两道岔尾端之间直接铺设短轨；当两道岔间的连接短轨长度小于 4.5m 时，应能设置辙叉后加长垫板。

　　当两平行轨道的线间距较大（一般大于 7m）时，如仍采用普通单渡线，势必占地较多，很不经济。为了缩短其总长度，可采用缩短单渡线。缩短单渡线由半径相同的反向曲线连接，并在两曲线间以及曲线与岔尾间各设置连接直线段，见图 2.7-12。

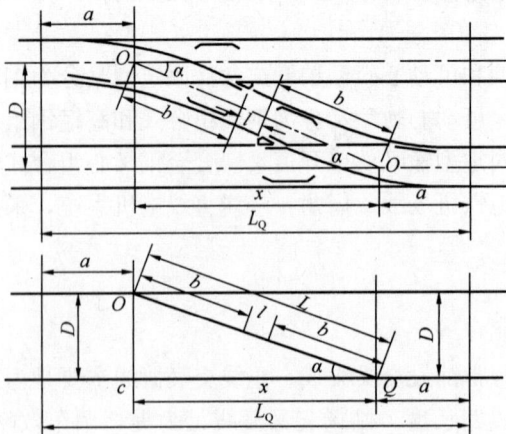

图 2.7-11 平行单渡线示意

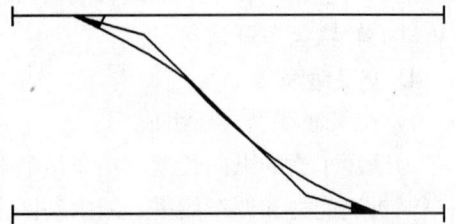

图 2.7-12 缩短单渡线

为使列车平顺地通过渡线，反向曲线间的夹直线的长度，一般不短于10m。岔尾与曲线间的夹直线的长度，应能保证曲线轨距加宽按规定递减。曲线半径R不能小于道岔导曲线半径值。

平面交叉为两线路在同一平面上的交叉。相交叉的两线路可为直线，也可为曲线。两线的轨距可以相同也可以不相同。根据交叉角度和平面形状，交叉分类，见图2.7-1。

交叉道岔均具有以下特征：

（1）交叉道岔由四组辙叉构成。

（2）菱形交叉的固定型钝角辙叉不能设置护轨。对于号码大于8号的钝角辙叉，存在未被防护的有害空间，要采用可动心轨型辙叉以保证行车安全。

（3）菱形交叉的固定型钝角辙叉的查照间隔较锐角辙叉复杂，养护较为困难。

（4）车轮在直角交叉上的辙叉心轨与翼轨间过渡时冲击剧烈，车辆和辙叉的配件损坏严重，因此不适于在高速行车地段使用。

2）交叉渡线的结构

平行线间交叉渡线的特征：

（1）交叉渡线一般由四组单开道岔（或对称道岔）及一组菱形交叉组合而成。两平行线路的交叉渡线一般有下列三种布置型式。

① 对称布置。菱形交叉对称布置于两平行线路之间，这是交叉渡线最常用的基本型式，见图2.7-13。

② 不对称布置。为了有可能利用标准的（或已有的）单开辙叉及菱形交叉或在有特殊需要时，可将菱形偏于一侧线路，成为不对称布置的交叉渡线。这种布置有时会使菱形锐角辙叉部分或全部进入单开道岔的导曲线内，见图2.7-14。

图2.7-13　对称交叉渡线　　　　图2.7-14　不对称交叉渡线

③ 缩短交叉渡线。在两平行线路间距较大的线路间，为了缩短交叉渡线的长度，在单开道岔辙叉跟端与菱形交叉锐角辙叉跟端之间设一连接曲线，成为缩短交叉渡线。连接曲线半径不应小于道岔导曲线半径。但这种布置型式不利于列车的运行，养护也较困难，见图2.7-15。

（2）交叉渡线的四组单开道岔，也可按菱形中轴不对称布置。在单开道岔（或对称道岔）的位置上也可换成同辙叉角的交分道岔。

（3）两平行线间的交叉渡线，随着间距的变化，菱形锐角辙叉和单开锐角辙叉在线路方向上的相互位置也随着变化。

5. 复式交分道岔

复式交分道岔是缩短车站咽喉长度、减少车站用地、提高调车作业效率的良好设备。其长度略长于单开道岔，而其作用相当于两组对向的单开道

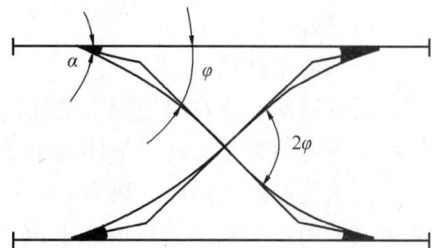

图2.7-15　缩短交叉渡线

岔。采用复式交分道岔可以节省工程量，降低站场造价，改善咽喉的结构与车站布置的图形，还可以减少扩建、改建工程对运营的影响。复式交分道岔的另一个特点是直向跨越线群时进路顺畅，可减少列车蛇行，运行比较平稳，瞭望条件良好。

复式交分道岔虽然具有上述使用特点，但以往设计站场咽喉区时，一般都采用单开道岔或交叉渡线，而很少使用复式交分道岔。这是因为复式交分道岔开通方向多，结构复杂，工电维修互相牵制，铺设维修较难，精度不易保证。北京地铁 1、2 号线、上海地铁 1 号线，铺设了复式交分道岔，新建线未再采用。

1）复式交分道岔的构造

（1）复式交分道岔的组成

复式交分道岔由菱形交叉的两组锐角辙叉、两组钝角辙叉和两组有四根尖轨的双转辙器组成，见图 2.7-16。其尖轨长度、导曲线半径、道岔全长随辙叉号数而变化。辙叉号数愈大，尖轨愈长；导曲线半径愈大，道岔愈长。

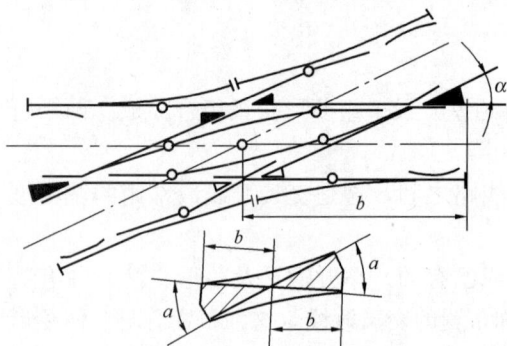

图 2.7-16　复式交分道岔

尖轨型式有直线型和曲线型两种。曲线型尖轨可以增大导曲线半径，缓和列车对尖轨的冲击，改善行车条件。我国复式交分道岔采用曲线型尖轨。

锐角辙叉采用同号数的单开道岔锐角辙叉。

钝角辙叉分固定型和可动心轨型。

（2）双转辙器尖轨的转辙形式

复式交分道岔双转辙器 4 根尖轨可以有两种转辙方式，即对称式转辙与不对称式转辙。

不对称式转辙方式能保证列车安全，我国复式交分道岔均采用不对称转辙方式。

2）复式交分道岔的各部主要尺寸

依据相关公式计算菱形长、短轴、斜边及尖轨有关尺寸等。

6. 道岔的扣件、岔枕、道床

1）道岔扣件

地铁正线道岔一般采用弹条弹性分开式扣件。转辙器、护轨基本轨内侧采用弹片扣压，辙后和辙叉前后支距扣板上采用弹条扣压，实现整组道岔均弹性扣压钢轨和辙叉。道岔整体道床一般部位轨距调整量不应小于+8mm、−12mm，调高量不宜小于 30mm。

根据环境保护要求，可在铁垫板下设轨道减振器，以满足减振的需要。

2）道岔岔枕

（1）道岔岔枕

国内道岔以往主要使用木岔枕，为增强道岔的稳定，节省优质木材，近年来研究推广使用预应力混凝土岔枕。整体道床一般采用短岔枕和长岔枕。

短岔枕混凝土强度等级为 C50，预应力长岔枕为 C60。为保证滑床板水平度，转辙器部位宜采用长岔枕，碎石道床上道岔应采用预应力混凝土岔枕，道岔稳定性好，维修量小，并节省木材。

地铁有的道岔试验性铺设树脂枕，具有一定减振性能。树脂枕道岔铺设方便，道岔整体性好，特别是树脂枕的钉孔可维修，提高了树脂枕的利用。但其价格较高，目前尚未推广，广州地铁有采用。

（2）岔枕布置

岔枕间距是与转辙器、辙叉的主要尺寸和配轨长度相互配合计算确定。岔枕间距应尽量一致，转辙器拉杆处岔枕间距略大，转辙器和辙叉范围内的岔枕间距较区间轨道的轨枕间距小 10%，其他部位小 5%。岔枕间距不宜过大，最大不宜超过 650mm，也不宜过小，过小会影响道砟捣固。整体道床岔枕交错部位的短岔枕长度可适当再减小。

岔枕布置方向：转辙器及连接部分的岔枕均垂直于直股方向；一般岔趾前 3~4 根岔枕由垂直直股逐渐扭转垂直辙叉角平分线；辙叉及叉后部分岔枕均垂直辙叉角平分线。整体道床短岔枕垂直于其上钢轨。

3）道岔道床

地铁地下线、高架线一般采用短枕式道岔整体道床；一般地面线、车场线采用混凝土岔枕碎石道床。

7. 道岔选型

1）道岔

（1）正线道岔一般宜选用 60kg/m 钢轨 9 号单开道岔及其交叉渡线，个别需要可选用 12 号单开道岔，优先选用相离线型弹性可弯曲线尖轨、高锰钢整铸辙叉及分开可调式槽型护轨，可选用 9 号单机牵引的曲线尖轨道岔。

（2）车场线宜选用 50kg/m 钢轨 7 号单开道岔及其交叉渡线，应采用曲线尖轨、高锰钢整铸辙叉。

（3）一条线的正线、车场线道岔宜分别选用一种型式道岔。除新技术道岔外，应选用与既有线相同的道岔。

2）道岔扣件

宜选用与区间相同类型的弹性分开式扣件。

3）岔枕和道床

地下线、高架线一般可选用短枕和长枕式道岔整体道床。根据减振要求可采用减振器减振垫、钢弹簧浮置道岔整体道床。地面线和库外线宜选用预应力混凝土岔枕碎石道床。

2.7.6 列车通过道岔速度

列车通过道岔的速度包括直向通过速度和侧向通过速度。

道岔容许通过速度取决于道岔构件的强度及平面型式两个方面，这是保证列车安全平顺地运行和乘客舒适度所必不可少的条件。

关于构件强度，目前道岔行业尚未有统一的、已成为行业标准的计算办法。对于低、中速道岔，一般道岔构造应与区间轨道构造相适应，并适当有所加强（如设置轨撑、扣件及轨枕加密等），而区间轨道构造是根据列车轴重、运行速度及强度等因素综合确定的。因此，控制过岔速度的构件强度条件可不必另行考虑。

目前道岔的直向容许通过速度是依据《铁路道岔的容许通过速度》（TB/T 2477）中

的相关规定、道岔总布置图、道岔结构类型以及经验等因素确定的。正线道岔的列车直向容许通过速度不应小于区间的列车速度。存在有害空间的辙叉，车轮从翼轨滚向心轨时，将对心轨产生强烈的冲击。另外，列车过岔时，轮缘不同程度的与护轨缓冲段的作用边、辙叉咽喉至岔心尖端的翼轨缓冲段作用边等部位相撞，因此直向过岔速度主要取决于撞击时的动能损失值。

侧向容许通过速度则是通过计算得到。单开道岔侧向过岔速度受转辙器、导曲线、辙叉和护轨以及道岔后连接线路四个部分制约。辙叉部分的侧向允许过岔速度一般高于转辙器和导曲线的允许速度，道岔后的连接线路按规定其允许通过速度不低于道岔导曲线的允许通过速度。因此，侧向过岔速度主要取决于转辙器和导曲线这两个部位的允许通过速度。

1. 道岔直向容许通过速度

道岔直向容许通过速度由于构造关系，在平面、剖面及纵断面上都存在着几何不平顺，列车通过道岔时产生的附加动荷载在数量上远超过普通线路，因而直接影响道岔构件的强度、养护周期及使用寿命。

由于道岔结构型式、材料、养护状态、列车技术参数与性能、运营条件，以及道岔养护周期、构件使用寿命等因素都对道岔直向容许通过速度有影响，如上所述，目前道岔行业尚未有统一的、上升为行业标准的计算办法。因此，本节只探讨设计时应注意的影响道岔直向容许通过速度的因素。

1）转辙器部位的几何不平顺，主要是因轨距加宽引起的平面几何不平顺，以及尖轨刨切引起的平、纵断面几何不平顺。该不平顺是由车辆构造和道岔号数决定的，道岔号数越大，该部位的几何不平顺越小。

2）辙叉翼轨缓冲部分冲击角。

3）辙叉咽喉部位冲击角。

4）辙叉部位的垂直几何不平顺，辙叉部位翼轨有抬高值，心轨有降低值，固定辙叉还存在"有害空间"。列车通过时，车轮有升高、降低的过程。

5）护轨缓冲段冲击角。

虽然目前道岔直向容许通过速度尚无法计算，但公认通过采取以下措施，可提高道岔的直向容许通过速度：

（1）尖轨跟部采用可弯式固定结构，增强尖轨跟部的稳定性；

（2）减小尖轨尖端及直向的辙跟轨距加宽值，在道岔的直线方向避免出现不必要的轨距加宽，但应满足内接要求；

（3）采用高锰钢整铸辙叉提高道岔的稳定性。采用活动心轨辙叉从根本上消除辙叉部位的几何不平顺（"有害空间"）；

（4）道岔钢轨件应进行淬火，增强耐磨性；

（5）翼轨、护轨缓冲段应适当加长，减小冲击角。必要时可采取不等长护轨，以提高直向速度；

（6）要求加强道岔的维修保养，及时修、换磨耗超限的道岔零部件，保持道岔经常处于良好的技术状态。

2. 道岔侧向容许通过速度

由于一般道岔的侧向容许速度较低，除道岔构件强度的因素，侧向容许速度主要由道岔平面尺寸确定。

目前道岔设计常用的基本参数有如下三项：

➤ 动能损失 ω（km^2/h^2）；

➤ 未被平衡的离心加速度 α（m/s^2）；

➤ 未被平衡的离心加速度增量 Ψ（m/s^3）。

三个参数以不同形式表示了列车运行在道岔侧向上所产生的横向力的影响。它们所产生的危害性有以下三个方面：

➤ 降低乘客的舒适度；

➤ 不利于保持道岔结构的稳定性和列车运行的稳定性，甚至因横向力过大，可能发生车轮的爬轨事故；

➤ 加速道岔的零部件磨损，缩短道岔的使用寿命。

因此，在确定道岔侧向平面方案时，必须使各项参数不超过规定的允许值。

1）未被平衡离心加速度 α

由于结构的限制，一般道岔不设置超高。因此，当列车运行在道岔曲线时，将产生未被平衡离心加速度，计算公式：

$$\alpha = V^2/(3.6^2 R)(m/s^2)$$

2）未被平衡离心加速度的增量 Ψ

当列车由直线进入曲线或者相反，未被平衡离心加速度是渐变的，由此产生未被平衡离心加速度的增量。一般道岔可近似认为未被平衡离心加速度的变化是在车轮全轴距范围内完成的，计算公式：

$$\Psi = V^3/(3.6^3 Rl)(m/s^3)$$

式中 l——车辆全轴距，A 型车为 15.7m，B 型车为 12.6m。

3）动能损失 ω

列车由直线进入道岔侧线及由直线进入曲线（或在曲线中部运行），在开始迫使列车改变运行方向的瞬间，将必然发生车轮与钢轨的撞击。此时列车车体中的一部分能量为克服外力作用的影响而被消耗，也就是横向力撞击钢轨所做的功，这就是动能损失。

动能损失的计算公式：

$$\omega = V^2 \sin^2 \beta_c \ (km^2/h^2)$$

式中 V——列车由直线进入侧线时的速度；

β_c——撞击部位的冲击角。

对于曲线尖轨道岔，由于列车车轮与尖轨的撞击点为曲线，此时的动能损失计算公式：

$$\omega = V^2 \sin^2 \beta_c = (2\delta V^2)/R(km^2/h^2)$$

式中 δ——撞击点处的轮轨游间；

R——导曲线外轨半径。

3. 提高过岔速度的措施

完善道岔结构，改进道岔的平面和立面设计，可提高列车通过道岔的速度。

1）提高侧向过岔速度的措施

（1）采用大号码道岔可加大道岔导曲线半径，减少车轮对道岔各部件的冲击角，是提高侧向过岔速度的主要措施。

加大道岔的导曲线半径，可以采用大号码道岔来实现。但道岔号数增加后，道岔的长度也增加了。我国 38 号道岔全长为 136.20m，18 号道岔全长为 54m，18 号道岔较 12 号道岔长 17m，较 9 号道岔长 25m，因此在使用上要考虑增加占地这一因素。

（2）加强道岔的构造强度。

（3）以曲线尖轨取代直线尖轨，可以在道岔号数固定的条件下加大导曲线半径。

（4）采用变曲率的导曲线，可以减少车轮进入曲线时的冲击角，降低轮轨撞击的动能损失，减少未被平衡离心加速度及其变化率，这仅在大号码道岔中才有实际意义，如我国 38 号道岔的侧线线形就采用了三次抛物线。导曲线设置超高可以减缓未被平衡离心加速度及其变化率，但道岔上设置超高的数值有限，只能在一定程度上提高侧向过岔速度。

（5）采用对称道岔。在道岔号数相同时，对称道岔导曲线半径比普通单开道岔增大约一倍，可提高侧向过岔速度约 30%～40%。但对称道岔的两股均为曲线，因而仅适用于两个方向上的列车通过速度和行车密度相近的地段。

（6）采用曲线辙叉，可增大导曲线半径，缩短道岔长度，提高侧向过岔速度。

2）提高直向过岔速度的措施

（1）加强道岔的整体结构，采用新型结构和新材料，提高道岔的整体稳定性。

（2）为提高直向过岔速度，应尽量减小道岔各部件的冲击角。如在高速道岔的辙叉平面设计中，加长翼轨及护轨缓冲段的长度，减小辙叉部分的冲击角，同时改变翼轨在辙叉理论中心处的外形；为减小车辆直向过岔时车轮对护轨的冲击，可以使用弹性护轨。

（3）采用可动心机辙叉，从根本上消灭有害空间，保证列车过岔时轨线的连续性和平顺性。

（4）采用特种断面尖轨和弹性可弯式固定型尖轨跟端结构，增强尖轨跟端的稳定性，避免道岔直向不必要的轨距加宽，采用淬火的耐磨尖轨和基本轨。

采用无缝道岔，加强道岔的维修养护，及时更换不符合标准的零部件，保持道岔的良好状态，提高道岔轨道几何形位的平顺性。

2.7.7　60kg/m 钢轨 9 号曲线尖轨单开道岔单机牵引研究设计

1. 研究背景

60kg/m 钢轨 9 号曲线尖轨单开道岔（城轨 237）作为地铁道岔主型号产品，现已广泛应用于地铁正线线路。该道岔转辙器尖轨设两个牵引点，动程分别为 160mm、84mm，道岔转辙器配置两台转辙机。该道岔经多年运营使用，具有优良的舒适度、较高的过岔速度、便于维护等优点，得到了广泛应用。

但美中不足的是，若其中一台转辙机由于地铁漏水等问题出现故障时，道岔尖轨无法扳动到位，可能会影响到道岔的正常使用。根据用户使用经验和需求，需要性价比更优的该型号地铁产品，即采用一台转辙机扳动尖轨。

因此，亟须研究开发设计一个牵引点的曲线尖轨道岔。设置一台电动转辙机，可以在满足地铁线路运营实际需求的同时，减少设备故障和维护工作量；提高尖轨扳动的可靠性，从而减少设备故障对正常运营的影响；可以降低电务购置成本及工程造价——每组道岔减少 1 台转辙机，可减少直接费用 5 万元左右。

为研制出满足用户需求的地铁道岔，UCD 与中铁宝桥集团有限公司开发了新型单机牵引 60kg/m 钢轨 9 号曲线尖轨单开道岔。经过多次研讨，大量的理论计算，结合近年来国铁使用的成熟、可靠、先进技术，对地铁 60kg/m 钢轨 9 号单开道岔（城轨 237）的关键零部件、电务转换系统做进一步的优化研制，以延长尖轨寿命和降低电务设备成本等，提升该产品的性价比和市场竞争力。

2. 设计原则

单机单点牵引城市轨道交通 60kg/m 钢轨 9 号曲线尖轨单开道岔的设计原则如下：

1）道岔平面线型、主要零件结构、扣件系统、轨下基础、辙叉及护轨等均与"城轨 237"道岔保持一致。

2）采用单机单点电务牵引方式，联动外锁，转辙机、锁闭装置采用既有成熟定型的产品，动程在 160～175mm 之间确定，尖轨理论扳动力不大于 4000N。

3）车辆轴重按 17t 计算。

4）尖轨按 60AT、60D40 两种钢轨轨型设计，尖轨长度与"城轨 237"道岔保持一致。

5）尖轨转换不足位移不大于 2mm。

6）转辙器部分最小轮缘槽宽度不小于 65mm。

7）尖轨在准静态荷载作用下所受应力不大于抗拉强度 430MPa，在疲劳荷载作用下所受应力不大于屈服强度 294MPa。

8）为减小转换阻力，滑床板采取减摩措施。

9）为提高钢轨耐磨性，采用热处理钢轨。

10）满足无缝线路要求。

3. 主要影响因素分析

1）计算假定

（1）不考虑尖轨的轴向力影响，且尖轨后端由于刚度较大，假定为刚性固定，基本轨两端也假定为固定约束；

（2）滑床板摩擦力只与接触面的压力和摩擦系数有关，不随尖轨位移大小发生变化，且静、动摩擦系数保持一致；

（3）尖轨与基本轨之间的贴靠模拟为刚性接触，考虑了接触面之间的法向行为；

（4）尖轨与基本轨贴靠为初始状态，在无阻尼状态下由贴靠状态扳动至斥离状态，然后在有阻尼作用下由斥离状态扳动至贴靠状态。尖轨扳动后的位置与扳动前位置不能重合，各个点的水平位移即为转换不足位移；另一侧尖轨与基本轨之间最小间距即为轮缘槽宽度。

2）模拟过程

初始状态下，在无阻尼状态下由贴靠状态扳动至斥离状态，然后在有阻尼作用下由斥离状态扳动至贴靠状态。尖轨在转换过程中，对牵引点位置施加牵引动程，即对牵引点施加给定位移，作为牵引过程中的边界条件。牵引点处的反力即为扳动力，总扳动力为各个牵引点扳动力之和。在转换过程中，曲、直尖轨的正位、反位交替出现，当尖轨由贴靠状态扳动至斥离状态时，钢轨中储存了弯曲变形能；由斥离状态扳动至贴靠状态时，尖轨反弹，部分弯曲变形能逐渐释放，直至牵引点扳动到位。此时尖轨的线形并未达到初始状态，由于摩擦力及连杆的作用，尖轨与基本轨之间密贴不完全。基于此，模拟尖轨的实际扳动过程，研究不同情况下尖轨与基本轨的贴靠状态，并计算不足位移及扳动力的大小。

尖轨不足位移及扳动力计算模型，见图 2.7-17。

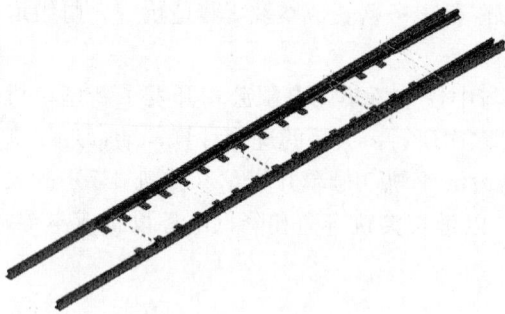

图 2.7-17　道岔扳动计算模型

3）主要影响因素计算分析

（1）摩擦系数影响

实际工作状态下，滑床板与尖轨之间的摩擦系数多在 0.15 左右。采取一定措施之后，如采用辊轮滑床板或采用聚四氟乙烯垫层等，摩擦系数可改善至 0.10、0.05 或更低。不同的滑动摩擦系数条件下，尖轨不足位移和扳动力的计算结果，见表 2.7-4。

不同摩擦系数条件下不足位移和扳动力计算结果　　　　表 2.7-4

摩擦系数	最大不足位移（mm）	扳动力（N）
0.15	2.42	3202.85
0.10	1.60	2414.73
0.05	0.84	1650.64
0.00	0.28	1018.12

由上表中计算结果可以看出，随着摩擦系数的降低，尖轨扳动时阻力随之降低，不足位移峰值明显下降。摩擦系数为零时，由于两根尖轨之间连杆的约束作用，不足位移并未达到零，而是有一个很小的数值。

可见，摩擦力对尖轨扳动力影响很大，目前减少摩擦力措施主要有自润滑式滑床板和辊轮滑床板。

（2）连杆位置及数量的影响

连杆的设置主要是为了保证轨道框架的刚度，更利于尖轨转换到位。连杆的数量和位置对不足位移的影响应进行进一步的研究。基于此，在保持其他条件不变的前提下，改变连杆的位置或数量，研究其对不足位移的影响。

① 改变连杆位置

方案一：连杆设于原设计位置；

方案二：将连杆位置向尖端前移。

不同的连杆位置条件下，尖轨不足位移和扳动力的计算结果，见表 2.7-5。

不同连杆位置条件下不足位移和扳动力计算结果　表 2.7-5

方案	连杆数	连杆位置距尖端距离	最大不足位移（mm）	扳动力（N）
方案一	2	原设计位置	2.42	3202.85
方案二	2	连杆前移	2.32	2823.02

由上表中计算结果可以看出，两种方案差别不大，最大不足位移分别为 2.42mm、2.32mm，扳动力分别为 3202.85N、2823.02N。其中，方案二不足位移在密贴段有所降低，是因为连杆位置前移后，增加了尖轨框架前段的整体刚度，道岔转换完毕之后，牵引点附近由于框架整体刚度较大，更利于转换到位，因此不足位移略有降低；反之，尖轨框架后段由于柔性较大，比方案一的计算结果略高。

② 连杆数量及位置

采用 0.10 的摩擦系数，针对连杆数量的设置，对以下几种方案进行对比：

方案三：同方案一；

方案四：在方案三的基础上，去掉离尖端较远的一根连杆；

方案五：在方案四的基础上，将连杆位置前移。

不同的连杆数量及位置条件下，尖轨不足位移和扳动力的计算结果，见表 2.7-6。

不同连杆数量及位置条件下不足位移和扳动力计算结果　表 2.7-6

方案	连杆数	连杆位置距尖端距离	最大不足位移（mm）	扳动力（N）
方案三	2	原设计位置	1.60	2414.73
方案四	1	去掉距离尖轨尖端较远的连杆	1.60	2261.44
方案五	1	连杆再前移	0.95	1783.28

由上表中计算结果可以看出，连杆数量并不是越多越好，连杆的位置同样对结果有明显的影响。方案三与方案四的不足位移差别不是很明显，且最大不足位移数值及发生位置基本无变化，但是方案四的扳动力有所降低，原因是整体刚度的降低；将连杆位置前移后，不足位移有明显的降低，原因同上（方案一与方案二的对比）。这里可以看出，连杆的位置和数量对结果都有一定的影响，从保证结构框架的整体刚度及轮缘槽宽度的角度出发，宜采用两根连杆的方式，并通过适当调整连杆的位置来降低转换不足位移。

(3) 刨切长度及位置的影响

① 改变刨切长度

为了研究刨切长度对不足位移的影响规律，在保证其他条件不变的情况下，对以下两种方案进行对比：

方案一：刨切长度为适当值；

方案二：将刨切长度增加。

由计算结果可以看出，两种方案条件下不足位移并没有显著变化。因此可以认为，刨切长度对不足位移的影响可以忽略不计。因此，刨切长度采用适当值。

② 改变刨切位置

为研究刨切位置及尖轨长度对不足位移的影响，对以下几种方案同方案一进行对比。

方案三：刨切位置前移；

方案四：刨切位置再前移。

不同的刨切位置条件下，尖轨不足位移和扳动力的计算结果，见表 2.7-7。

不同刨切长度及位置条件下不足位移和扳动力计算结果 　　　　表 2.7-7

方案	摩擦系数	最大不足位移（mm）	扳动力（N）
方案一	0.15	2.42	3202.85
方案二	0.15	2.43	3160.57
方案三	0.15	2.05	3129.37
方案四	0.15	1.31	2891.46

刨切位置前移后，相当于尖轨的长度变短，整体刚度增加。方案三和方案四与方案一进行对比，发现不足位移呈现明显的降低趋势。其中，刨切点前移一段间距，不足位移最大为 1.31mm，而由于连杆的限制作用，在第二根连杆位置出现一个反弯点，限制了道岔的扳动。此外，刨切位置前移之后，轮缘槽宽度变窄，最小 61mm，不满足"修规"规定的 65mm，需要对方案进行进一步优化。

（4）60AT 和 60D40 尖轨轨型对比

在保证其他条件一致的情况下，两种轨型的计算结果，见表 2.7-8。

不同轨型条件下不足位移和扳动力计算结果 　　　　表 2.7-8

轨型	连杆距尖轨尖端距离	最大不足位移（mm）	扳动力（N）
60AT	原设计位置	1.60	2414.7
60D40	原设计位置	1.52	2193.3

可见，采用 60D40 轨型能够降低不足位移及扳动力，在相同情况下，不足位移降低了 5%，扳动力降低了 9.2%。

（5）结论

经过上述计算，得到如下结论：

① 摩擦系数的降低，有利于不足位移的降低。

② 采用两根连杆的情况下，改变连杆位置对不足位移有一定影响；采用一根连杆的情况下，改变连杆的位置对不足位移影响显著，且位置向前移动一定距离后，不足位移有明显降低。

③ 刨切长度对不足位移的影响很小，可以忽略不计；刨切位置对不足位移的影响显著，将刨切位置前移两个轨枕间距之后，不足位移有明显下降。

④ 采用 60D40 截面可以降低钢轨的横向惯性矩，从而降低道岔扳动力及不足位移。

4. 设计方案计算分析与试验测试

根据用户对 60kg/m 钢轨 9 号单开道岔（城轨 237）的改进建议，主要围绕电务转换系统、尖轨耐磨性进行优化设计。为减小尖轨扳动力和不足位移，对道岔的关键零件采取相应措施，如改变尖轨轨型、切削尖轨弹性可弯段轨肢、减小滑床台板表面摩擦系数、增设连杆等。

在保持道岔平面线型、尖轨和基本轨长度、扣件型式与"城轨237"道岔一致的前提下，采用单机牵引时，主要从尖轨轨型（60AT、60D40）、动程（160mm、165mm、170mm、175mm）、滑床板减摩措施（普通滑床板摩擦系数 f 为 0.25、辊轮滑床板摩擦系数 f 为 0.1、自润滑滑床板摩擦系数 f 为 0.08）、连杆位置及数量（1根、2根）、尖轨弹性可弯段轨肢刨切结构（不切削、轨肢两侧切削、长肢侧切削 1000mm 长×20mm 宽、长肢侧切削 1500mm 长×28mm 宽）等方面选择了 3 种设计方案进行设计比选，并采用有限元方法进行尖轨扳动力计算和强度分析选取合理的方案。

为减小单机牵引道岔扳动转换力，在不改变"城轨237"道岔尖轨长度的前提下，曾对尖轨跟端分别设置三块、四块、五块垫板扣件固定进行计算。计算表明对于相同长度的尖轨，若固定端扣件数量越多，其扳动力越大，而且最小轮缘槽宽度较小，即较短的可动段不利于尖轨扳动力的减小和轮缘槽宽度的保证。因此，在本研究设计中，保持尖轨长度不变，尖轨跟端只按三块垫板固定考虑，即与"城轨237"道岔尖轨固定端扣件数量保持一致。

1）方案一计算分析与试验测试

（1）结构特点

① 尖轨采用 60AT 钢轨，尖端为藏尖式。为增大尖轨断面粗壮度，尖端理论宽度 2mm。

② 尖轨设一个牵引点，联动外锁闭牵引方式，按三种动程设计，动程分别为160mm、165mm、170mm，根据电务容许值和转换试验确定最佳动程，尖轨理论扳动力不大于 4000N。

③ 为减小扳动阻力，尖轨可动部分间隔设置几对辊轮滑床板。60AT 尖轨用弹片销钉式辊轮滑床板三维示意，见图 2.7-18。

④ 尖轨可动部分通过弹片与销钉组合方式扣压基本轨内侧轨肢。

⑤ 尖轨跟端设置 1 副限位器，尖轨跟端通过三块垫板固定，适用于无缝线路。

⑥ 为保证尖轨轮缘槽宽度和减小后段的不足位移，转辙器部分设置 2 根可调式连杆。可调式连杆，见图 2.7-19。

⑦ 钢轨材质：基本轨采用 60kg/m 钢轨在线热处理钢轨，尖轨采用 60AT 在线热处理钢轨。

（2）理论计算

对 60AT 尖轨转辙器设置不同工况进行理论计算，优选出设计方案。不同工况条件下 60AT 轨型道岔的计算结果，见表 2.7-9。

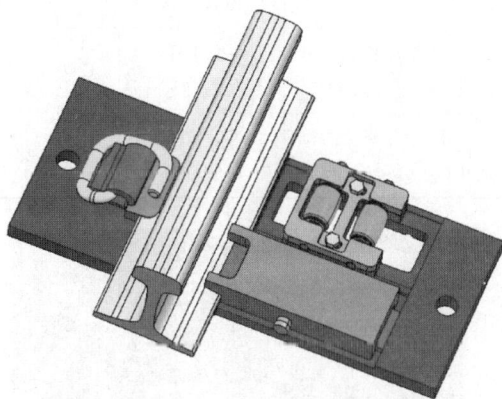

图 2.7-18　60AT 尖轨用弹片销钉式
辊轮滑床板三维示意

图 2.7-19　可调式连杆

60AT 尖轨转辙器计算结果汇总　　　　　　　　　　　　表 2.7-9

工况	减摩措施	连杆数量位置	轨底刨切（mm）	动程（mm）	正反位	不足位移（mm）	扳动力（N）	最小轮缘槽（mm）
1	摩擦系数较大的普通滑床板	不设连杆	—	160	正→反	1.17	3207	61.0
					反→正	1.28	3903	63.1
2	辊轮滑床板	不设连杆	—	160	正→反	0.91	2425	63.2
					反→正	1.08	3128	65.5
3	辊轮滑床板	一根连杆	—	160	正→反	1.21	2261	62.2
					反→正	1.30	2710	65.1
4	辊轮滑床板	两根连杆，原设计位置	—	160	正→反	1.22	2410	63.4
					反→正	1.30	2914	65.5
5	滑床板涂油，安装辊轮	两根连杆，原设计位置	1500×28	160	正→反	1.33	3201	63.0
					反→正	1.39	3762	64.1
6	滑床板涂油，安装辊轮	两根连杆，原设计位置	1500×28	160	正→反	1.33	3201	63.0
					反→正	1.39	3762	64.1
7	滑床板涂油，安装辊轮	两根连杆，原设计位置	1500×28	170	正→反	1.38	3611	66.5
					反→正	1.43	3988	67.2
8	滑床板涂油，安装辊轮	两根连杆，位置前移	1500×28	170	正→反	0.92	3410	65.3
					反→正	0.97	3679	65.6
9	滑床板涂油，安装辊轮	两根连杆，位置前移	1500×28	160	正→反	0.50	2907	65.0
					反→正	0.65	3108	65.1
10	滑床板涂油，安装辊轮	两根连杆，位置前移	1500×28	165	正→反	0.82	3109	65.2
					反→正	0.93	3200	65.4

图 2.7-20　试铺的单机牵引道岔 60AT 尖轨转辙器

（3）转换试验测试

为保证研究的准确性，试制试铺成 60AT 尖轨转辙器单点牵引道岔，并进行转换试验测试，见图 2.7-20。在试制准备中，针对不同部件制定了详细的工艺性文件，编制了机械加工工艺过程卡片、主要零件机械加工工序卡片、锻造工艺卡片、组装工艺卡片、材料消耗定额明细表等。在试制期间，采用或制作了新的工艺装备和检测样板，为制造高质量产品打下了坚实的基础。

60AT 尖轨转辙器有 4 个工况（工况 7～工况 10）经测试可行，该 4 个工况均间隔设置辊轮滑床板、2 根连杆、尖轨弹性可弯段长肢侧轨肢均切削 1500mm 长、20mm 宽，主要区别是连杆位置、电务动程不同。

该 4 个可行工况尖轨转换试验测试数据见表 2.7-10。

60AT 尖轨转辙器各工况检测结果汇总　　　　　表 2.7-10

工况	连杆位置	动程（mm）	伸出（直股开通）			拉入（曲股开通）		
			不足位移（mm）	扳动力（N）	最小轮缘槽（mm）	不足位移（mm）	扳动力（N）	最小轮缘槽（mm）
7	原设计位置	170	1.0	3144	65.4	1.2	3486	70.8
8	连杆前移	170	1.0	3493.3	68.1	0.4	3493.3	72.9
9	连杆前移	160	1.0	3146.7	65.3	0.6	2026.7	70.4
10	连杆前移	165	0.4	3173.3	66.4	0.5	2133.3	71.3

（4）参数优选

根据 60AT 尖轨转辙器理论计算值和转换试验测试数据，在该 60AT 单机单点转辙器方案中建议按工况 10 的参数优选该方案参数。优选方案特点：动程 165mm，间隔设置辊轮滑床板，采用弹片销钉组合式扣件，尖轨弹性可弯段长肢侧轨肢切削 1500mm 长、28mm 宽；设置两根可调连杆，距尖轨尖端适当位置前移一段距离。

（5）创新点

① 辊轮滑床板

为了减小尖轨扳动阻力，采用实用新型专利技术"用于地铁道岔的带滚轮滑床板"（专利号：ZL200920033825.8），转辙器部分设置 1 对双轮辊轮滑床板，2 对单轮辊轮滑床板，变滑动摩擦为滚动摩擦。

② 可调连杆

具有一定调整量的可调连杆，能便捷地进行道岔状态调整，有利于尖轨轮缘槽宽度的保证和不足位移的减小。

（6）技术成熟性

该转辙器采用的 60AT 尖轨、弹片销钉式扣件、辊轮滑床板等技术已在铁路上应用多年，技术成熟可靠。

2）方案二计算分析与试验测试

（1）结构特点

① 尖轨采用 60D40 钢轨，尖端为藏尖式；为增大尖轨断面粗壮度，尖端理论宽度 2mm。

② 尖轨设一个牵引点，联动外锁闭牵引方式，按四种动程设计，动程分别为 160mm、165mm、170mm、175mm，根据电务容许值和转换试验确定最佳动程，尖轨理论扳动力不大于 4000N。60D40 尖轨用联动外锁闭示意，见图 2.7-21 所示。

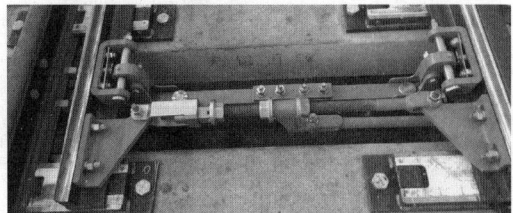

图 2.7-21　60D40 尖轨用联动外锁闭示意

③ 楔形调整弹片式扣件

为提高道岔稳定性，尖轨可动部分采用楔形调整弹片式扣件扣压基本轨内侧轨肢，该技术获得发明专利"外楔形调整新型弹片式扣件"（专利号：ZL 200710018789.3），能持久、可靠的扣压基本轨，提高列车过岔的安全性，方便线路养护维修。楔形调整弹片式滑床板结构示意，见图 2.7-22。

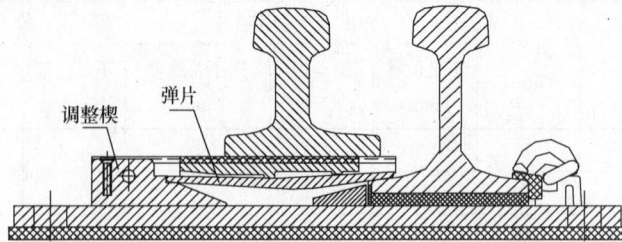

图 2.7-22　楔形调整弹片式滑床板结构示意

④ 自润滑滑床板

为减小尖轨转换阻力，滑床板采用带有聚四氟乙烯复合材料的自润滑滑床板，梯形结构的聚四氟乙烯复合减摩板，见图 2.7-23。镶嵌在带燕尾槽结构的台板中，见图 2.7-24，同时通过沉头螺钉加固减摩板与台板的连接。香港西岛线轻轨道岔也采用聚四氟乙烯自润滑滑床板，使用效果良好。

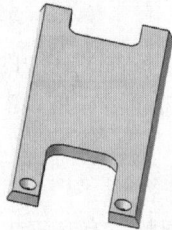

图 2.7-23　梯形聚四氟乙烯减摩板

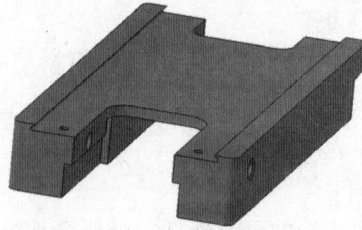

图 2.7-24　带燕尾槽结构的台板

60D40 尖轨用楔形调整弹片式自润滑滑床板三维示意，见图 2.7-25。

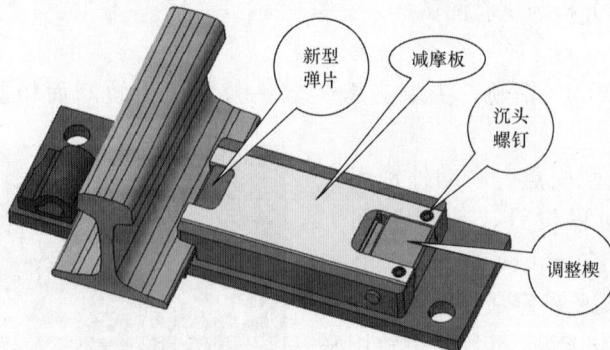

图 2.7-25　60D40 尖轨用楔形调整弹片式自润滑滑床板三维示意

聚四氟乙烯为高结晶度的热塑性材料，由于其分子结构中存在较强的 F-C 键，使其具有化学稳定性、耐高低温性能、摩擦系数低、自润滑性等优良性能，然而纯聚四氟乙烯却不耐磨，力学性能欠佳，易蠕变。

填充聚四氟乙烯复合材料能改善聚四氟乙烯性能，虽然摩擦系数略有提高，但耐磨性能也大幅度提高，抵御塑性蠕变的能力提高 2～3 倍，硬度增加 10%～15%。不同的填充剂赋予复合材料不同的性能，4FT-5 是在纯聚四氟乙烯的基础上加入一定量的青铜粉，具有较高的耐磨性能、热传导性能、抗压性能、抗蠕变性能，尺寸稳定，性能良好，能够满足道岔的使用工况。

⑤ 为保证尖轨轮缘槽宽度和减小后段的不足位移，转辙器部分设置 2 根可调式连杆，距尖轨尖端原设计位置前移一段距离。

⑥ 钢轨材质：基本轨采用 60kg/m 钢轨在线热处理钢轨，尖轨采用 60D40 在线热处理钢轨。

⑦ 尖轨跟端设置 1 副限位器，尖轨跟端通过三块垫板固定，可以适用于无缝线路。

（2）理论计算

对 60D40 尖轨转辙器设置不同工况进行理论计算，优选出设计方案。不同工况条件下 60D40 轨型道岔的计算结果，见表 2.7-11。

60D40 尖轨转辙器计算结果汇总　　　　　表 2.7-11

工况	减摩措施	连杆位置	轨底刨切（mm）	动程（mm）	正反位	不足位移（mm）	扳动力（N）	轮缘槽（mm）
1	自润滑滑床板	不设连杆	—	160	正→反	0.89	1734	59.3
					反→正	0.92	1540	61.1
2	自润滑滑床板	一根连杆	—	160	正→反	0.62	1611	62.2
					反→正	1.15	1329	66.3
3	自润滑滑床板	两根连杆，原设计位置	—	160	正→反	0.88	1688	63.1
					反→正	1.10	1569	65.7
4	自润滑滑床板	两根连杆，原设计位置		160	正→反	0.69	1549	64.1
					反→正	1.09	1470	67.8
5	自润滑滑床板	两根连杆，位置前移	1000×20	175	正→反	0.96	2132	67.1
					反→正	1.09	1721	67.9
6	自润滑滑床板	两根连杆，位置前移	1000×20	170	正→反	0.88	1892	66.6
					反→正	1.03	1421	67.4
7	自润滑滑床板	两根连杆，位置前移	1000×20	165	正→反	0.76	1460	66.2
					反→正	0.97	1300	66.3
8	自润滑滑床板	两根连杆，位置前移	1000×20	160	正→反	0.74	1180	65.7
					反→正	0.91	1007	66.3

图 2.7-26 试铺的单机牵引
道岔 60D40 尖轨转辙器

（3）转换试验测试

为保证研究的准确性，试铺试制了 60D40 尖轨转辙器单机牵引道岔进行转换试验测试，见图 2.7-26。

在 60D40 尖轨转辙器中有 4 个工况（工况 5～工况 8）的参数经测试可行，该 4 个工况均采用自润滑滑床板（$f = 0.08$），2 根连杆，且距尖轨尖端均为原设计位置前移一段距离，尖轨弹性可弯段长肢侧轨肢均切削 1000mm 长、20mm 宽，主要区别是电务动程不同。

该 4 个可行工况尖轨转换试验测试数据，见表 2.7-12。

（4）参数优选

根据尖轨理论计算值和转换试验测试数据，在该 60D40 单机单点转辙器方案中建议按工况 7 的参数优选该方案，优选工况特点：60D40 尖轨，动程 165mm，自润滑滑床板，采用楔形调整弹片式扣件，尖轨弹性可弯段长肢侧轨肢切削 1000mm 长、20mm 宽；设置两根可调连杆，距尖轨尖端分别为原设计位置前移一段距离。

60D40 尖轨转辙器各工况检测结果汇总   表 2.7-12

工况	伸出（直股开通）			拉入（曲股开通）		
	不足位移（mm）	扳动力（N）	最小轮缘槽（mm）	不足位移（mm）	扳动力（N）	最小轮缘槽（mm）
5	1.4	384	69.1	1.2	352	73.2
6	0.9	672	69.1	0.7	688	73.4
7	0.9	608	66.7	1.1	608	70.6
8	0.7	448	65.2	1.0	456	68.5

（5）创新点

① 60D40 尖轨

在城轨道岔中尖轨首次采用近年我国高速道岔使用的 60D40 钢轨，城市轨道交通的列车轴重相对客运专线铁路列车轴重更轻，为此该 60D40 钢轨有足够的安全性。该钢轨具有较矮的轨高、较薄的轨腰、较窄的轨底，水平、垂直惯性力矩比较小等特点。

尖轨采用 60D40 钢轨主要有两方面优势。一方面，因 60D40 钢轨横向刚度较小，通过理论计算和扳动力测试试验验证，它可大幅度的降低尖轨扳动力，有利于尖轨的牵引转换，为列车安全运营提供了有力保障。另一方面，因 60D40 钢轨较矮，在滑床板中便于采用楔形调整弹片式扣件，可持久地弹性扣压基本轨内侧轨肢，提高道岔的稳定性。

此外，60D40 钢轨断面较小，相同长度的钢轨消耗较少的钢铁原材料，节约了成本。

② 滑床板采用楔形调整弹片式扣件

新型楔形调整弹片式扣件能持久、可靠的扣压基本轨，提高列车过岔的安全性，方便线路养护维修。

③ 可调连杆

具有一定调整量的可调连杆，能便捷地进行道岔状态调整，有利于尖轨轮缘槽宽度的保证和不足位移的调整。

④ 防松结构

为防止螺栓或螺母松动，在60D40尖轨用A型、B型限位器上设置了防转凸台。为加强水平螺栓的防松效果，在螺栓或螺母上安装了带有内十二边形的防松机构。

（6）技术成熟性

60D40尖轨、水平螺栓防松技术均在近年我国高速道岔中广泛应用，技术成熟可靠；楔形调整弹片式扣件自2007年起在"工联岔"系列200km/h60kg/m钢轨12号、18号单开道岔（有砟、无砟）及地铁9号单开道岔中，对基本轨的弹性扣压及轨距调整效果非常好，避免弹片＋销钉方式滑床板在线路应用中发生弹片断裂问题，能够对基本轨进行弹性扣压。单自润滑滑床板应用较少，目前在欧洲、香港地区应用较多，国内缺乏应用实践经验。

3）方案三计算分析与试验测试

（1）结构特点

方案三与方案二采用的尖轨轨型、电务动程160mm、连杆位置及数量、楔形调整弹片式扣件、尖轨弹性可弯段轨肢切削结构等相同，区别在于方案三没有采用自润滑滑床板，而是采用普通滑床板和间隔设置辊轮滑床板，在此不再对方案三结构进行详细叙述。

（2）理论计算

动程160mm，辊轮滑床板，在距尖轨尖端的原设计位置前移一段距离处分别安装一根连杆，尖轨后段长肢侧轨肢铣削1000mm长、20mm宽。

该工况条件下60D40轨型道岔的计算结果，见表2.7-13。

60D40尖轨转辙器计算结果汇总 表 2.7-13

工况	减摩措施	连杆位置	轨底刨切 (mm)	动程 (mm)	正反位	不足位移 (mm)	扳动力 (N)	轮缘槽 (mm)
1	辊轮滑床板	原设计位置前移一段距离	1000×20	160	正→反	0.96	1380	65.4
					反→正	1.09	1311	65.6

（3）转换试验测试

为保证研究的准确性，试铺试制了60D40尖轨转辙器单点牵引道岔进行转换试验测试。该工况的尖轨转换试验测试数据，见表2.7-14。

60D40尖轨转辙器各工况检测结果汇总 表 2.7-14

工况	伸出（直股开通）			拉入（曲股开通）		
	不足位移 (mm)	扳动力 (N)	最小轮缘槽 (mm)	不足位移 (mm)	扳动力 (N)	最小轮缘槽 (mm)
1	1.0	600	65.0	1.0	560	69.8

（4）参数优选

根据该方案转辙器尖轨理论计算值和转换试验测试数据，各项指标均满足设计要求，该方案各项参数可行。

（5）创新点

① 尖轨采用 60D40 钢轨

② 滑床板采用楔形调整弹片式扣件

③ 辊轮滑床板

④ 可调连杆

⑤ 水平螺栓设置防松结构

（6）技术成熟性

60D40 尖轨、水平螺栓防松技术均在近年我国高速道岔中广泛应用，技术成熟可靠；楔形调整弹片式扣件自 2007 年起在"工联岔"系列 200km/h 道岔中大面积应用，经过了多年的运营实践考验，性能优良；辊轮滑床板在工联岔道岔、高速道岔、部分城轨道岔中大面积应用，减摩效果显著。

5. 推荐方案计算分析

经综合考虑，推荐 60kg/m 钢轨 9 号单开道岔在设置一个牵引点时采用 60D40 尖轨转辙器方案。

推荐方案具有如下特点：尖轨采用 60D40 钢轨，动程 165mm，间隔设置辊轮滑床板和普通滑床板，通过楔形调整弹片式扣件扣压基本轨内侧轨肢，在距尖轨尖端分别为原设计位置前移一段距离处各安装一根可调连杆，尖轨后段长肢侧轨肢铣削 1000mm 长、20mm 宽。

推荐方案主要优势如下：

① 60D40 尖轨断面小，节约了钢铁原材料。

② 楔形弹片式扣件扣压力较大，扣压稳定可靠，提高了道岔稳定性。

③ 辊轮滑床板技术成熟，变滑动摩擦为滚动摩擦，降低了道岔扳动阻力。

④ 采用可调连杆便于道岔状态调整（连杆位置在原设计位置基础上适当前移）。

虽然聚四氟乙烯自润滑滑床板摩擦系数，相对辊轮滑床板摩擦系数要小一些，但是从 60D40 尖轨转辙器转换测试试验可知，其最大扳动力仅为 600N，远远低于扳动力不超过 4000N 的转辙机额定功率要求。而聚四氟乙烯滑床板目前应用较少，缺乏实践经验。辊轮滑床板目前在高速铁路应用广泛，技术成熟可靠，因此推荐采用辊轮滑床板。

此外，为了确保该道岔有足够的安全余量，经与电务设计单位沟通，在提供安全可靠的转换、锁闭等动作前提下，转辙机动程完全可增大到 165mm。尖轨转换试验对动程为 175mm、170mm、165mm 的转辙机扳动力分别进行了测试，扳动力均不超过 4000N 的设计要求，无转换卡阻、转辙机超负荷工作等问题发生，道岔转换状态良好。为此将此方案的动程由 160mm 增大到 165mm。该工况条件下 60D40 轨型道岔的计算结果，见表 2.7-15。

60D40 尖轨转辙器动程 165mm 时计算结果汇总　　　　表 2.7-15

轨底刨切（mm）	动程（mm）	正反位	不足位移（mm）	扳动力（N）	轮缘槽（mm）
1000×20	165	正→反	1.02	1731	65.1
		反→正	1.22	1490	66.0

由上表可知，该推荐方案各项计算结果均不超过主要控制技术指标，满足要求。此

外，该推荐方案的两个连杆受力仅分别为 466N 和 391N，连杆具有足够的强度储备。

6. 推荐方案耐久性分析

针对推荐方案，模拟车辆横向力冲击作用下，采用不同的牵引点数量条件下的道岔钢轨应力和横向位移对比，见图 2.7-27、图 2.7-28。

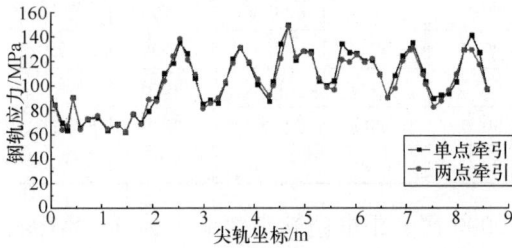

图 2.7-27　牵引点数量对钢轨应力的影响

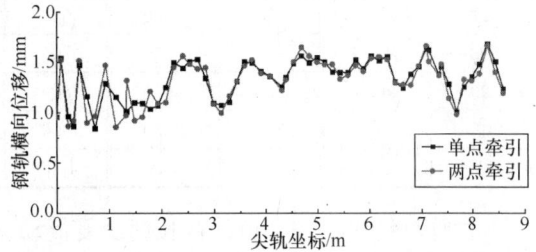

图 2.7-28　牵引点数量对钢轨横向位移的影响

由上图中计算结果对比可知，采用单点牵引时道岔的钢轨最大应力和横向位移略大于两点牵引，但均未超过允许值。说明在车辆冲击荷载的作用下，两种牵引方式的道岔受力结果较为接近，且均可满足道岔钢轨的强度和变形要求。

针对推荐方案，模拟道岔反复扳动，计算分析道岔钢轨强度及耐久性。计算得到道岔长期反复扳动中每次扳动的钢轨最大应力汇总，见表 2.7-16。

道岔长期反复扳动钢轨最大应力汇总　　　　　　　　　　　　　表 2.7-16

扳动次数	最大应力（MPa）	扳动次数	最大应力（MPa）	扳动次数	最大应力（MPa）	扳动次数	最大应力（MPa）	扳动次数	最大应力（MPa）
1	89.0	20	89.7	39	90.2	58	90.1	77	90.0
2	89.0	21	89.8	40	90.2	59	90.1	78	90.0
3	89.0	22	89.8	41	90.3	60	90.1	79	90.0
4	89.0	23	89.8	42	90.3	61	90.1	80	90.0
5	89.0	24	89.9	43	90.3	62	90.1	81	90.0
6	89.1	25	89.9	44	90.3	63	90.1	82	90.0
7	89.1	26	90.0	45	90.3	64	90.1	83	90.0
8	89.1	27	90.0	46	90.2	65	90.1	84	90.0
9	89.2	28	90.0	47	90.2	66	90.1	85	90.0
10	89.2	29	90.1	48	90.2	67	90.1	86	90.0
11	89.3	30	90.1	49	90.2	68	90.1	87	90.0
12	89.3	31	90.1	50	90.2	69	90.1	88	90.0
13	89.4	32	90.1	51	90.2	70	90.0	89	90.0
14	89.4	33	90.2	52	90.2	71	90.0	90	90.0
15	89.5	34	90.2	53	90.2	72	90.0	91	90.0
16	89.5	35	90.2	54	90.2	73	90.0	92	90.0
17	89.6	36	90.2	55	90.2	74	90.0	93	90.0
18	89.6	37	90.2	56	90.2	75	90.0	94	90.0
19	89.7	38	90.2	57	90.2	76	90.0	95	90.0

扳动次数	最大应力（MPa）	扳动次数	最大应力（MPa）	扳动次数	最大应力（MPa）	扳动次数	最大应力（MPa）	扳动次数	最大应力（MPa）
96	90.0	120	90.1	500	90.0	1200	90.0	5000	90.0
97	90.0	150	90.0	600	90.0	1500	90.0	6000	90.0
98	90.0	200	90.0	700	90.0	2000	90.0	7000	90.0
99	90.0	250	90.0	800	90.0	2500	90.0	8000	90.0
100	90.0	300	90.0	900	90.0	3000	90.0	9000	90.0
110	90.0	400	90.0	1000	90.0	4000	90.0	10000	90.0

由计算结果可知，道岔在长期反复扳动（10000 次）中的钢轨最大应力为 90.3MPa，且在反复扳动一定次数后的钢轨最大应力值基本趋于稳定，保持在 90.0MPa。主要控制指标中规定，尖轨在疲劳荷载作用下屈服强度应不大于 294MPa。结合以上计算结果可知，从理论角度分析，若不考虑其他荷载的影响，单点牵引的 60kg/m 钢轨 9 号单开道岔的推荐方案在长期反复扳动过程中钢轨最大应力均远小于控制值，不会受到疲劳破坏，钢轨强度及耐久性可以得到保证。

7. 研究结论

通过上述计算与分析，可以得到以下研究结论：

1）滑床板表面摩擦系数的降低，有利于尖轨不足位移的降低。

2）采用两根连杆的情况下，改变连杆位置对不足位移有一定影响；采用一根连杆的情况下，改变连杆的位置对不足位移影响明显，且位置向前移动一定距离后，不足位移有明显降低。

3）刨切长度对不足位移的影响很小，可以忽略不计；刨切位置对不足位移的影响明显，将刨切位置前移两个轨枕间距之后，不足位移有明显下降。

4）采用 60D40 截面可以降低钢轨的横向惯性矩，从而降低道岔扳动力及不足位移。

5）综合考虑尖轨不足位移、扳动力、轮缘槽宽度及强度储备，以及辊轮滑床板的应用成熟度，推荐采用以下研制方案：尖轨轨型为 60D40（动程为 165mm），尖轨跟端通过 3 块垫板固定，设置两根连杆，间隔采用辊轮滑床板，弹性可弯段长肢侧轨底切削 1000mm 长、20mm 宽。

6）在车辆冲击荷载的作用下，单点牵引推荐方案与两点牵引的道岔受力结果较为接近，且均可满足道岔钢轨的强度和变形要求。

7）从理论角度分析，若不考虑其他荷载的影响，单点牵引的地铁 60kg/m 钢轨 9 号单开道岔的推荐方案在长期反复扳动过程中钢轨最大应力均远小于控制值，不会受到疲劳破坏，钢轨强度及耐久性均可保证。

2.7.8　地铁道岔研究开发铺设情况

北京地铁 1 号线一期和 2 号线分别于 1969 年、1982 年建成投入运营，由于当时条件限制及对道岔标准化认识不足，基本上是按需要特殊设计道岔，造成道岔类型较多。正线有 50kg/m 钢轨 9 号直线尖轨、曲线尖轨单开道岔、9 号复式交分道岔、9 号道岔 4.6m 间距交叉渡线。其中还分为碎石道床和整体道床用。改造后，道岔木枕碎石道床均采用类似弹性分开式 DTⅣ1 型扣件；道岔整体道床均采用弹性分开式弹条Ⅰ型扣件。车场线改造后，仍采用6、7号单开道岔、木枕碎石道床，均采用类似弹性分开式 DTⅣ1 型扣件。

北京地铁1号线一期工程铺设了木枕碎石道床道岔，弊病较多，还增加了结构断面。UCD 与多单位合作研究试铺成功道岔无枕式整体道床。北京地铁1号线一期402线8组和2号线复兴门北单渡线计10组50kg/m 钢轨9号曲线尖轨单开道岔均铺设了无枕式整体道床。经30多年运营使用，无枕式整体道床坚固稳定。但其施工机具设计、制造复杂，施工进度慢，施工误差集中到轨面上，施工精度不易保证。1981年研究开发试铺成道岔短枕式整体道床，此后在北京、上海、广州等地铁新建线均广泛采用。

南京、天津、沈阳、西安等先期建成的正线采用了60kg/m 钢轨9号 AT 直线尖轨道岔，直向容许通过速度80km/h，侧向容许通过速度30km/h。广州、北京、苏州、杭州、西安、无锡等近期新建的正线多采用60kg/m 钢轨相离线型60AT 弹性可弯曲线尖轨9号道岔，上海地铁1、2号线及后建线大部分采用的是半切线型弹性可弯曲线尖轨9号单开道岔。两道岔导曲线半径为200m，直向容许通过速度120km/h、侧向容许通过速度35km/h。广州地铁3号线、北京地铁6号线等还铺设了60kg/m 钢轨12号弹性可弯曲线尖轨单开道岔。北京地铁机场线、广州地铁4号线等铺设了60kg/m 钢轨9号弹性可弯曲线尖轨可动心轨辙叉单开道岔。北京地铁机场线铺设了60kg/m 钢轨18号弹性可弯曲线尖轨可动心轨辙叉单开道岔。苏州地铁1号线在存车线铺设了60kg/m 钢轨4.5号对称道岔，导曲线半径 $R=200$m，道岔容许通过速度为35km/h。

新建正线道岔均采用无螺栓弹条或有螺栓弹条弹性分开式扣件，地下线和高架线均采用道岔短枕式整体道床，地面线一般采用道岔混凝土枕碎石道床。

新建车场线多采用50kg/m 钢轨50AT 曲线尖轨7号道岔，尖轨跟端采用间隔铁式活接头。采用高锰钢整铸辙叉和分开式护轨，导曲线半径150m，直向容许通过速度70km/h、侧向容许通过速度25km/h。

车场线道岔扣件采用类似 DTⅣ1 型弹性分开式扣件，一般采用预应力混凝土岔枕碎石道床。

2.7.9 道岔技术发展趋势

1. 正线道岔

1）正线道岔结构

正线一般应采用9号道岔、相离线型60AT 弹性可弯曲线尖轨，尖轨尖端为藏尖式。跟端采用接头夹板连接。为降低转换力和减少不足位移，尖轨轨底局部刨切，间隔设置辊轮滑床板，以降低尖轨转换阻力。为防止爬行，设有限位器。目前，转辙器设双机牵引。若铺设跨区间无缝线路，采用可焊接高锰钢整铸辙叉，一般采用普通高锰钢整铸辙叉，趾、跟端均采用接头夹板连接；采用分开式可调护轨。

曲线尖轨9号道岔导曲线半径为200m，直向容许通过速度120km/h、侧向容许通过速度35km/h。若折返能力需要可采用12号单开道岔。一般道岔不设轨底坡和导曲线超高，为避免出现反超高，宜设2~6mm。

目前 UCD 已完成60kg/m 钢轨9号曲线尖轨单机牵引道岔的研发及试铺，道岔强度稳定，完全达到各项指标，满足道岔技术要求的规定。节省一台转辙机，减少了电务与工务的配合调试难度，并节省电务维修定员。该项创新技术将会逐步推广应用。

曲线辙叉，导曲线半径能增至 300m，侧向容许通过速度增至 45km/h，大大提高道岔侧向通过速度和折返能力，可研究开发。

2）正线道岔的扣件、岔枕和道岔

（1）道岔扣件

应采用与区间一致的无螺栓弹条或有螺栓弹条弹性分开式扣件，转辙器基本轨、护轨的内侧应采用弹片扣压；辙后、辙叉前后支距扣板上均应采用弹条扣压，弹性垫层宜采用聚酯弹性垫板。

轨距调整量一般不应小于＋8mm、－12mm，一般调高量不小于 30mm。

（2）道岔轨枕

整体道床一般采用短岔枕和预应力长岔枕。为保证滑床板水平精度，转辙器部位可采用预应力长岔枕，其他部位，扣件钉孔位置多变，使长岔枕规格较多，制造麻烦，造价也高。若采用减振器扣件拉杆两侧设不了岔枕，而采用无枕式承轨台、预埋扣件的尼龙套管。

碎石道床应采用预应力混凝土岔枕。

（3）道岔道床

按耐久性百年设计的整体道床混凝土强度应采用 C35，布设钢筋，并与排流筋相结合。

地面线一般宜采用道岔混凝土枕碎石道床。随着环境保护要求的提高，道岔难免位于减振地段，应根据环境保护要求，分别选择采用减振器扣件道岔，或在道岔区采用减振垫道床及钢弹簧浮置道床，以满足减振的需要。

2. 车场线道岔

1）道岔结构

车场线宜采用 7 号道岔、半割线型 50AT 曲线尖轨，其跟端采用间隔铁活接头连接；一般应采用高锰钢整铸辙叉及分开式护轨。

导曲线半径 150m，直向容许通过速度 70km/h、侧向容许通过速度 25km/h。

试车线应采用与正线道岔结构相同的 9 号单开道岔。

2）道岔扣件及岔枕

应采用有螺栓弹条弹性分开式扣件，转辙器基本轨外侧设轨撑可调整轨距，内侧滑床台扣压；护轨外侧护轨垫板上设有撑板可调护轨位置。辙后、辙叉前、后支距扣板上均应设弹条扣压。

碎石道床上一般应采用预应力混凝土岔枕。

3）道岔道床

一般应采用混凝土岔枕碎石道床。

正线、车场线的道岔除采用新技术的道岔外一般均应采用一个城市统一定型的道岔（包括扣件、岔枕），道岔应易加工制造、性价比高、稳定，便于铺设、维修，且维修量小。

2.8　钢轨伸缩调节器

2.8.1　伸缩量系列

钢轨伸缩调节器（以下简称伸缩器）是大跨度钢梁桥及铺设无缝线路的高坉工桥上不

可缺少的轨道设备，用来调节因温度变化、活载等因素作用所引起的梁轨伸缩、形变差。

我国各大桥上使用的伸缩器种类繁多，没有统一的标准，伸缩调节量不一，通用性差，给桥梁设计、伸缩器设计、制造及使用均带来不便。随着桥梁建设事业的发展，设计一种行车安全可靠、结构先进合理的伸缩器并制定伸缩量系列是十分必要的。根据《桥用钢轨伸缩调节器伸缩量系列》（TB 1729—86）标准，国铁伸缩器伸缩量系列为600mm及1000mm两种；根据地铁工程特点，可采用420mm伸缩量的伸缩器。

2.8.2 钢轨伸缩调节器类型

伸缩调节器按铺设位置分桥上用及桥头引线用两种，按平面型式分大体上有四种类型：钝轨型、直线型、折线型、曲线型。这四种类型伸缩器在我国一些大跨度钢梁桥上均有铺设，实践证明曲线型伸缩器性能最优。城市轨道交通多采用单向、双向60AT曲线型伸缩器。

2.8.3 伸缩量420mm伸缩调节器的结构设计

1. 尖轨

尖轨采用矮型特种断面钢轨（AT轨）制造。AT轨长腿一侧紧靠基本轨，以减少大垫板宽度，避免刨切护轨轨底。为保行车安全，尖端为藏尖式，可逆行车方向铺设，跟部加工成普通断面。与相邻轨连接采用冻结接头（以月牙垫片挤紧轨缝），用六孔夹板及高强度螺栓连接。

2. 基本轨

曲线型伸缩调节器尖轨固定，基本轨作相对伸缩。为防止基本轨在伸缩过程中出现横向位移，在基本轨外侧设置导向轨撑对基本轨进行导向；在基本轨内侧，上部由尖轨轨头非工作边导向，下部由尖轨轨底对基本轨导向。为减少伸缩阻力，在工厂预先顶弯基本轨。现场安装导向轨撑时，应使各导向轨撑与基本轨的轨腰及轨底间均有0.75~1.0mm的间隙，以保证基本轨的自由伸缩。

3. 地铁用伸缩调节器主要特点及性能指标

单向伸缩调节器，见图2.8-1，根据需要可设置双向伸缩器。

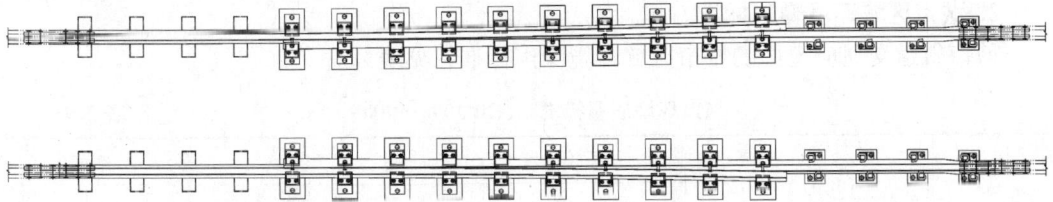

图2.8-1 单向伸缩器

1）伸缩调节器伸缩量为210mm±1mm。

2）伸缩调节器尖轨固定不动，基本轨作相对伸缩。基本轨与尖轨的贴合面采用半径为280m的圆曲线，圆曲线与轨距线相切，尖轨实际尖端处轨头宽为1mm，在任何伸缩量的情况下，尖轨尖端处轨距保持1437mm不变。

3）基本轨采用 60kg/m 钢轨制造，尖轨采用 60AT 钢轨制造；尖轨尖端设 3mm 藏尖。

4）伸缩调节器在基本轨与尖轨贴合面范围内采用导向轨撑导向及扣压钢轨，轨距调整量为 +8、-8mm，调高量一般为 30mm。尖轨跟端 4 组扣件采用 DTⅥ2 型扣件的 DI 弹条扣压钢轨，轨距调整量为 +8、-12mm，调高量一般为 30mm，其他位置采用两端区间的扣件及配套短轨枕。

5）伸缩调节器尖轨尖端前基本轨长 2600mm 是工厂组装控制尺寸，相对应的尖轨尖端位置为伸缩量零点。铺设时应根据实际温度通过计算调整其长度。

6）基本轨的伸缩依靠尖轨轨头、轨底和导向轨撑导向。为保证基本轨的自由伸缩，导向轨撑与基本轨轨腰和轨底之间，应留有 0.3～0.7mm 的间隙。

2.9 减振轨道结构

根据环境保护的要求，在一般减振轨道结构基础上再采用相应级别的减振轨道结构，以达到环境保护标准。

2.9.1 城市区域环境振动标准、环境噪声标准

1. 城市区域环境振动标准

城市轨道交通应遵循的城市区域环境振动标准，见表 2.9-1。

《城市区域环境振动标准》（GB 10070—88）　　　　　　表 2.9-1

			适用区域	昼间	夜间
环境振动	一般敏感点	铅垂向 Z 振级 VLZ_{10}（dB）	特殊住宅区	65	65
			居民、文教区	70	67
			混合区、商业中心区	75	72
			工业集中区	75	72
			交通干线道路两侧	75	72
			铁路干线两侧	80	80

2. 城市区域环境噪声标准

城市轨道交通应遵循的城市区域环境噪声标准，见表 2.9-2。

《声环境质量标准》（GB 3096—2008）　　　　　　表 2.9-2

		适用区域	昼间	夜间
环境噪声	等效声级 L_{eq} dB（A）	0 类	50	40
		1 类	55	45
		2 类	60	50
		3 类	65	55
		4a 类	70	55
		4b 类	70	60

2.9.2　城市轨道交通建设项目振动环境影响评价

1. 振动环境影响评价流程

振动环境影响评价是城市轨道交通建设项目环境影响评价的重点，振动环境影响评价专题是城市轨道交通环境影响报告书的重点评价专题之一。城市轨道交通振动环境影响评价是针对环境保护目标所受到的环境振动影响开展预测评价，提出减缓振动影响的措施，使其环境不利影响最小化，从而达到振动环境标准的要求，最终实现对环境敏感目标的保护。

城市轨道交通建设项目环境影响评价应覆盖建设期与运营期全部过程、范围和活动的环境影响，在工程分析和环境分析的基础上，结合建设项目特点和沿线环境特征，根据环境敏感目标及其与工程的位置关系，进行振动环境影响预测与评价。根据振动环境影响程度，提出以减振降噪为主的环境保护措施，配合相关专业优选最佳工程方案。振动环境影响评价最终以环境敏感点达标为评价目的，工程分析与环境分析是评价基础，现状调查与监测是评价手段，振动影响预测是关键，环境保护措施是核心。城市轨道交通振动环境影响评价步骤，见表2.9-3，评价流程，见图2.9-1。本节内容仅针对轨道交通运营期列车运行产生的振动环境影响评价作概要性论述。

城市轨道交通振动环境影响评价步骤　　　　　　　　表2.9-3

评价专题	评价步骤	工作内容
振动环境影响评价专题	工程分析	工程构成及工程量分析
		振动源分析及源强确定
	环境分析	环境质量现状调查
		环境振动评价标准确认
		振动敏感点调查
	振动环境现状监测	环境振动现状监测
		环境振动现状评价
	振动环境影响预测与评价	预测模式确定和预测参数选取
		环境振动影响预测
		环境振动影响评价及达标分析
	振动环境保护措施	减振措施效果分析
		减振措施投资估算

2. 振动环境影响评价技术要点

根据《环境影响评价技术导则城市轨道交通》（HJ 453—2008），关于振动环境影响评价工作要点作出了相应规定，其评价范围、评价时段、评价工作等级等，见表2.9-4。按照《环境影响评价技术导则城市轨道交通》（HJ 453—2008）确定的评价工作等级及其相关要求，开展振动影响评价工作。

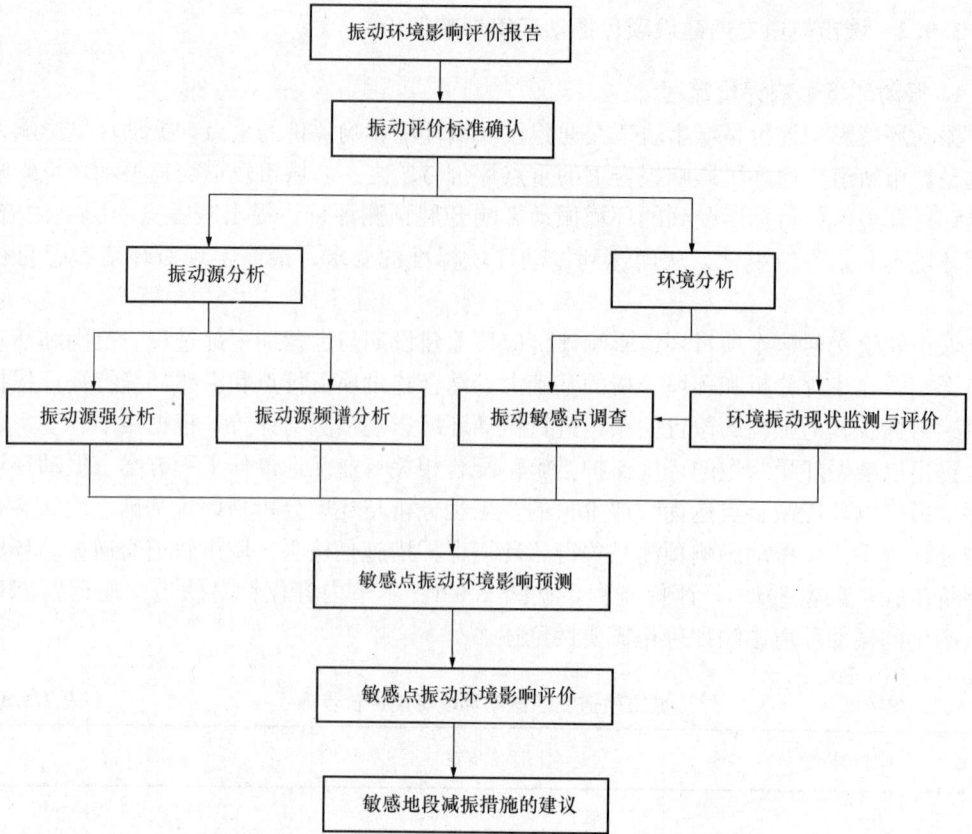

图 2.9-1 城市轨道交通振动环境影响评价流程

城市轨道交通工程环境影响评价要点　　　　　表 2.9-4

主要评价内容	评价范围	评价对象	评价因子		评价目的
			现状评价	预测评价	
列车运行振动	距外轨中心线两侧 60m	振动敏感点室内振动	昼间、夜间 Z 振级，VL_{z10}，dB	列车通过时段 Z 振级，VL_{z10}、VL_{zmax}，dB	符合城市区域环境振动标准
室内结构噪声	隧道正上方至外轨中心线两侧 10m	振动敏感点室内噪声	A 声级（16~200Hz），dBA	列车通过时段 A 声级（16~200Hz），dBA	符合相关标准
古建筑振动速度	—	文物保护建筑	mm/s		符合古建筑相关标准

1）评价原则与评价依据

振动环境影响评价是以振动环境敏感目标为出发点，以达到城市规划和环境振动等相关标准为目的进行评价。根据工程及环境特点，对涉及人口密集区、文教区、医院、养老院、幼儿园，以及文物古建筑等敏感保护目标，进行重点预测评价，并针对性地提出有效的振动环境保护措施。环境影响评价工作应遵循以下基本原则：

（1）遵循国家和地方政府颁布的有关法律法规、环境标准、技术政策，以批准的轨道交通建设规划、工程可行性研究为依据；

（2）与拟规划或拟建项目的工程特点相结合；

（3）与拟规划或拟建项目的工程沿线环境特点相结合；

（4）准确识别拟规划或拟建项目的环境影响及其环境敏感点；

（5）采用适宜的预测评价技术方法；

（6）环境敏感目标得到有效保护，不利环境影响最小化；

（7）替代方案和减缓措施环境技术经济可行。

振动环境影响评价采用的技术标准，见表2.9-5。

城市轨道交通振动环境影响评价技术标准　　　　　　　　表 2.9-5

标准分类	标准号	标准名称
环评技术导则	HJ/T 2.1	《环境影响评价技术导则总纲》
	HJ 453	《环境影响评价技术导则城市轨道交通》
环境质量标准	GB 10070	《城市区域环境振动标准》
	JGJ/T 170	《城市轨道交通引起建筑物振动与二次辐射噪声限值及其测量方法标准》
	GB/T 50452	《古建筑防工业振动技术规范》
环境测量方法标准	GB 10071	《城市区域环境振动测量方法》

《城市区域环境振动标准》（GB 10070—88）规定的环境振动限值，见表2.9-6：

《城市轨道交通引起建筑物振动与二次辐射噪声限值及其测量方法标准》（JGJ/T 170）规定的建筑物室内振动限值及室内二次辐射噪声限值，分别见表2.9-6、表2.9.2-7：

建筑物室内振动限值（dB）　　　　　　　　表 2.9-6

区　　域	昼　　间	夜　　间
0	65	62
1	65	62
2	70	67
3	75	72
4	75	72

建筑物室内二次辐射噪声限值（dBA）　　　　　　　　表 2.9-7

区　　域	昼　　间	夜　　间
0	38	35
1	38	35
2	41	38
3	45	42
4	45	42

《古建筑防工业振动技术规范》（GB/T 50452）规定的容许振动速度，见表 2.9-8～表 2.9-11。

古建筑砖结构的容许振动速度（mm/s）　　　　表 2.9-8

保护级别	控制点位置	控制点方向	砖砌体 V_p（m/s）		
			<1600	1600～2100	>2100
全国重点文物保护单位	承重结构最高处	水平	0.15	0.15～0.20	0.2
省级文物保护单位	承重结构最高处	水平	0.27	0.27～0.36	0.36
市、县级文物保护单位	承重结构最高处	水平	0.45	0.45～0.6	0.6

注：当 V_p 介于 1600～2100m/s 之间时，V_p 采用插入法取值。

古建筑石结构的容许振动速度（mm/s）　　　　表 2.9-9

保护级别	控制点位置	控制点方向	石砌体 V_p（m/s）		
			<2300	2300～2900	>2900
全国重点文物保护单位	承重结构最高处	水平	0.20	0.20～0.25	0.25
省级文物保护单位	承重结构最高处	水平	0.36	0.36～0.45	0.45
市、县级文物保护单位	承重结构最高处	水平	0.60	0.6～0.75	0.75

注：当 V_p 介于 1600～2100m/s 之间时，V_p 采用插入法取值。

古建筑木结构的容许振动速度（V（mm/s））　　　　表 2.9-10

保护级别	控制点位置	控制点方向	顺木纹 V_p（m/s）		
			<4600	4600～5900	>5600
全国重点文物保护单位	顶层柱顶	水平	0.18	0.18～0.22	0.22
省级文物保护单位	顶层柱顶	水平	0.25	0.25～0.30	0.30
市、县级文物保护单位	顶层柱顶	水平	0.29	0.29～0.35	0.35

注：当 V_p 介于 1600～2100m/s 之间时，V 采用插入法取值。

石窟的容许振动速度（V（mm/s））　　　　表 2.9-11

保护级别	控制点位置	控制点方向	岩石类别	岩石 V_p（m/s）		
全国重点文物保护单位	窟顶	三向	砂岩	<1500	1500～1900	>1900
				0.18	0.18～0.22	0.22
			砾岩	<1800	1800～2600	>2600
				0.12	0.12～0.17	0.17
			灰岩	<3500	3500～4900	41900
				0.22	0.22～0.31	0.31

注：1. 表中三向指窟顶的径向、切向和竖向；
　　2. 当 V_p 介于 1500～1900m/s、1800～2600m/s、3500～4900m/s 之间时，V_p 采用插入法取值。

《古建筑防工业振动规范》（GB/T 50452—2008）于 2009 年 1 月 1 日实施，该规范适用于工业、交通基础设施等布局中古建筑结构的保护，工业振动对古建筑结构影响的评估和防治。轨道交通列车运行振动对古建筑结构的影响按该标准进行评价。

该规范按三个保护级别（全国重点、省级和市县级）、四个结构类型（砖结构、石结构、木结构和石窟）及不同的弹性波传播速度来确定标准限值更符合文物保护实际需要。

该规范结合不同结构古建筑特征对标准限值控制点位置和控制点方向提出了有针对性的具体要求。如控制点方向对砖结构、石结构和木结构提出以水平方向作为评价方向（水平方向振动对古建筑破坏性大，不同于人体对垂直方向敏感性强），对石窟提出三向（指窟顶的径向、切向和竖向三个方向）为评价方向，更有利于古建筑保护。

该规范对古建筑中砖结构、石结构和木结构的容许振动速度标准限值范围为 0.15～0.35mm/s，其中全国重点文物保护单位范围为 0.15～0.22mm/s。

2）评价范围与评价工作等级

（1）评价范围

振动环境影响评价的重点区域为工程沿线评价范围内居民集中区域、学校、医院及文物古建筑。振动环境及文物振动影响评价范围为距地下线路外轨中心线两侧 60m 以内；室内二次辐射噪声影响评价范围为隧道垂直上方至外轨中心线两侧 10m 以内。

（2）评价工作等级

根据《环境影响评价技术导则城市轨道交通》（HJ 453—2008）规定，振动环境影响评价工作等级应根据建设项目特点、工程运营前后振动级变化程度，以及沿线环境敏感程度及其环境振动标准来确定，一般分为两级：

对于地下线路，评价范围内各类振动适用地带的沿线敏感建筑或重点文物保护单位，其工程运营前后振动级变化量为 5dB 以上（不含 5dB），应按一级评价开展工作。对于地上线路，评价范围内交通干线道路两侧的振动敏感建筑，其工程运营前后振动级变化量在 5dB 以下（含 5dB），应按二级评价开展工作。

①一级评价工作等级的基本要求

a. 环境振动现状调查应覆盖评价范围内的全部敏感目标，除环境条件相同点位的监测数据可类比采用外，各敏感点的振动现状值均应实测。

b. 采用类比测量法确定振动源强，对于隧道垂直上方至外轨中心线两侧 10m 以内的振动敏感建筑以及重点文物保护单位应进行振动类比测量。

c. 振动环境影响预测应覆盖评价范围内的全部敏感点，给出各敏感点运营期振动预测量、现状变化量及超标量。

d. 针对环境保护目标的振动环境影响范围和程度，提出振动防护措施，并进行经济、技术可行性论证，给出减振效果及投资估算。

②二级评价工作等级的基本要求：

a. 环境振动现状调查应覆盖评价范围内的全部敏感目标，各敏感点的振动现状值可适当利用环境条件相同敏感点的类比监测资料，但重要的敏感点必须实测。

b. 振动源强的确定以资料调查为主，可参阅相关文献资料引用源强等类比测量数据。

c. 振动环境影响预测应覆盖评价范围内的全部敏感点，给出运营期各敏感点振动预测量、现状变化量及超标量。

d. 针对环境保护目标提出振动防护措施，并给出减振效果及投资分析。

3）主要评价内容

振动环境影响评价重点针对地下线路列车运行振动影响进行预测与评价，以振动环境保护措施及效果评价为目的。评价内容为地下线沿线敏感点的环境振动、二次辐射噪声，以及沿线文物保护目标的结构振动速度响应的预测与评价。环境振动现状评价因子为昼间、夜间 Z 振级（VL_{z10}）；振动环境预测评价因子为列车通过时段的 Z 振级（VL_{z10}、VL_{zmax}）。

轨道交通工程方案决定了振动评价工作等级，其敷设方式是重要的考量。工程沿线环境敏感点及其与工程的位置关系，决定评价深度及其相关评价内容，而线路下穿敏感地段及其下穿的敏感点是振动环境影响评价中最重要的内容。因此，振动评价中应重点针对下穿地段的环境敏感点，进行振动敏感点调查及振动环境影响预测与评价，因此下穿敏感点的地段是主要的减振地段，应重点针对下穿地段的环境敏感点实施轨道减振措施。

3. 振动环境敏感点

1）振动敏感点的分布

在振动环境影响评价过程中，应对建设项目评价范围内所涉及的环境敏感目标进行充分调查，确认环境保护目标的类型、功能、保护等级、分布、区域等特征，并需要附图和列表说明环境敏感目标沿线的分布情况及其与工程的位置关系。

评价范围内的振动环境保护目标主要分布在地下隧道区间线路的上方或两侧。任何一个环境敏感目标至少应有一个环境评价指标来表征，居住区、文教区、医院等社会关注区的振动敏感目标用 Z 振级或结构噪声来表征。运营期环境振动现状评价因子为昼间、夜间 Z 振级（VL_{z10}）；振动环境预测评价因子确定为列车通过时段的 Z 振级（VL_{z10}、VL_{zmax}）。无列车通过时的环境振动本底状况表述为环境振动，有列车通过时表述为振动环境影响。

2）振动敏感点的特征

振动环境保护目标的特征包括名称、分布、类型、功能、数量、楼层、建设年代、影响人数，所属环境功能区及执行标准等，并需说明工程沿线环境敏感点与线路的横、纵向的位置关系，见 2.9-12。

环境保护目标的特征　　　　　　　　　　　　　　　表 2.9-12

环境要素	相关工程特征	保护目标特征	与工程相对位置关系	环境要求
振动环境保护目标	敷设方式、隧道结构、隧道埋深、车辆类型、轮轨条件、列车速度、地质条件等	名称、类型、功能、位置、数量、楼层、影响户数、结构类型、建设年代等	敷设方式、站间区段、里程、方位、距离、埋深等。当线路下穿地面敏感建筑时，穿越线路的里程、长度、建筑数量	振动适用地带范围及标准

环境评价范围内的环境敏感目标可包含多个环境敏感点。对于轨道交通沿线评价范围内的居住、医院、文教、科研等环境保护目标，其环境敏感点是指居民住宅、医院病房、学校教室及宿舍、疗养院和养老院住房等，并作为重要环境敏感目标进行分析评价。

环境保护目标要进行动态调查，要考虑到城市的发展规划，对轨道交通沿线评价范围内的过去、现在和未来的环境保护目标，均应列入环境影响评价范畴。环境保护目标包括：

（1）建成区的既有环境敏感目标；

（2）未建成区已批准规划但尚未实现规划的待建、筹建、新建的环境敏感目标；

（3）拆迁后暴露出来的环境敏感目标；

（4）拆迁后重新规划的环境敏感目标；

（5）对于工程沿线待拆迁的敏感建筑，还要根据有关部门的拆迁文件确认拆迁落实情况。待拆迁的居民未确认的按不拆迁环境保护。

4. 振动源分析

当地铁列车在隧道内运行时，由于车轮在钢轨上的滚动与撞击作用而激发轨道结构振动，经钢轨、扣件、轨枕、道床向隧道结构传递，再经隧道结构通过土壤层传递至表层土壤，并通过表层土壤向临近的建筑物传播，从而激发地面建筑物的振动响应，以至对沿线临近区域产生振动干扰。研究表明，由于振动在地表传导过程中其水平方向的衰减比铅垂向振动衰减得快，因而铅垂方向的振动大于水平方向的振动。振动在传播过程中，高频部分比低频部分衰减得快，因此低频振动的影响比高频振动大。

评价地面建筑物受地铁振动影响以铅垂向振动为主且传递到地面的振动频率一般在 60Hz 以下。当列车在地下隧道内运行时，车速 60km/h 列车通过时段距整体道床 0.5m 处的铅垂向 Z 计权振动级 VL_{Z10} 值约为 84～85dB，其振动频率主要集中在 31.5～60Hz 左右。研究表明，人体可感知的振动频率范围是 1～1000Hz，其垂向振动最敏感的频率范围为 4～8Hz，水平向振动为 1～2Hz。按照城市区域环境振动限值标准考量，在正常的工程和地质条件下，轨道交通线路两侧 30m 范围将受到不同程度的振动影响。

尤其当地铁隧道下穿地面建筑物或距离较近时，由于列车行驶中的轮轨作用而产生的振动响应，激发轨道结构振动并向隧道结构传递，再通过地表土壤向临近的建筑物传递，其结果引起建筑物墙壁、地板和天花板的结构振动也将导致二次辐射噪声的产生，通常也被称作"固体噪声"。车辆振动源强调查与测量结果，见表 2.9-13。

车辆振动源强调查与测量结果 表 2.9-13

线路形式	测点位置	振级（VL_{zmax}值，dB）	测量相关条件	类比地点（数据来源）
高架	距线路中心线 12m	68.7	V＝40～50km/h，B 型车，桥高 1.2m	北京地铁 13 号线
	距线路中心线 7.55m	70	V＝55km/h，B 型车，桥高 7m	武汉轨道交通 1 号线
地面	距线路中心线 5m	79.5	V＝20km/h，B 型车，路基高 0.5m，碎石道床	北京地铁太平湖车辆段出入线
	距线路中心线 7.5m	79.1	V＝60～65km/h，A 型车，国铁弹条 II 型扣件，碎石道床	上海轨道交通 1 号线
地下	距线路中心线 0.5m	87.4	V＝60km/h，A 型车	上海轨道交通 1 号线
	距线路中心线 0.5m	87.2	V＝60km/h，B 型车	北京地铁 1 号线

5. 环境振动影响因素分析

轨道交通对沿线的环境影响，高架线以噪声影响为主，地下线以振动影响为主。高架线主要是对临近线路敏感点的噪声影响，地下线主要是对线路下穿或较近敏感点的振动影响。

　　轨道交通对地面建筑物的振动影响与很多因素有关，从振动传递角度看，车辆类型、轨道结构、隧道形式、地质条件、运行条件，以及敏感点至振源的距离、埋深、建筑物类型等及其变化，都对振动预测值产生影响。因此，在振动环境影响预测中，上述影响因素均作为预测参数并根据工程的具体情况进行相应取值，其环境振动影响程度取决于预测参数的取值，或者说环境振动影响程度是由工程条件决定的。轨道交通振动影响因素，见表2.9-14，其振动影响程度与敏感点与线位的距离、埋深、列车运行速度等工程因素更为有关，均为振动环境影响预测的重要参数。

列车振动预测参数 表 2.9-14

影响因素	相关参数	预测参数
车辆条件	车辆类型、车辆轴重	车辆轴重修正量 C_W
运行条件	列车速度	速度修正量$_v$
线路条件	曲线半径、线路坡度	曲线半径修正量 C_r
轨道条件	扣件、轨枕、道床	轨道结构修正量 C_L
轮轨条件	车轮圆整度、车轮圆顺度、钢轨平顺度、钢轨接缝	轮轨条件修正量 C_R
隧道结构	隧道尺寸、隧道形式、隧道材料、隧道厚度、隧道埋深	隧道结构修正量 C_H
桥梁条件	高架梁、高架桥桩基础	
地质条件	土壤和岩石类型	
敏感点特性	敏感点至振源的水平距离、垂直高度、建筑类型、环境功能区划和执行标准等	地面衰减修正量 C_D、建筑结构修正量 C_B

　　由于轨道交通项目受其工程、环境等条件的制约无法采取线路绕避方案，导致地下线距沿线建筑物距离较近，尤其当区间隧道下穿建筑物时，列车运行对建筑物室内环境的振动影响最为突出，特别是线路下穿居民楼、学校、医院等振动敏感建筑，在环境影响评价中更为关注。受列车振动影响主要是地下线路正线区间上方或两侧的敏感点，若车辆段、停车场出入线为地下线时，其出入线上方或两侧的敏感点也会受到振动影响。

6. 振动环境影响预测与评价

　　轨道交通地下线对沿线环境的影响，主要是运营期列车运行引起的振动对地面建筑物的影响，而室内环境所受到的振动影响是研究的关注点，也是振动环境影响评价的重点。

　　1）环境振动影响预测评价

　　当列车运行时，车辆和轨道系统的耦合振动，经钢轨通过扣件和道床传到轨道基础，再由周围的地表土壤介质传递到受振点，如敏感建筑物，较大的振动会产生环境振动污染。影响环境振动的因素主要包括车辆类型、轨道结构、轮轨条件、地质条件、建筑物类型等。

　　城市轨道交通振动传播特性比较复杂，预测方法的选择应根据工程的具体特点确定。预测方法可采用模式预测法、类比预测法等。模式预测法原则上适用所有项目。选用计算模式时，应特别注意模式的使用条件和参数的选取，如实际情况不能充分满足模式的应用条件时，要对主要模式进行修正并进行必要的验证。模式预测法中的计算模式与噪声预测模式一样，需要在工程环境影响评价应用中不断补充和完善。

（1）预测方法

根据国内城市轨道交通工程环境影响评价广泛采用 HJ 453—2008《环境影响评价技术导则城市轨道交通》（HJ 453—2008）给出的振动预测方法，列车运行振动基本预测计算式如下：

$$VL_z = \frac{1}{n}\sum_{i=1}^{n} VL_{z0,i} \pm C \tag{2.9-1}$$

式中　$VL_{z0,i}$——列车振动源强，列车通过时段参考点的 Z 计权振动级；

　　　　n——列车通过列数，$n \geqslant 5$；

　　　　C——振动修正项，dB，

　　按式：$C = C_v + C_w + C_L + C_R + C_H + C_D + C_B$ 计算，

式中：C_v——速度修正，dB；

　　　C_w——轴重修正，dB；

　　　C_L——轨道结构修正，dB；

　　　C_R——轮轨条件修正，dB；

　　　C_H——隧道结构修正，dB；

　　　C_D——距离修正，dB；

　　　C_B——建筑物类型修正，dB。

假设车速、轨道结构、线路埋深等按以下条件设定，则主要修正项及取值如下：

①列车振动源强：$VL_{z0} = 84$dB（VL_{Z10} 值）

$$C_v = 20\lg\frac{v}{v_0}, \tag{2.9-2}$$

②速度修正：

　　v_0——源强的参考速度，$v_0 = 60$km/h；

　　v——列车通过预测点的运行速度，一般 $v = 70$km/h；

$$C_w = 20\lg\frac{w}{w_0},$$

③轴重修正：

　　w_0——源强的参考轴重，$w_0 = 14$t；

　　w——预测车辆的轴重，一般 $w = 14$t；

④轨道结构、轮轨条件及隧道结构修止：轨道结构为混凝土整体道床，无缝线路，车轮圆整、钢轨表面平顺，隧道结构为单洞双线，则 $C_L = 0$，$C_R = 0$，$C_H = 0$；

⑤距离修正：

对于隧道垂直上方的预测点（当 $L \leqslant 5$m 时）

$$C_D = -a\lg\left(\frac{H}{H_0}\right) \tag{2.9-3}$$

对于隧道两侧的敏感点（当 $L > 5$m 时）：

$$C_D = -a\lg R + b \tag{2.9-4}$$

　　H_0——隧道顶面至轨顶面的高度，$H_0 = 5.5$（m）；

　　H——预测点至轨顶面的垂直高度，线路埋深（m）；

　　R——预测点至轨顶面（外轨）中心线的直线距离（m），$R = \sqrt{L^2 + H^2}$；

L——预测点至（外轨）中心线的水平距离（mm）。

⑥建筑物类型的修正：预测计算过程暂不考虑不同建筑物的修正值，设 $C_B=0$。

（2）振动预测参数

影响环境振动因素主要包括车辆类型、轨道结构、轮轨条件、地质条件、建筑物类型，以及敏感点与振源的相对位置等列车振动预测参数，见表 2.9-14。

（3）振动影响预测评价分析

根据振动预测结果，按照《城市区域环境振动标准》（GB 10070）等相关标准限值，分别对运营期各敏感点的室内环境振动影响进行达标评价与分析，并进行超标情况统计及超标原因分析，对轨道交通振动影响以及环境振动的变化情况进行分析。按照《环境影响评价技术导则城市轨道交通》（HJ 453—2008）的规定，轨道交通列车运行振动按列车通过时段的振动级 VL_{z10} 值进行预测和评价。因此，轨道减振措施也应根据列车通过时段的振动预测结果进行设计。

根据现行国家标准《城市区域环境振动标准》（GB 10070—88）的规定，对于学校教室、科研办公室等夜间无住宿的振动环境敏感点，采用列车通过时段的振动预测值对应昼间标准即昼间振动超标量来评价；对于居民区等夜间有住宿的振动环境敏感点，应采用列车通过时段的振动预测值对应夜间标准即夜间振动超标量来评价，以确定轨道减振措施的设计目标值。考虑到列车通过时最大振动级对敏感点的实际影响，其轨道减振措施的设计目标值应参考列车通过时最大振动级来确定。

根据振动环境影响评价结果，分析工程中拟采取的环保措施的适用性和有效性，针对性地提出振动防护措施，并对其减振效果进行预测分析。对于线路下穿或临近敏感建筑物地段，轨道设计必须采取相应减振设计，应采取特殊轨道减振措施，亦称特殊减振轨道结构。

对于未建成区或规划地块，根据振动影响程度提出振动控制距离要求。按轨道交通一般工程条件，可采用振动预测计算公式进行噪声、振动防护距离的计算。当选用 A 型和 B 型车辆的轨道交通项目，一般情况下可参照《地铁设计规范》（GB 50157—2013）的相关规定提出噪声、振动防护距离。否则，将根据系统制式、车辆选型、最高设计运行速度、桥梁形式等工程实际条件进行噪声、振动防护距离的计算。若系统选择 C 型车、胶轮车、直线电机等噪声源强较低的车辆，或当车辆、线路等技术改进而使噪声、振动源强降低时，其水平间距值可小于地铁设计规范提出的防护距离要求。

城市轨道交通工程环境影响评价提出的噪声、振动防护距离，既为工程沿线用地控制提供依据，同时也是沿线城市规划的依据。已建成的地铁线路两侧进行城市规划时，在防护距离范围内第一排不宜规划建设居住、文教、医疗、科研等环境敏感建筑。

2）二次辐射噪声预测评价

对于隧道垂直上方至（外轨）中心线两侧 10m 范围内的振动环境保护目标，其列车运行时建筑物内最低楼层室内中部的二次辐射噪声预测计算公式如下：

$$L_{p,i}(f) = VL_i(f) - 20\lg(f_i) + 37 \tag{2.9-5}$$

$$L_p = 10\lg\sum_{i=1}^{n} 10^{0.1[L_{p,i}(f)+C_{f,i}]} \tag{2.9-6}$$

式中　L_p——建筑物内的 $16\sim200$Hz 范围内的 A 计权声压级，dB（A）；

$L_{p,i}(f)$——未计权的建筑物内的声压级，dB；

VL_i（f）——与频率相对应的建筑物内的振动加速度级，dB；

　　$C_{f,i}$——第 i 个频带的 A 计权修正值，dB；

　　f——1/3 倍频带中心频率（16～200Hz），Hz；

　　n——1/3 倍频带数。

二次辐射噪声分频计权后，再叠加计算得到建筑物内的 A 计权声压级。

二次辐射噪声也可采用类比方法进行预测，可选择隧道结构、隧道埋深、列车速度、地质条件等工程条件相似的既有工程，在具有相似位置关系的点位（距离、高度）进行二次辐射噪声类比测量，测量列车通过时段的 A 声级（16～200Hz）。

3）结构振动速度响应预测评价

对文物保护单位和古建筑进行结构振动速度响应预测计算，具体方法按照《古建筑防工业振动规范》（GB/T 50452）的相关规定。由于建筑物振动速度传播的影响因素较多且较复杂，也可采用类比预测方法。

当评价范围内存有保护价值或对振动特别敏感的文物保护单位和古建筑时，应首先明确工程与保护目标的距离及位置关系，并对保护目标的结构振动速度背景值进行测量。然后选择隧道结构、隧道埋深、轮轨条件、车辆类型、列车速度、地质条件等工程条件相似的既有工程，在相同位置的点位（距离、高度）进行结构振动速度响应类比测量。

根据古建筑结构振动速度响应计算或测试结果，按照《古建筑防工业振动技术规范》（GB/T 50452）规定的容许振动标准进行分析、比较，作出运营期轨道交通对文物和古建筑结构是否造成有害影响的结论。当轨道交通对文物和古建筑结构造成有害影响时，应提出减振方案和防护建议。

2.9.3　现场沿线减振调研

根据环境保护评估报告的要求要进行现场沿线振动噪声情况调查，对现场需减振、降噪情况与环境保护评估报告不符时，要与环境保护评估单位进行沟通、调整，再确定采用相应级别的减振轨道结构。

2.9.4　一般减振轨道结构

1）正线采用 60kg/m 重型钢轨，减小钢轨的动力坡度，减小轮轨冲击。

2）正线铺设无缝线路，减少因钢轨接头产生的振动和噪声。

3）整体道床地段采用弹性分开式扣件，混凝土枕碎石道床采用弹性不分开式扣件。

4）严格控制轨道设备如扣件、道岔等制造公差，为铺设高质量的轨道结构打下基础。

5）执行严格的施工技术标准，确保轨道结构质量优良。

6）对钢轨顶面不平顺进行打磨，要求车轮定期进行镟圆，使轮轨接触良好，减少轮轨间的冲击力，减小振动和噪声。

7）一般地段半径小于 400m 曲线、减振地段半径小于 600m 曲线钢轨侧面安装涂油器，不仅可减少钢轨侧面磨耗，也可减少由摩擦和不均匀磨耗引起的轮轨振动与噪声。

8）运营期间，对轨道进行经常性的养护维修，保持其良好状态。

2.9.5　中等减振轨道结构

在一般减振轨道结构基础上再采用相应中等减振轨道结构，形成中等减振轨道结构。

1. 轨道减振器扣件

1987年UCD参考德国"科隆蛋"图片研制成我国第一代Ⅰ型轨道减振器扣件,适用于60kg/m钢轨,减振器的承轨板与底座通过橡胶硫化为一整体,可充分利用橡胶的剪切变形,具有较低的垂向静刚度,一般为10~15kN/mm。

Ⅰ型轨道减振器扣件于1990年通过上海市科研技术鉴定,并铺设于上海地铁1、2号线上,以后又陆续在广州、北京等地铁广泛铺设。

2001年根据大连快速轨道交通3号线等工程的需求,研究开发了适用于50kg/m钢轨的Ⅱ型轨道减振器扣件。

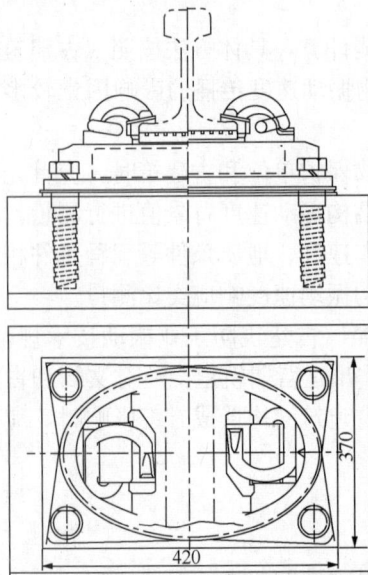

图 2.9-2 轨道减振器扣件
(无螺栓弹条)

1) 轨道减振器扣件结构

为避免应力集中,根据地铁轨道结构特点,轨道减振器设计为椭圆椎体。根据使用扣件型式,承轨板上设置有弹条安装底座和安装T形螺栓的梅花孔;底座四角设 ϕ25 钉孔,采用 T24 螺旋道钉与预埋在轨枕或道床中的尼龙套管联结固定。轨道减振器扣件根据需要可采用无螺栓弹条或有螺栓弹条扣压件,无螺栓弹条轨道减振器扣件见图 2.9-2。

2) Ⅲ型轨道减振器扣件研究

鉴于轨道减振器的性能优势尚未达到充分的发挥,如动静比偏高、耐环境老化性能不够理想等,需从其性能、所用减振材料、制作工艺等方面进一步优化,以开发综合性能更优的轨道减振器。2006年UCD与中国船舶重工集团合作研制了Ⅲ型轨道减振器扣件。

➤ Ⅲ型轨道减振器产品技术性能指标橡胶圈与金属件硫化粘结强度:≥4MPa。

➤ 载荷在 15~30kN 范围内静刚度 8~14kN/mm,疲劳试验后的静刚度变化小于 10%。

➤ 动静刚度比不大于 1.3,疲劳试验后的静刚度变化小于 15%。

➤ 在垂向载荷为 40kN,横向载荷为 20kN,经 300 万次疲劳试验后,无破坏和任何开裂。疲劳试验后的静刚度变化小于 10%。在加载条件下测量疲劳试验前后轨头的横向位移,即轨距扩大单边不应超过 4mm,轨底的横向移动量不大于 2.5mm。大荷载 50kN,10 万次循环试验,要求产品无破坏和任何开裂。

(1) Ⅲ型轨道减振器的有限元分析

研制的Ⅲ型轨道减振器的结构设计及仿真分析以"双刚度"结构为基础研究设计。"减振刚度"是为了提高减振效果,对系统进行动力学最优化所期望的刚度值。"安全刚度"是保证钢轨几何形位变化在安全范围内所必须的支承刚度。事实上,决定减振器整体性能首要是结构,其次是橡胶材料的模量和阻尼对减振器的减振效果影响也会非常明显,并且需要两者密切配合。尽管除承轨板与轨道的接口部分的结构不能更改外,其他部分如承轨板非接口部分、底座、减振橡胶圈等的结构和尺寸均可进行优化设计,如底座内腔的斜度、橡胶圈的厚度等。轨道减振器结构验证分析,了解有关参数对减振器整体性能的影响程度，为研究设计所用材料和确定试制工艺奠定基础。借助有限元分析软件 MSC. Nastran 软件对轨道减振器进行仿真分析，研究承轨板、底座铸件及橡胶圈的形状、橡胶材料的模量等参数对减振器变形量、固有频率等参数影响的规律和趋势。

① 有限元模型的建立

采用 MSC. Nastran 软件，进行静力学和动力学两个方面的计算，来研究各结构参数和橡胶材料性能参数对减振器静、动力学性能的影响规律。但由于轨道减振器中橡胶材料的模量是对温度和频率具有很大的依赖性的复数函数，很难用常规有限元分析方法进行分析求解。为了准确的预测轨道减振器这种橡胶-金属结构的动力学响应并进而优化结构性能，橡胶材料对频率、温度等的依赖性必须加以考虑。为此，从粘弹性材料本构方程的复模量形式出发，建立了考虑橡胶材料的频率、温度依赖性的计算橡胶-金属结构动态特性的方法。

考虑到建模的方便和准确性，在建模中对承轨板结构进行合理简化，以便采用规整的六面体划分网格，既提高了运算效率，又充分满足了计算精度。所有单元均采用六面体单元，根据实际工况对四个安装孔部位作固定约束，有限元模型，见图 2.9-3。

模型的材料，见表 2.9-15。

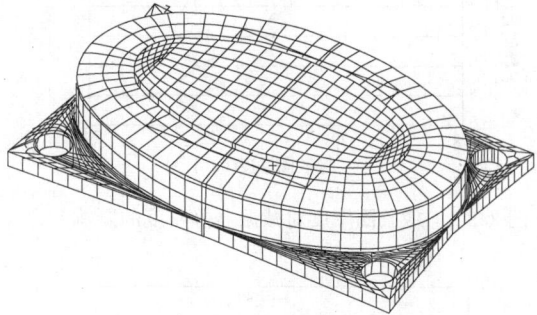

图 2.9-3 轨道减振器有限元模型

模型材料参数 表 2.9-15

材料	密度（kg/m³）	弹性模量（Pa）	泊松比
铸铁	7800	1.7+E11	0.3
橡胶材料	1180	5.58+E8	0.49

② 静力学仿真分析

根据使用工况，计算了轨道减振器在最大有效轮载（30kN）的变形量，考虑橡胶圈厚度、倾角及材料模量对最大变形量的影响，其结果分别见表 2.9-16～表 2.9-18 和图 2.9-4～图 2.9-6。

橡胶圈厚度对减振器变形量的影响 表 2.9-16

橡胶圈厚度（mm）	19	21	23
额定荷载变形量（mm）	3.75	4.09	4.42
静刚度（kN/mm）	8.0	7.3	6.8

橡胶圈倾角对减振器变形量的影响 表 2.9-17

橡胶圈倾角（°）	65	68	70	72	75
额定荷载变形量（mm）	4.64	4.33	4.09	3.88	3.71
静刚度（kN/mm）	6.6	6.9	7.3	7.7	8.1

橡胶材料模量对减振器性能的影响　　　　　　　　表 2.9-18

模量（MPa）	2.200	4.450	5.850	7.350	9.400
额定荷载变形量（mm）	10.90	5.38	4.09	3.26	2.55
静刚度（kN/mm）	2.752	5.576	7.335	9.202	11.765

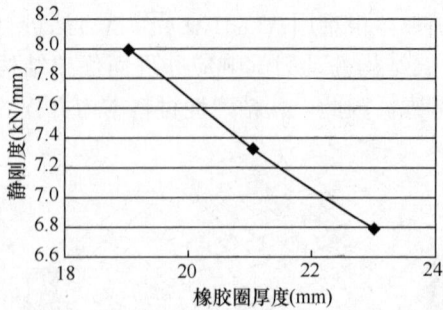

图 2.9-4　橡胶圈厚度对减振器静刚度的影响

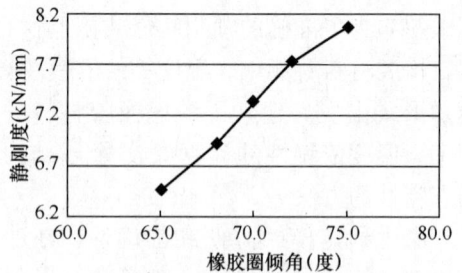

图 2.9-5　橡胶圈倾角对减振器静刚度的影响

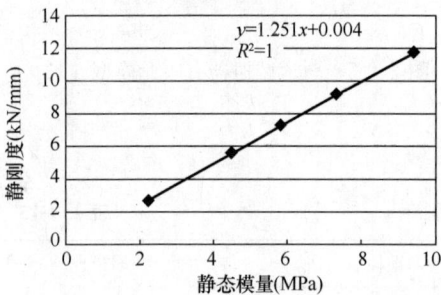

图 2.9-6　胶料静态模量与减振器
静刚度对应关系

从以上结果看，橡胶圈厚度、倾角及材料模量对减振器的变形量和静刚度均有一定影响，其中橡胶材料模量对变形量的影响最大，随着材料模量的上升，变形量迅速变小，静刚度逐渐上升，并与橡胶材料静态模量成正比；随着橡胶圈厚度的增加，变形量逐渐增大，但增幅不大；随着橡胶圈倾角的增大，变形量反而变小，分析原因可能是因为在建模过程中，由于橡胶圈倾角的改变而引起金属结构也发生相应的改变，两种改变的综合作用造成上述计算结果。

③ 动力学计算结果与分析

减振器的动刚度是决定其减振性能的重要指标，而固有频率与其一定载荷下的动刚度有直接关系，见公式（2.9-7）：

$$f_n = \frac{1}{2\pi}\sqrt{\frac{K}{m}} \qquad\qquad (2.9-7)$$

其中　　f_n ——固有频率，Hz；

　　　　K ——刚度，N/m；

　　　　m ——载荷，kg。

因此，振器的结构设计，应在满足静刚度的前提下，尽可能降低减振器的固有频率，因此研究减振器的固有频率的各种影响因素，是设计性能优良的减振器的前提。为此，根据使用工况，计算了轨道减振器在最大有效轮载（30kN）下的固有频率，考虑橡胶圈厚度、倾角及材料动态模量对固有频率的影响，其结果，分别见表 2.9-19～表 2.9-21。

橡胶圈厚度对减振器固有频率的影响　　　　　　　　　　　表 2.9-19

橡胶圈厚度（mm）	20	22	24
固有频率（Hz）	10.901	10.603	10.254

橡胶圈倾角对减振器固有频率的影响　　　　　　　　　　　表 2.9-20

橡胶圈倾角	65°	68°	70°	72°	75°
固有频率（Hz）	9.944	10.287	10.603	10.842	11.067

橡胶材料动态模量对减振器固有频率的影响　　　　　　　　表 2.9-21

动态模量（MPa）	15	21	43.5	60
固有频率（Hz）	6.29	7.427	10.603	12.382

从以上结果看，橡胶圈厚度、倾角及材料模量对减振器的固有频率均有一定影响，其中橡胶材料模量对固有频率的影响最大，随着材料模量的上升，固有频率迅速变大；随着橡胶圈厚度的增加，固有频率呈下降趋势，但幅度不大；随着橡胶圈倾角的增大，固有频率反而增高，其原因与静力学计算相同。

（2）Ⅲ型轨道减振器橡胶圈材料

① 橡胶材料配方的原则

国内轨道减振器橡胶垫层材料一般为氯丁橡胶，由于原材料或技术原因，和国外产品相比材料力学性能虽然已经基本相当，但减振器的动静比、耐老化性能和耐疲劳性能还存在较大差距。根据一般橡胶——金属减振器用橡胶材料的设计原则，结合所研制的轨道减振器的使用工况要求，在配方设计时主要遵循以下几个原则：

a. 在满足减振器静刚度的前提下，尽量降低材料的模量；

b. 尽量降低材料的发热，减小阻尼；

c. 提高材料的耐老化性能和耐疲劳性能。

② 橡胶材料配方

a. 橡胶基料的选择

根据技术要求，选择进口优质的 1♯ 烟片胶作为基料，烟片胶具有优异的力学性能，是作为高质量弹性元件的首选材料。

b. 填料的选择

炭黑是最重要也是最常用的填料，具有良好的补强作用。填料的选择除了要考虑对材料物理机械性能（包括拉伸强度、定伸应力、模量等）的影响，还要考虑对材料的阻尼性能、老化性能和耐疲劳性能等影响。综合各种炭黑的优缺点，选择半补强炭黑作为材料配方的主填料。

c. 硫化体系的确定

半有效硫化体系的交联键既有单键又有一定数量的多硫键，硫化橡胶的性能最适合轨道减振器橡胶圈材料对力学性能、耐老化、耐疲劳、永久变形等综合性能好的要求。选择半有效硫化体系（SEV）作为轨道减振器橡胶圈材料的硫化体系。

d. 防老体系的确定

　　天然橡胶的耐老化性能较差，耐臭氧老化性能尤其差，因此选择合适的防老体系至关重要。针对轨道减振器橡胶圈材料对耐热空气老化、耐臭氧老化和耐疲劳的要求，采用物理防老剂和化学防老剂相结合的方法，并充分考虑了不同防老剂的协同效应，通过试验最终确定了多种防老剂配合使用的防老体系，试验证明所确定的防老体系具有优异的耐热氧老化、耐臭氧老化和耐疲劳老化性能。

　　③ 橡胶材料的性能研究

　　a. 常规性能

　　通过系统试验，最终确定配方的常规性能，见表 2.9-22。

橡胶材料的常规性能　　　　　　　　　　　　　　　表 2.9-22

序号	项　　目		单位	性能实测值	试验方法
1	邵尔 A 硬度		度	66	ASTM D2240—03
2	拉伸强度		MPa	15	ASTM D 412
3	扯断伸长率		%	400	
4	200%定伸应力		MPa	7.3	
5	高温压缩永久变形（70℃，22h）		%	19	ASTM D 395 方法 B
6	工作电阻		Ω	7.7×10⁸	TB/T 2626 附录 B
7	热空气老化（70℃、70h）	拉伸强度	MPa	13	ASTM D 573
		伸长率变化	%	10	
		硬度变化	度	2	
8	耐臭氧试验（40℃/50pphm）下用 7 倍放大检验			无任何裂纹	ASTM D 518 ASTM D 1149
9	体积膨胀率	ASTM3#	%	74	ASTM D 471
		ASTM1#		18	

　　b. 材料硬度和动静态弹性模量的关系研究

　　轨道减振器和其他典型的金属－橡胶减振器一样其动静刚度很大程度上依赖橡胶材料的性能，尤其是橡胶材料的动静模量是决定减振器动静刚度的重要参数，而橡胶材料的模量通常用硬度来进行直观表征。通过研究橡胶材料的硬度和其动静态模量的关系，进而通过橡胶材料的动静模量来预测减振器的动静刚度。

　　材料动静态弹性模量的实测值和预测值的比较，分别见表 2.9-23、表 2.9-24。

不同硬度的材料静态弹性模量的实测值和预测值的比较　　　　表 2.9-23

邵氏硬度，度	静态弹性模量（MPa）		
	实测值	预测值	文献结果
55	3.175	3.336	3.25
58	4.355	3.970	4.45
66	6.009	6.208	5.85
70	7.297	7.774	7.35

不同硬度的材料动态弹性模量的实测值和预测值的比较　表 2.9-24

邵氏硬度，度	动态弹性模量（MPa）	
	实测值	预测值
58	5.784	5.811
66	8.288	8.224
70	9.875	9.913

从表 2.9-23、表 2.9-24 来看，实测值和预测值结果吻合较好，上述预测结果与有限元仿真计算相结合，对于轨道减振器的设计和性能预测具有重要的意义。

（3）Ⅲ型轨道减振器性能研究

根据有限元的初步计算，结合材料性能的研究，下面重点研究橡胶圈材料的模量、厚度和倾角与减振器的动静比的关系，力图通过理论计算和试验验证为轨道减振器的设计和性能预测提供依据。

① 橡胶圈材料的模量与减振器的动静比的关系研究

一般地，减振器的刚度可有公式（2.9-8）进行预测，

$$K = \frac{m \cdot S}{H} \cdot E \tag{2.9-8}$$

式中　K——减振器刚度，kN/m；

m——减振器的形状系数；

S——减振器橡胶圈材料的横截面积，m²；

H——减振器未受荷载时的高度，m。

从公式（2.9-8）可以看出，对于结构一定的轨道减振器，其动静刚度取决于其动静态模量，利用材料的实测模量值代入有限元模型进行计算其结果，见表 2.9-25。

材料的动静模量和减振器的动静刚度和动静比的依赖关系　表 2.9-25

橡胶材料编号	E_s（MPa）	E_d（MPa）	E_d/E_s	K_s（kN/mm）	K_d（kN/mm）	K_d/K_s
HU-2#	3.175	/	/	3.953	4.455	1.127
GJ-16	4.355	5.784	1.328	5.415	6.533	1.206
GJ-24	6.009	8.288	1.379	7.463	10.478	1.404
GJ-47	8.316	9.875	1.458	10.309	15.265	1.481

从表结果看，橡胶材料的动静模量比随材料的硬度（模量）的升高逐渐变大，轨道减振器的动静刚度随材料模量的升高而升高，轨道减振器的动静刚度比和材料的动静模量比变化趋势一致，数值也比较接近。由此可见在满足减振器安全刚度的前提下，尽量降低材料的模量，对于减低减振器的动静比和整体减振效果是非常有效的。

为进一步验证上述结论，制作了减振器样品进行实测，并和有限元计算结果进行了比较，见表 2.9-26。

轨道减振器动静刚度计算结果与实测结果比较　表 2.9-26

橡胶材料编号	静刚度（kN/mm）			动刚度（kN/mm）		
	实测值	计算值	偏差,%	实测值	计算值	偏差,%
GJ-16	4.6	5.415	17.7	6.18	6.533	5.7
GJ-24	7.1	7.463	5.1	10.9	10.48	3.8

试验结果表明计算结果和测试结果基本吻合，动刚度结果的吻合程度好于静刚度。

②　橡胶圈厚度与减振器动静比的关系研究

橡胶圈的厚度直接影响了减振器的形状因子，因此是影响减振器动静刚度一个重要因素，下面初步对两种厚度橡胶圈的动静刚度计算结果，分别见表 2.9-27、表 2.9-28。

不同橡胶圈厚度的轨道减振器动静刚度和动静比　　　　　表 2.9-27

橡胶圈厚度，mm	静刚度（kN/mm）	动刚度（kN/mm）	动静比
21	7.463	9.406	1.404
23	7.026	9.174	1.422

不同橡胶圈厚度的轨道减振器动静刚度和动静比试验结果　　　　表 2.9-28

橡胶圈厚度，mm	静刚度（kN/mm）	动刚度（kN/mm）	动静比
18	4.3	6.27	1.46
24	16.590	22.367	1.348

表 2.9-27、表 2.9-28 的结果表明，无论理论计算还是试验都显示相同的规律，那就是随橡胶圈厚度减小，减振器的动静刚度下降，同时动静比也有小幅升高。

③橡胶圈的倾角与减振器的动静比的关系研究

橡胶圈的倾角直接影响了减振器橡胶圈的横截面积和形状因子，因此也是影响减振器动静刚度一个重要因素。为此，研究设计了三种倾角的减振器，制作了样品，其测试结果，见表 2.9-29。

不同橡胶圈倾角的轨道减振器动静刚度和动静比测试结果　　　表 2.9-29

倾角	K_s（kN/mm）	K_d（kN/mm）	K_d/k_s
60°	13.286	17.661	1.33
65°	9.94	14.428	1.451
70°	4.3	6.27	1.46

从表 2.9-29 不难看出，随着倾角的增大，动静刚度均降低，但动静比则呈现升高。

④　橡胶圈的阻尼性能与减振器的动静比的关系研究

由于轨道减振器所受扰动频率主要分布在 40～100Hz，减振器处于减振工作区，因此轨道减振器的阻尼比越小其减振性能越好，而轨道减振器的阻尼比（等于模态阻尼的 1/2）主要取决于材料的阻尼性能，因此我们通过有限元计算和试验相结合研究了橡胶圈材料的阻尼性能与减振器模态阻尼和动静比的关系，不同橡胶圈材料的阻尼性能、减振器模态阻尼和动静比的计算和测试结果，见表 2.9-30。

不同橡胶圈材料的阻尼性能、减振器模态阻尼和动静比的计算和测试结果　表 2.9-30

材料编号	材料损耗因子	减振器模态阻尼（有限元预测）	减振器模态阻尼（实测）	计算减振器动静比 K_d/K_s（kN/mm）	实测减振器动静比 K_d/K_s（kN/mm）
GJ-134	0.06	0.059	0.050	1.124	1.167
GJ-55	0.079	0.078	0.064	1.145	1.18
GJ-54	0.09	0.088	0.072	1.183	1.257
GJ-16	0.11	0.108	0.089	1.206	1.314
GJ-24	0.13	0.129	0.14	1.404	1.55

从上表不难看出，计算和测试结果均表明减振器模态阻尼的模态阻尼和橡胶圈材料的损耗因子近似成正比关系，主要原因是在减振器垂向振动模态下，橡胶圈材料的应变能分数均在98%以上，因此橡胶圈材料的损耗因子决定了该模态下减振器的模态阻尼。另外，随着减振器模态阻尼的增加，减振器的动静比也单调升高。

⑤ Ⅲ型轨道减振器的性能

根据以上研究和理论计算，了解到轨道减振器结构参数的重要性，并结合结构最终确定了橡胶圈材料的配方，并对轨道减振器的动静刚度、疲劳性能、粘接性能等进行了研究测试。

a. Ⅲ型轨道减振器的静刚度测试

测试在MTS试验机上进行。

试件平置，先进行试件预压，以1kN/s的速度垂向加载至35kN，静停60s后卸载，预压3次后进行静刚度测试。试验荷载为垂直荷载，范围为2.5kN～35kN。加载方式是以每2.5kN为一个荷载增量加至35kN，在每2.5kN荷载增量时，均静停30s，并记录对应的位移值，因为在此荷载作用下，试验系统本身也会发生变形，此称之为系统误差，在去除系统误差后得到试件各个荷载下的实际变形量。静刚度以在有效荷载15kN和30kN对应的位移值计算割线刚度。

减振器样品的静刚度测试结果，见表2.9-31：

轨道减振器样品静刚度测试结果　　　　表2.9-31

荷载（kN）	试件压缩变形（mm）		
	1#	2#	3#
2.5	0.38	0.34	0.41
5.0	0.66	0.64	0.70
7.5	0.93	0.92	0.96
10.0	1.19	1.20	1.23
12.5	1.46	1.47	1.49
15.0	1.68	1.69	1.72
17.5	1.93	1.91	1.97
20.0	2.17	2.16	2.20
22.5	2.41	2.40	2.44
25.0	2.66	2.63	2.71
27.5	2.91	2.89	2.97
30.0	3.1	3.06	3.15
32.5	3.25	3.21	3.31
35.0	3.36	3.31	3.41
计算静刚度，kN/mm	10.56	10.95	10.49

b. Ⅲ型轨道减振器的动刚度和动静比测试

测试仍然在MTS试验机上进行，在预加荷载18kN基础上，施加动态位移±0.5mm，加载频率10Hz，荷载循环1300次，根据1200～1204次所对应的荷载及位移值计算动刚度值，动刚度同样考虑系统变形并进行校正。

通过动刚度测试得到在 18kN 基础上，动态位移为 ±0.5mm 时的荷载范围，测试并计算对应此荷载范围的静刚度值，动刚度值与其相应荷载范围的静刚度值的比值即为动静刚度比。

减振器样品的动刚度和动静比测试结果，分别见表 2.9-32、表 2.9-33。

Ⅲ型轨道减振器动刚度测试数据　　　　　　　　　　　　表 2.9-32

次数 \ 试件	1#		2#		3#	
	P_{max}（kN）	P_{min}（kN）	P_{max}（kN）	P_{min}（kN）	P_{max}（kN）	P_{min}（kN）
1200	23.00	12.56	23.99	11.88	22.96	11.55
1201	22.98	11.53	24.05	11.87	22.96	11.52
1202	23.00	11.54	24.00	11.90	22.97	11.53
1203	22.97	11.53	24.06	11.89	22.95	11.51
1204	23.02	11.54	23.99	11.91	22.97	11.53
平均值	22.99	11.54	24.02	11.89	22.96	11.53

Ⅲ型轨道减振器动刚度测和动静比测试结果　　　　　　　表 2.9-33

试件编号	1#	2#	3#
$P_{max}-P_{min}$（kN）	11.45	12.13	11.43
变形幅度 Δ（mm）	0.88	0.90	0.88
动刚度（kN/mm）	13.01	13.48	12.99
动静比	1.236	1.251	1.234

从上面测试结果看，三个样品测试结果的平行性很好，轨道减振器的静刚度和动静比完全满足设计要求。

c. Ⅲ型轨道减振器的抗老化性能

轨道减振器的抗老化技术主要从防老体系、硫化体系和填料体系三个方面进行研究。

（a）防老体系：针对轨道减振器橡胶圈材料对耐热空气老化、耐臭氧老化和耐疲劳的要求，采用物理防老剂和化学防老剂相结合的方法，并充分考虑了不同防老剂的协同效应，通过试验最终确定了多种防老剂配合使用的防老体系。

（b）硫化体系：选用半有效硫化体系（SEV）作为橡胶材料的硫化体系，交联键既有单键又有一定数量的多硫键，最适合轨道减振器橡胶圈材料对力学性能、耐老化、耐疲劳、永久变形等综合性能好的要求，另外，该硫化体系的硫化平坦性优异，抗硫化返原性能良好。

（c）填料体系：在填料的选择过程中除了填料考虑对材料物理机械性能（包括拉伸强度、定伸应力、模量、阻尼性能等）的影响，还着重考虑了对材料的老化性能和耐疲劳性能的影响。通过试验确定了以半补强炭黑为主的填料体系，该体系的填料粒径适中、发热低，特别适合耐老化橡胶使用，另外还兼具良好的补强效果和回弹性。

通过上述三方面的研究，最终所确定的材料配方具有优异的耐热空气老化、耐臭氧老化和耐疲劳性能，突破了"轨道减振器的抗老化技术"的关键技术。

d. Ⅲ型轨道减振器扣件疲劳性能试验

试验在 DME-500 疲劳试验机上进行。

试验前先用轨道减振器扣件将两根长约 50cm 的钢轨组装在预先制作的钢筋混凝土短轨枕上，调整好轨距、方向水平和轨底坡，然后将短轨枕浇筑在钢槽内。待混凝土达到强度后放置加力架，对两侧钢轨同时施加垂直力和横向力，垂直力和横向力之比为 1：0.5。疲劳试验，见图 2.9-7。

疲劳试验在 DME-500 疲劳试验机上进行，对加力架施加的动载为 16～80kN（此时施加于单根钢轨的垂直力为 8～40kN，横向力为 4～20kN），加载频率为 4～5Hz，共进行 300 万次的动载循环。在疲劳试验开始时以及在 100 万次时、200 万次时和 300 万次荷载循环时测定轨头和轨底的动态横移量。轨头横移量测点 H1 和 H2 布置在减振器纵线位置轨顶下 16mm 处，轨底横移量测点 B1、B2 和 B3、B4 分别对称地布置在减振器纵轴线两侧轨底边棱处，见图 2.9-8。

图 2.9-7　轨道减振器扣件疲劳试验　　　　图 2.9-8　轨头横移和轨底横移测点布置示意

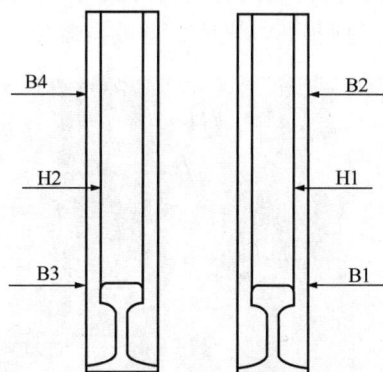

在疲劳试验开始时以及在 105 万次、198 万次和 303 万次荷载循环时测试了轨头和轨底的动态横向位移，试验结果，见表 2.9-34。

动态轨头横移和轨底横移试验结果　　　　表 2.9-34

项目 ＼ 次数	0 万次	104 万次	198 万次	304 万次
平均轨头横移（mm）	3.0	2.6	2.6	2.7
平均轨底横移（mm）	1.2	1.1	1.0	1.1

对减振器试件 1 号和 3 号进行了疲劳后静动刚度的测试，疲劳前后静动刚度的对比结果，见表 2.9-35。

1 号、3 号试件疲劳前后的静动刚度　　　　表 2.9-35

减振器试件	项目	疲劳前	疲劳后	刚度变化率（%）
1#	静刚度（kN/mm）	10.56	10.89	−3.13
	动刚度（kN/mm）	13.01	13.75	−5.69
	动静比	1.236	1.263	−2.18

续表

减振器试件	项目	疲劳前	疲劳后	刚度变化率（%）
3#	静刚度（kN/mm）	10.49	10.76	−2.57
	动刚度（kN/mm）	12.99	13.47	−3.70
	动静比	1.234	1.252	−1.45

注：疲劳后刚度变化率 $=\dfrac{疲劳前刚度-疲劳后刚度}{疲劳前刚度}\times100\%$，负值表示刚度变大。

　　试验结果表明，所研制的轨道减振器的耐疲劳性能良好，疲劳后轨头和轨底的动态横向位移最大小于 3mm，动静刚度略有升高，但变化幅度在 5% 以内，疲劳后动静比仍在 1.3 以下，完全可以满足工程使用的要求。

　　在上述试验的基础上，为考核减振器在超载情况下的性能，将垂向荷载加大至 8～50kN，横向荷载仍为垂向荷载的 0.5 倍，如此循环加载 10 万次以后，轨道减振器扣件没有发生任何损坏，表明轨道减振器扣件具有较大的安全裕度。

图 2.9-9　轨道减振器粘结试验装置

　　（4）轨道减振器的粘结性能试验

　　试验在 MTS 试验机上进行。将轨道减振器底座通过固定在一厚钢板上，钢板通过金属杆与试验机下夹头紧固，承轨板通过一金属杆夹持于试验机上夹头，然后按一定速度进行拉伸，记录减振器发生破坏时的荷载值即为橡胶圈与承轨板和底座的粘结力。试验装置，见图 2.9-9。

　　按上述测试方法进行测试，轨道减振器橡胶圈与承轨板和底座的粘结力大于 80kN。表明轨道减振器具有较大的安全裕度。

　　（5）Ⅲ型轨道减振器扣件减振性能试验

　　① 试验方法

　　减振性能试验在铁科院动力学试验室落锤冲击试验机上进行。先将新研制的Ⅲ型轨道减振器扣件和作为比较的Ⅰ型轨道减振器扣件放置在混凝土道床的支撑板上，支撑板为一厚钢板，其下面铺设一层橡胶垫板，将轨道减振器扣件与混凝土道床固定牢固，然后按试验要求将一短钢轨组装在轨道减振器扣件上。试验时通过落锤对钢轨实施冲击，落锤高度为 100mm，锤重为 50kg，预落锤冲击 6 次后进行正式试验，分别测试轨道减振器扣件端部、道床的振动加速度值并计算相应的振动加速度级。Ⅲ型轨道减振器的减振性能以Ⅲ型轨道减振器扣件落锤试验时混凝土道床边缘测点的振动加速度级与Ⅰ型轨道减振器扣件落锤试验时相应测点的振动加速度级之差来量度。

　　每个轨道减振器扣件测试时共设置三个测点，一个加速度传感器安设于轨道减振器扣件一端，另外两个安设于混凝土道床上，一个距离轨道减振器底板约 5cm，一个放置在距离道床边缘 25cm 处。测点布置图及现场测试情况，分别见图 2.9-10、图 2.9-11。

图 2.9-10 Ⅲ型轨道减振器扣件测试点布置

图 2.9-11 落锤冲击测试情况

② Ⅲ型轨道减振器减振性能试验结果及分析

a. 时域分析

Ⅰ型和Ⅲ型轨道减振器整体道床边缘的加速度时域波形图，分别见图 2.9-12、图 2.9-13。时域分析结果，见表 2.9-36。

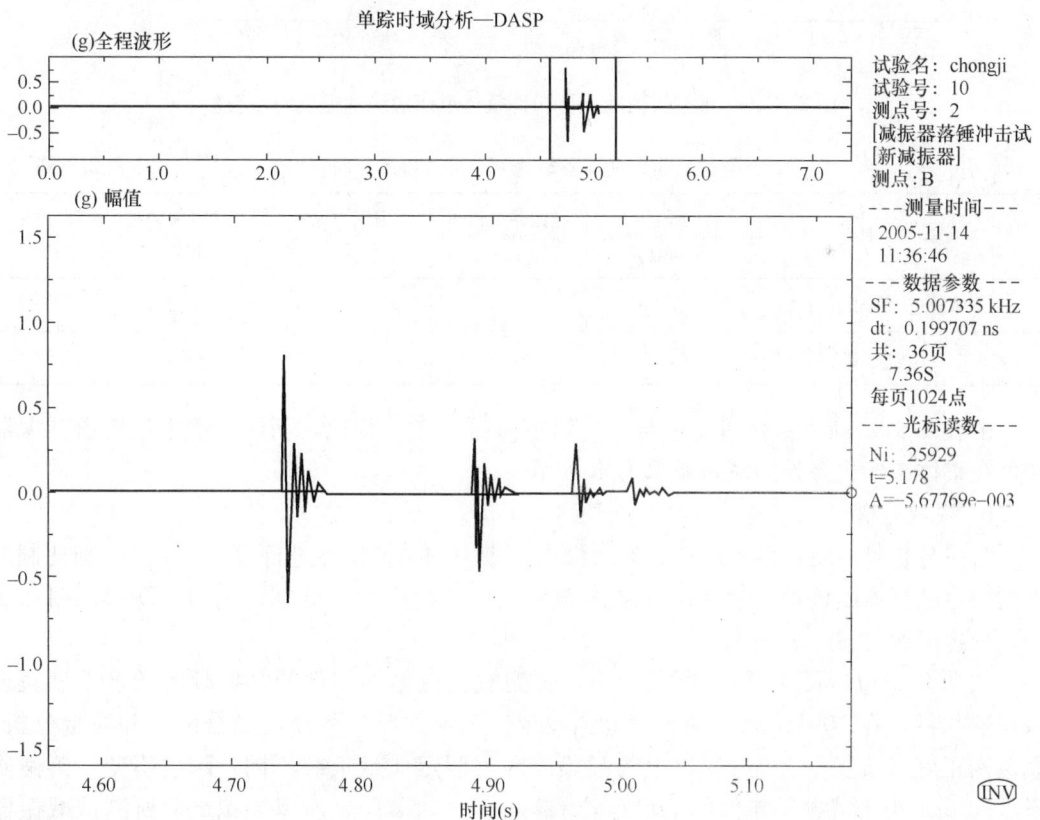

图 2.9-12 Ⅰ型轨道减振器扣件整体道床边缘加速度时域波形

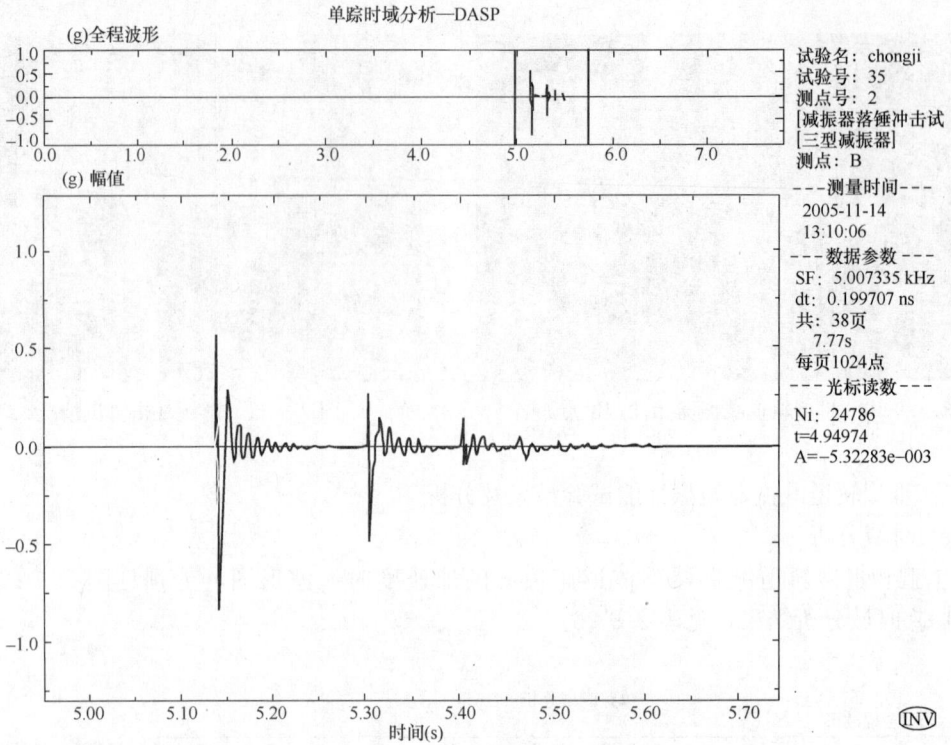

图 2.9-13　Ⅲ型轨道减振器扣件整体道床边缘加速度时域波形

Ⅰ型和新研制的Ⅲ型轨道减振器的时域分析结果　　　　　　　表 2.9-36

试　　件	承轨板 (g)	减振器处道床 (g)	道床边缘 (g)	道床边缘振动级 (dB)	减振效果 (dB)
Ⅰ型轨道减振器扣件	576.9	11.53	1.66	144.42	—
新研制的Ⅲ型轨道减振器扣件	480.2	7.52	0.98	139.84	4.58

　　由表 2.9-36 所列数据可知，与Ⅰ型轨道减振器扣件相比，新研制的Ⅲ型轨道减振器扣件在整体道床边缘处的减振效果为 4.58dB。

　　b. 频域分析

　　时域分析是对轨道结构在整个有效频率范围内的减振特性进行对比。Ⅰ型和新研制的Ⅲ型轨道减振器整体道床边缘的加速度频域分析的幅值谱图分别，见图 2.9-14、图 2.9-15，加速度级对比，见图 2.9-16。

　　从图 2.9-14～图 2.9-16 可以看出，Ⅲ型轨道减振器扣件的共振频率低于Ⅰ型轨道减振器扣件，在 100Hz 以上的频段范围表现出明显的减振效果，结合刚度和质量分析，此范围正好对应工程上 30Hz 以上的频段。因为假定质量负载不同，刚度不变，落锤质量（50kg）小于减振器扣件的工程有效承载（15～35kN），所以模拟试验所测试减振器扣件的共振频率（约 80Hz）远高于其在工程有效承载的共振频率（10～14Hz）。总的来说，在减振范围内，Ⅲ型轨道减振器扣件的振动加速度级明显低于Ⅰ型轨道减振器扣件，表现出显著的减振效果。

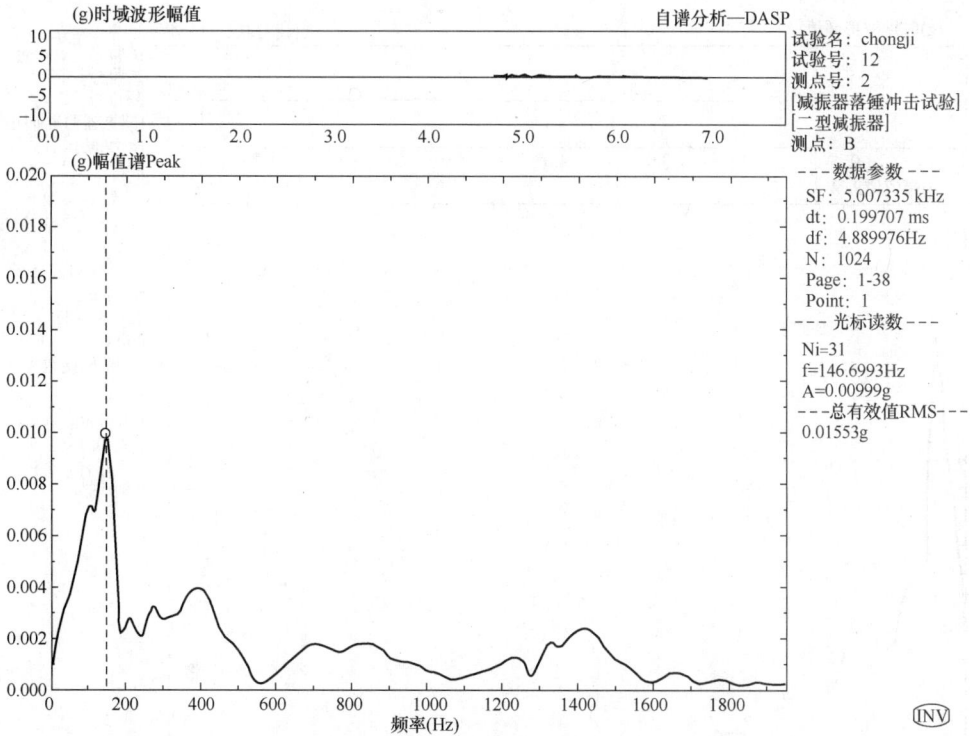

图 2.9-14　Ⅰ型轨道减振器扣件整体道床边缘加速度频域分析幅值谱

（6）结论

① 运用有限元分析技术轨道减振器的结构设计进行了验证，研究了橡胶圈厚度、倾角及材料模量、阻尼性能与减振器的动静态刚度、动静比的关系，初步得到了他们之间的相关关系，为轨道减振器的结构优化设计和橡胶材料的参数选择提供了依据。在此基础上进行的试验结果和有限元结果吻合较好，为复杂结构的金属-橡胶类减振器的设计特别是减振器结构形状因子的确定提供了一种有效的方法。

② 在轨道减振器的结构设计上采用新颖的"双刚度"设计，既保证了减振器满足动力学优化的最佳"减振刚度"，又能保证钢轨几何形位变化在安全范围内所必须的支承刚度，即具有合理的"安全刚度"。

③ 基于前人的研究，研究了天然橡胶材料邵氏硬度和弹性模量的定量关系，并结合试验测试结果进行了修正，得到了由材料硬度预测其动静态模量的经验公式，该方法与有限元技术结合起来初步形成了轨道减振器橡胶材料动静模量估算、结构优化设计及减振器整体性能预测的系统设计方法。

④ 通过防老化体系、硫化体系和填料体系的研究，Ⅲ型轨道减振器具有良好的抗老化性能，避免了轨道减振器减振性能不正常的衰减状况。

⑤ Ⅲ型轨道减振器的各项性能均满足技术指标的要求，重点突破了"轨道减振器的高减振性能和安全性协调关键技术"，动静刚度比小于 1.25，经 300 万次疲劳后动静刚度和动静比变化小于 10%。

⑥ 通过落锤试验与现有轨道减振器扣件比较，减振效果提高 4～6dB。

⑦ 实现了产品的定型和工艺固化，在此基础上成功地进行了大批量的生产，并已用

(g)时域波形幅值　　　　　　　　　　　　　　　　　　自谱分析—DASP

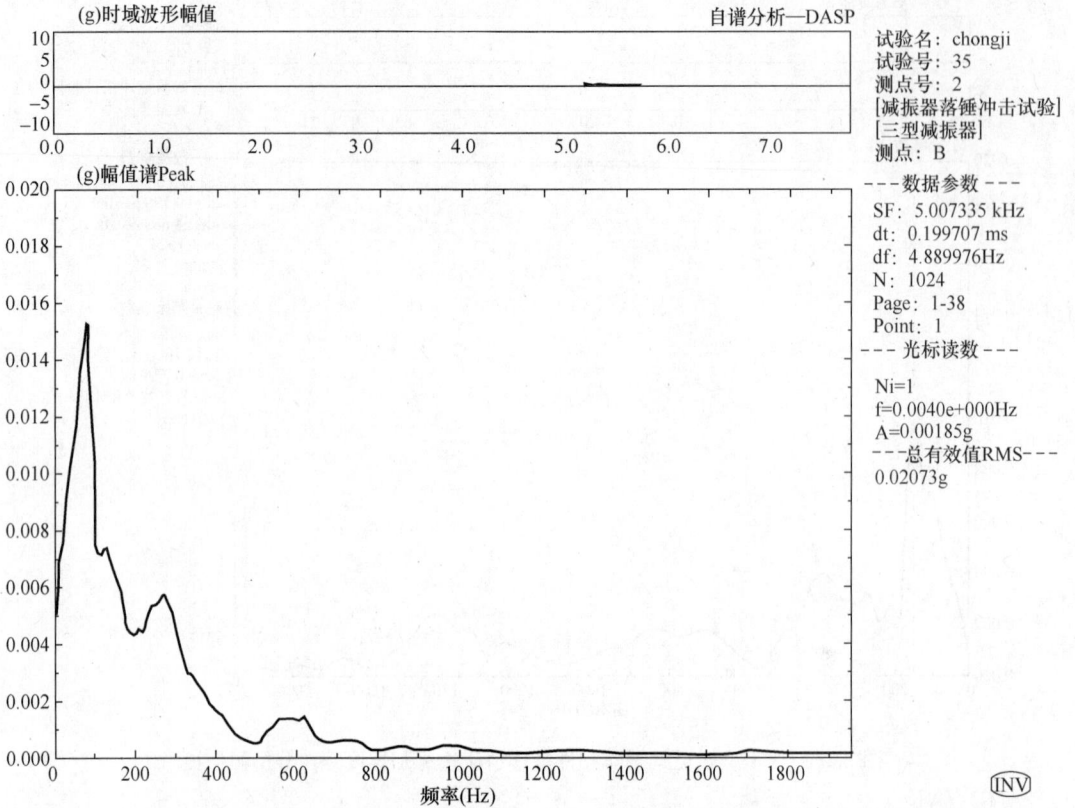

试验名：chongji
试验号：35
测点号：2
[减振器落锤冲击试验]
[三型减振器]
测点：B
— — —数据参数 — — —
SF：5.007335 kHz
dt：0.199707 ms
df：4.889976Hz
N：1024
Page：1-38
Point：1
— — —光标读数 — — —
Ni=1
f=0.0040e+000Hz
A=0.00185g
— — —总有效值RMS— — —
0.02073g

图 2.9-15　Ⅲ型轨道减振器扣件整体道床边缘加速度频域分析幅值谱

于北京等地铁线的建设，效果良好，见图 2.9-17。所研制的Ⅲ型轨道减振器的技术成熟，性能质量稳定，所确定的生产工艺和质量控制方法适合大批量生产，达到了大批量供货的技术条件。

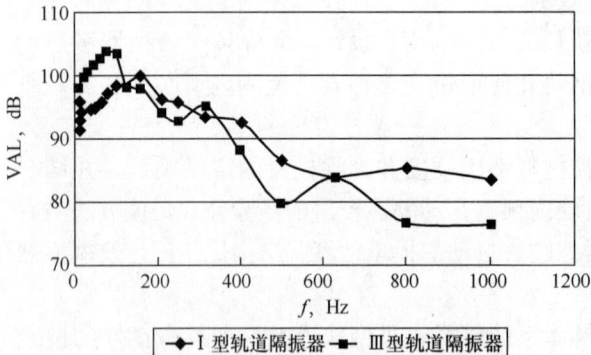

图 2.9-16　Ⅰ型和Ⅲ型轨道减振器扣件振动加速度级对比

图 2.9-17　正在铺设的Ⅲ型轨道减振器扣件

2. 弹性轨枕

弹性轨枕分为弹性短轨枕、弹性长轨枕。

1）弹性短轨枕

短轨枕上部略宽，为梯形体，便于施工、更换。四周及底部包套（套靴），底部设置弹性垫层，刚度经计算确定。

2）弹性长轨枕

轨枕两端部亦是梯形体。

长轨枕三面及底部包套，底部设置弹性垫层。

用胶带将包套与轨枕捆绑牢固，避免杂质进入，影响减振效果。

弹性轨枕一般减振效果8～10dB。

3. 嵌套式高弹性减振扣件

由 UCD 与其他单位合作研究设计。

1）扣件结构型式

嵌套式高弹性扣件是综合普通弹性分开式扣件、压缩型减振扣件及轨道减振器扣件等优点的基础上经研究优化而设计的。

普通弹性分开式扣件通过螺旋道钉将铁垫板紧固在轨枕上，在铁垫板上安装弹条来实现对钢轨的约束，铁垫板上设轨下弹性垫板，铁垫板下设板下弹性垫板。因螺旋道钉拧紧力矩较大，导致其对铁垫板及板下弹性垫板的预压力较大，板下弹性损失较大。

经过充分研究扣件设计为内外嵌套式结构，外铁垫板通过螺旋道钉进行固定，通过加大尼龙垫圈及铁垫圈对内侧子铁垫板进行限位，又不至于对其造成预压，避免弹性损失。其扣件结构及主要部件，见图 2.9-18。

图 2.9-18　嵌套式高弹性扣件及主要部件

嵌套式高弹性扣件的母铁垫板通过螺旋道钉固定在轨枕上，板下弹性垫板置在母铁垫板中不受预压，板下弹性垫板上部安装子铁垫板，子铁垫板的水平位置由母铁垫板四周提供限位，子铁垫板的竖向被母铁垫板上设置的扣压爪扣住，可对子铁垫板形成竖向限位。

2）主要技术特征及参数

（1）扣件最小结构高度为40mm，大大小于传统压缩型减振扣件（60mm 左右）或轨道减振器扣件（80mm 左右），与普通弹性分开式扣件兼容。

（2）能灵活适应现有各类弹条及相应的扣压力参数，如 e 型弹条、ω 弹条等，用于城市轨道交通扣压力范围一般为 4～12kN。

（3）扣件静刚度主要通过板下垫板来实现，可根据实际工程条件和要求灵活设计，用于城市轨道交通的静刚度范围宜为 12～25kN/mm。

（4）扣件最大调高量30mm，轨距调整量＋8mm、－16mm 不低于普通扣件。

3）在线实测安全性及减振降噪效果

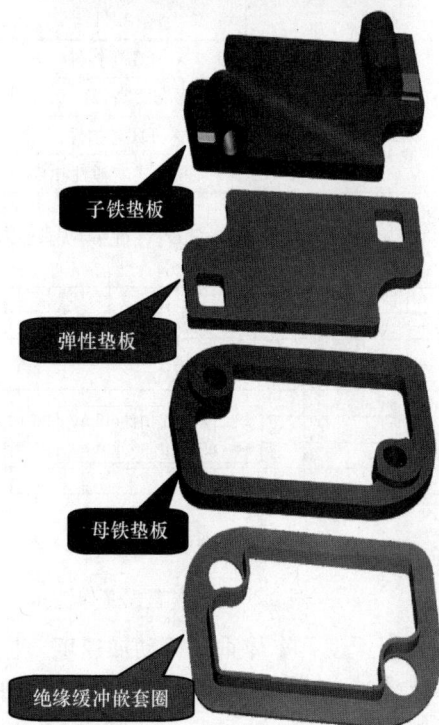

嵌套式高弹性扣件于2012～2013年在上海轨道交通张江科研实训线进行了铺设及安全性、行车平稳性及减振降噪性能等方面的全面测试，测试结果如下：

（1）钢轨垂向及横向振动水平：远低于普通扣件；1000Hz以下未见共振峰值，表明扣件限位设计的阻尼效果好，不致轮轨振动的异常和相应的磨耗异常。实测钢轨振动加速度及对比，见表2.9-37。

嵌套式高弹性扣件实测钢轨振动加速度及对比（m/s²）　　　　　表2.9-37

车速	扣件	外轨垂向	外轨横向
40km/h	DTⅦ扣件	135.6	110.7
	嵌套式高弹性扣件	107.8	100.3
60km/h	DTⅦ扣件	211.8	222.2
	嵌套式高弹性扣件	165.3	167.3

钢轨振动加速度频谱图及对比，见图2.9-19。

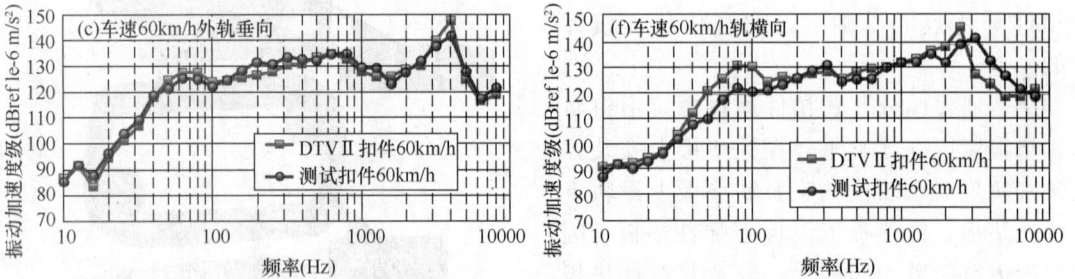

图2.9-19　嵌套式高弹性扣件实测钢轨振动加速度频谱图及对比

（2）舒适度：车体垂向振动加速度，嵌套式高弹性扣件（0.47～0.7m/s²）略优于普通扣件（0.47～1.0m/s²）；车体横向振动加速度，嵌套式高弹性扣件（0.19～0.42m/s²）与普通扣件（0.21～0.41m/s²）基本相同；车内振动在60～100Hz范围，嵌套式高弹性扣件较普通扣件低，其他频段接近；车内噪声：嵌套式高弹性扣件较普通扣件略低。嵌套式高弹性扣件实测车体底板垂向振动加速度频谱及对比，见图2.9-20。

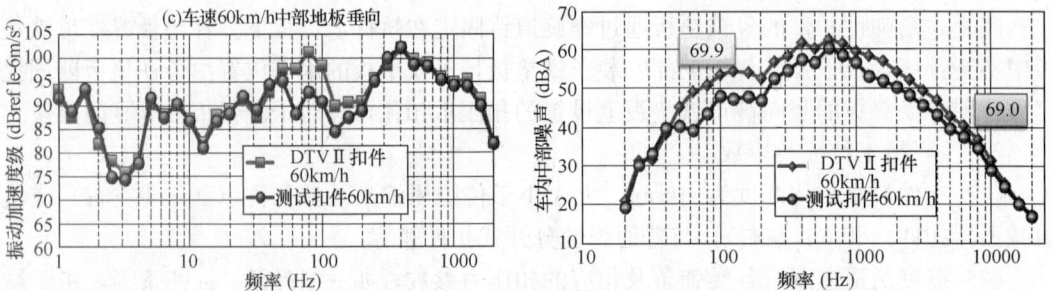

图2.9-20　嵌套式高弹性扣件实测车体底板垂向振动加速度频谱图及对比

（3）桥面Z振级减振效果：嵌套式高弹性扣件相对于普通弹性分开式扣件的减振效果为6.3～7dB，其中嵌套式高弹性扣件的静刚度实测为13.8kN/mm、对比的普通弹性分开式扣件的静刚度实测为32.4kN/mm。嵌套式高弹性扣件实测梁面Z振级及对比，见表

2.9-38。

嵌套式高弹性扣件实测梁面 Z 振级及对比 （dB）　　　　表 2.9-38

车速	40km/h	60km/h
DTⅦ扣件	96.5	95.6
嵌套式高弹性扣件	89.5	89.3
插入损失	7.0	6.3

嵌套式高弹性扣件实测梁面振动加速度频谱图及对比见图 2.9-21。

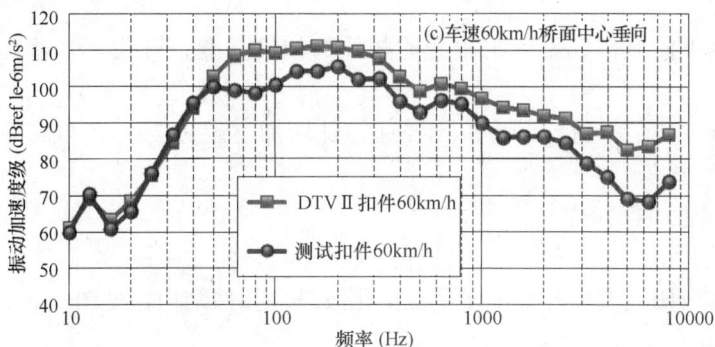

图 2.9-21　嵌套式高弹性扣件实测梁面振动加速度频谱图及对比

（4）降噪效果：嵌套式高弹性扣件在相对于普通弹性分开式扣件在桥面、桥下、7.5m、20m 均有降噪效果，约 1～3dB（A）；主要降噪频段为中低频二次结构噪声。嵌套式高弹性扣件实测噪声及对比，见表 2.9-39。

嵌套式高弹性扣件实测噪声及对比 （dBA）　　　　表 2.9-39

车速	扣件类型	桥面	桥下	7.5m 等高	20m 等高
40km/h	DTⅦ扣件	92.8	68.5	72.1	68.7
	嵌套式高弹性扣件	91.9	66.2	70.5	67.3
60km/h	DTⅦ扣件	96.0	72.9	75.9	72.4
	嵌套式高弹性扣件	95.3	70.1	74.0	70.7

嵌套式高弹性扣件实测 7.5m 等高位置的噪声频谱图及对比，见图 2.9-22。

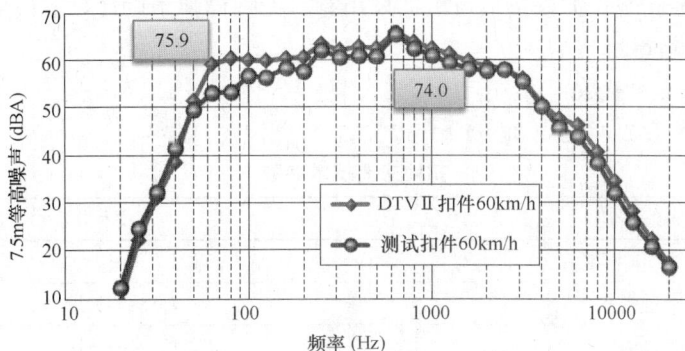

图 2.9-22　嵌套式高弹性扣件实测 7.5m 等高位置的噪声频谱图及对比

4）主要特点

嵌套式高弹性扣件结构新颖、简单可靠、适应性强，具有诸多优点：

（1）扣件结构高度、钉孔等尺寸及轨下垫板、弹条、轨距垫、道钉、套管等零部件可与普通扣件完全一致，方便采购、施工、维修互换。

（2）弹性垫板通过巧妙设计，提供变刚度预紧功能，弹性柱可单独拆分；对铁垫板及钢轨的振动形成阻尼效应，使钢轨振动力、轮轨噪声等方面比普通扣件、传统减振扣件更优。

（3）采用非硫化、非粘结的分体式内外嵌套，零部件可单独更换，结构简单，限位可靠。

（4）可根据不同城市、不同工程普通扣件的扣件高度、钉孔、弹条类型进行适应性调整。

（5）零部件少、节省材料，造价比普通扣件增加不超过 30%，与同等的传统减振扣件相比，经济性更好。

4. 双层非线性减振扣件

1）扣件结构

该扣件某单位研究设计，又经多单位优化改进。扣件结构，见图 2.9-23。

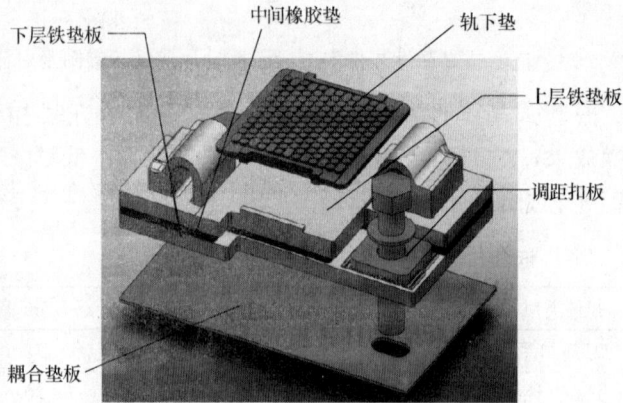

图 2.9-23　双层非线性减振扣件结构示意

扣件采用可分离式结构设计，巧妙解决了上、下铁垫板的连接问题，不用螺栓锚固和硫化粘接，便能传递纵向力、横向力和翻转力矩，使中间弹性垫板零预压和扣件低刚度，不降低扣件的减振性能。上铁垫板可根据采用有、无螺栓弹条设计，下铁垫板的钉孔可根据轨枕预埋套管位置设计。

2）扣件主要技术参数

扣件主要技术参数，见表 2.9-40。

扣件主要技术参数　　　　　　　　　　　　　　表 2.9-40

项目名称	技术指标
工作电阻	≥108Ω
静刚度	(10～14) kN/mm
动静比	1.1～1.5
300 万次疲劳试验	零部件无损坏和任何开裂，静刚度变化<10%

续表

项目名称	技术指标
减振效果（落锤试验，较普通扣件）	减振效果为 8～12.6dB
轨距调整量	+14mm～−18mm
钢轨水平调整量	30mm

该扣件已在广州、成都、重庆等城市的地铁线上较多应用，使用状况效果良好。

5. 洛德扣件

洛德扣件是由洛得公司独家开发的一种扣件，其主要特点是将承轨板、橡胶和底板硫化为整体，利用橡胶的压缩变形进行减振，见图 2.9-24。LORD 扣件直接支承钢轨，下面设置调高垫板，扣件调距通过调距扣板的齿纹移动铁垫板，利用铁垫板的长圆孔来实现"无级"调距。

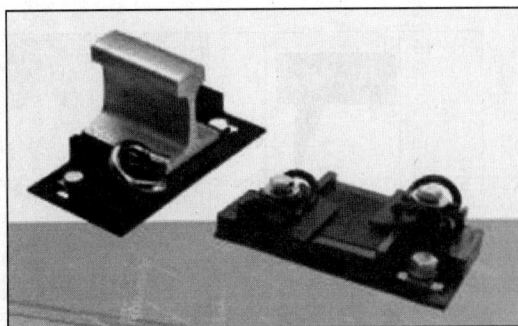

图 2.9-24　洛德扣件

洛德扣件的垂直静刚度为 15～22kN/mm，动静刚度比<1.4，根据广州地铁四号线实测减振效果约为 6dB。其最大的优点是可以降低轨道高度，缺点是造价较高。主要在上海有应用，广州地铁有试验段，加拿大和马来西亚的直线电机轨道全线采用了洛德扣件，使用效果较好，技术较为成熟。

2.9.6　高等减振轨道结构

1. 梯形轨枕

1）梯形轨枕结构及减振功能

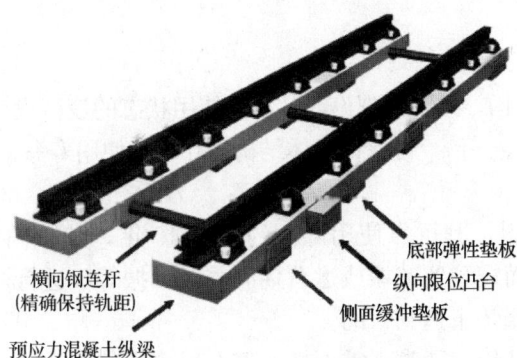

横向钢连杆
（精确保持轨距）
预应力混凝土纵梁
底部弹性垫板
纵向限位凸台
侧面缓冲垫板

图 2.9-25　梯形轨枕结构

（1）梯形轨枕结构

梯形轨枕（即纵梁式轨枕）为北京易科路通铁道设备有限公司专利产品，由左右两块预制预应力混凝土纵梁及其连接杆件、减振垫、缓冲垫组成，其中预应力混凝土纵梁上设有纵向限位凸台，见图 2.9-25。

（2）减振功能

梯形轨枕轨道理论计算的减振效果可达到 15dB，这是因为有三方面起到良好的减振功能：

① 梯形轨枕预应力纵梁具有一定的参振质量，与底部减振垫形成轻量级质量弹簧系统，其自振频率一般为 30Hz 左右，有载状态下约 20Hz，而城市轨道交通振动能量峰值主要集中在 40～100Hz，从动力学角度，梯形轨枕可以有效降低地铁振动能量，见图2.9-26。

139

② 预制预应力混凝土纵梁与钢轨形成双弹性叠合梁，增大了轨道抗弯刚度，扩大轮轨力分布范围，降低基底轮轨动态冲击力的峰值和变化幅度，从而改善轮轨动力学性能，使得振动水平降低。

③ 梯形轨枕整体框架式的构造可确保轨距和轨底坡的高精度，从而实现高质量的轨道平顺性，降低轮轨作用力，进而降低轮轨振动源，起到主动隔振和降低噪声的作用。多数工程梯形轨枕铺设段的实际在线测试减振效果基本在 9~15dB，个别线测试减振效果达到 17dB；高架线降噪效果 6~10dB（A）。

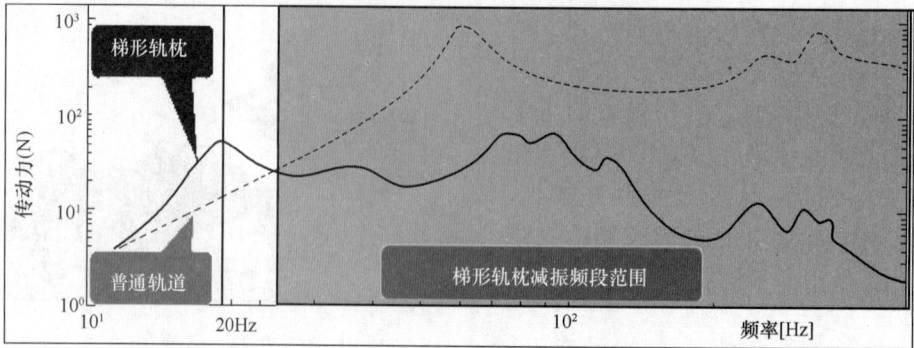

图 2.9-26 梯形轨枕减振频率范围

根据多条线隧道正上方梯形轨枕铺设段的地表实测，振动绝对值 59~63dB，即使在几种不利情况组合的条件下，也不会超过 70dB，这表明梯形轨枕铺设在高等减振地段其减振效果足以满足国家环保标准要求。

2）梯形轨枕技术特点

梯形轨枕是在传统横向轨枕、双块式轨枕、双向预应力的板式轨道和框架板轨道的基础上演变而来，因此最大限度地融合了各种轨道结构的特点，主要为以下六大技术特点：

（1）主体结构的耐久性

地铁为百年工程，主体结构均按 100 年设计。

梯形轨枕的纵梁为预制的预应力混凝土结构，按不开裂设计，正常使用状态的疲劳设计荷载及极限破坏荷载的荷载系数分别取为 2 倍、5 倍，可保证主体结构 100 年的使用寿命。

（2）减振垫及主体结构的可更换性

梯形轨枕配套减振垫采用聚氨酯发泡材料，其可靠使用寿命约 30~40 年，100 年内需更换 3 次左右。此外，对于因规划未实现而需预留减振或运营期间需对减振等级进行调整的地段，也需通过更换不同刚度参数的减振垫来达到目的。

梯形轨枕主体结构的使用寿命可达到 100 年，通常无需更换，但在遇到意外事故或自然灾害的情况下，主体结构若被破坏，则需能尽快更换。

梯形轨枕为纵梁＋横向连杆的预制结构，可通过简单工具抬升轨枕，非常方便更换减振垫或主体结构。

根据梯形轨枕更换经验，在地铁正常运营情况下，每晚 3h 可更换 25m 的梯形轨枕，见图 2.9-27。

（3）轨道高度及减振性能的可调整性

图 2.9-27　梯形轨枕减振垫主体结构的更换

由于梯形轨枕与现浇整体道床之间并不固定，梯形轨枕的限位是通过减振垫及侧面缓冲垫板来实现的，故可通过调整梯形轨枕底部的垫板高度实现轨面标高的调整。

正由于梯形轨枕具备了这一独特技术特征，使它适合在不良地质段、车站与区间衔接处、泵房、联络通道、盾构井、路桥及路隧过渡段及其他沉降风险点等处采用。当然，轨道高度调整需满足限界与轨道扣件结合才能实现，见图2.9-28。

（4）施工安装的便捷可靠性

梯形轨枕通过工厂预制的方式，减

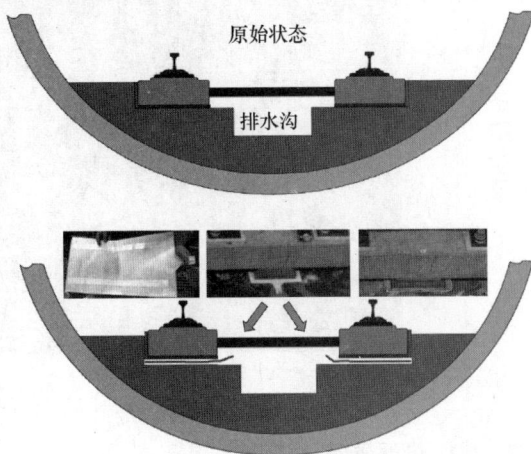

图 2.9-28　梯形轨枕底部垫高实现轨道
高度调整示意

少或简化了现场施工组装、调整和检查等工序，铺轨速度可达到120m/天，比同等级减振轨道结构的施工效率提高30%～45%。

此外，由于梯形轨枕在工厂预制，能确保实现高精度的轨距及轨底坡，而轨距和轨底坡的保持，对平顺性、振动及噪声、轮轨维修等均非常重要。在国内地铁施工现状和工期紧张的客观条件下，这一特性可最大限度降低对施工质量的依赖性。

（5）广泛的适应性

梯形轨枕的适应性非常广，可适应各种不同的地段，包括地下线、高架线、地面线、小半径曲线、检查坑等；也可适应各种特殊的工程条件，包括不同结构衔接段、减振预留或调整、大跨度桥梁（梁端折角、伸缩缝）、绿化景观段。同时还可适应特种制式直线电机系统等。

从2005年开始在北京地铁5号线开始研究试验以来，梯形轨枕轨道先后在北京、上海、广州、深圳、无锡、南京、大连、宁波、东莞、长沙等城市轨道交通项目中的中高等减振地段得到广泛应用。

2. 先锋扣件

先锋扣件为英国Pandrol专有技术，通过特殊的结构设计，既可充分利用橡胶的剪切弹性变形，又能很好地控制钢轨轨头的外翻变形，主要通过将扣件处的刚度尽量降低至10kN/mm或以下来实现减振，扣件结构见图2.9-29。该扣件与传统扣件相比具有较低的垂直刚度，造价较浮置道床轨道低，且不需要增加轨道结构高度，结构简单，易于安装。轨距调整量为±25mm，调高量为 36mm。该扣件已应用于广州地铁 1、3、4 号线和其他地铁线，该扣件宜用于既有线减振超标改造地段。经现场测试，其隧道墙壁垂直方向的减振效果相对普通单趾弹簧扣件可达 16.3dB。

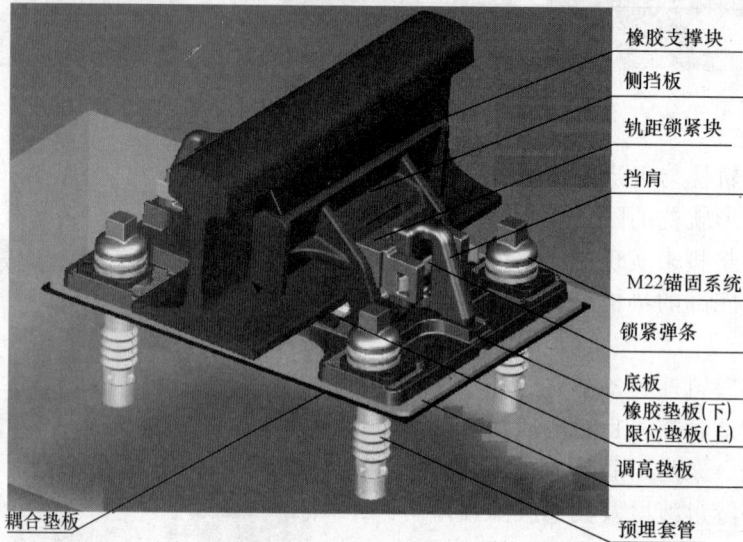

图 2.9-29　先锋扣件结构

3. 减振垫浮置整体道床

UCD 于 2004 年研究试铺成功道砟减振垫，较一般碎石道床减振降噪效果良好。后浙江天铁实业股份有限公司研究引进和研究开发了减振垫浮置整体道床技术，其结构较为简单，施工方便，减振效果达到 15dB 以上。

1）设计原则

（1）减振垫浮置整体道床使用寿命应与普通整体道床相同，减振效果应满足环评要求及设计要求，并且有一定的富余量。

（2）减振垫浮置整体道床轨道结构应具有良好的绝缘性能，并满足信号传输及防杂散电流等相关接口要求。

（3）减振垫浮置整体道床设计应确保轨道结构的横向、纵向稳定性。

（4）减振垫浮置整体道床设计应确保排水顺畅，排水设施应便于检查。

（5）减振垫浮置整体道床设计应便于轨道养护维修和部件的更换。

2）适用断面类型及轨道结构高度

减振垫浮置整体道床适用于地下线圆形隧道、矩形隧道、马蹄形隧道及高架线，其适宜的轨道结构高度，见表 2.9-41。

减振垫浮置整体道床轨道结构高度（mm）　　　　　　表 2.9-41

线路及断面类型	地下线			高架线
	圆形隧道	矩形隧道	马蹄形隧道	
一般地段	740（盾构半径 2750）	750	750~800	650
困难条件	740（盾构半径 2700）	560	650	500

3）轨道结构设计

（1）减振垫浮置整体道床的设计荷载应结合车辆轴重、轴距、定距和相邻转向架间距等参数以及运营条件确定，浮置整体道床的结构设计应符合现行国家标准《混凝土结构设计规范》（GB 50010—2010）和《混凝土结构耐久性设计规范》（GB 50476—2008）的规定。

（2）减振垫浮置整体道床主要由基底、减振垫、整体道床、轨枕、扣件及钢轨等组成，见图 2.9-30。

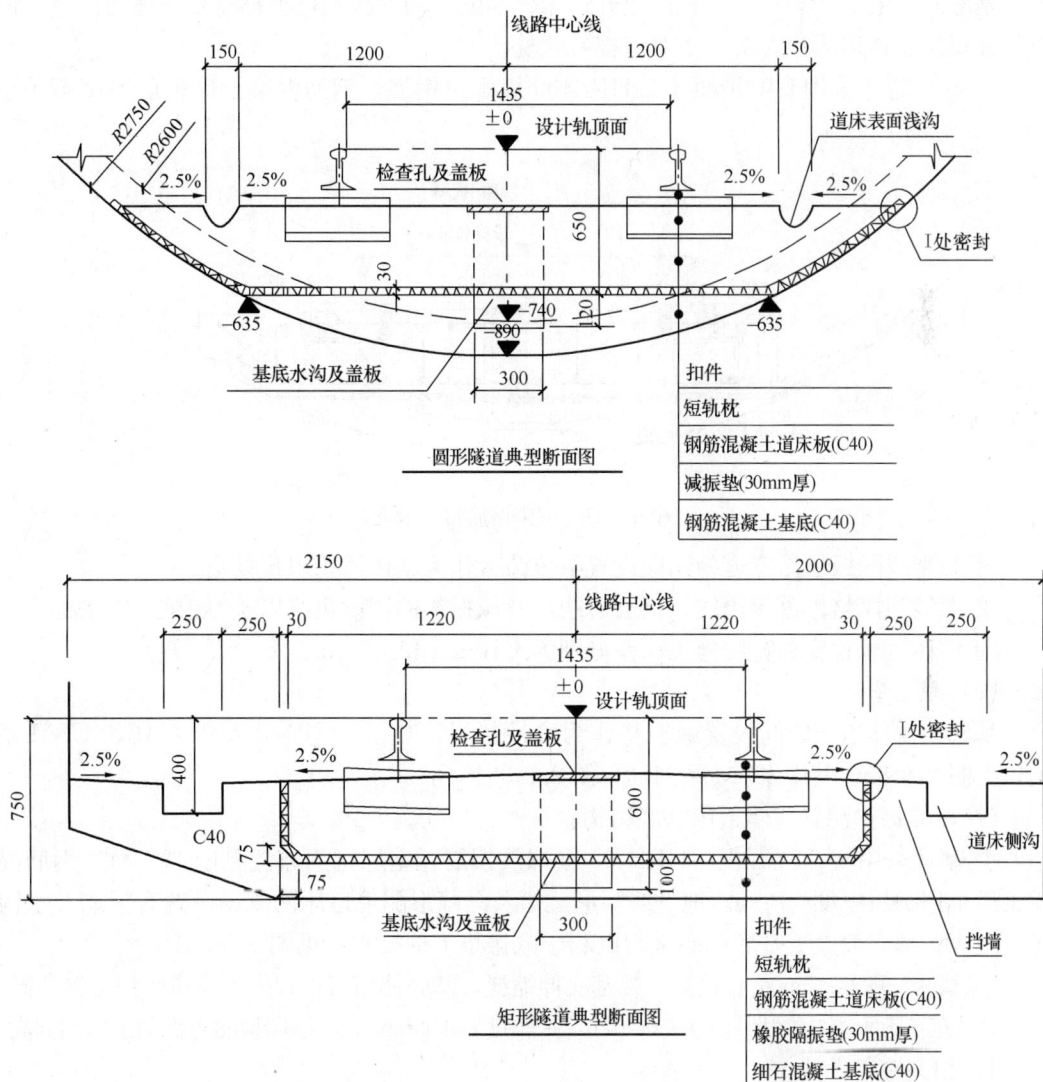

图 2.9-30　减振垫浮置整体道床断面

（3）钢轨：采用与普通整体道床相同的钢轨。

（4）轨底坡：一般设 1/40 轨底坡。

（5）扣件及轨枕：一般采用与普通整体道床相同的扣件。

（6）轨枕布置间距：道床轨枕一般按 1680 对（根）/km 铺设，轨枕布置，应避开结构沉降缝、人防门（防淹门）、各种预埋管线、排水横沟等，轨枕铺设间距可在 500mm～650mm 间作适当调整。

（7）曲线超高与顺坡：与一般整体道床相同。

（8）减振垫浮置整体道床结构：

① 道床轨枕布置标准间距一般为 600mm，道床一般每 10 对轨枕设置一处道床伸缩缝，伸缩缝宽度、材料与一般整体相同，沥青麻筋封顶作防水处理。结构沉降缝处应设道床（基底）伸缩缝，并且短轨枕应避开道床伸缩缝，局部板长可根据需要做适当调整，但需保证每块整体道床包含 7～11 对（根）轨枕。

② 整体道床采用 C40 混凝土、HRB400 级螺纹钢筋，钢筋混凝土保护层厚度不小于 40mm，见图 2.9-31。

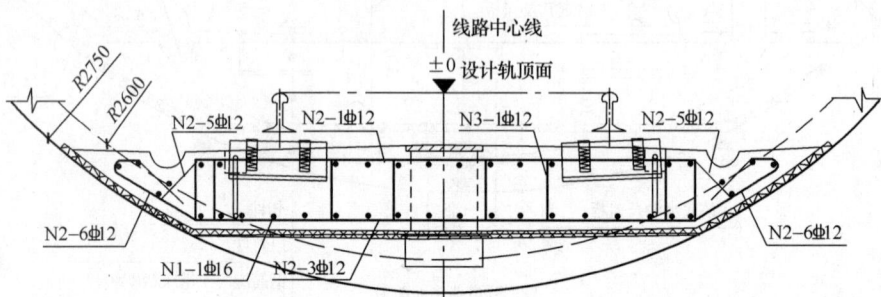

图 2.9-31　道床钢筋布置示意

③ 高架线减振垫浮置道床还应设置限位凸台作为整体道床限位设施。

④ 曲线地段整体道床边线、钢筋边线，及减振垫的铺设边线以轨道中心线定线。

⑤ 整体道床长度和宽度施工误差分别为±10mm 和±5mm。

（9）减振垫

基底与整体道床之间设置减振垫作为弹性垫层，减振垫主要分为 G 系列和 USM 系列，见图 2.9-32。其中 USM 系列，见图 2.9-33。

（10）减振垫浮置整体道床基底结构：

① 基底采用 C40 混凝土，HRB400 级螺纹钢筋，基底钢筋布置见图 2.9-34。钢筋混凝土最小保护层厚度 40mm。地下线矩形隧道及马蹄形隧道道床两侧还设置有挡墙及水沟等，基底中部一般设置基底中心水沟以利于减振垫下部排水，见图 2.9-35。

② 基底一般每 12m 左右设置一处基底伸缩缝，基底伸缩缝设置方法与道床伸缩缝相同。

③ 基底表面允许高程误差 0～－5mm，平整度要求 5mm/m，挡墙顶面与板侧道床面同高。

4）相关接口设计

（1）杂散电流防护

在道床上，相邻两个伸缩缝之间的道床称为一个道床结构段，每个道床结构段内的结构钢筋应电气连续，每个结构段内的钢筋焊接引出端子等按防杂散电流要求施工。

（2）铺轨基标设置

一般设置在右线的右侧、左线的左侧。

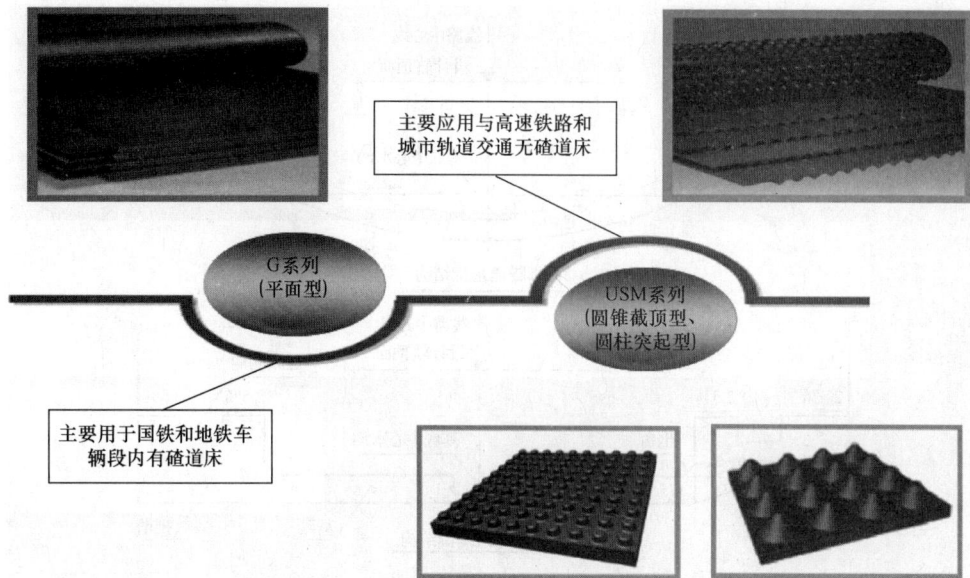

图 2.9-32　G 系列及 USM 系列减振垫

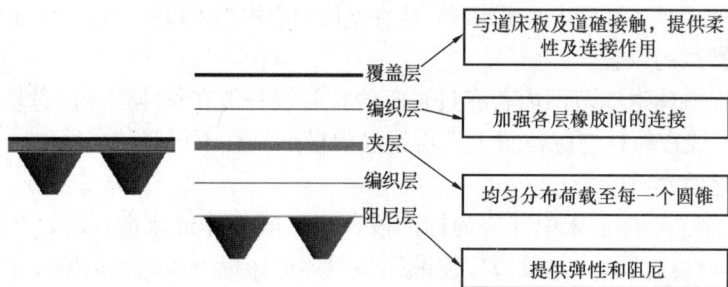

图 2.9-33　USM 系列减振垫结构组成

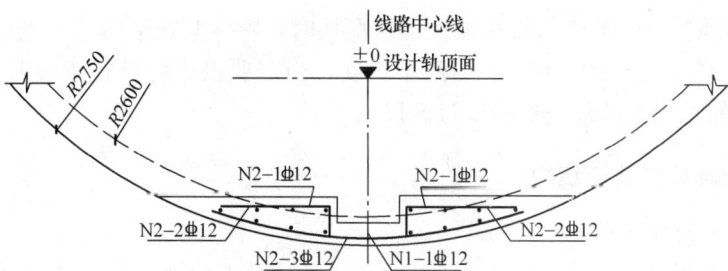

图 2.9-34　基底钢筋布置示意

（3）排水沟

① 应做好与前后道床的排水顺接。

② 一般设有基底中心水沟，在基底中心水沟上方，每块整体道床中部设置一处检查孔（300mm×300mm 左右），为方便行走，检查孔上部设水篦子盖板并可靠固定。

③ 一般设有道床表面浅沟或道床两侧排水沟，直线地段道床表面一般设 2.5% 人字形排水坡，坡向道床水沟；曲线地段排水坡随超高值旋转，当超高大于 38mm 时将人字坡改为单面坡，坡向曲线内股一侧排水沟；水沟外侧混凝土表面向水沟设置 2.5% 横向排水坡。

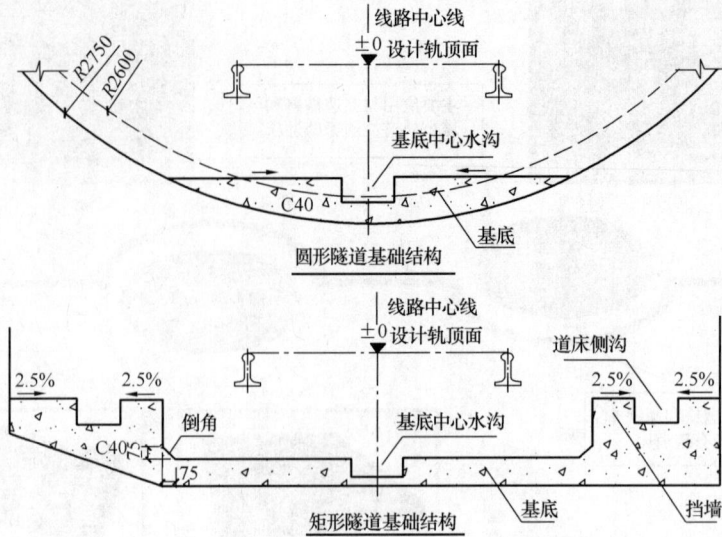

图 2.9-35　隔离式减振垫基础结构及排水

④ 当水沟需要接入基底中心水沟时，应在基底中心水沟入口处设置沉沙坑并加设钢格栅。

（4）过轨管线的设置

减振垫浮置整体道床范围内若有过轨管线，管线一般在整体道床内过轨，管径一般不大于 80mm，管线在轨枕空隙位置上下层钢筋内横穿，且不得穿越减振垫。

（5）弹性过渡

① 减振垫浮置整体道床中部应为标准段，与一般整体道床衔接时，在减振垫整体道床范围内设置弹性过渡段，过渡段应使减振垫整体道床标准段的垂向刚度平缓过渡到与之衔接的道床的刚度，一般设置三块整体道床，长度 18m 左右。

② 减振垫浮置整体道床与中等减振道床衔接时，不设置弹性过渡段。

③ 减振垫浮置整体道床与特殊减振道床衔接时，特殊减振道床内实施过渡。

④ 弹性一致标准段长度不宜小于列车长度，当需要设置弹性过渡段时，刚度过渡应在标准段长度的基础上额外增加刚度过渡段长度。

2.9.7　特殊减振轨道结构

1. 橡胶浮置道床

橡胶浮置道床亦称质量—弹簧系统。这种轨道的基本原理是在轨道和基础之间插入一个固有频率很低的线性谐振器，防止由钢轨传来的振动透入基础。橡胶浮置道床减振效果一般为 15～20dB，适用于特殊减振地段。橡胶浮置道床按道床的施工方法可分为就地灌注式和预制式两种。

1）橡胶浮置道床应用情况

橡胶浮置道床轨道最早在德国使用。在北美的巴尔的摩、亚特兰大和多伦多等城市及我国香港、广州地铁铺设备了预制式橡胶浮置道床。广州地铁 1 号线是从香港引进的橡胶浮置道床中间未设孔、不能检查隔振垫（底座）情况，更换时需中断地铁正常运营。后广州地铁总公司、铁道科学研究院和铁道第二勘测设计院合作对橡胶浮置板道床的结构、减振效果等进行了系统研究试验。

2）橡胶浮置道床结构

（1）根据不同隧道形式和参考质量计算确定其浮置道床横断面，为增加质量、道床中间和两侧可增加高度，浮置道床长度一般布置 12 对扣件或 6 对扣件，见图 2.9-36、图 2.9-37。

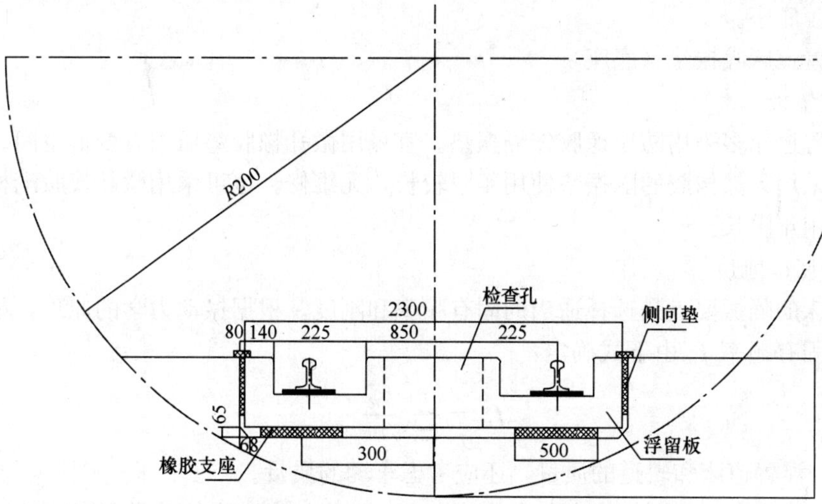

图 2.9-36　橡胶浮置道床断面

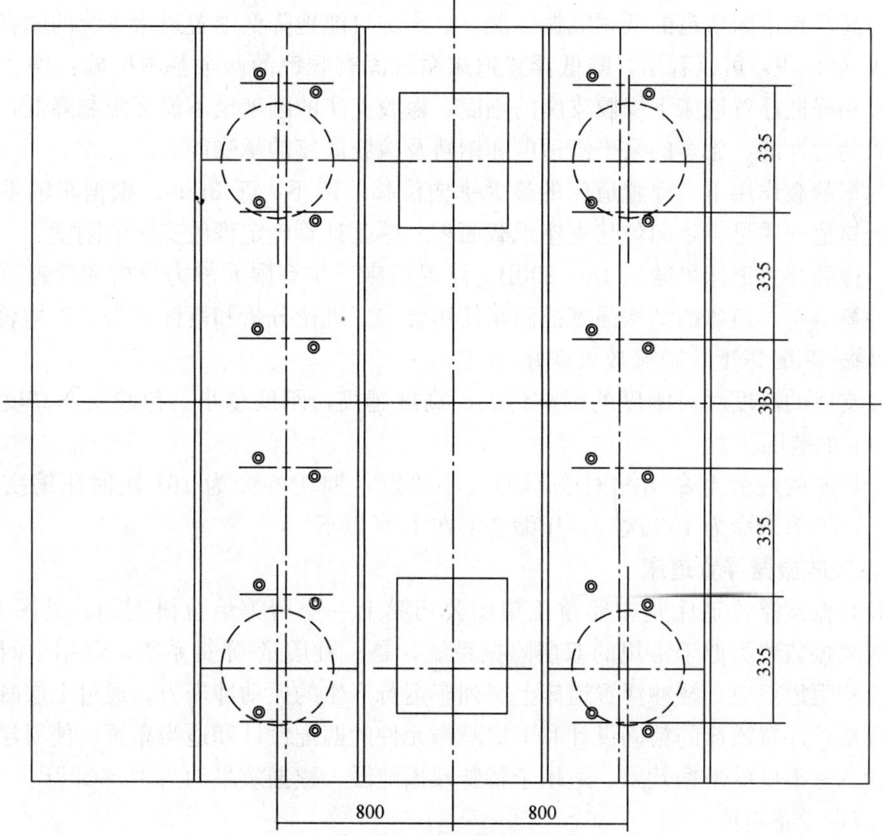

图 2.9-37　橡胶浮置道床平面

（2）为施工方便，浮置道床采用预制。道床的长度可 3m 和 6m，采用 6m 道床时，在 R300m 的曲线上，矢度达 15mm，可将浮置道床定位内移 1/2，正矢使扣件最多内外调整量为 1/2 正矢，这样扣件轨距调整量一般能满足轨向和轨距调整的需要。

（3）在浮置道床中间对应底座部位设 600mm×500mm 的检修井，以定期检查并在必要时更换橡胶底座。

（4）浮置道床隔振垫（底座）

① 隔振垫板

橡胶浮置道床多采用防振橡胶作隔振垫。宜采用微孔橡胶垫压缩有变形空间。根据相关实践表明采用天然橡胶的隔振垫使用年限较长，无维修。也可采用微孔聚胺酯材料减振性能好，使用年限长。

② 橡胶底座刚度

浮置道床的隔振要点是选择适当的固有频率和刚度。根据振动力学的原理，单自由度振动系统的固有频率 f_n 由下式确定：

$$f_n = \frac{1}{2\pi}\sqrt{\frac{k}{m}} \tag{2.9-9}$$

式中　m——浮置道床和轨道的质量，还应考虑车辆的质量。

k——橡胶支座的刚度（有 n 个橡胶支座时，为 n 个支座的并联刚度）。

根据单自由度系统的特性，浮置轨道只有在 $\sqrt{2}f_n$ Hz 以上频带才有明显的减振效果，所以为提高浮置道床轨道的低频隔振性能，必须尽可能地降低浮置道床系统的固有频率。

从式（2.9-9）可以看出，降低浮置道床系统固有频率的两个基本措施：增大浮置道床的质量和降低浮置道床下橡胶支座的刚度。橡胶支座的刚度也不能无限制降低，必须考虑车辆的动力性能、旅客的乘坐舒适度和钢轨及橡胶底座的承受能力。

在列车静载作用下，浮置道床的最大垂向位移一般不大于 3mm，根据车辆重浮置道床和其上轨道的质量、垂向位移支座承载面积、厚度计算确定橡胶支座的刚度。

（5）橡胶浮置道床可减振 18～20dB。浮置道床三维有限元静力分析和浮置道床配筋后应力检算表明，道床的结构强度能满足使用要求。理论分析和落锤冲击试验均表明，浮置道床减振 18dB 以上，减振效果良好。

橡胶支座的高度对对刚度的影响最大。高度越高，刚度越小。橡胶支座高度一般在 60～70mm 的范围。

防振橡胶的疲劳寿命由相对变形的大小决定，期望寿命为 107 次时压缩变形应在 15% 以下，期望寿命为 108 次时，压缩变形在 10% 以下。

2. 橡胶减振器浮置道床

橡胶减振器浮置道床是中船重工集团公司第七一一所等单位研制的，见图 2.9-39。浮置道床隔振装置类似于常规的双层隔振系统，是一种质量-弹簧系统，利用中间质量的惯性效应和阻尼效应，缓冲浮置道床上层列车运行产生的振动冲击力。通过上层减振元件的合理选型，浮置道床的精确设计和下层减振元件的匹配设计和适当布置，使得浮置道床隔振装置具有很好的减振效果，适用于特殊减振地段，减振效果约为 15～25dB。

1）减振设备组成

（1）上层减振单元：固定钢轨的扣件或轨道减振器扣件；

（2）下层减振单元：橡胶减振器，见图 2.9-38。

（3）浮置道床：由混凝土强度等级为 C40，并掺入 1.5% 的钢纤维浇注而成。

2）设备特点

（1）上层减振单元可根据减振要求采用一般减振扣件或轨道减振器扣件；

（2）下层减振器可以根据实际工作环境进行的合理布置和选型；

（3）减振效果显著，钢轨的位移变形小，保障行车安全；

（4）整体高度调整，特殊设计可调高 500mm，调整方便；

（5）良好的抗腐蚀性能，能适应各种恶劣的环境条件；

（6）结构紧凑，性能稳定，更换与维护方便；

（7）较同类产品价格较低，整体运营成本低廉。

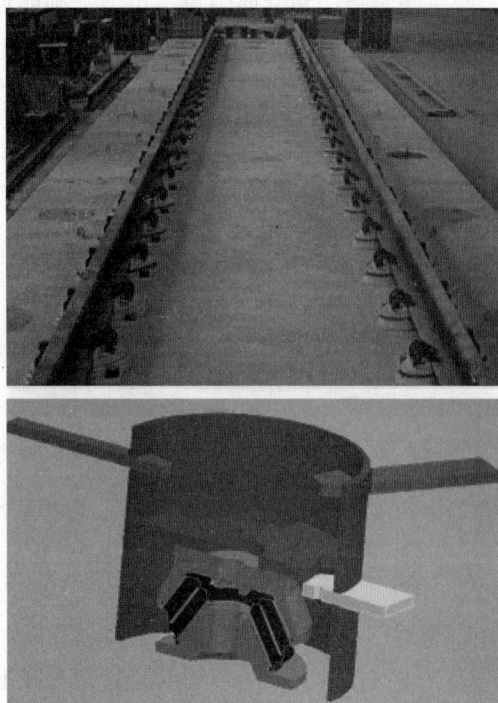

图 2.9-38 下层减振元件

减振设备通过了铁道部产品质量监督检验中心 300 万次的疲劳试验，及减振性能测试和上海市科委组织的专家技术鉴定，取得国家实用新型专利。

橡胶浮置道床隔振系统由上层弹性扣件、浮置道床和下层橡胶隔振器组成，钢轨用弹性扣件安装在浮置道床上，下层隔振器安装在套筒内用以支撑整个隔振系统，浮置道床之间用剪力铰连接（图 2.9-39）。

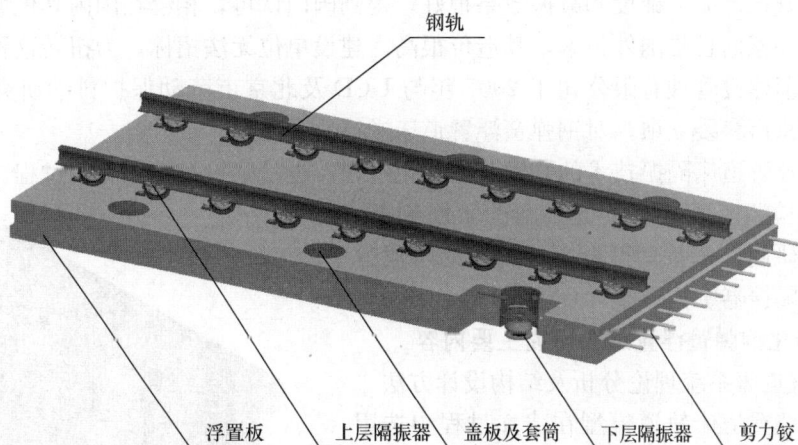

图 2.9-39 橡胶浮置道床隔振系统示意

3. 钢弹簧浮置道床

钢弹簧浮置道床轨道结构是将无砟轨道板支承在钢弹簧弹性支承上，构成质量-弹簧隔振系统，浮置道床与基底隔离，可大大削弱振动向基础的传入，是一种隔振效果非常好的轨道结构，减振效果一般在 20dB 以上，一般用于地铁或其他轨道交通通过对减振有特殊要求的地段，但造价较高。

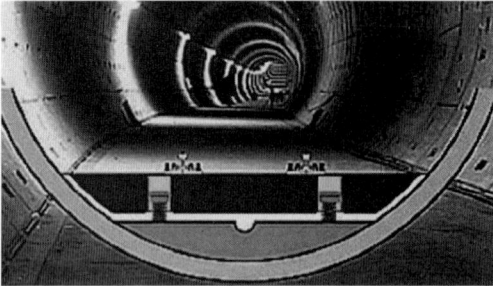

图 2.9-40　钢弹簧浮置道床轨道示意

浮置道床轨道的隔振效果取决于其自身的固有频率，而固有频率与浮置道床的尺寸、质量、支承的刚度等因素有关。一般浮置道床轨道的固有频率介于 6～10Hz 之间。根据隔振原理，只有大于固有频率的激振频率才能被衰减，因此研究者都致力于开发固有频率较低的浮置道床轨道系统。

钢弹簧浮置道床是隔振效果非常好的轨道结构，减振效果不低于 15dB，其在使用性能和使用寿命等方面均优于橡胶浮置道床轨道。钢弹簧浮置道床轨道示意，见图 2.9-40。

2.9.8　国产化钢弹簧浮置道床研究开发

1. 概述

随着地铁建设的不断拓展及高新技术在地铁建设中的应用，给环境保护提出了新的课题。由于在城市中心修建地铁，有些路段要从文化区、科技区、居民稠密区和文物古迹的保护区附近地下穿过，这些敏感地区对噪声振动的要求相对要高，因此振动与噪声对环境的影响就愈显突出。新建城市轨道交通应根据全线环境保护评估结果，采用不同等级的减振轨道结构。随着人们对环境保护要求的提高，地铁新建线特殊轨道结构钢弹簧浮置道床所占线路总长的比重逐年提高。

国内地铁最初特殊减振轨道结构是广州地铁 1、2 号线铺设了橡胶浮置道床，铺设和维修都很麻烦，减振效果也不大理想。2002 年北京地铁 13 号线首次从国外引进钢弹簧浮置道床道床减振产品，铺设和减振效果很好，得到国内认可，相继在国内其他城市采用铺设。但只有一家而且是国外技术，其造价很高，建设单位无法招标。为扭转这种局面，北京市轨道交通建设管理有限公司于 2007 年与 UCD 及北京市劳动保护科学研究所等单位合作，在北京市科委立项，对钢弹簧浮置道床进行攻关研究。

国产化浮置道床隔振技术的研发及产业化过程，也是坚持自主创新的过程。根据市场需要和实践检验，通过对关键技术的不断创新，独立自主地研制出一整套符合中国国情的阻尼弹簧浮置道床隔振器结构。

2. 国产化钢弹簧浮置道床研究主要内容

1）浮置道床系统理论分析及结构设计方法

钢弹簧浮置道床轨道模型在建立过程中选用的单元类型及模型的边界条件要依据实际具体情况确定，系统各部分的模型如下：

钢轨：选用考虑剪切效应的三维梁单元，见图 2.9-41。

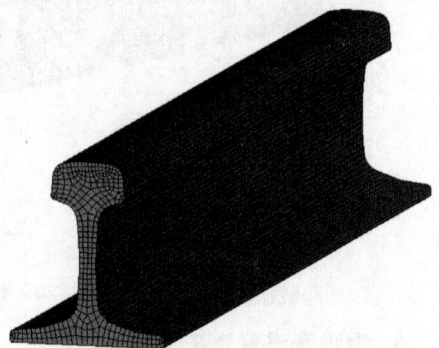

图 2.9-41　60kg/m 钢轨有限元模型

扣件：采用线性弹簧-阻尼单元进行模拟。

浮置道床：隧道中浮置道床的横截面形状不规则，但考虑到影响设钢弹簧浮置道床自振频率的主要因素是质量和支承刚度，因此将浮置道床截面等效为面积相等的矩形截面，并用三维实体单元对其进行模拟，浮置道床网格划分的大小为 0.3m；使用正六面体网格并使用映射功能对实体进行划分。钢弹簧浮置道床轨道模型，见图 2.9-42。

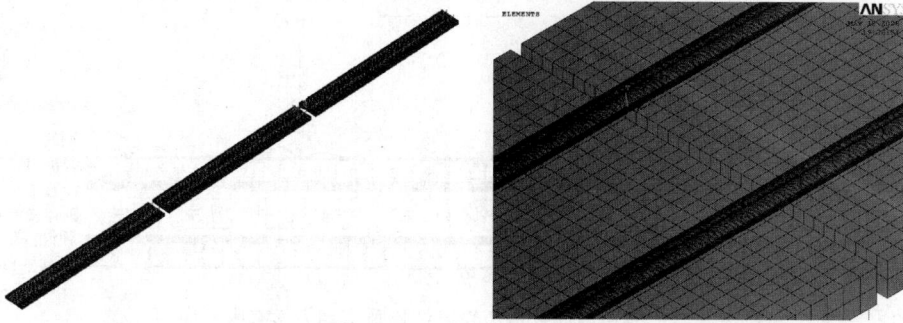

图 2.9-42　浮置道床轨道结构有限元模型

隔振器：隔振器具有垂向和水平向刚度，在浮置道床下表面与钢弹簧相连处的垂向和水平均设置线性弹簧—阻尼单元。

通过上述各部件的模拟，建立钢轨-扣件-浮置道床-隔振器-刚性基础一体化力学模型，浮置道床轨道结构纵剖面模型见图 2.9-43。

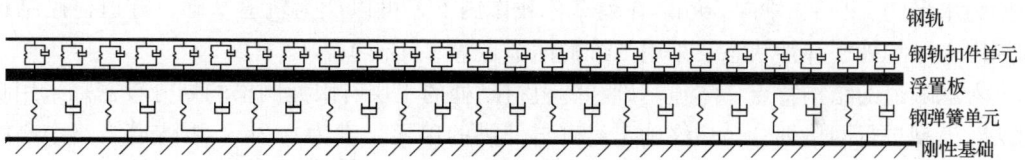

图 2.9-43　浮置道床轨道结构纵剖面模型

（1）模态阶数的选取

模态阶数的提取主要考虑两方面因素。首先，列车运行所激发的振动能量主要位于 100Hz 以下，而人们所关心的是人体反应较为敏感的振动频率 1～80Hz；第二，复杂的结构对一般荷载的反应主要受系统若干低阶振动所控制，因此只需求出其若十低阶频率及振型就足以满足进行结构振动分析的精度要求了。综上所述，提取浮置道床轨道系统前 10 阶振动模态进行分析。

（2）列车运行振动传递的动力学模型

列车运行条件下的振动传递是通过钢轨、扣件、浮置道床、隔振器、隧道再向外传递的。根据分析软件的特点，将振动传递特性分析分为两步。第一步，建立钢轨—浮置道床—隧道梁动力学有限元模型，将列车振动形成的动态荷载计算为浮置道床隔振器的底部对隧道底板的作用力；第二步，建立隧道—土体动力有限元模型，将施加在隧道底板上的动态作用力转换为地表的振动特性。

列车通过时，钢弹簧浮置道床轨道结构与隧道是相互作用的一个整体。为了更加全面地考虑钢弹簧浮置道床轨道结构在随机移动荷载作用下的振动情况，特将隧道结构引入到计算模型当中。因隧道横截面面积固定，且在纵向上较长，可以将钢弹簧浮置道床轨道结构动力学模型考虑成为三层叠合梁形式进行计算。

在钢轨—浮置道床—隧道梁模型中，钢轨、浮置道床和隧道基础梁可以用二维梁单元近似模拟，钢轨扣件、钢弹簧以及基础弹性用线性弹簧—阻尼单元进行模拟，将隧道基础弹性下端进行全约束，隧道内浮置道床轨道结构瞬态动力学有限元模型见图 2.9-44。

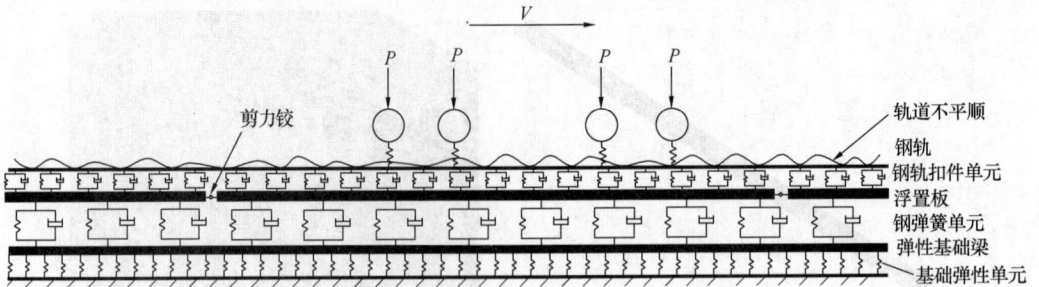

图 2.9-44　隧道内浮置道床轨道结构瞬态动力学有限元模型

为了减小边界条件的影响，计算中建立连续 3 块浮置道床的模型，运算结束后提取中间浮置道床中部节点的振动情况进行分析。

（3）隧道～土体振动衰减特性模型

模型范围的大小对波的边界反射效应影响很大，为了更真实地模拟出浮置道床的振动及其传递，减小因边界产生的反射波影响，研究的地基范围应尽量取大。在计算时取土体范围为水平向 150m、垂向 50m。在列车荷载作用下，可以认为轨道基础、隧道衬砌结构和周围土层均处于弹性状态，采用二维的四节点等参元模拟。

考虑隧道的结构特点，隧道基础和隧道衬砌处的土层有限元网格的划分较密。采用映射法对模型进行网格划分，最终确定衬砌与仰拱的单元长度为 0.2m，距隧道线路中心线 10m 以外的土体单元长度为 1m。考虑到土体—隧道结构的对称性，故取一半进行计算，并在对称边界上施加对称约束条件。

（4）轨道不平顺模拟

轨道不平顺随机的存在于轮轨接触面上，直接影响到轮轨作用力、钢轨加速度以及下部结构的振动，是列车运行产生振动影响的原因之一。

与世界各国一样，我国铁路和地铁对轨道的几何尺寸也实行高低、水平、轨向、轨距和三角坑等五项参数的管理。其中，三角坑为由轨道高低不平顺和水平不平顺在特定长度范围内表现出来的轨道扭曲状态。因此，轨道几何不平顺可以通过高低、水平、轨向和轨距四项不平顺来描述，而这四项又以左右轨的高低和水平方向不平顺的形式表现出来。轨道高低不平顺指钢轨顶面沿线路方向的竖向位置偏差，它可以用左右轨或轨道中心线的高低不平顺来描述。其中，轨道中心线的高低不平顺等于左右轨不平顺的平均值，即：

$$e_v = \frac{z_L + z_R}{2} \tag{2.9-10}$$

式中，z_L、z_R、e_v 分别为左右轨和轨道中心线的高低不平顺。

国内外实测的资料表明，轨道不平顺实际上是一个随机过程，各国对于轨道不平顺都有描述，采用美国轨道谱进行钢弹簧浮置道床段的轨道不平顺模拟。

美国联邦铁路管理局用轨检车测量了约 112700km 铁路的轨道不平顺，根据实测结果得出了轨道不平顺功率谱密度曲线，并将其拟合成一个截断频率和粗糙度常数表示的偶次函数，其波长范围为 1.524～304.8m。根据轨道不平顺的大小，轨道平顺状况被分为 6 个等级。高低不平顺谱表达式为：

$$S_v(\Omega) = \frac{kA_v\Omega_c^2}{\Omega^2(\Omega^2 + \Omega_c^2)} \tag{2.9-11}$$

式中，$S_v(\Omega)$ ——功率谱密度系数（$cm^2 \cdot rad/m$）；

$\qquad\quad \Omega$ ——空间频率（rad/m）；

$\qquad\quad k$ ——安全系数，可根据对不平顺的要求在 0.25～1.0 之间选取，一般取为 0.25；

$\qquad\quad \Omega_c$ ——截断频率（rad/m）；

$\qquad\quad A_v$ ——粗糙度系数（$cm^2 \cdot rad/m$）。

上述参数数值，见表 2.9-42。

美国轨道谱不平顺参数　　　　　　　　　　　　表 2.9-42

参数		各级轨道不平顺的参数值					
符号	单位	1	2	3	4	5	6
A_v	$cm^2 \cdot rad/m$	1.2107	1.0181	0.6816	0.5376	0.2095	0.0339
Ω_c	rad/m	0.8245	0.8245	0.8245	0.8245	0.8245	0.8245

六级不平顺谱与北京地铁轨道静态平顺度计划维修要求的标准基本一致，故以六级不平顺谱作为输入条件比较合适。通过选用相应的参数，生成六级轨道高低不平顺数值模拟，见图 2.9-45。

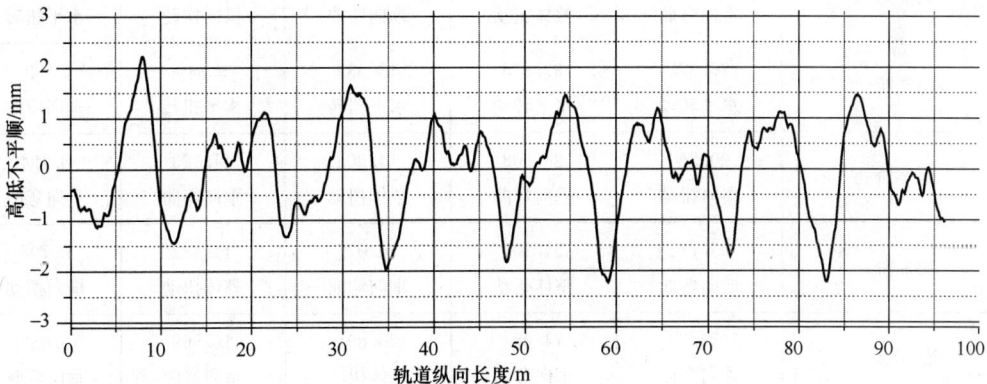

图 2.9-45　六级轨道高低不平顺数值模拟

（5）各项参数对减振性能的影响

为实现较低的自振频率，钢弹簧浮置道床轨道结构应具有较大的质量以及较低的支承刚度，影响振动衰减特性的参数主要包括浮置道床的长度、密度、厚度、钢弹簧的垂向刚度、支承间距及阻尼等。

①浮置道床长度

　　长度是浮置道床设计的一项重要参数，道床越短，连接点越多，施工难度越大，浮置道床的整体性也更低；道床越长，适应线路条件及温度变化的能力越低，浮置道床的实际应用长度一般为 20～30m。在此主要针对 6.25m、10m、20m、30m 和 60m 五种不同长度的浮置道床进行分析。

　　根据建立的模态分析模型，采用浮置道床最常规的参数进行计算，得到不同长度时浮置道床的前 10 阶固有频率变化，见表 2.9-43，长度 30m 的浮置道床的前 10 阶振型变化规律及振型图，分别见图 2.9-46、图 2.9-47。

不同长度浮置道床的前 10 阶固有频率变化（单位：Hz）　　　　表 2.9-43

长度/m 振型	6.25	10	20	30	60
第 1 阶	6.801 侧向摇摆	6.801 侧向摇摆	6.801 侧向摇摆	6.801 侧向摇摆	6.801 侧向摇摆
第 2 阶	7.340 垂向点头	7.408 垂向点头	7.440 垂向点头	7.446 垂向点头	7.450 垂向点头
第 3 阶	7.451 垂向沉浮	7.451 垂向沉浮	7.451 垂向沉浮	7.451 垂向沉浮	7.451 垂向沉浮
第 4 阶	8.705 横向摆动	8.705 横向摆动	8.183 垂向弯曲	7.594 垂向弯曲	7.458 垂向弯曲
第 5 阶	35.743 整体扭动	15.586 垂向弯曲	8.705 横向摆动	8.549 垂向弯曲	7.521 垂向弯曲
第 6 阶	42.191 垂向弯曲	26.766 整体扭动	12.044 垂向弯曲	8.705 横向摆动	7.543 水平扭转
第 7 阶	76.673 水平转动	37.215 水平转动	13.339 水平扭转	9.349 水平扭转	7.728 垂向弯曲
第 8 阶	90.260 整体扭动	38.508 垂向弯曲	14.902 整体扭动	11.123 垂向弯曲	8.194 垂向弯曲
第 9 阶	95.781 横向弯曲	54.205 整体扭动	20.025 垂向弯曲	11.482 整体扭动	8.705 横向摆动
第 10 阶	123.78 垂向弯曲	74.084 垂向弯曲	26.891 整体扭动	15.569 垂向弯曲	9.032 垂向弯曲

　　不同长度浮置道床的前 3 阶频率及振型的差异很小，从第 4 阶开始的固有频率大体上随长度的增加而降低，长度从 5m 变化到 30m 的过程中，其各阶自振频率变化明显；当道床长度大于 30m 时，固有频率变化趋势减缓，说明采用长 30m 的浮置道床合理可行。

　　浮置道床不同长度垂向振动级及浮置道床垂向动态变形，见表 2.9-44。不同长度的振动衰减比较，见图 2.9-48。分析可知，30m 比 20m 及以下长度的浮置道床减振效果略有增加，但超过 30m 几乎没有变化，表明 20～30m 长度较为适宜。

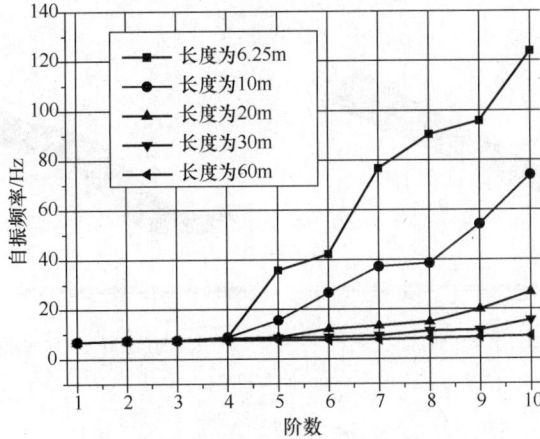

图 2.9-46 不同长度浮置道床系统的前 10 阶自振频率变化规律

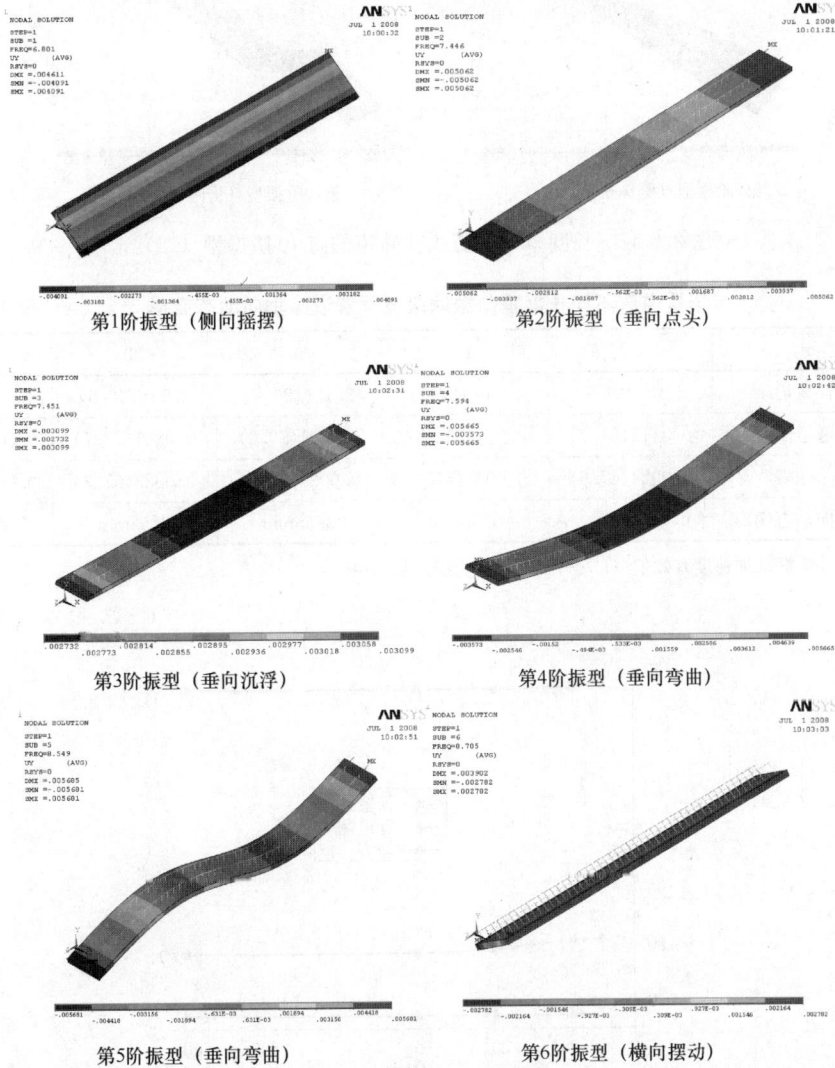

第1阶振型（侧向摇摆）

第2阶振型（垂向点头）

第3阶振型（垂向沉浮）

第4阶振型（垂向弯曲）

第5阶振型（垂向弯曲）

第6阶振型（横向摆动）

图 2.9-47 长度 30m 浮置道床轨道的前 10 阶振型（一）

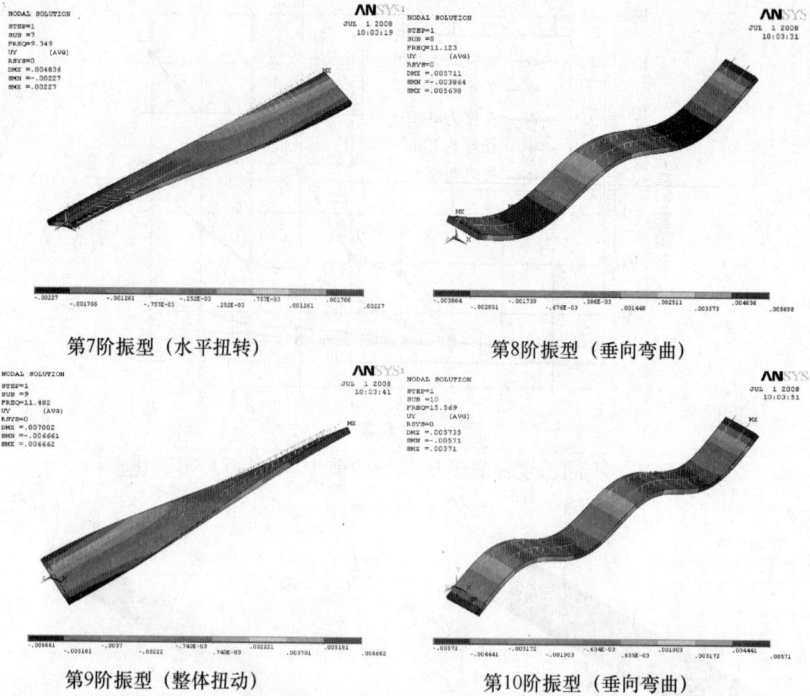

第7阶振型（水平扭转）

第8阶振型（垂向弯曲）

第9阶振型（整体扭动）

第10阶振型（垂向弯曲）

图2.9-47　长度30m浮置道床轨道的前10阶振型（二）

浮置道床不同长度垂向振动级及浮置道床垂向动态变形　　表2.9-44

	长度/m	6.25	10	20	30	60
垂向振动级	浮置道床	2.48(127.9)	2.26(127.1)	2.15(126.6)	2.14(126.6)	2.14(126.6)
	隧道侧墙	0.0115(81.2)	0.0114(81.1)	0.0091(79.2)	0.0861(78.7)	0.0085(78.6)
	地表	0.0024(67.6)	0.0024(67.4)	0.0023(67.3)	0.0023(67.3)	0.0023(67.3)
浮置道床垂向动态变形		3.72mm	3.58mm	3.55mm	3.52mm	3.51mm

注：括号外为振动加速度有效值（m/s²）、括号内为振动级（dB）。

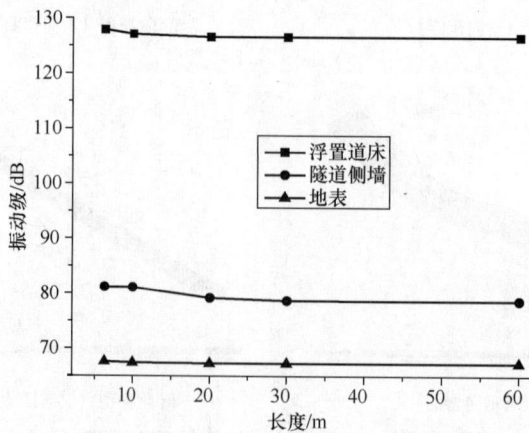

图2.9-48　不同长度的振动衰减比较

② 浮置道床密度

浮置道床在外形尺寸一定的情况下，其密度直接决定了浮置道床的质量，一般钢筋混凝土的密度为 $2200\sim2500\text{kg/m}^3$，通过特殊配置的钢筋混凝土材料，可使浮置道床的密度可调范围增加。分别针对 2250kg/m^3、2500kg/m^3、2750kg/m^3、3000kg/m^3 和 3250kg/m^3 等 5 种不同的比重进行分析。

不同密度浮置道床前 10 阶振动及其固有频率对比，见表 2.9-45。不同密度浮置道床系统前 10 阶自振频率变化，见图 2.9-49。固有频率随浮置道床密度的增加而降低。当密度由 2250kg/m^3 增加到 3250kg/m^3 后，垂向第 1 阶固有频率降低了 1.4Hz，前 10 阶自振频率平均降低了 1.78Hz，可见密度的变化对振型特性有一定的影响。

不同密度浮置道床前 10 阶振动及其固有频率（单位：Hz）　　　表 2.9-45

密度（kg/m³）　　　振型	2250	2500	2750	3000	3250
第 1 阶（侧向摇摆）	7.837	7.441	7.099	6.801	6.537
第 2 阶（垂向点头）	8.556	8.133	7.767	7.446	7.162
第 3 阶（垂向沉浮）	8.561	8.138	7.772	7.451	7.167
第 4 阶（垂向弯曲）	8.726	8.295	7.921	7.594	7.305
第 5 阶（垂向弯曲）	9.822	9.337	8.917	8.549	8.223
第 6 阶（横向摆动）	10.042	9.530	9.090	8.705	8.365
第 7 阶（水平扭转）	10.792	10.239	9.764	9.349	8.983
第 8 阶（垂向弯曲）	12.781	12.149	11.602	11.123	10.700
第 9 阶（整体扭动）	13.221	12.557	11.983	11.482	11.038
第 10 阶（弯曲振动）	17.889	17.004	16.239	15.569	14.975

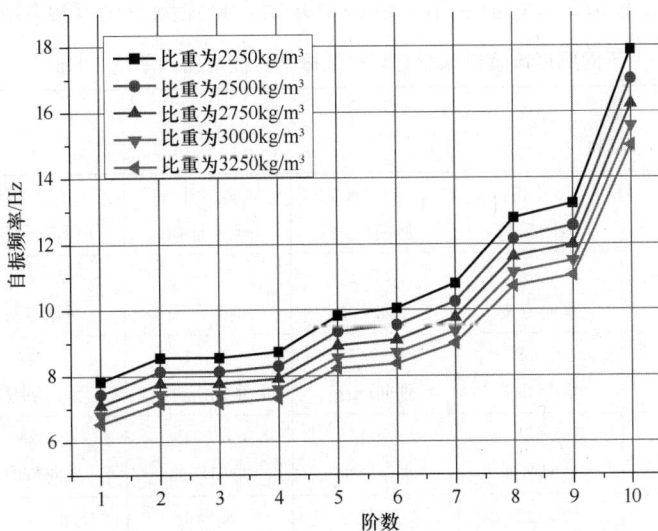

图 2.9-49　不同密度浮置道床系统前 10 阶自振频率变化

浮置道床不同密度垂向振动级及浮置道床垂向动态变形，见表 2.9-46。不同密度的振动衰减比较，见图 2.9-50。分析可知，当密度由 2250kg/m³ 增至 3250kg/m³，隧道侧墙和地表的振动分别降低了 4.1dB 和 2.1dB，表明在浮置道床断面尺寸受到限制的情况下，增大浮置道床密度能提升减振效果；密度的变化对浮置道床的垂向动态变形影响相对较小。

浮置道床不同密度垂向振动级及浮置道床垂向动态变形　　　　　表 2.9-46

密度（kg/m³）		2250	2600	2750	3000	3250
垂向振动级	浮置道床	2.30（127.2）	2.14（126.6）	2.09（126.4）	2.01（126.1）	1.94（125.8）
	隧道侧墙	0.0097（79.8）	0.0861（78.7）	0.0072（77.2）	0.0068（76.7）	0.0061（75.7）
	地表	0.0026（68.2）	0.0023（67.4）	0.0022（66.9）	0.0021（66.4）	0.0020（66.1）
浮置道床垂向动态变形		3.47mm	3.52mm	3.54mm	3.57mm	3.61mm

表注：括号外为振动加速度有效值（m/s²）、括号内为振动级（dB）。

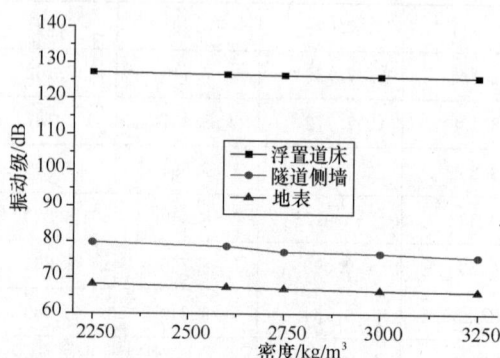

图 2.9-50　不同密度的振动衰减比较

③ 浮置道床厚度

浮置道床厚度的变化不仅使道床的质量变化，而且还改变其抗弯刚度，根据工程中可能采用的浮置道床厚度，分别采用 0.30m、0.35m、0.40m、0.45m 和 0.50m 等 5 种不同厚度对浮置道床系统的振型特性及振动传递特性进行分析。

不同厚度浮置道床固有频率及振动特性对比，见表 2.9-47。不同厚度浮置道床系统前 10 阶自振频率变化，见图 2.9-51。浮置道床前 7 阶垂向自振频率随着其厚度的增加上逐渐递减，厚度 0.50m 时的浮置道床的第 1、2 阶垂向自振频率比厚度为 0.30m 时分别低 2.11Hz、1.675Hz，但从第 7 阶振型开始，自振频率随厚度增大而逐渐增大。

不同厚度浮置道床固有频率及振动特性对比（单位：Hz）　　　　　表 2.9-47

振型　　　厚度/m	0.30	0.35	0.40	0.45	0.50
第 1 阶	8.035 侧向摇摆	7.358 侧向摇摆	6.801 侧向摇摆	6.332 侧向摇摆	5.929 侧向摇摆
第 2 阶	8.552 垂向点头	7.942 垂向点头	7.446 垂向点头	7.033 垂向点头	6.682 垂向点头
第 3 阶	8.559 垂向沉浮	7.948 垂向沉浮	7.451 垂向沉浮	7.037 垂向沉浮	6.685 垂向沉浮
第 4 阶	8.620 垂向弯曲	8.046 垂向弯曲	7.594 垂向弯曲	7.234 垂向弯曲	6.945 垂向弯曲
第 5 阶	9.112 垂向弯曲	8.750 垂向弯曲	8.549 垂向弯曲	8.305 横向摆动	7.973 横向摆动

续表

振型 ＼ 厚度/m	0.30	0.35	0.40	0.45	0.50
第6阶	9.820 横向摆动	9.197 横向摆动	8.705 横向摆动	8.474 垂向弯曲	8.499 垂向弯曲
第7阶	10.031 整体扭动	9.705 水平扭转	9.349 水平扭转	9.011 水平扭转	8.709 水平扭转
第8阶	10.586 垂向弯曲	10.752 垂向弯曲	11.123 垂向弯曲	11.645 垂向弯曲	12.279 垂向弯曲
第9阶	11.302 整体扭动	11.220 整体扭动	11.482 整体扭动	11.947 整体扭动	12.533 整体扭动
第10阶	13.430 垂向弯曲	14.396 垂向弯曲	15.569 垂向弯曲	16.878 垂向弯曲	18.278 垂向弯曲

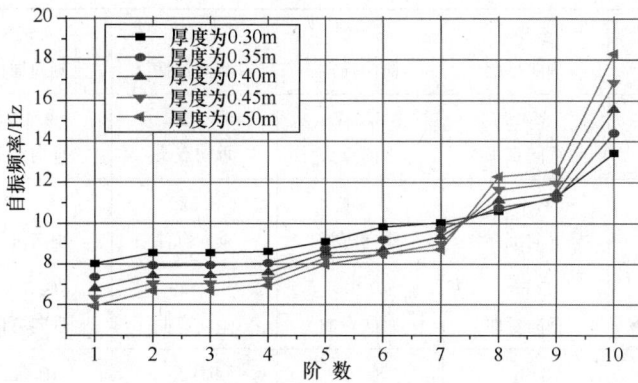

图 2.9-51　不同厚度浮置道床系统前 10 阶自振频率变化

如上所述，浮置道床自振频率在前 6 阶随厚度的增大而降低，故浮置道床厚度的增加可提高系统的隔振性能。浮置道床不同厚度垂向振动级及浮置道床垂向动态变形对比，见表 2.9-48。不同厚度振动衰减比较，见图 2.9-52。从计算结果可知，厚度 0.50m 时隧道侧墙和地表的振动级相对于厚度 0.30m 时分别减少了 8.5dB、3.4dB。

浮置道床不同厚度垂向振动级及浮置道床垂向动态变形对比　表 2.9-48

	厚度/m	0.30	0.35	0.40	0.45	0.50
垂向振动级	浮置道床	2.78(128.9)	2.40(127.6)	2.14(126.6)	1.93(125.7)	1.78(125.0)
	隧道侧墙	0.0135(82.6)	0.0111(80.9)	0.0086(78.7)	0.0065(76.3)	0.0051(74.1)
	地表	0.0033(70.4)	0.0026(68.4)	0.0023(67.4)	0.0021(66.3)	0.0020(66.0)
浮置道床垂向动态变形		3.77mm	3.66mm	3.52mm	3.40mm	3.28mm

表注：括号外为振动加速度有效值（m/s^2）、括号内为振动级（dB）。

分析原因，厚度增大除增加浮置道床的质量以外，还增大了其抗弯刚度，分散了隔振器的受力。在隧道限界允许的情况下，尽量增大浮置道床的厚度，可有效提高减振性能。

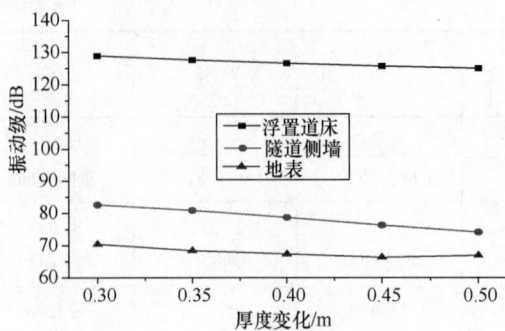

图 2.9-52 不同厚度振动衰减比较

④隔振器垂向刚度

隔振器垂向刚度是浮置道床系统的主要技术参数之一，直接关系到浮置道床系统的减振效果。考虑了 3.0kN/mm、5.0kN/mm、7.0kN/mm、9.0kN/mm 和 11.0kN/mm 等 5 种不同的隔振器垂向刚度时浮置道床系统的振型特性及振动传递特性的变化。不同刚度浮置道床固有频率及振动特性对比，见表 2.9-49。不同刚度浮置道床系统前 10 阶自振频率变化，见图 2.9-53。

不同刚度浮置道床固有频率及振动特性对比（单位：Hz）　　　表 2.9-49

振型 　　刚度 kN/mm	3.0	5.0	7.0	9.0	11.0
第1阶	4.980 侧向摇摆	6.427 侧向摇摆	7.602 侧向摇摆	8.618 侧向摇摆	9.524 侧向摇摆
第2阶	5.452 垂向点头	7.037 垂向点头	8.324 垂向点头	9.436 垂向点头	10.429 垂向点头
第3阶	5.456 垂向沉浮	7.041 垂向沉浮	8.329 垂向沉浮	9.442 垂向沉浮	10.436 垂向沉浮
第4阶	5.657 垂向弯曲	7.194 垂向弯曲	8.455 垂向弯曲	9.549 垂向弯曲	10.530 垂向弯曲
第5阶	6.373 横向摆动	8.195 垂向弯曲	9.320 垂向弯曲	10.322 垂向弯曲	11.235 垂向弯曲
第6阶	6.888 垂向弯曲	9.226 横向摆动	9.731 横向摆动	10.980 水平扭转	11.789 整体扭转
第7阶	7.741 水平扭转	9.014 水平扭转	10.068 水平扭转	11.033 横向摆动	12.194 横向摆动
第8阶	9.905 垂向弯曲	10.854 垂向弯曲	11.726 垂向弯曲	12.537 垂向弯曲	13.298 垂向弯曲
第9阶	10.133 整体扭动	11.177 整体扭动	12.178 整体扭动	13.140 整体扭动	14.059 整体扭动
第10阶	14.723 垂向弯曲	15.378 垂向弯曲	16.005 垂向弯曲	16.609 垂向弯曲	17.190 垂向弯曲

浮置道床固有频率受隔振器垂向刚度变化的影响比较明显，以刚度为 3.0kN/mm 与 11kN/mm 为例，两种支承刚度条件下浮置道床的第 1 阶垂向自振频率由 9.524Hz 降至 4.54Hz。

不同垂向刚度浮置道床垂向振动级及浮置道床垂向动态变形对比，见表 2.9-50。不

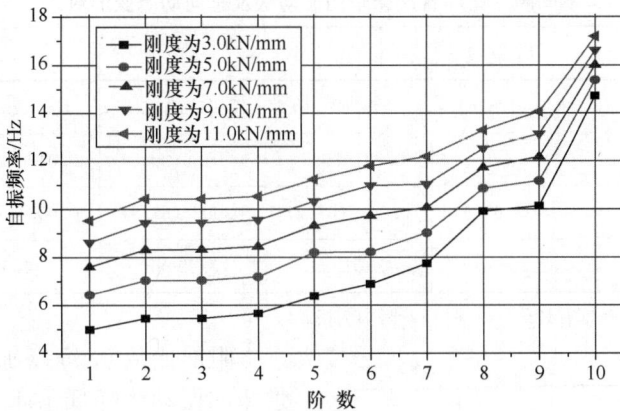

图 2.9-53 不同刚度浮置道床系统前 10 阶自振频率变化

同隔振器垂向刚度的振动衰减对比，见图 2.9-54。

不同垂向刚度浮置道床垂向振动级及浮置道床垂向动态变形对比　　　　　　　表 2.9-50

垂向刚度 kN/mm		3.0	5.0	7.0	9.0	11.0
垂向振动级	浮置道床	2.03(126.1)	2.14(126.6)	1.91(126.9)	1.87(127.3)	1.85(127.6)
	隧道侧墙	0.0056(74.9)	0.0086(78.7)	0.0086(83.4)	0.0219(86.8)	0.0281(89.0)
	地表	0.0019(65.7)	0.0023(67.4)	0.0039(72.1)	0.0054(74.6)	0.0065(76.3)
浮置道床垂向动态变形		3.90mm	3.52mm	3.31mm	3.15mm	2.98mm

注：括号外为振动加速度有效值（m/s²）、括号内为振动级（dB）。

隔振器垂向刚度的增大，浮置道床系统的振动衰减效果降低。垂向刚度由 3.0kN/mm 增加到 11.0kN/mm，隧道壁振动增加 14.1dB，地表振动增加了 10.6dB，振动衰减效果对比明显。

隔振器垂向刚度值还应该根据浮置道床的尺寸、质量并考虑列车运行对浮置道床的动态变形要求加以确定，应保证列车运行状态下的垂向变形不超过限值。当隔振器的垂向刚度采用 3.0kN/mm 时，浮置道床垂向动态变形临近 4mm 的控制值。

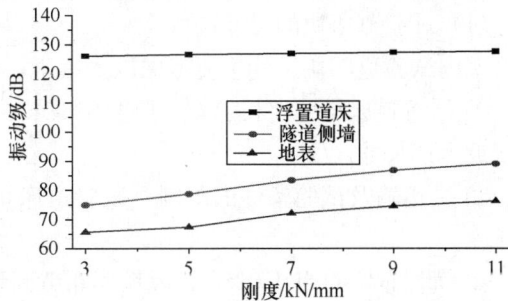

图 2.9-54 不同隔振器垂向刚度的振动衰减对比

⑤ 隔振器阻尼

浮置道床系统阻尼值的变化对系统固有频率几乎无影响，但对浮置道床系统在共振峰处振动幅值有较大影响。从浮置道床系统的振动传递特性变化规律的角度对 0.05、0.10、0.20、0.30 和 0.40 等 5 种不同的隔振器阻尼比进行分析。

不同阻尼比浮置道床垂向振动级及垂向动态变形对比，见表 2.9-51。不同隔振器阻尼振动衰减对比，见图 2.9-55。

不同阻尼比浮置道床垂向振动级及垂向动态变形对比 表 2.9-51

阻尼比/kN/mm		0.05	0.10	0.20	0.30	0.40
垂向振动级	浮置道床	2.14(126.6)	2.09(126.4)	2.04(126.2)	1.92(125.7)	1.84(125.3)
	隧道侧墙	0.0086(78.7)	0.091(79.2)	0.0106(80.5)	0.0120(81.6)	0.0136(82.7)
	地表	0.0023(67.4)	0.0025(67.9)	0.0026(68.2)	0.0034(70.7)	0.0041(72.3)
浮置道床垂向动态变形		3.53mm	3.51mm	3.49mm	3.47mm	3.45mm

注：括号外为振动加速度有效值（m/s²）、括号内为振动级（dB）。

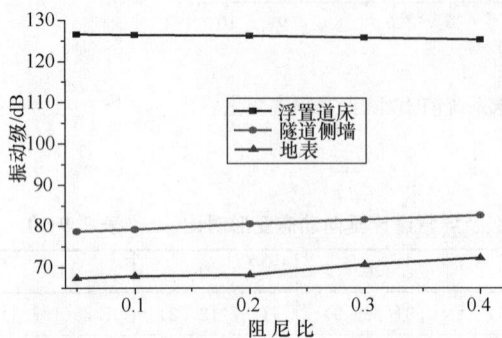

图 2.9-55 不同隔振器阻尼振动衰减对比

阻尼比从 0.05 增加到 0.40 时，浮置道床的振动级降低了 1.3dB，隧道侧墙和地表的振动级分别增大了 4.0dB 和 4.9dB。可见虽然系统阻尼具有"削峰"效应，但浮置道床隔振器的阻尼比不宜太大，采用 0.05～0.08 较合理。

建立的钢轨—扣件—浮置道床—钢弹簧—刚性基础一体化有限元模型、隧道—土体有限元模型计算得到了长度、厚度、比重、隔振器的刚度、阻尼比、布置间距等因素对浮置道床减振性能的影响程度。在实际工程应用中，可根据限制工程条件及安全性的需要，通过一个或几个参数的调整，实现对减振效果的调整和控制。

2）室内道床试验块结构设计及试制

（1）试验道床块的尺寸选取

室内试验道床块尺寸主要考虑以下因素：

① 浮置道床尺寸，长、宽、厚分别 30m、3.3m、0.4m，理论上试验道床块长度宜尽量接近上述尺寸。

② 受运输及试验条件的限制，试验道床块长度不宜太长，但至少应大于一个转向架的长度。

③ 轨枕布置间距 0.625m，隔振器布置间距 1.25m，试验道床块长度宜为 1.25m 的整数倍。

综合考虑，确定试验道床块的长度采用 6.25m。长 6.25m 试验道床块完全按长 30m 浮置道床的结构进行设计，故为提出试验道床块的设计方案，需首先按照工程实际应用所必须的安全、可靠及减振等方面的技术要求，对长 30m 的浮置道床进行结构分析及设计。由于试验道床块采用矩形断面，故以下结构分析及设计均按矩形断面考虑。

（2）30m 浮置道床矩形断面结构分析

① 计算工况

根据浮置道床的安装使用条件，荷载方面主要考虑了以下 3 种工况：

工况 1：采用 B 型车，最大轴重 14t，行车速度按 80km/h 考虑。

工况 2：浮置道床顶升，以计算工况所确定的力学参数为控制值，确定浮置道床的顶升顺序及每次顶升高度。

工况 3：根据浮置道床的结构安全性，对局部隔振器失效的工况进行检算。

根据《铁路轨道设计规范》中附录 F 铁路强度检算法中的方法计算，地铁运行中的动力放大系数约为 1.5。考虑到浮置道床的安全性，动载系数取为 2。

此外，内力值的表示方面，轴力以拉为正；剪力以绕隔离体顺时针转动为正；弯矩以使结构物下侧纤维受拉为正。

② 列车荷载作用下内力变化规律

模拟一组列车从浮置道床的一端运行到另一端的过程，将转向架轮压荷载分别作用在钢轨顶面的不同位置，得到浮置道床的内力变化规律，提取浮置道床的正负弯矩幅值和正负剪力幅值作为控制条件进行结构设计。

列车荷载分布及浮置道床横断面加载示意，见图 2.9-56；浮置道床的一种荷载分布情况及其变形、内力分布，见图 2.9-57。其中在对浮置道床横向受力进行计算时，沿纵向截取 1m 长度条作为计算单元，考虑恒载自重及轴重共同作用下的效应，通过计算可知，浮置道床的纵向内力远大于横向内力。

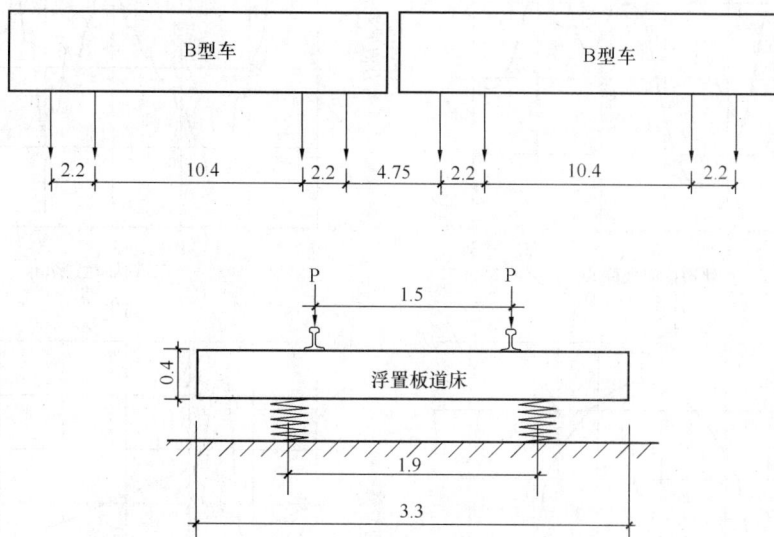

图 2.9-56 列车荷载分布及浮置道床横断面加载示意（单位：m）

荷载作用在不同位置浮置道床的内力最大值，见表 2.9-52。浮置道床的结构配筋设计将表中浮置道床的内力幅值作为控制因素进行结构配筋。

列车荷载作用下 30m 浮置道床内力最大值　　　　　表 2.9-52

纵向剪力/kN		纵向弯矩/kN·m		横向剪力/kN		横向弯矩/kN·m	
152.50	−153.77	305.65	−282.34	112.40	−117.38	24.23	−12.22

③ 不同顶升顺序的内力分析

浮置道床的顶升是结构分析中的一种重要工况，顶升顺序的不同，浮置道床的内力也不同。浮置道床在顶升过程中，初始顶升的受力最大，分别选取了在道床中部、距道床边缘 1/4 处和道床边缘 3 个典型位置作为顶升起点，分别进行顶升，每一个典型位置处又分

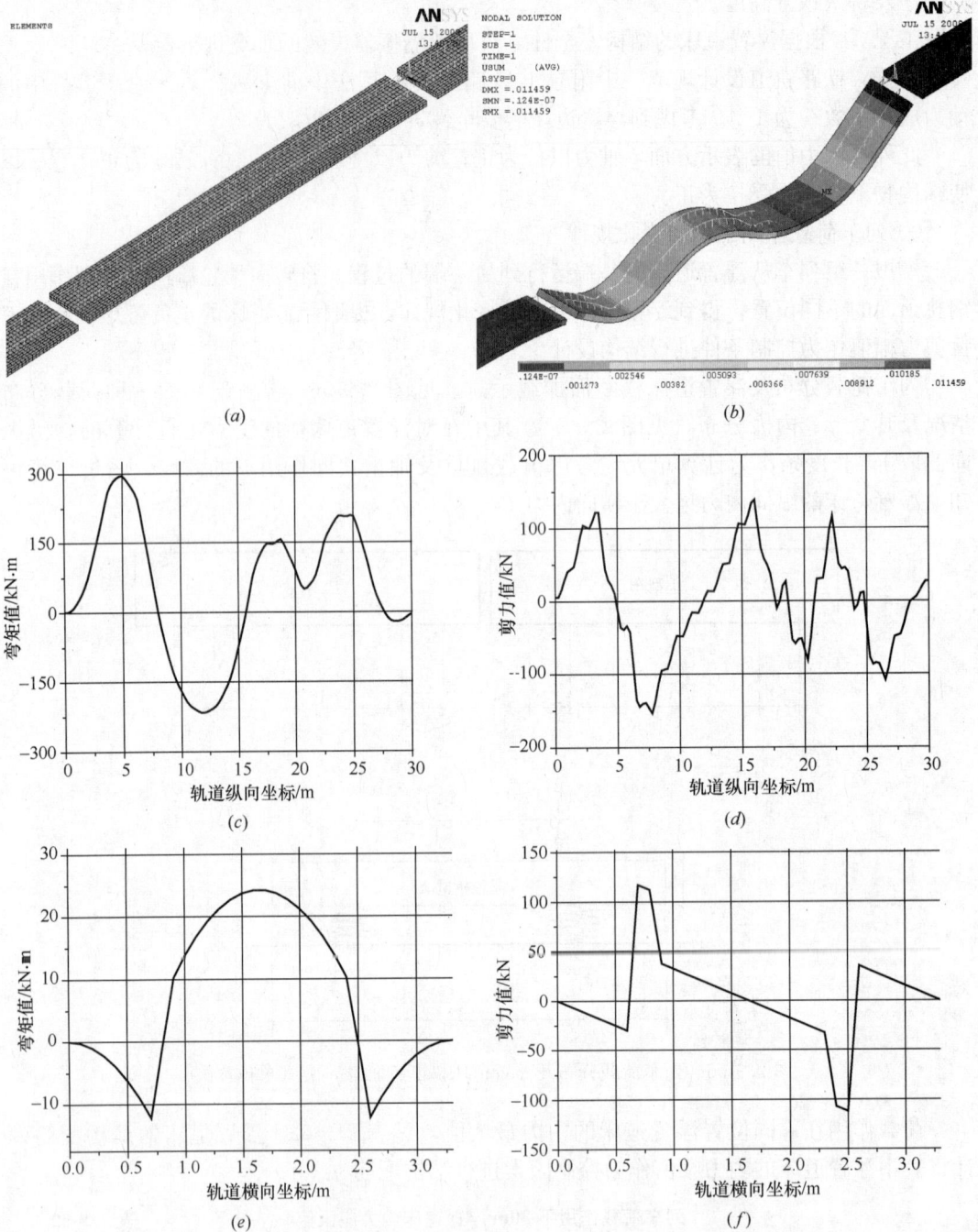

图 2.9-57 浮置道床一种荷载分布情况及其变形、内力分布

(a) 列车荷载分布；(b) 垂向变形云图；(c) 纵向弯矩分布；

(d) 纵向剪力分布；(e) 横向弯矩分布；(c) 横向剪力分布

别考虑了单个支座顶升和两个支座同时顶升两种工况。针对以上 6 种工况进行受力分析，并依据《铁路桥涵钢筋混凝土和预应力混凝土结构设计规范》（以下简称"《桥规》"）中的临时性荷载对浮置道床进行受力检算。

浮置道床在顶升过程中与实际列车荷载作用下的受力情况不尽相同。尤其是对道床下表面支承单元的准确模拟更是关系到分析结果准确与否的关键，为此采用可自行设定刚度变化曲线的非线性弹簧单元，设置非线性弹簧单元仅能受压而不能受拉，从而较为准确的得到顶升中道床的受力变化规律。

a. 浮置道床中间位置开始顶升

因顶升支点位于隔振器顶部及套筒的顶升支点上，而浮置道床自重很大，故顶升的过程首先是隔振器被压缩，仅当隔振器的自由行程全部用足，垂向限位装置开始产生作用时，浮置道床才会产生实际的垂向变形，根据隔振器的垂向行程限位值，当隔振器的与浮置道床之间的相对起升量最大为 12mm 时，浮置道床的垂向相对变形最大值为 4mm，以此作为输入条件对浮置道床进行分析。浮置道床中部开始顶升内力最大值，见表 2.9-53。

浮置道床中部开始顶升内力最大值　　　　　　　　　　　　　表 2.9-53

工况	纵向弯矩/kN·m		纵向剪力/kN	
一个支座	72.639	−224.457	135.589	−135.589
一对支座	108.336	−298.554	159.621	−159.621

b. 距浮置道床边缘 1/4 处开始顶升

距浮置道床端部 1/4 处开始顶升内力最大值，见表 2.9-54。

距浮置道床端部 1/4 处开始顶升内力最大值　　　　　　　　　表 2.9-54

工况	纵向弯矩（kN·m）		纵向剪力（kN）	
一个支座	117.50	−315.493	174.143	−176.115
一对支座	70.018	−225.178	144.279	−144.450

c. 浮置道床一端开始顶升

浮置道床端部开始顶升内力最大值，见表 2.9-55。

浮置道床端部开始顶升内力最大值　　　　　　　　　　　　　表 2.9-55

工况	纵向弯矩（kN·m）		纵向剪力（kN）	
一个支座	151.845	−7.882	81.770	−96.251
一对支座	125.553	−3.829	71.857	−86.841

通过以上分析可知，在不同位置处开始顶升时浮置道床的内力大小也不相同。其中以从道床中部一对支座同时开始顶升时的内力值为最大，与列车荷载作用下的幅值相近。考虑到顶升工况为临时荷载工况，故并不控制浮置道床的结构设计。

④ 局部隔振器连续失效时浮置道床内力分析

隔振器设计充分考虑了稳定性及可靠性，包括设置隔振器垂向限位装置。但基于万无一失的考虑，仍需对局部隔振器连续失效后的浮置道床的结构安全性进行分析。

考虑较为极限的情况，即浮置道床中部发生连续 3 对隔振器失效，这种工况属于罕见的极端情况，相对于正常工况，3 对隔振器连续失效时的弯矩及剪力最大值均提高了近60%，浮置道床的结构设计中应予以检算。三对隔振器连续失效浮置道床的内力最大值，见表 2.9-56。

三对隔振器连续失效浮置道床的内力最大值　　　　　　　　　表 2. 9-56

纵向弯矩（kN·m）		纵向剪力（kN）	
479.29	−315.11	234.65	−161.09

⑤ 道床结构设计

a. 检算的基本条件及要求

浮置道床按照普通双筋梁进行设计，分别检算钢筋受拉、混凝土受压及裂缝宽度等 3 项指标。

选取较为典型的矩形截面进行配筋设计及计算，截面宽 3300mm、厚 400mm。

浮置道床的比重采用 2600kg/m³，根据钢筋及混凝土的比重分析，初步确定浮置道床的配筋量标准为 320～350kg/m³。

道床混凝土级别采用 C40，其弯曲及偏心受压容许应力 $[\sigma_w]$ ＝13.5MPa；钢筋级别采用 HRB400 级，容许应力采用 $[\sigma_g]$ ＝210MPa；混凝土结构裂缝容许宽度为 $[\omega_f]$ ＝0.2mm。

根据浮置道床设计使用年限 100 年的标准，钢筋保护层厚度为 35～50mm。

b. 检算

根据初步确定的浮置道床配筋量，在受拉区配置 26 Φ 25，受压区配置 26 Φ 25，因浮置道床在列车荷载作用下的正弯矩值大于负弯矩值，故仅需对下表面受拉进行检算即可。

钢筋面积 $A_g = A'_g = 26 \times \pi \times 2.5^2/4 = 127.6 \text{cm}^2$。

（a）求受压区高度 x

$$h_o = h - a_s = 400 - 77.5 = 322.5 \text{mm}$$

$$\frac{2n(A_g + A'_g)}{b} = \frac{2 \times 8 \times (12762.7 + 12762.7)}{3300} = 123.76$$

$$\frac{2n}{b}(A_g h_o + A'_g a_s) = \frac{2 \times 8 \times (12762.7 \times 322.5 + 12762.7 \times 77.5)}{3300} = 24751.9$$

故 x 的二次方程为：$x^2 + 123.76x - 24751.9 = 0 \Rightarrow x = 110.71 \text{mm}$

（b）求内力偶臂

$$y = \frac{\frac{1}{3}bx^3 + nA'_g(x - a_s)^2}{\frac{1}{2}bx^2 + nA'_g(x - a_s)}$$

$$= \frac{\frac{1}{3} \times 3300 \times 110.71^3 + 8 \times 12762.7 \times (110.71 - 77.5)^2}{\frac{1}{2} \times 3300 \times 110.71^2 + 8 \times 12762.7 \times (110.71 - 77.5)} = 67.98 \text{mm}$$

内力偶臂长：$Z = h_o - x + y = 322.5 - 110.71 + 67.98 = 279.77 \text{mm}$

（c）验算列车正常运行情况下浮置道床最大应力

钢筋最大拉应力：

$$\sigma_g = \frac{M}{A_g Z} = \frac{305.65 \times 10^6}{12762.7 \times 279.77} = 85.60 \text{MPa} < [\sigma_g] = 210 \text{MPa}$$

反算此配筋量下浮置道床所能承受的最大弯矩：

$$M_{max} = [\sigma_g] \cdot A_g \cdot Z = 210 \times 12762.7 \times 279.77 = 749.83 \text{kN} \cdot \text{m}$$

混凝土最大压应力：

$$\sigma_h = \frac{\sigma_g}{n} \cdot \frac{x}{h_o - x} = \frac{85.60}{8} \frac{110.71}{322.5 - 110.71} = 5.59\text{MPa} < [\sigma_w] = 13.5\text{MPa}$$

受压钢筋应力：

$$\sigma_g' = \sigma_g \frac{x - a_s}{h_o - x} = 85.60 \times \frac{110.71 - 77.5}{322.5 - 110.71} = 13.43\text{MPa} < [\sigma_g] = 210\text{MPa}$$

经过以上检验，钢筋及混凝土受力均满足要求。并且通过反算，检验了此种配筋量工况条件下，浮置道床最大能够承担 $M_{max} = 749.83\text{kN} \cdot \text{m}$ 的弯矩的外力，即使在浮置道床中部发生 3 对隔振器连续失效的极端情况，浮置道床的钢筋及混凝土的应力也都在容许值范围内。

（d）中性轴处剪应力检算

按公式 $\tau = \frac{V}{bz} \leqslant [\sigma_{tp-1}]$ 进行检算，其中

沿道床纵向：$\tau_1 = \frac{V}{bz} = \frac{153.77 \times 10^{-3}}{3.3 \times 0.280} = 0.166 \leqslant [\sigma_{tp-2}] = 0.90\text{MPa}$

沿道床横向：$\tau_2 = \frac{V}{bz} = \frac{112.40 \times 10^{-3}}{1.0 \times 0.280} = 0.401 \leqslant [\sigma_{tp-2}] = 0.90\text{MPa}$

《桥规》规定：梁各截面剪应力均小于或等于 $[\sigma_{tp-2}]$ 时，可不进行抗剪强度计算，而按照构造要求配置箍筋。

（e）裂缝宽度检算

《桥规》中规定用下式检验钢筋混凝土构件的裂缝宽度：

$$\omega_f = K_1 K_2 r \frac{\sigma_s}{E_s} \left(80 + \frac{8 + 0.4d}{\sqrt{\mu_z}} \right)，并规定容许值 [\omega_f] = 0.2\text{mm}$$

式中　ω_f——计算裂缝宽度（mm）；

　　　K_1——钢筋表面形状影响系数，带肋钢筋取 0.8；

　　　K_2——荷载特征影响系数；

　　　r——中性轴至受拉边缘的距离与中性轴至受拉钢筋重心的距离之比，取 1.2；

　　　σ_s——受拉钢筋重心处的钢筋应力（MPa）；

　　　E_s——钢筋的弹性模量（MPa）；

　　　d——受拉钢筋直径（mm）；

　　　μ_z——受拉钢筋的有效配筋率。

受拉钢筋的有效配筋率：$\mu_z = \frac{A_g}{2a_s b} = \frac{127.6}{2 \times 7.8 \times 330} = 0.0248$

$$\omega_f = 0.8 \times 1.3 \times 1.2 \times \frac{85.60}{210000} \times \left(80 + \frac{8 + 0.4 \times 25}{\sqrt{0.0248}} \right) = 0.099\text{mm} < [\omega_f] = 0.2\text{mm}，$$

满足要求。

（3）6.25m 试验道床块设计

根据上述计算，试验道床块的纵向配筋为受拉区 26 Φ 25、受压区 26 Φ 25。横向筋采用 ϕ16 钢筋，布置间距 200mm，隔振器周围适当加密。6.25m 试验道床块构造图见图 2.9-58，配筋总重为 2700kg，折算为 327kg/m³。

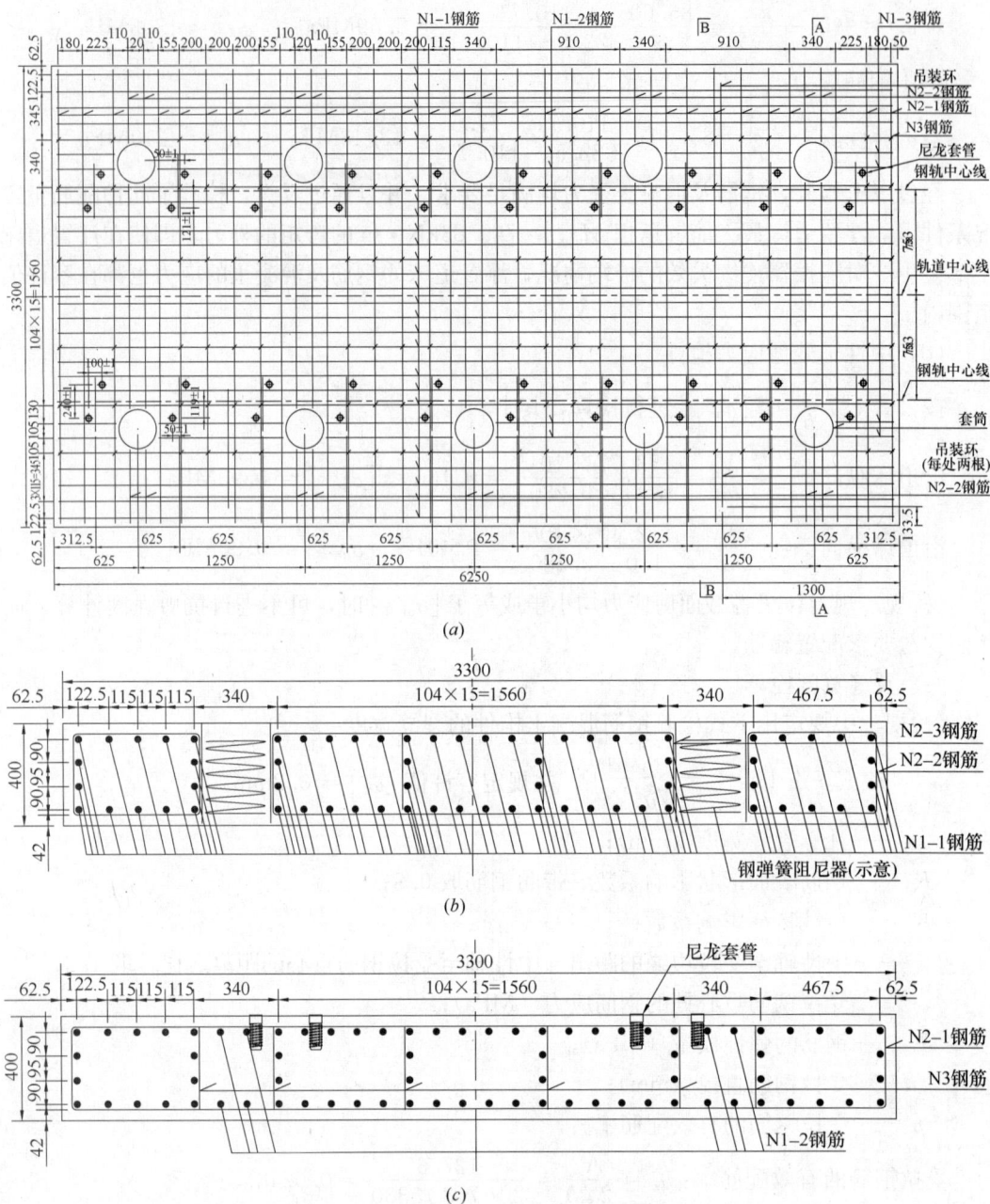

图 2.9-58　6.25m 试验道床块构造图
(a) 平面图；(b) A-A 剖面；(c) B-B 剖面

（4）6.25m 试验道床块的试制

试验道床块在试制前进行了设计技术交底，严格按照正线浮置道床的施工要求进行制作，所使用的材料如商品混凝土、钢筋等均按有关规定进行试验，混凝土浇筑前进行了隐蔽检查，试验道床块试制的部分场景见图 2.9-59。

168

图 2.9-59 试验道床块试制

3）配套产品及设备工装的研究

(1) 道床剪力伸缩装置研究

传统浮置道床之间的剪力伸缩设备是在两块浮置道床两端中部设置数根可伸缩的剪力铰，这种方式结构简单，但无法检查与更换。

新研制了两种剪力伸缩设备：一种是剪力伸缩板，即在浮置道床端部预埋所需数量的尼龙套管，然后采用螺旋道钉将剪力伸缩板固定在浮置道床的顶部，剪力伸缩板的一端采用长圆孔设计，满足浮置道床的伸缩量需要。另一种是剪力伸缩销，即在浮置道床相邻端部预埋一对铁座，铁座顶部高出浮置道床顶面部分设有圆孔，浮置道床安装就位后，将剪力伸缩销依次穿过浮置道床相邻两端的铁座，并用穿销进行固定。

新研制的两种剪力伸缩设备均为上置式结构，巡道时可检查，万一损坏可更换。道床剪力伸缩设备，见图 2.9-60。

(2) 液压顶升装置

为了确保 180m 正线试铺段的顺利施工，同步研制了配套的液压顶升装置，6.25m 试验道床块安装过程中，按每次液压提升 10mm、垫入 8mm 垫片的操作流程，进行了多次实际使用检验和操作演练，完全能够满足工程实际安装的顶升、调试操作需要。对顶升作业机具中的液压油泵、顶升油缸及其接口角度等进行优化改进，实现迷你化、轻量化方便现场搬运及操作使用。顶升装置设计参数如下：

① 21MPa 柱塞油缸及配套胶管及快速管接头，单缸最大承载能力≥6.8t。

② 电控 25MPa 柱塞泵系统（需要施工现场具备三相四线制常规动力电源）。

③ 配套 21MPa 国产分流集流阀和过滤式油箱系统。

④ 21MPa 阀表（三位四通阀、溢流阀、液控单向阀和压力表）组件。

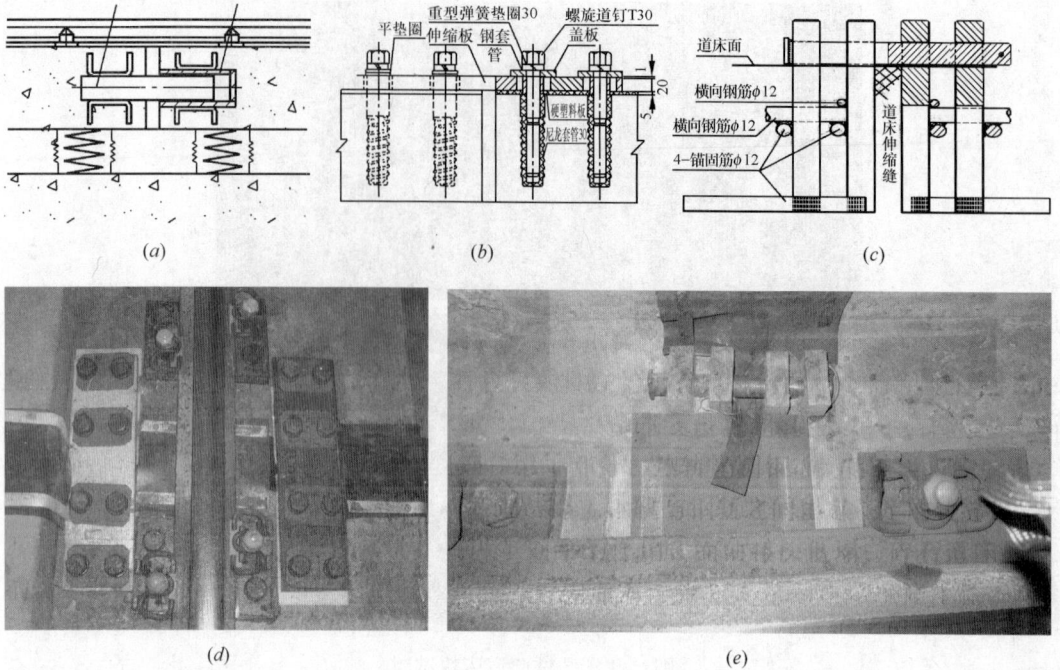

图 2.9-60 道床剪力伸缩设备

(*a*) 剪力伸缩铰;(*b*) 剪力伸缩板;(*c*) 剪力伸缩销;(*d*) 道床剪力伸缩板;(*e*) 道床剪力伸缩销

经过多次实际使用检验和操作演练,完全能满足工程实际安装的顶升、调试操作需要。如果施工工艺确定可将单缸最大承载适当降低(如 5t 左右),我们还可将三爪型提升油缸部件做得更为小巧、轻便些。

根据工程实际需要,若确实需要进一步增大单缸承载能力,为顶升装置设计了备选液压件参数:63MPa 系列柱塞油缸配 40MPa 电控柱塞泵系统及配套胶管及快速管接头,单缸最大承载能力可达 12t。

配套 40MPa 国产分流集流阀和过滤式油箱系统。

40MPa 阀表(三位四通阀、溢流阀、液控单向阀和压力表)组件。

开创并全面推广"一拖一"的顶升作业模式,克服协同作业时"木桶效应"的短板环节,显著提高浮置道床顶升作业效率和操作安全性。浮置道床顶升设备,见图 2.9-61。

4)试验道床块实尺模型研究及试验

试验道床块的试验主要包括与安全可靠性有关的隔振器套筒与试验道床块联结可靠性的疲劳试验、组装刚度符合性试验及减振性能测试等。试验道床块减振性能在疲劳试验前后分别测试,以验证其稳定性。

(1)试验道床块室内组合刚度及疲劳试验

① 试验目的

检验隔振器套筒与浮置道床联结可靠性、疲劳强度、组装刚度等。

② 试验道床块 300 万次疲劳试验

结合试验道床块疲劳检验的需要及铁道科学研究院试验设备的实际情况,确定采用位移控制的方式进行疲劳试验。

图 2.9-61 浮置道床顶升设备

a. 用液压千斤顶首先将试验道床块顶升到位。疲劳试验开始前，进行垂直加载试验。垂直荷载通过加力架施压。首先以 50 至 450kN 垂直荷载对试件预压 3 次，然后以 50 至 350kN，每级 50kN 荷载，分级加载 3 个循环，并测量各级荷载时所对应的试件垂直位移值。在试件上表面的四角，以及长边中点共布置 6 个垂直位移测点。

b. 疲劳试验加载按两种要求进行，第一种加载要求为：$P_上 = 312kN$，$P_下 = 208kN$，循环次数 $N = 2.8 \times 10^6$，按正弦波加载，频率 2Hz。

c. 疲劳加载试验进行到 837500 次时，进行了横向水平加载试验。水平加载时，垂直加载值保持在 280kN，并在垂直加力架和试件之间垫有桥梁活动支座使用的材料，使试件可水平滑动。

d. 先以 20kN 至 65kN 横向水平荷载，在试件长边一侧对试件预推 3 次，然后以横向水平加载值 20 至 60kN，每级 20kN，分级加载 3 个循环，并测量各级荷载时对应的试件横向水平位移值。在试件另一侧侧面的两端和中点共布置 3 个横向水平位移测点。

e. 疲劳加载试验进行到 $N = 2.8 \times 10^6$ 次时，按第二种加载要求将荷载改为：$P_上 = 338kN$，$P_下 = 182kN$，循环次数 $N = 0.2 \times 10^6$，按正弦波加载，频率 1Hz。

f. 疲劳试验结束后，再以与前述相同的方法，分别再进行一次垂直和横向水平加载试验。

g. 然后将隔振器下面的橡胶垫撤掉，再以与前述相同的方法，进行一次垂直加载试验。

经过 280 万次（振幅±1.07mm）＋20 万次（振幅±1.55mm）往复加载，试验道床块的块体、各隔振器套筒及隔振器均未见异常，通过了疲劳试验的考验，表明浮置道床块结构及隔振器是安全可靠的，达到设计的要求。

③ 垂向及横向静刚度试验

a. 整体垂向静刚度

单个隔振器垂向静刚度的设计值为 5.6kN/mm,试验道床块内设 10 个隔振器组装后,在 300 万次疲劳试验前的整体垂向静刚度为 48.4kN/mm,疲劳试验前的垂向静刚度低于设计值。这是因为隔振器钢弹簧的制造静刚度平均为 5.3kN/mm,加上隔振器底部设有橡胶垫板,故整体垂向静刚度有所降低;300 万次疲劳试验后未立即测量,而是更换了隔振器下橡胶垫板,测试刚度为 50.4kN/mm,未取得隔振器采用同一橡胶垫板的刚度测试数据,但疲劳试验后自振频率是采用同一橡胶垫板进行的测试,实测值变化很小(7.46Hz→7.44Hz),表明垂向静刚度变化也小,试验道床块及隔振器组装后的整体抗疲劳性能良好。

b. 整体横向静刚度

试验道床块 300 万次疲劳试验前、后的整体横向静刚度实测值分别为 32.3kN/mm、27.2kN/mm。

钢弹簧的横向刚度不会低于垂向刚度,试验道床块的整体垂向刚度约 50kN/mm,则整体横向刚度不低于 50kN/mm,室内测试值未达到预计值。这是由于隔振器与套筒组装之间的间隙以及隔振器底部与试验室光滑的地表之间的相对滑移导致横向刚度值偏小。

从有关列车运行安全对隔振器的横向刚度要求的分析可知,直线地段隔振器横向刚度不应小于 2.11kN/mm,实测值 2.72kN/mm 在直线地段可保证浮置道床的横向稳定性;曲线地段隔振器横向刚度不应小于 4.23kN/mm,在曲线地段,需增设限位措施。

④ 浮置道床块室内减振性能测试

a. 试验方法

该项试验主要是测试试验道床块安装隔振器前后钢轨受到冲击后的振动传递规律。

(a) 通过特制的落锤试验工装,控制落锤高度 100mm,锤重 50kg。

(b) 落锤位置分别为左右股钢轨的中段等二个位置,经预落锤 6 次后,进行正式的试验。每个位置的有效冲击次数不少于 10 次,以保证实验数据的可靠性。

(c) 落锤冲击试验每种工况布置 5 测点,即钢轨、试验道床块左右边缘和左右侧地面,分别测定并记录其加速度。

(d) 为便于对比分析,每种工况下加速度传感器的相对位置均相同,钢轨的加速度传感器放置在轨底上表面,加速度传感器分别放置在试验道床块边缘,地面的加速度传感器放置在离试验道床块边缘 0.25m 的位置。

b. 测试结果分析

(a) 垂向第 1 阶自振频率

隔振器垂向静刚度按 5.6kN/mm 计算所得的垂向第 1 阶固有频率为 7.83Hz,隔振器垂向静刚度按实测值 5.0kN/mm 计算的垂向第 1 阶固有频率的理论值为 7.45Hz,300 万次疲劳试、验前、后的实测值分别为 7.46Hz、7.44Hz,很准确。

实测值比理论计算值略低,是由于隔振器实际垂向刚度比计算值略低,可证明前述模态分析有限元模型及针对 6.25m 实尺试验道床块的理论分析的正确性及可靠性。试验道床块在 300 万次疲劳试验前后的自振频率几乎未改变则表明了隔振器组合后良好的抗疲劳性能。

（b）浮起状态与不浮起状态的垂向振动级对比

试验道床块疲劳试验前后的振动加速度级插入损失分别为 25.31dB、28.24dB，超过了目标 20dB。

疲劳前的实测值与理论计算接近，表明振动传递分析是可靠的，由此预计 30m 浮置道床的实际减振性能可达到 20dB 的减振目标值。疲劳试验后实测减振效果略有增加，原因在于隔振器部件经过疲劳试验后的顺性有所提高。

试验道床块室内试验见图 2.9-62。

图 2.9-62　试验道床块室内试验

5）试铺段工程研究设计及试验

国产化钢弹簧浮置道床的研发于 2008 年 9 月 10 日进行了中期评审，专家一致认为前期室内试验的研究成果和 4 号线正线试验段道床结构设计、强度分析及隔振器参数的确定为试铺段奠定了扎实基础，具备了在地铁上道试验的条件，可在正线铺设试验段，进行减振效果的现场实测和工程应用考核。

为了进一步验证国产化钢弹簧浮置道床的传递损失、关键研制产品在实际运营条件下的稳定性、在列车荷载作用下的材料疲劳特性以及轮轨全频段情况下的减振性能等方面的性能，结合专家意见并经多方论证后决定在北京地铁 4 号线正线上试铺。

（1）试铺段选址

浮置道床试铺段的铺设长度需考虑多种因素，综合考虑线路敷设方式、实施难度、测试条件、对工程土建及将来运营等方面的影响、潜在风险等因素，经多方充分研究论证，最终确定试铺地段位于 4 号线的圆明园～西苑区间盾构地段，具体位置为右线 K24＋420～K24＋600，单线 180m。北京地铁 4 号线浮置道床试铺地段，见图 2.9-63。

该试铺地段原轨道设计是采用轨道减振器扣件，替换为试铺钢弹簧浮置道床后减振效果将优于轨道减振器扣件，不会造成该地段的振动超标。

（2）试铺段浮置道床断面及减振性能分析

① 工程控制性条件及接口关系

右线 K24＋420～K24＋600 为盾构隧道，工程控制性条件及接口关系要求主要能适应浮置道床断面设计的轨道结构高度、采用的钢轨及扣件类型、道床排水沟类型、接触轨安装空间、杂散电流要求等。

a. 轨道结构高度：盾构隧道地段建筑限界至结构之间距离 100mm，浮置道床轨道结构高度（轨顶面至建筑限界最底部之间的高差）一般至少需 800mm，北京地铁 4 号线采

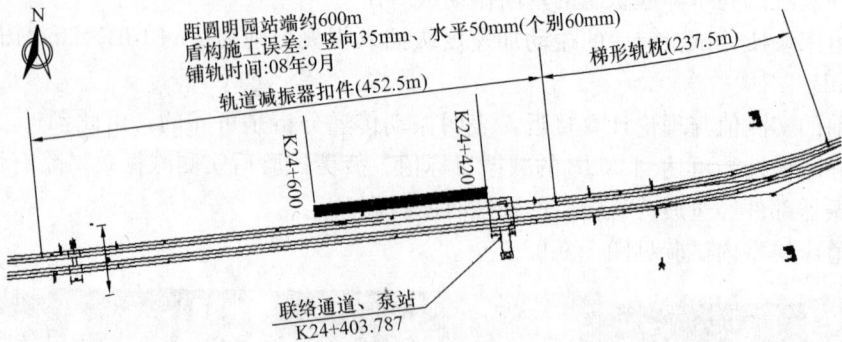

图 2.9-63　北京地铁 4 号线浮置道床试铺地段

用国外技术的钢弹簧浮置道床地段的轨道结构高度为 900mm，若不考虑盾构施工误差，则轨道实际结构高度可达到 1000mm。试铺段盾构施工在垂直方向上的误差约 35mm，原设计方案中的一般减振地段轨道结构高度为 800mm，则试铺段浮置道床的轨道实际结构高度为 865mm，设计中按 870mm 考虑。

b. 钢轨及扣件类型：钢轨类型为 60kg/m，扣件为弹条Ⅱ型扣件，扣件支撑间距为 625mm，不设短轨枕，但承轨台需高于浮置道床顶面 20mm 左右，以避免道床面的积水浸入扣件。

c. 道床排水沟：为了保证排水顺畅，浮置道床下表面的排水沟应与上游减振器扣件整体道床地段的排水沟顺接，与下坡端减振器扣件整体道床中心水沟过渡连接。

d. 接触轨安装空间：接触轨安装在右线左侧，试铺段浮置道床设计与接触轨之间应保持至少 70mm 以上的净距，以保证接触轨对地绝缘并便于接触轨的维修。

e. 杂散电流要求：按杂散电流要求设置排流钢筋及点焊。

② 浮置道床断面型式

由于试铺地段的实际轨道结构高度只有 870mm，设置中心排水沟之后，浮置道床的断面积仅能达到 1.05m²。为增大浮置道床的参振质量，将左右股钢轨外侧的道床顶面适当加高，加高的高度以不影响接触轨的使用及维修为原则，优化后的标准断面，见图 2.9-64。断面面积 1.35m²，延米的质量为 3560kg。

（3）评价方法及标准

根据国家标准《城市区域环境振动测量方法》（GB 10071—88）中的规定，本测试采

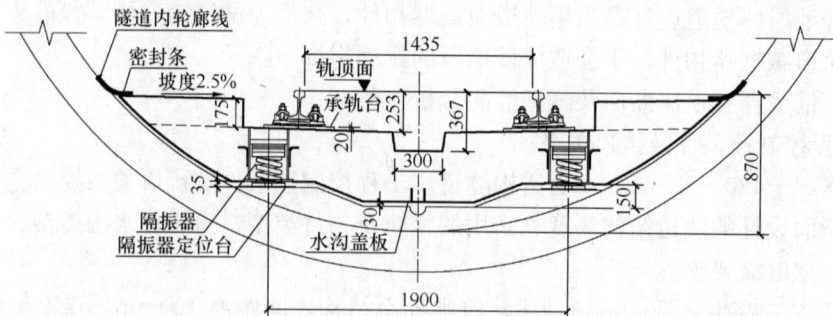

图 2.9-64　北京 4 号线试铺浮置道床的标准横断面

用以下几个振动评价量来对浮置道床试铺段的减振效果进行评价：

① 振动加速度级 VAL

振动加速度级 VAL 定义为：

$$VAL = 20 \lg \frac{a}{a_0} (\mathrm{dB}) \tag{2.9-12}$$

式中　a ——振动加速度有效值，$\mathrm{m/s^2}$；

　　　a_0 ——基准加速度，取 $a_0 = 10^{-6} \mathrm{m/s^2}$。

② Z 振级 $\mathrm{VL_Z}$

按 ISO 2631/1 规定的全身振动 Z 计权因子修正后得到的振动加速度级，记为 VL_Z，单位为分贝（dB）。

$4 \sim 200 \mathrm{Hz}$ 频率范围铅垂向振动加速度级按 ISO 2631/1《机械振动和冲击——人体处于全身振动的评估，第一部分：一般要求》规定的 $1/3$ 倍频程中心频率的全身振动 Z 计权因子修正后得到的各中心频率的振动加速度级（简称分频振级，VL_{zmax}）确定。

③ 插入损失

插入损失的定义为：

$$L_1 = 20 \lg \frac{a_{2\mathrm{R}}}{a_2} \tag{2.9-13}$$

当 $L_1 \geqslant 0$ 时，隔振系统起作用；当 $L_1 \leqslant 0$ 时，隔振系统没有衰减作用。

式中，$a_{2\mathrm{R}}$ 为没有隔振装置时的响应，a_2 为有隔振装置时的响应。

对上式进行变换，引入基准加速度 $a_0 = 10^{-6} \mathrm{m/s^2}$，得到：

$$L_1 = 20 \lg \frac{a_{2\mathrm{R}}}{a_2} = 20 \lg \left(\frac{a_{2\mathrm{R}}}{a_0} \cdot \frac{a_0}{a_2} \right) = 20 \lg \frac{a_{2\mathrm{R}}}{a_0} - 20 \lg \frac{a_2}{a_0}, \text{即} L_1 = VL_{2\mathrm{R}} - VL_2$$

$$\tag{2.9-14}$$

式（2.9-14）表明，插入损失即为有无隔振装置情况下的加速度级之差。

按照地铁行业的习惯，一般采用振动加速度级有效值来计算阻尼钢弹簧浮置道床相对于一般整体道床的插入损失，Z 振级有效值可作为参考。

（4）测试项目

浮置道床试铺段的测试内容需根据安全性及减振效果的评价方法和标准加以研究与确定。测试的主要目的在于对钢弹簧浮置道床试铺段的列车行车安全性及减振效果进行在线测试，并与普通整体道床地段进行对比。

① 插入损失：对浮置道床试铺段及普通整体道床地段的隧道壁振动加速度级 VAL 及 Z 振级 VL_Z 分别进行测试，然后计算浮置道床试铺段相对于普通整体道床地段的减振效果（隧道壁），以加速度 $1/3$ 倍频程均方根谱插入损失作为评价指标，频率上限不低于 $200 \mathrm{Hz}$。

② 地面振动加速度：浮置道床试铺段和普通整体道床地段的地振动加速度，整理为 $1/3$ 倍频程均方根谱、Z 振级。

③ 车厢内噪声水平：运行列车通过浮置道床试铺段和普通整体道床地段时的车厢内等效连续 A 声级。

（5）测试工况

测试列车采用实际运营的 B1 型车，固定轴距 2.3m，车辆定距 12.6m，车体基本长度 19m，6 辆编组，3 动 3 拖，应至少对空载（AW0）载荷情况下的减振效果进行检测；条件许可时，应进行定员载荷（AW2）下进行检测。

（6）测试区段

① 钢弹簧浮置道床试铺段

铺设长度 180m，共 6 块浮置道床，中间 4 块为标准浮置道床，端部 2 块设有部分过渡措施，根据现场条件及测试设备的情况，确定浮置道床试铺段的测试断面为右线 K24＋495，即从东往西的第 3 块浮置道床的中部，该处线路为直线，坡度为 4.458‰，轨面埋深距地表约 20m。

② 普通整体道床

普通整体道床测试区段的选取综合考虑了线路平面及纵断条件、埋深、行车速度、结构型式、地表测试条件等因素，经调查，右线圆明园站～西苑站区段 K24＋000～K24＋120 为直线地段普通整体道床，坡度为 3‰，确定测试断面选在右线 K24＋020 处，轨面埋深 20m，与浮置道床试铺段的各种条件对比，见表 2.9-57。浮置道床试铺段与所选取的普通整体道床段的各种条件比较接近。

浮置道床试铺段与普通整体道床测试点的各种条件对比   表 2.9-57

对比条件	测试里程	铺设里程	线路坡度	扣件类型	联络通道	隧道	埋深	地质条件	车速
浮置道床试铺段	K24＋495	K24＋420～600	4.458‰	弹条Ⅱ型	K24＋403	圆形隧道	20m	粉土及卵石圆砾上下堆叠	约60km/h
普通整体道床	K24＋020	K24＋000～120	3‰	DTⅥ2型	K23＋994	圆形隧道	20m	粉质黏土、卵石圆砾及杂黏土上下堆叠	约60km/h

（7）测点布置

① 钢弹簧浮置道床

右线 K24＋420～K24＋600 为钢弹簧浮置道床试铺段，仪器设备置于 K24＋403 的联络通道中，测点布置于右线 K24＋495 处，测点布置见图 2.9-65，测试列车通过时的以下参数：

a. 列车脱轨系数、轮重减载率，测点位置设置于第 3 块浮置道床左右侧钢轨，设 4 个测点。

b. 列车行车速度，设在一侧钢轨测点上，设 1 个测点。

c. 隧道边墙铅垂向和横向振动加速度，测点设于第 2、3 块浮置道床两侧隧道边墙至轨面 1.0m 高度，铅垂向加速度 2 个测点，横向加速度 1 个测点。

d. 浮置道床的铅垂向振动加速度，测点设于第 2、3 块浮置道床轨道中心处，设 1 个测点。

e. 钢轨铅垂向振动加速度，测点设于第 2、3 块浮置道床的一侧钢轨上，设 1 个测点。

② 普通整体道床

右线 K24＋000～K24＋120 普通整体道床距离试铺段较近，且线路、隧道、地质等工况亦相近，仪器置于 K23＋994 联络通道中，测点设于右线 K24＋020 处，测点布置见

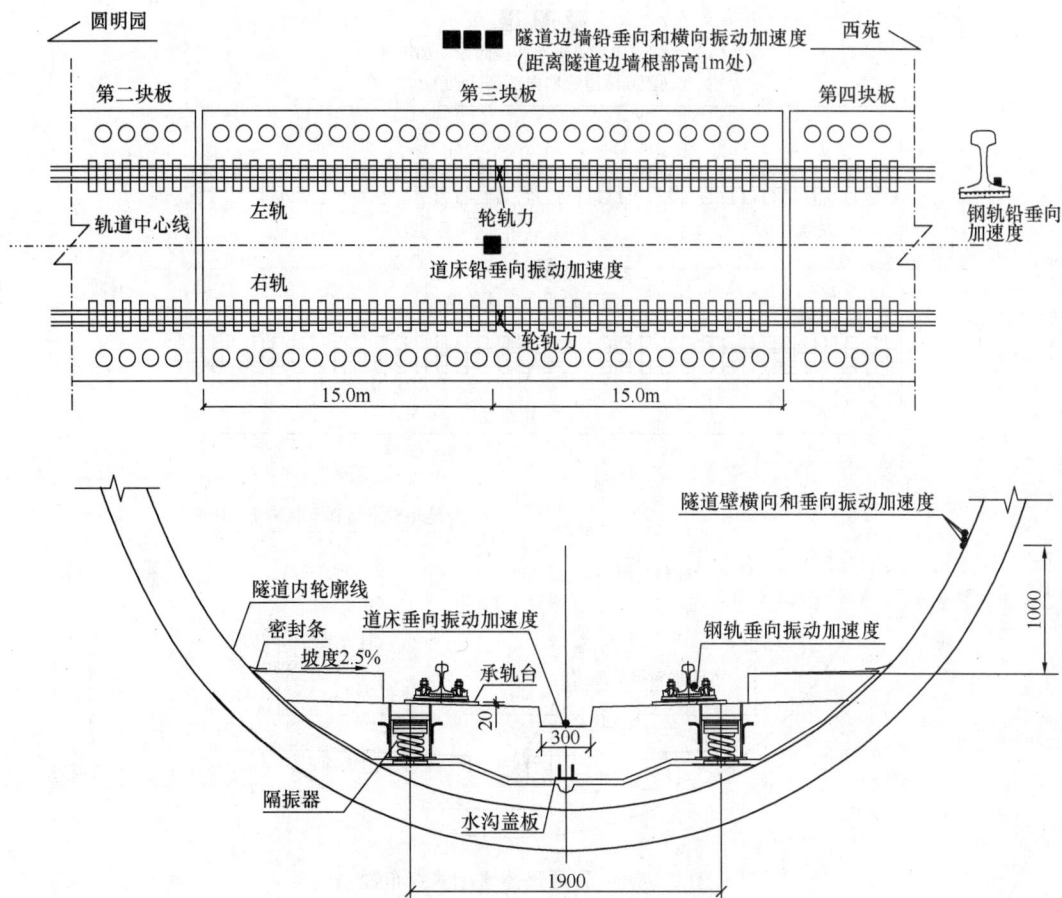

图 2.9-65 浮置道床试铺段测点布置

图 2.9-66，测试列车通过时的以下参数：

a. 列车脱轨系数、轮重减载率及对应的行车速度，测点设于普通整体道床左右侧钢轨，设 4 个测点。

b. 列车行车速度，设在钢轨测点上，设 1 个测点。

c. 隧道边墙铅垂向和横向振动加速度，测点设于隧道边墙距轨面 1.0m 高度，铅垂向加速度设 2 个测点，横向加速度设 1 个测点。

d. 铅垂向振动加速度，测点设于道床顶面中心，设 1 个测点。

e. 钢轨铅垂向振动加速度，测点设在钢轨上，设 1 个测点。

③ 地表

为对比浮置道床试铺段与普通整体道床地段的地面振动情况，特对两种地段的地面环境振动进行测试。

浮置道床试铺段的地面测点位于右线 K24＋550，偏离右线线路中心线约 15m，见图 2.9-67，该位置的地质结构为粉土及卵石圆砾上下堆叠，线路上方为沥青路面（颐和园路）。

普通整体道床地段的地表测点位于右线 K24＋080，偏离右线线路中心约 15m，一零

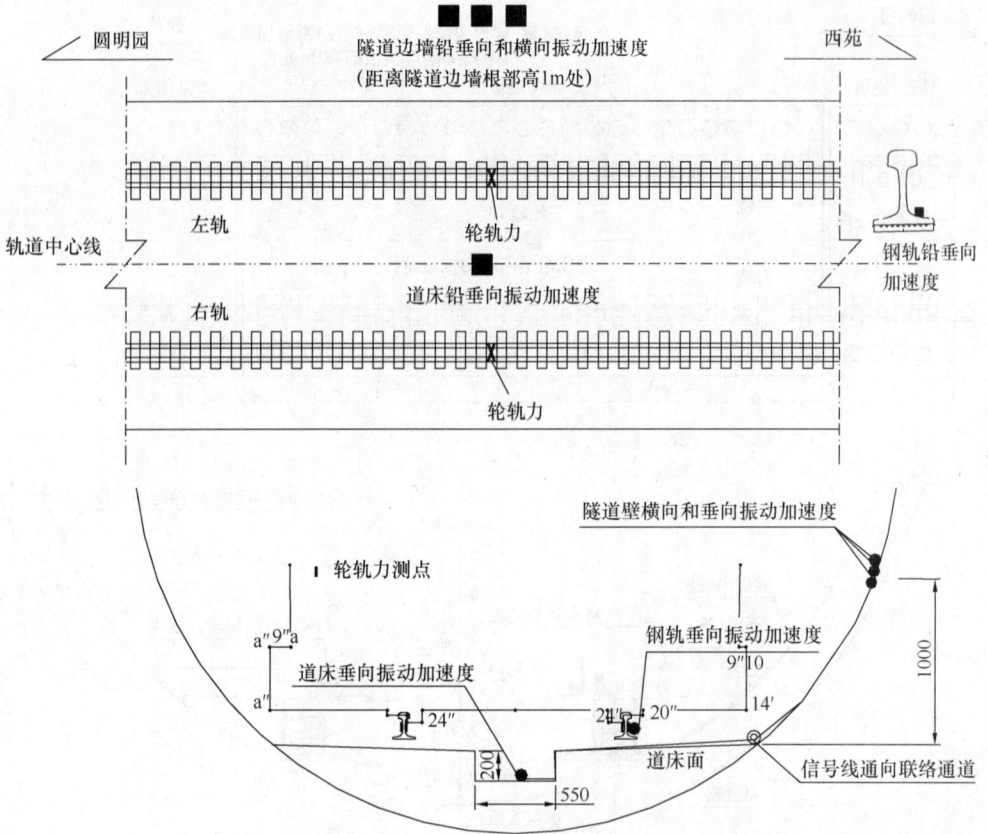

图 2.9-66　普通整体道床测点布置

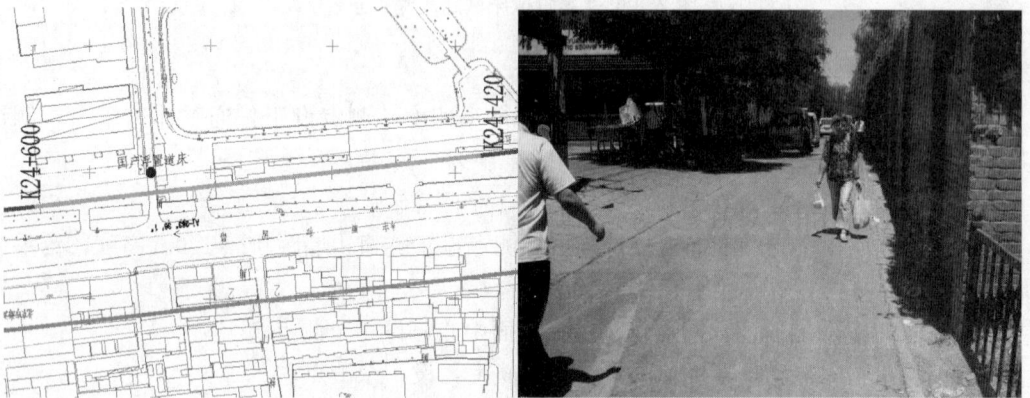

图 2.9-67　浮置道床试铺段地表测点布置

一中学门口的沥青路面，该位置的地质结构为粉质黏土、卵石圆砾及杂黏土上下堆叠，位于普通整体道床上面，地面测点布置见图 2.9-68。

上述每处布置 2~3 个振动加速传感器，记录至少 1~120Hz 有效频率范围。

（8）测试结果及分析

对 10 组空载载荷情况下的数据进行分析，行车速度为 54.1~60.8km/h，两种轨道

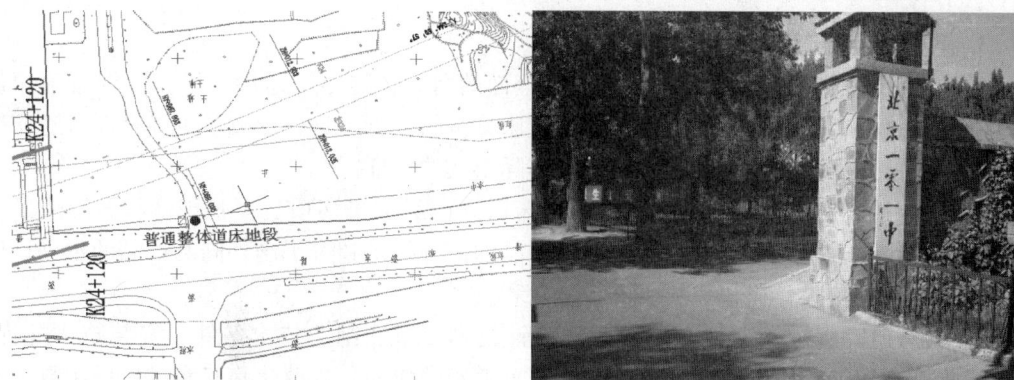

图 2.9-68　普通整体道床地面测点布置

各项振动加速度测试值对比，见表 2.9-58。

两种轨道各项振动加速度测试值对比

表 2.9-58

振动加速度指标			轨道类型	量级（dB）	差值（dB）
铅垂向振动加速度级	1～1000Hz	钢轨	普通整体道床	148.43	降低 4.12
			浮置道床试铺段	144.31	
		道床	普通整体道床	110.87	增大 10.43
			浮置道床试铺段	121.30	
		隧道壁	普通整体道床	98.26	降低 20.09
			浮置道床试铺段	78.17	
	1～200Hz	隧道壁	普通整体道床	87.61	降低 17.75
			浮置道床试铺段	69.86	
	1～80Hz	隧道壁	普通整体道床	85.84	降低 17.11
			浮置道床试铺段	68.73	
		地面	普通整体道床	76.75	降低 13.14
			浮置道床试铺段	63.61	
铅垂向 VL_{Zeq}		隧道壁	普通整体道床	67.25	降低 11.54
			浮置道床试铺段	55.71	
铅垂向 VL_{Zmax}		隧道壁	普通整体道床	70.65	降低 12.24
			浮置道床试铺段	58.32	
横向振动加速度级（1～1000Hz）		隧道壁	普通整体道床	99.71	降低 20.89
			浮置道床试铺段	72.82	
Z 振级		地面	普通整体道床	62.31	降低 9.15
			浮置道床试铺段	53.16	

浮置道床试铺段与普通整体道床段的减振效果对比结论如下：

①试铺段浮置道床的固有频率为 8.59Hz。

②试铺段浮置道床的相对于普通整体道床在隧道壁处 Z 振级 VL_{zmax} 的减振效果

为 12.24dB。

3. 钢弹簧浮置道床研究开发创新点

1）对钢弹簧浮置道床设计进行了系统全面的研究，提出了适用于钢弹簧浮置道床设计的仿真计算模型，首次研发了用于浮置道床分析的计算工具，形成了钢弹簧浮置道床结构设计方法，并得到实尺模型试验及正线实际工程的验证。

2）国内首次研究开发的钢弹簧浮置道床系列产品取得多项自主知识产权，形成了完整的钢弹簧浮置道床成套技术产品体系，产品的部分技术超过了国外同类产品的水平。该研究共获得 2 项发明专利和 8 项实用新型专利。

3）参与研究制订了钢弹簧浮置道床设计技术要求、制造技术条件、安装技术规程、检验验收规则及维修技术方法，为钢弹簧浮置道床的快速、规范化施工和推广应用打下了基础。

4）对研发的系列产品及实铺线路进行了系统的测试，验证了产品的性能。

4. 钢弹簧浮置道床的推广应用前景

2008 年 2 月，在阻尼钢弹簧浮置道床轨道隔振技术研究开发开始时，北京已在城铁 13 号线、北京地铁 5 号线等工程中已应用德国引进的钢弹簧浮置道床轨道系统，但这种应用仅限于产品供货，而并非是技术输入。以钢弹簧浮置道床轨道的国产化作为出发点，立足于自身的技术实力，通过深入的理论计算和室内试验验证了理论成果的正确性，将室内试验成果结合 4 号线实际工程特点对钢弹簧浮置道床的设计方案进行了反复论证，在线测试结果及运营近三年来的实际效果证明，实现了科研成果的国产化和向实际工程的转化，实现了该技术领域依赖进口→自主系统研发→产业化的转变，对先进的钢弹簧浮置道床轨道系统在国内城市轨道交通工程领域的推广，对于促进城市轨道交通工程的技术探索和进步，具有辐射和带动效应。

在钢弹簧浮置道床设计、生产制造和供货服务技术等方面均成功实现了 100% 国产化，并研究形成了整套的设计及试验检验方法，编制了完整的用户需求书、技术标准和产品、施工验收规范体系，在城市轨道交通工程形成了竞争机制，开创了的钢弹簧浮置道床公开招标的局面。

国产化钢弹簧浮置道床轨道系统的关键技术研究的成果均立足国内现有的技术、经济条件，在保证减振效果、轨道系统稳定性及安全性的同时，将造价降低了约 1/3。国产化浮置道床轨道系统关键技术研究所取得的成果，技术先进、安全可靠、经济适用，国产化率 100%，适合我国国情特点，推广前景很好。

2.9.9 不同减振轨道结构弹性过渡

不同减振轨道结构之间需设置弹性过渡段，过渡段长度一般不少于 1 节车辆长，特殊情况下可根据计算确定。

1）整体道床与碎石道床之间的过渡段一般设置在碎石道床一侧，采用在碎石道床下部设置刚性混凝土底板，碎石道床厚度渐变的方式进行过渡。车场线（试车线除外），列车速度低，又是空车，可采取碎石道床轧枕加密方法实施弹性过渡，也可不用弹性过渡。

2）不同等级减振轨道结构之间的弹性过渡

一般设置在高等级减振地段一侧。

（1）一般整体道床与减振扣件整体道床之间的过渡段一般设置在减振扣件整体道床一侧，采用过渡段范围内加密减振扣件间距的方式进行过渡。

（2）一般整体道床与梯形轨枕道床的过渡，采取将过渡段内梯形轨枕下的缓冲垫刚度加大或加密的方法。

（3）一般整体道床与减振垫浮置道床的弹性过渡，采取提高过渡段范围内的减振垫刚度的方法。

（4）一般整体道床与钢弹簧浮置道床的过渡，采取在过渡段范围内加密钢弹簧隔振器的方法。

2.10 无 缝 线 路

2.10.1 概述

1. 无缝线路的结构类型

无缝线路可分为温度应力式和放散温度应力式两种。温度应力式无缝线路在运营过程中，通常不必人工放散钢轨温度应力；放散温度应力式无缝线路需要定期或自动放散温度应力。因定期放散需要花费较多的人力和物力，工序繁杂，作业时需封锁区间，对线路运营有一定影响。自动放散式不仅设备类型较多，且高温或低温易产生超伸或超缩导致纵向力分布不均，故这两种类型的无缝线路使用很少。现今世界各国主要采用温度应力式无缝线路。

温度应力式普通无缝线路是由一根焊接长轨条及其两端各设置一定数量的缓冲轨，（隧道内轨温变化幅度较小，一般设置 1 根缓冲轨即可，地面或高架则一般需设置 2～4 根缓冲轨或伸缩调节器），构成缓冲区。长轨条与普通钢轨之间采用普通钢轨接头，接头螺栓为高强螺栓。随着轨温的变化，长钢轨两端一定范围需克服接头阻力、扣件阻力及道床纵向阻力而伸缩，这一范围称为无缝线路的伸缩区。长轨条中间部分的伸缩则完全受限制，不产生纵向伸缩位移，仅有温度力，此中间部分称为无缝线路固定区。

按无缝线路铺设位置、设计要求的不同，可分为地面线无缝线路、隧道内无缝线路、桥上无缝线路、岔区无缝线路等；按无缝线路轨条长度、是否跨越车站，可分为普通无缝线路和跨区间无缝线路；根据钢轨接头的联结形式，可分为焊接无缝线路和冻结无缝线路。

2. 铺设无缝线路的意义

铺设无缝线路的目的在于消除钢轨接头。钢轨接头是轨道结构的薄弱环节。接头的存在破坏了钢轨的连续性，主要表现在接头处存在轨缝、台阶、折角等问题。导致列车通过时，接头部分受到很大的冲击附加动力作用。附加力为正常轮载的 2～3 倍，严重时可达 4～5 倍。因此，接头区轨道部件的折损、轨道几何形位的变化以及养护维修工作量都要比非接头区大得多和严重得多。在城市轨道交通中，因主要铺设的为混凝土轨枕及混凝土整体道床，轨下基础的刚性相对较大，接头病害问题更为突出。接头的病害主要有：淬火钢轨端部的鞍形磨耗、低接头、钢轨破损、夹板弯曲或断裂、混凝土轨枕损坏破裂等。碎石道床地段还存在道床硬结、坍塌及翻浆冒泥等问题。

3. 城市轨道交通无缝线路的特点

城市轨道交通的无缝线路设计原则与国铁基本一致，但也有其自身的特点，如：

1）敷设方式

地铁敷设方式以地下、高架线居多，有轨电车则以地面为主。国铁则基本以地面及高架线为主。

2）道床类型

城市轨道交通的道床一般以整体道床为主，国铁普速铁路则以碎石道床为主。

3）曲线半径

地铁因线路周边条件复杂，导致小半径曲线较多，一般小半径（R400m以下）占正线长度的 10%～20%，正线曲线半径最小可达 300m，国铁普速铁路曲线半径则不低于 500m，且一般线路周边条件较好，小半径曲线很少。

4）道岔号数

地铁正线道岔以 9 号道岔为主，在 100～120km/h 标准线路上，从提高车辆折返能力角度考虑，在折返站会用到 12 号道岔。国铁正线道岔一般不小于 12 号。

2.10.2 无缝线路设计计算的基本内容

城市轨道交通无缝线路设计计算的内容与国铁基本一致，主要包括钢轨温度力与伸缩位移的关系、线路纵向阻力的取值、轨端伸缩量及预留轨缝的计算、稳定性检算、强度检算、锁定轨温计算、断缝检算等内容。

1. 钢轨温度力及伸缩位移

当轨温变化时，钢轨因不能自由伸缩而产生温度力。长度为 l 可自由伸缩的钢轨，当轨温变化 $\Delta t℃$ 时，其伸缩量为：

$$\Delta l = \alpha \cdot l \cdot \Delta t \tag{2.10-1}$$

式中 α——钢轨的线膨胀系数，取 $11.8\times10^{-6}/℃$；

l——钢轨长度，mm；

Δt——钢轨轨温变化幅度，℃。

如果钢轨两端完全固定，不随轨温变化而自由伸缩，则钢轨内部将产生温度应力。由虎克定律可知，温度应力 σ_t 为：

$$\sigma_t = E \cdot \varepsilon_t = E \frac{\Delta l}{l} = \frac{E\alpha \cdot l\Delta t}{l} = E \cdot \alpha \cdot \Delta t \tag{2.10-2}$$

式中 E——钢的弹性模量，$E=2.1\times10^5$MPa；

ε_t——钢的温度应变。

将 E、α 值代入式（2.10-2），则钢轨内部的温度应力为：

$$\sigma_t = 2.1\times10^5 \times 11.8\times10^{-6}\Delta t = 2.48\Delta t(\text{MPa}) \tag{2.10-3}$$

单股钢轨所受的温度力 P_t 为：

$$P_t = \sigma_t \cdot F = 2.48\Delta t \cdot F(\text{N}) \tag{2.10-4}$$

式中 F——钢轨的断面面积，mm^2。

由以上分析可知：

1）两端固定的钢轨中所产生的温度力，仅与轨温变化幅度 Δt 和断面面积有关，而与钢轨本身长度无关。因此,从理论上讲,无缝线路长轨条可焊成任意长,并不影响钢轨内的温度力。这是发展跨区间无缝线路的理论依据。

2) 钢轨自由端伸长量与轨温变化幅度 Δt、处于自由状态下的钢轨长度 l 有关,与钢轨断面面积无关。线膨胀系数是钢轨伸缩应变对轨温的变化率,或者说是轨温变化1℃所产生的伸缩应变。

3) 不同类型的钢轨因断面面积不同,则在同一轨温变化幅度下所产生的温度力大小也不同。钢轨断面积越大,同一轨温变化幅度下所产生的温度力越大。

4) 为使温度升高或降低时,长轨条内相应的温度压力或温度拉力尽可能减小,需通过设计计算确定一个适宜的锁定轨温,又称中和温度。处于运营状态下的无缝线路锁定状态可能改变,则实际锁定轨温发生变化,所谓实际锁定轨温即处于零应力状态的轨温。实际锁定轨温确定后,对应任何轨温的温度应力也就确定。

此外需说明的是,轨温与气温有所不同。对于地面和高架线,影响轨温的因素比较复杂,如气候变化、风力大小、日照强度等有关。最高、最低轨温温根据当地有史以来的气象资料确定,最高与最低轨温的差值北方相对较大,南方较小。如漠河地区最高、最低轨温的差值达110℃,广州则仅为59℃。对于地铁而言,因隧道因埋深较大,洞内最高、最低轨温差相对较小,但目前国内没有统一的参考资料,一般根据既有工程经验确定最高、最低轨温。如根据北京地铁多年的隧道内轨温实测资料,轨温均在5~40℃之间。此外北京城建设计发展集团股份有限公司与南京地下铁道有限责任公司对南京地铁隧道内全年的轨温进行了跟踪监测,隧道内轨温变化幅度约在15℃~25℃范围内,变化幅度更小。

2. 线路纵向阻力

轨温变化时,影响钢轨两端自由伸缩的原因是来自线路纵向阻力。对于混凝土道床而言,线路纵向阻力包括接头阻力、扣件阻力,对于碎石道床则还应包括道床阻力。

1) 接头阻力

接头阻力与螺栓数量、钢轨与板间螺栓的摩阻力相关,见式(2.10-5),理论分析表明螺栓的拉力接近它所产生的接头阻力,则接头阻力可表示为式(2.10-6)。而扭力矩 T' 与螺栓拉力的关系可用经验公式(2.10-7)表示。

$$P_H = n \cdot s \tag{2.10-5}$$

式中 s——钢轨与板间对应一枚螺栓的摩阻力;

n 接头 端的螺栓数。

$$P_H = n \cdot P \tag{2.10-6}$$

式中 P 为 1 根螺栓的拉力

$$T = K \cdot D \cdot P \tag{2.10-7}$$

式中 T——拧紧螺帽时的扭力矩,N·m;

K——扭矩系数,$K=0.15 \sim 0.24$;

P——螺栓拉力,kN;

D——螺栓直径,mm。

列车通过钢轨接头时产生的振动,会使扭力矩下降,接头阻力值也相应降低。国内外资料表明,接头阻力可降低到静力测定值的 $40\% \sim 50\%$。因此,定期检查扭力矩,重新拧紧螺母,保证接头阻力值在长期运营过程中保持不变,是一项十分重要的措施。计算时采用的接头阻力可按表 2.10-1 取值。

钢轨接头采用 10.9s 级 φ24 螺栓接头阻力表　　　表 2.10-1

接头条件	接头扭矩 T（N·m）								备注
	300	400	500	600	700	800	900	1000	
50kg/m 钢轨	150	200	250	300	370	430	490		
60kg/m 钢轨	130	180	230	280	340				普通线路
						490	510	570	无缝线路

2）扣件阻力

扣件阻力与扣件系统扣压力、轨距垫（轨距挡板）与轨底间的摩阻力、钢轨底面沿垫板上表面之间的摩阻力、钢轨纵向位移等有关，一般在实测基础上，通过数据拟合得到。扣件阻力有常量阻力和变量阻力之分。变量阻力又分双线性函数、指数函数、幂函数等多种形式。为便于计算，设计中也可采用常量阻力，目前颁布的《铁路无缝线路设计规范》（TB10015）则采用双线性阻力函数。

3）道床阻力

道床阻力是针对有砟轨道而言。道床纵向阻力系指道床抵抗轨道框架纵向位移的阻力。一般以每根轨枕的阻力或每延厘米分布阻力来表示。它是抵抗钢轨伸缩、防止线路爬行的重要参数。道床纵向阻力受道砟材质、颗粒级配、道床断面、捣固质量、脏污程度、轨道框架质量等因素的影响。当扣件纵向阻力大于道床抵抗轨枕纵向移动的阻力时，则无缝线路长钢轨的温度应力和应变的纵向分布规律将完全由接头阻力和道床纵向阻力确定。

道床阻力通过实测得到，国铁做过大量的测试，城市轨道交通中主要按国铁道床阻力的测试结果进行取值。

3. 无缝线路的强度条件

无缝线路钢轨应有足够的强度，以保证钢轨在动弯应力、温度应力、制动（或牵引）应力及其他附加应力（主要针对桥上的钢轨伸缩力或挠曲力）共同作用下不被损坏，仍能正常工作。需说明的是，以前我国进行钢轨强度检算时，不考虑制动（或牵引）应力的影响，2012 年颁布的《铁路无缝线路设计规范》T10015 中，参照 UIC 的规定，已将此应力纳入的钢轨强度检算需考虑的内容。此时要求钢轨所承受的各种应力的总和不超过规定的容许值 $[\sigma_g]$，即：

$$\sigma_d + \sigma_t + \sigma_l + \sigma_c \leqslant [\sigma_g] \qquad (2.10-8)$$

式中　σ_d——钢轨承受的最大动弯应力；

　　　σ_t——温度应力；

　　　σ_l——钢轨承受的挠曲或附加力，仅桥上时考虑；

　　　σ_c——钢轨承受的制动力。

钢轨允许应力：$[\sigma_g] = \dfrac{\sigma_s}{K}$

式中　σ_s——钢轨屈服极限，城市轨道交通中常用的钢轨为 U71Mn 及 U75V，屈服极限分别为 457MPa 及 472MPa；

　　K——安全系数，对于新轨取 1.3。

根据无缝线路的强度条件，可反推出允许的降温幅度 $[\Delta t_s]$，见式（2.10-9）：

$$[\Delta t_s] = \frac{[\sigma] - \sigma_{gd} - \sigma_c - \sigma_l}{E\alpha} \tag{2.10-9}$$

式中　σ_{gd}——钢轨底部边缘动弯应力。

4. 允许断缝值决定的降温幅度

无缝线路钢轨折断后，轨缝不能超过一定限值，否则将引起轮轨间过大的作用力，严重时可能会危及行车安全。

20 世纪 80 年代，铁道科学研究院在环形试验基地进行了列车通过钢轨断缝的安全试验。通过试验确定了我国干线铁路桥上无缝线路钢轨断缝允许值为：有砟轨道 8cm；无砟轨道 10cm。

《新建时速 200 公里客货共线铁路设计暂行规定》中断缝取值规定有砟轨道 7cm，对于无砟轨道，可适当加大，但不得超过 10cm。

2012 年颁布的《铁路无缝线路设计规范》（T10015）中规定钢轨断缝允许值有砟轨道及无砟轨道均按 7cm 考虑，困难条件为 9cm。

德国、日本高速铁路采用的钢轨断缝允许值均不超过 7cm。

因城市轨道交通列车运行速度较低，并根据大量的城市轨道交通无缝线路设计经验，采用有砟轨道为 8cm 及无砟轨道为 10cm 较为合理，安全性也可保证。若对轨缝控制要求过高，可能导致桥上无缝线路设计较为困难。

另需说明的是，国铁大量经验也表明钢轨折断时并不代表轨温一定到达到最低轨温，反而往往高于最低轨温，因此实际的断缝值要远小于设计控制值，故无缝线路设计采用的断缝检算方法本身已具有了一定的安全储备。

根据断缝允许值确定的允许降温幅度可按下式计算：

$$[\Delta t_s] = \frac{1}{\alpha}\sqrt{\frac{[\lambda]r}{EF}} \tag{2.10-10}$$

式中　$[\lambda]$——允许断缝值；

　　r——线路纵向阻力。

5. 无缝线路稳定性的计算分析

稳定性分析的目的是为确定无缝线路的允许温升，确保轨道保持良好状态，避免钢轨因温度压力过大，导致轨道弯曲变形过大，有砟轨道甚至会出现失稳的问题，从而危及行车安全。2012 年颁布的《铁路无缝线路设计规范》（T10015）中仅对有砟轨道提出了需进行稳定性计算的要求。我国对于有砟轨道无缝线路稳定性检算方法用两种：一是中国铁道科学研究院卢耀荣研究员提出的"不等变形波长稳定性理论"，二是稳定性统一公式。

无砟轨道无缝线路，UIC 对无砟轨道无缝线路的稳定性不进行检算，国外关于无砟轨道的稳定性问题研究也较少，《铁路无缝线路设计规范》（T10015）也无对无砟轨道无缝线路的稳定性检算提出要求。主要原因是无砟轨道扣件系统直接与混凝土道床连接，轨道稳定性较好，不易发生失稳。但是，无砟轨道无缝线路在较大升温条件下易出现钢轨压弯变形，也称为钢轨的碎弯问题。较大的钢轨碎弯、扣件的扣压力损失和组装公差等多因素共同作用，会对列车的平稳运行产生不利影响，尤其是高速列车的影响更大，我国的客运专线无砟轨道就曾出现过钢轨碎弯现象。因此，虽然规范无明确要求的，但我国客运专线无砟轨道无缝设计时，一般会采用"压弯变形计算公式"进行计算分析，此公式基于有砟轨道不等波长稳定性计算公式推导出，以轨道横向弹性位移 0.2～0.5mm 作为控制条件。

对于城市轨道交通的无缝线路设计而言。地下线因轨温变化幅度较小，且一般为无砟道床，故当曲线半径满足规范要求的无缝化要求时，可不进行稳定性分析。对于地面线及高架线无砟道床，因列车速度较低，虽然温度变化产生的钢轨碎弯不至于产生行车安全问题，但为尽可能提高轨道的平顺性及乘客的舒适性，确保锁定轨温的取值更加科学、合理，进行稳定性分析以确定允许温升的计算工作也是有必要的。若地面线及高架线为有砟轨道无缝线路，则必须按国铁的稳定性分析方法进行相关计算。

6. 锁定轨温

为降低长轨条内的温度力，需选择一个适宜的锁定轨温，又称零应力状态的轨温或实际锁定轨温。锁定轨温是无缝线路设计、铺设及养护维修的重要技术资料。

确定锁定轨温需获得当地的历史最高轨温 t_{max}、最低轨温 t_{min} 及允许的轨温最大变化幅度。其中对于高架和地面线，t_{max} 及 t_{min} 可采用国铁中统计得到的各地最高、最低轨温统计资料，地下线目前国内没有统一的参考资料，一般根据当地地铁工程的隧道内最高、最低轨温测试资料或其他城市的相关测试资料作为设计依据。轨温变化幅度指钢轨温度与锁定轨温的差值，包括最大升温幅度 $[\Delta t_c]$ 和最大降温幅度 $[\Delta t_s]$。$[\Delta t_c]$ 由稳定性分析计算得到，$[\Delta t_s]$ 则可根据式（2.10-8）的钢轨强度检算条件及允许断值分别反推出，取两者的较小值。

在获得 t_{max}、t_{min} 及允许的轨温最大变化幅度后，中和温度 t_e 采用式（2.10-11）计算：

$$t_e = \frac{t_{max} + t_{min}}{2} + \frac{[\Delta t_s] - [\Delta t_c]}{2} \pm \Delta t_K \qquad (2.10\text{-}11)$$

式中　Δt_K——设计锁定轨温修正值，可根据当地气温的具体情况取 0～5℃。

无缝线路铺设时，锁定轨温应有一个范围，一般取设计锁定轨温 ±5℃。则锁定轨温上限为 $t_m = t_e + 5℃$；锁定轨温下限 $t_n = t_e - 5℃$；且需满足 $t_{max} - t_n < [\Delta t_c]$、$t_m - t_{min} < [\Delta t_s]$。

7. 轨端伸缩量及预留轨缝的计算

在锁定轨温时铺设的长轨条，其伸缩区的标准轨之间及标准轨与长轨条之间应预留轨缝 Δ_2 及 Δ_1。预留轨缝的大小应满足：在当地最高轨温时，轨端刚好顶严，两轨端不受纵向压力作用；在当地最低轨温时，轨缝最大不超过构造缝，以保证螺栓不承受剪力。

在最低轨温时，轨缝两端钢轨缩短量之和记为 $\lambda' = \lambda'_1 + \lambda'_2$；

在最高轨温时，轨缝两端钢轨伸长量之和记为 $\lambda'' = \lambda''_1 + \lambda''_2$；

长轨条和缓冲轨之间的预留轨缝记为 Δ_1，则预留轨缝应满足：

$$\lambda''_1 + \lambda''_2 \leqslant \Delta_1 \leqslant \delta_0 - (\lambda'_1 + \lambda'_2) \qquad (2.10\text{-}12)$$

缓冲轨之间的预留轨缝记为 Δ_2，则预留轨缝应满足：

$$2\lambda''_2 \leqslant \Delta_2 \leqslant \delta_0 - 2\lambda'_2 \tag{2.10-13}$$

长轨条的伸缩量计算，见图 2.10-1，推导出的伸缩量公式为：

$$\lambda_{\max} = \frac{(\max P_t - P_H)^2}{2EAr} \tag{2.10-14}$$

短轨条的伸缩量计算，见图 2.10-2，推导出的伸缩量公式为：

$$\lambda_{\max} = \frac{(\max P_t - P_H) \times L - rL^2/4}{2EF} \tag{2.10-15}$$

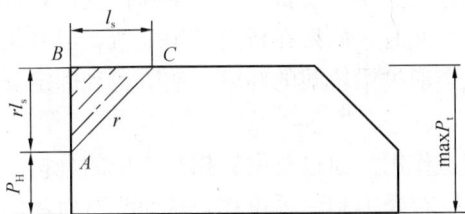

图 2.10-1　长轨条伸缩的受力图示　　　　图 2.10-2　短轨条伸缩的受力图示

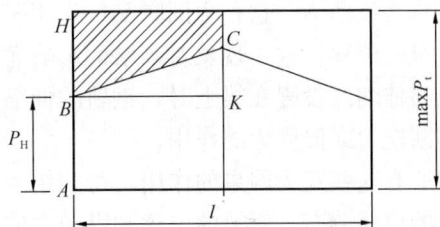

8. 伸缩区长度的计算

伸缩区长度 l_s 的计算采用式（2.10-16）

$$l_s = \frac{\max P_t - P_H}{r} \tag{2.10-16}$$

2.10.3　地下线无缝线路设计

在城市轨道交通中，对于隧道内无缝线路，温差变化较小，且为整体道床，正线曲线半径也具备无缝化所要求的范围内，故一般可不再进行专门无缝线路强度、稳定性等方面的检算。仅需根据洞内轨温变化范围得到的中间轨温适当取整后，可直接作为中和温度，在中和温度基础上给出锁定轨温范围即可。

正线道岔与区间长轨条之间一般采用一根 25m 定尺轨，25m 定尺轨与道岔、区间长轨条之间采用冻结接头，以兼顾道岔养护维修的便利性及轮轨间的低动力作用。

地下线无缝线路的设计内容主要是给出轨条布置图、位移观测桩布置位置、锁定轨温、相关的工程数量，并提出施工技术要求，一般不再开展相关的结构计算。

2.10.4　地面线无缝线路设计

城市轨道交通地面线，根据地质条件的不同，综合经济技术比选后，可采用碎石道床或整体道床。此外，若地面线所占比例较低，则应尽量采用整体道床，以减少线路养护维修工作量，且避免因轨道刚度变化加剧轨道状态的恶化。

地面线的无缝线路设计需根据当地轨温条件进行无缝线路相关理论来分析，并结合当地既有地铁线类似工程的锁定轨温及无缝线路状况，综合确定锁定轨温。

2.10.5　高架线无缝线路设计

1. 概述

桥上的无缝线路与地面及隧道内无缝线路不同，其钢轨除受温度力作用之外，还受其他的纵向力作用，即钢轨纵向附加力。梁因温度变化产生收缩，在列车荷载作用下梁因挠曲而产生纵向位移。在明桥面的情况下，桥上翼缘的这种纵向变形和位移将通过梁轨间的连接约束，使钢轨受到纵向力的作用。在有砟桥上，道床亦会对梁轨间的相对位移产生一定的约束阻力。

因梁的伸缩而引起的钢轨纵向附加力称为伸缩力；把因梁的挠曲而引起的钢轨纵向附加力称为挠曲力。这种力同时又反作用于梁轨及固定支座，使桥墩台产生弹性变形，墩顶产生纵向位移。这一现象对高墩的影响尤其显著。此时，如果在桥上发生断轨，或者是无缝线路伸缩区设置在梁上时，钢轨的伸缩变形也会通过梁轨间的约束，使墩台和固定支座受到断轨力或温度力的作用。

所有这些互为因果的作用，可归结为梁轨相互作用。通过对梁轨相互作用的分析，求得梁的位移分布、钢轨的位移和纵向力的分布，墩台受力和墩顶位移，从而对钢轨和墩台进行强度和稳定性检算。在此基础上通过优化桥上无缝线路结构设计，并采取必要措施，设法减小这些附加纵向力的作用，从而确保轨道和桥梁的安全使用。

对于桥上无缝线路的纵向力分析，我国已形成了一整套完整的理论体系，包括计算的假定、参数的选取、计算原理、计算方法等，并纳入了相关规范，如《铁路无缝线路设计规范》、《新建铁路桥上无缝线路设计暂行规定》、《铁路轨道设计规范》等均对相关理论均有详细阐述。目前国内进行桥上无缝线路设计时，相关计算的实现主要有采用自编程序或借助有限元平台进行建模分析两种思路。因采用有限元平台建模相与自编程序相比，具有建模方法更为简单、模型的细节处理更为便利、计算的收敛性易于保证等优势，故近些年来各大设计单位主要采用有限元平台建模的方式分析桥上无缝线路受力问题，见图2.10-3。

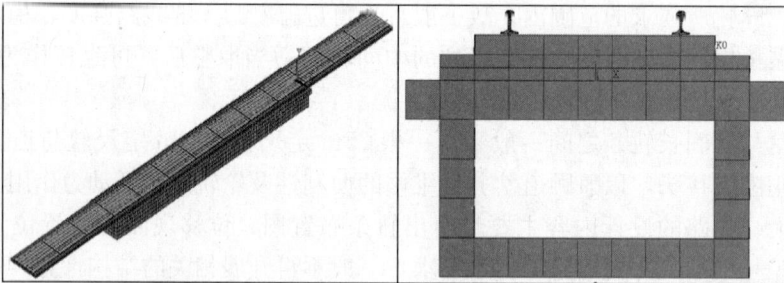

图 2.10-3　桥上无缝线路有限元分析模型

2. 桥上无缝线路设计的基本原则

1）合理选择轨道部件参数，确保无缝线路设计最大限度地减少轨道和桥梁所承受的附加纵向力。

2）确保轨道强度、稳定性、断缝值满足设计要求，保证轨道的安全使用。

3）确保桥墩受力及纵向位移满足桥梁专业要求，保证桥梁的安全使用。

4）尽可能增加焊接轨条的长度，减少桥梁及其附近的钢轨接头，提高轨道的整体性和平顺性。

5）无缝线路的结构设计要便于线路的养护维修。

3. 桥上无缝线路设计的主要内容

开展桥上无缝线路设计基本内容如下：

1）相关桥梁、线路、轨道设计参数的收集。

2）按设计原则，结合线路条件进行轨条布置、扣件垫板布置、钢轨伸缩调节器布置。

3）进行梁轨相互作用力的计算，并给桥梁专业提供桥墩附加力，作为桥梁专业开展墩身及墩基础检算的输入资料。

4）通过轨道的强度、稳定性条件及断缝允许值推算无缝线路的允许升温、降温幅度；

5）计算无缝线路的锁定轨温。

6）其他。如相关工程量数量的统计、位移观测桩的布置、施工技术要求的制定等。

从大量的城市轨道交通桥上无缝线路设计经验看，因城市轨道交通的桥梁绝大部分为钢筋混凝土梁或钢混结合梁，梁温差相比钢梁小，且温度跨度不会太大（最大温度跨度一般在200m左右），故轨道结构本身的相关检算不能通过的情况极少出现。只有比较少的工程案例，如南京、重庆地铁中桥梁有大跨钢桁梁桥的情况，此时需考虑在桥梁上设置采用双向伸缩调节器、梁端伸缩装置、抬枕装置等。设计中碰到的主要问题是因工程条件限制，有时连续梁位于伸缩区时，导致桥墩伸缩力较大，有可能出现桥梁专业相关检算不能通过的情况，此时需与桥梁专业协商解决措施。

2.10.6　无缝道岔设计

无缝道岔的设计相比普通无缝线路设计复杂，理论也较多。比较有代表性的有北京交通大学的当量阻力系数法；中国铁道科学研究院的非线性阻力计算方法；中南大学基于广义变分法原理提出的无缝道岔计算理论；兰州铁道学院建立的固定辙叉无缝道岔超静定结构二次松弛法等。

随着计算机技术及有限元软件的普及和发展，北京交通大学和西南交通大学发展了基于有限单元法的无缝道岔计算理论。因采用有限元平台建模相比自编程序更为简便，且模型的细化也更为方便，采用有限元平台开展无缝道岔的分析计算已在各大科研院校、设计单位中广泛采用。如深圳地铁4号线设计中，北京城建设计发展集团股份有限公司与北京交通大学联合，采用有限元分析方法开展在我国首次

图2.10-4　深圳地铁4号线高架桥上铺设完成的无缝道岔

开展了城市轨道交通的桥上无缝道岔及无缝道岔群的力学特性研究，研究成果成功应用于本工程的桥上无缝道岔铺设中，目前运营状态良好，见图2.10-4。

无缝道岔的检算内容主要涉及钢轨强度、无缝道岔稳定性、传力部件强度检算（包括限位器及其螺栓强度检算、间隔铁及其螺栓强度检算）、尖轨和心轨伸缩位移检算等。

桥上无缝道岔有限元模型，见图 2.10-5。

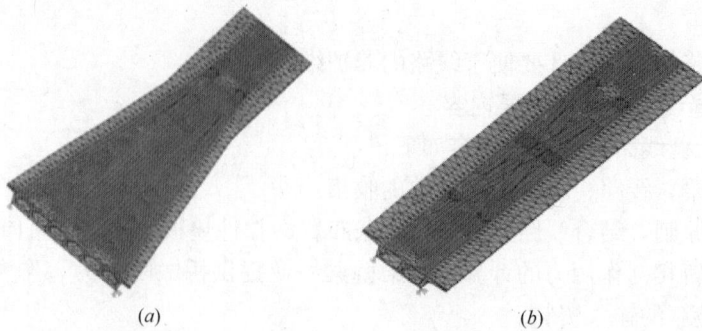

(a)   (b)

图 2.10-5 桥上无缝道岔有限元模型局部图

(<i>a</i>) 异型梁上的两组单开道岔；(<i>b</i>) 双线连续梁上的交叉渡线

2.10.7 位移观测桩的设置原则

1. 设置位移观测的目的

无缝线路锁定之后，须定时进行位移观测，记录长轨条不同时期相对于钢轨锁定时的伸缩量，分析研究锁定轨温变化，钢轨纵向力分布是否均衡，以评估无缝线路的稳定性及安全性。

2. 位移观测桩的设置原则

需位移观测桩的设置可参照以下原则：

1）无缝线路观测桩由位移观测桩与轨道位移观测标尺组成，线路区间、钢轨伸缩调节器和无缝道岔均按单元轨节设置位移观测桩。位移观测桩及标尺错开焊缝应大于 0.5m。

2）无缝线路按单元轨节等距离设置位移观测桩，桩间距离不宜大于 500m；当单元轨节长度不足 500m 整倍数时，可适当调整桩间距离。相邻两单元轨节起点和终点处位移观测桩可共用一对。

3）跨区间无缝线路、区间无缝线路及普通无缝线路的长轨条起、终点，距长轨条起终点 100m 位置应各设 1 对位移观测桩。

4）长轨条长度 250m 及以下地段设 2 对观测桩（起、终点各一对）。

5）长度 250~500m 地段设 3 对观测桩（起、终点及中间）。

6）500~1200m 设 5 对观测桩。

7）桥梁地段的位移观测桩应设置在桥梁固定支座附近，位移观测桩与焊缝纵向错动量应大于 0.5m。

8）隧道两端、小半径曲线头尾、桥台等特殊地段可设具体情况增设位移观测桩。

3. 位移观测桩设置方法

1）桥梁及隧道地段

在整体道床面轨枕间埋设位移观测桩，不影响人员行走及附属设施安装和维修。

2）减振轨道结构地段

减振垫浮置道床、钢弹簧浮置道床等地段亦在桥梁两侧护栏、隧道边墙等稳定基础地段设置位移观测桩。

3）整体道床、隧道边墙上位移观测桩采用直径 12mm、不小于 30mm 长的不锈钢材料，端部刻十字线，十字线宽度不宜大于 0.3mm。

4）路基地段

路基两侧距线路中心线 5m 以内路肩或路肩外与轨道观测标尺同断面设位移观测桩，使位移观测桩顶面高出封闭层表面 50mm（不宜大于 50mm）。

路基段位移观测桩采用 C20 混凝土桩，截面 200×200×700（长×宽×高）mm，中心设直径 12mm、长不小于 5cm 长的不锈钢，不锈钢顶部设十字刻丝。

5）位移观测标尺设置

位移观测标尺采用不锈钢材质制作，厚度 1～2mm，数字及刻度线刻画在标尺上，并用红漆描红，标尺采用强力胶可靠粘贴在靠近观测点一侧轨腰上。标尺应齐全清晰位置准确，遇有标尺缺少、不清晰时应及时更换。贴标尺时应先除油去锈，标尺零刻度与标志点对齐。同一线路内，标尺方向应保持一致。

无缝线路应力放散锁定线路后，要立即在钢轨轨腰上设置位移观测标尺，并将位移观测桩按里程前进方向顺序编号，编号方法可采用"×-×"，横线前数字为单元轨节的顺序号，横线后为单元轨条内桩号，编号均以阿拉伯数字标注。

4. 数据记录

无缝线路锁定后，应对其技术参数进行记录备案，包括单元轨节编号"X-Y"、铺设日期"××年××月××日"、起止里程"K×××＋×××-K×××＋×××"、单元轨节长"L—×××"、放散日期"××年××月××日"、锁定轨温"Ts—左股/右股℃"。

单元轨节锁定粘贴位移观测标尺并置零后至线路正式交付运营前，每月观测一遍并按规定格式做好无缝线路位移观测记录。

交付运营后，根据运营需求择期进行观测，一般最高、最低气温、锁定轨温时必须进行测量记录，其他时段根据运营需求确定测量记录时间。

2.10.8 无缝线路的一次铺设

一次铺设无缝线路的概念来源于国铁碎石道床无缝线路的铺设，是相对先铺成短轨线路，而后逐段换铺无缝线路而言的。以前国铁地面线碎石道床的铺设技术一直采用的是换铺无缝线路的方法，主要是因条件限制，路基及其基床表层和道床的设计标准偏低，配套又不完善，尤其是施工工艺方面，导致通车后线路下沉，病害严重，影响无缝线路稳定。

一次铺设无缝线路是采用目前世界上比较先进的机械装备和施工操作工艺进行施工的。使路基、道床、轨道的施工质量标准一步到位，达到铺设无缝线路的设计标准。从而使轨道具有刚度均衡、状态稳固的基础，轨道的强度高、平顺性好，竣工之后线路开通时，列车运行速度就能达到设计规定的速度。一次铺设无缝线路的优点在于降低建设成本、避免换铺无缝线路对运营的干扰、实现轨道结构的少维修。

城市轨道交通试车线一般应铺设碎石道床无缝线路，正线地面段若长度较长时，从降低投资的角度考虑，一般也按碎石道床无缝线路设计。北京地铁 13 号线是国内城市轨道交通中首条在地面线碎石道床地段采用一次铺设无缝线路技术的线路，针对城市轨道交通的特点，从路基（填料、压实标准、沉降控制等）、轨道（道床的密度、支承刚度、纵横向阻力等）设计标准、施工工艺、施工机械、养护标准等方面进行了系统研究。目前国内地铁在建线混凝土枕碎石道床无缝线路均采用了一次铺设无缝线路技术。

2.11　铺　轨　综　合　图

　　铺轨综合图是城市轨道设计的重要组成部分。城市轨道交通线路由若干直线段、平面曲线、竖曲线、道岔等组成，线路的这些线型在铺轨施工前需借助铺轨综合图，将这些线型转换为每一个加密铺轨基标对应的轨面标高信息，经过周密、精细、准确、高效的一个个程序计算，最终形成一条连续完整的城市轨道交通线路。

　　城市轨道交通隧道内及高架桥轨道一般采用整体道床，施工后轨面标高调整有限，因此施工时轨面精度要求很高，在整体道床施工前先行设置"铺轨控制基标及加密基标"。世界各国城市轨道交通整体道床基标的密度由 5～6m、10～20m 不等。基标的高程测设主要依据"铺轨综合图"提供的详细数据，该图上所反映全部铺轨必需的原始数据，特别是每个基标对应的轨面标高，而每个轨面标高计算需考虑里程位置、断链、坡度、平面曲线超高，竖曲线改正值等多种因素。

　　回眸 50 年前，铺轨综合图设计由人工进行计算和绘图，要计算成千上万个钢轨面标高、曲线超高、竖曲线改正值等数据，设计效率低、还容易出错，加上校核，工作量大，相当烦琐。即使计算出结果，人工绘制也很麻烦。

　　随着计算机技术的普及和发展，于 1988 年 UCD 轨道专业研究开发自动生成铺轨综合设计图的计算机程序，快速、高效、确确、图面整洁。在使用过程中进行了不断的优化、完善，目前已成为一套完整、成熟的铺轨综合图设计软件，大幅度提高了设计效率及准确性。该程序已广泛应用于城市轨道交通设计中，得到了建设单位及轨道施工单位的高度认可。

2.11.1　铺轨综合图设计内容

　　铺轨所需每一个加密基标所在里程的轨面标高、曲线超高、竖曲线改正值、扣件、道床的类型、轨条布置等。

　　1）钢轨轨面标高：是指里程增加方向的右线右股钢轨和左线左股钢轨的轨面设计标高（含曲线超高及竖曲线改正值）。

　　2）曲线超高：是根据不同轨道类型判断是半超高或全超高，确定超高值。曲线超高值在缓和曲线内递减，无缓和曲线或长度不足时，在直线段递减。

　　3）轨条长度：轨条布置根据无缝线路设计，在铺轨图中分别绘制长轨条、缓冲区、道岔区、钢轨伸缩调节器

2.11.2　铺轨综合图计算机程序编制

1. 程序结构和系统功能

1）程序结构

根据基标计算所用的基础数据和输出数据及关系，见图 2.11-1。

程序主要是将各项计算公式编制为计算机语言，前端设置自动读取数据的功能，后端设置自动输出结果并绘图的功能。可通过程序运行界面输入必要的数据，并运行程序后，

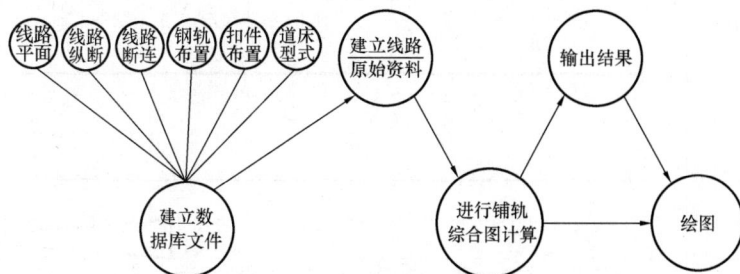

图 2.11-1　基础数据和输出数据及关系

系统可自动运算出基标所对应的轨面标高。

程序编制采用了模块化设计方法，编写了十一个模块，每个模块相对独立，给程序调试带来了很大方便，也给软件后续的维护和升级留有条件。

2）系统功能

程序的功能分为三大部分，即基础数据的录入及修改功能，系统的运算功能和系统的输出功能。

（1）基础数据的录入及修改功能

基础数据主要是指线路平面及纵断面设计资料，对此基础数据程序设置了存储功能和修改功能，可以方便地调用数据和修改数据。

（2）系统程序运算功能

程序根据输入的基础数据，计算出每个加密基标点对应的轨面标高。

由于铺轨程序不仅针对直线段，还要适用于圆曲线、缓和曲线地段，这就要求计算机像人工一样自动对计算对象进行判断。因为不同曲线段需要不同的运算公式及方法，如何使程序编得紧凑、合理、正确，关键问题是设置好周全的逻辑判断。为要计算的点做"平面及竖向定位"，找出它所在的平面曲线、竖曲线改正值和超高，计算出它所对应的改正值，编制好曲线超高及竖曲线改正值的程序框架图，进行一系列的程序运行，即可得到每一个基标对应的轨面标高。

2. 系统输出功能

1）在屏幕上显示计算结果。

2）将设计结果、点间距、竖曲线改正值、曲线超高、设计坡度、轨面高程等形成表格备用。

3）将基础数据，即平面、纵断面资料和计算结果输出，形成综合数据文件供 CAD 绘图使用。

4）自动绘制成铺轨综合图，包含轨面标高、竖曲线改正值、曲线超高、扣件、道床的类型、轨条布置、绝缘节头位置、线路平面、纵断面、里程等铺轨所需的数据，见图 2.11-2。

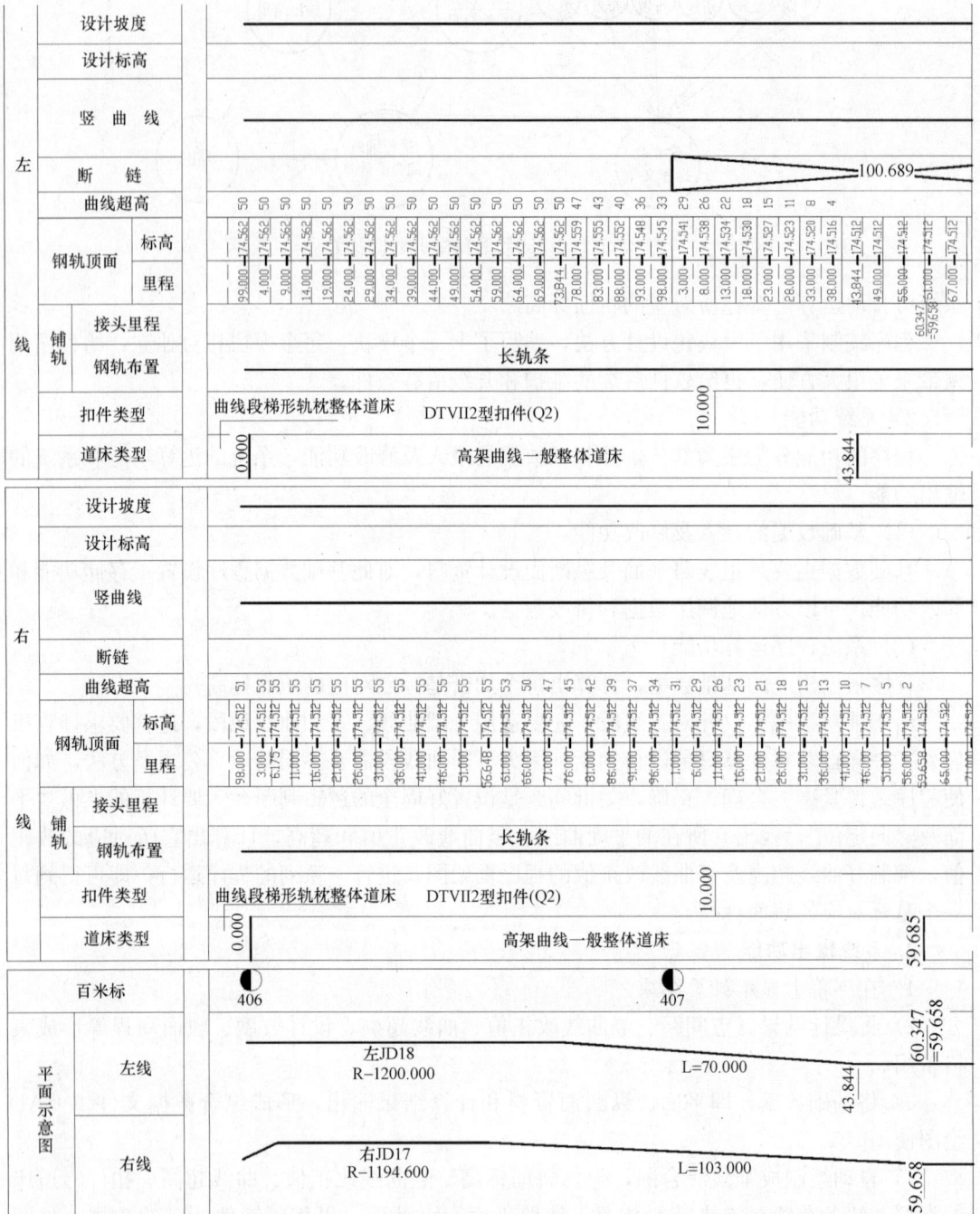

图 2.11-2　铺轨综合图范例

2.12 轨道附属设备及安全设备

2.12.1 轨道附属设备

1. 线路及信号标志

1）线路标志

隧道内及高架桥、地面线线路标志有百米标、坡度标、曲线要素标、平面曲线起终点标、竖曲线起终点标和控制基标等。一般材料为反光材料，白底黑字，安装在司机易见的隧道墙上和桥上护栏上。地面线的线路标志参照国家铁路规定设置。

2）信号标志

有关信号标志有限制速度标、停车位置标、终点停车标和警冲标等。信号标志均为反光材料。

北京、上海等地铁采用上述标志，使用效果很好。

2. 道口

车辆段库内需设置横通道，库外需设置平交道口，结构类型主要有预制混凝土板道口、现浇混凝土整体道口、橡胶道口，见图 2.12-1。

图 2.12-1 各类道口
(a) 预制混凝土板道口；(b) 现浇混凝土整体道口；
(c) 现浇沥青混凝土整体道口；(d) 橡胶道口

1）预制混凝土板道口

传统的预制混凝土板道口主要有甲、乙、丙三种，采用不同规格的预制混凝土板直接铺设在道口的碎石道床轨枕上部，顶部与轨面平齐，道口板与钢轨踏面之间设轮缘槽。

2）现浇混凝土整体道口

钢筋混凝土或沥青混凝土整体道口，整体性好，耐用。混凝土整体道口地段轨道结构采用整体道床，需对下部基础进行加强处理，以防止沉降过大引起混凝土开裂。

3）橡胶道口

橡胶道口是一种新型的道口，这种道口采用橡胶道口板替代传统的钢筋混凝土道口板，道口板可根据所采用的轨枕类型加工制造，具有质量轻、整体性好、美观耐用等特点。新建线多采用橡胶道口。

4）横通道

为保持美观，库内横通道一般采用与库内整体道床一致的现浇混凝土型式。

2.12.2　安全设备

1. 车挡

车挡虽是轨道系统附属设备，但随着城市轨道交通运营中事故的出现以及安全性标准的日益提高，城市轨道交通研究设计及管理部门对车挡的重视程度越来越高，使车挡技术也在不断快速发展。

1）正线及试车线、牵出线车挡

国内城市轨道交通目前已运营及在建的城市轨道交通中，正线多采用了传统的缓冲滑动式挡车器，该挡车器具有结构简单、性能良好等优点。当列车以规定速度撞击后，挡车器能滑动一段距离，能有效地消耗列车的能量，一般情况下能保障车辆及人身安全。

但是，这种挡车器在撞击的瞬间，制动力存在一定的突变，见图 2.12-2a，如果制动力突变过大，可能导致车辆的损坏及人员的伤害。

为此，国内有关单位研制开发了新型的长行程液压挡车器，这种挡车器的制动力曲线变化平缓。此外，这种挡车器占用线路长度相对较短，并具有自动复位及事故报警、记录等功能，可大大缩短事故处理、恢复运营通车的时间，但由于液压油缸等关键设备需进口，故造价较高，单台挡车器造价约 80～100 万元，虽然因为占用线路长度较短而节约部分土建费用，但通过综合造价分析可知，这种挡车器的综合成本仍然偏高，见表 2.12-1。一般仅在线路长度受到严格限制的地段采用。

液压长行程挡车器与缓冲滑动挡车器性能价格比较　　表 2.12-1

车挡类型	液压挡车器	传统缓冲滑动挡车器
撞击特性	撞击力随列车动能而变化	撞击力固定且有突变
占用长度（m）	9.50	12.20
土建造价（万元）	38.00	48.800
车挡购买成本（万元/座）	80.00（关键部件需进口）	4.00
轨道造价（万元/座）	0.60	2.44
设置车挡综合成本（万元/座）	118.60	55.20

液压缓冲滑动式挡车器在传统缓冲滑动式挡车器的撞击部位设置一台小型液压油缸，具有了液压挡车器的制动力特性，见图 2.12-2（b），造价也大大降低，单座约 9 万元，这种新型挡车器已在国内城市轨道交通新建线中广泛使用。

2）车场线车挡

目前国内停车场及车辆基地常用的车挡类型主要有月牙式车挡、摩擦式车轮挡、固定式车挡等，见图 2.12-3。月牙式车挡是通过设置在线路尽端的月牙形结构阻挡车轮，达到挡车的目的。这种车挡结构简单，体积小巧，占用库内空间小，价格低。但是，在地铁

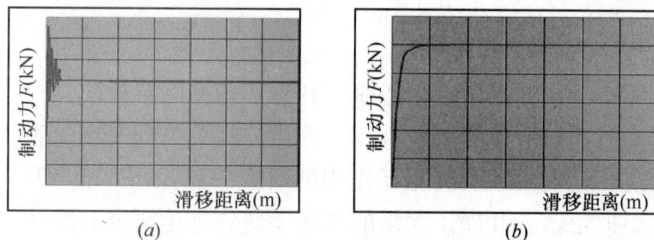

图 2.12-2 城市轨道交通正线车挡制动力曲线

（a）传统滑移式挡车器制动曲线；（b）新型液压缓冲式挡车器制动曲线

车辆车轮的前部一般设有车载信号设备，新型车辆还设有裙边，一旦发生碰撞，月牙式车挡将首先撞击车辆裙边、然后撞击车载信号设备，最后才撞击车轮。

固定车挡、固定液压挡车器，在库内低速情况下即使发生意外撞击，对车辆的损坏程度很小。但这两种车挡的体积都较大，排列在库内线路尽端的横通道上，不美观，且对维修人员出入检查坑也有妨碍。

针对这种情况，国内已开发出了一种全新的摩擦式车轮挡。这种车轮挡轨面以上部分的高度为 150mm，车轮挡在车辆车轮的冲击下，可以向前滑移至终端挡卡停止。

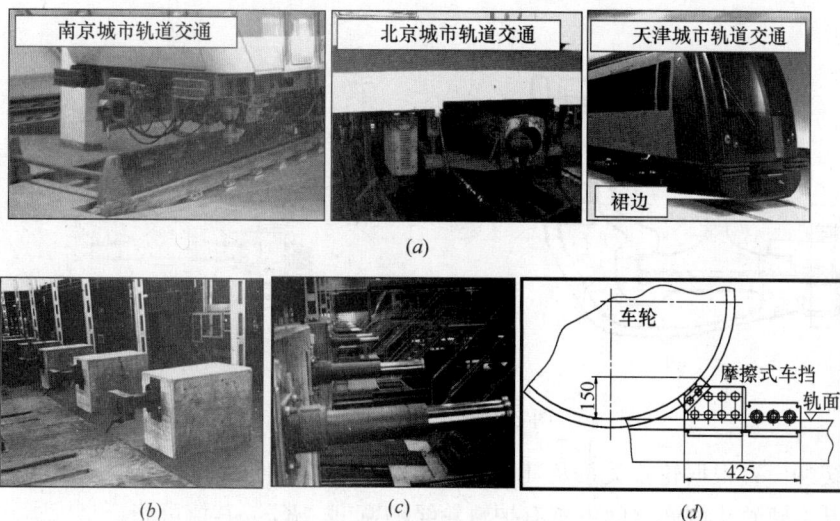

图 2.12-3 库内各类车挡

（a）库内线月牙式车挡及其车辆裙边、车载信号设备之间的关系；（b）库内线固定车挡；
（c）库内线液压固定挡车器；（d）库内线新型摩擦式车轮挡

假设车轮轴重为 Q，车轮受到的制动力 F 等于摩擦块滑移的阻力 F_m，则当 $F \times y < Q \times x$ 时（式中 y 为车轮轴心与摩擦式车挡顶部的高差、x 为车轮轴心与摩擦式车轮挡顶部的水平距离），车轮将不会越过车挡，并推动车挡滑移，直至停住。新型摩擦式车轮挡既具有了月牙式车挡的体积小巧等优点，又避免在意外撞击时对车载设备造成损坏。按行驶速度 3km/h 的 4 辆空载编组列车计算，车轮挡的滑移距离约 1.5m，需占用线路长度 2~2.4m。

库外线多采用框架固定式车挡，占用线路长度 1.5m。

2. 护轮设备

1）防脱护轨

北京铁科轮轨安全设备技术研发中心研究开发成新型防脱护轨。

根据铁路轮轨动态几何内接关系及其相互作用原理，与列车车轮脱轨与轮轨磨耗及伤损的力学机理，从改善轮轨关系及其相互作用的研究思路入手，自 1995 年以来与有关铁路局合作，对"新型护轮轨"开展了大量的现场调研、理论研究、设计、试制与室内外科学试验，以及现场安装铺设试用等研制工作后，于 1998 年研制成功新型护轨即防脱护轨，具有抗横向弹性变形，减少小半径曲线轨道外股钢轨轨头侧面磨耗与接触疲劳伤损；还能有效增强轨道框架结构横向稳定性；可以改善列车运行时的横向摇晃（即蛇形运动）提高运营乘客舒适度；防止列车车轮脱轨。于 1998 年通过铁道部科技成果鉴定，并已获得三项国家专利。

（1）新型护轨构造

"新型护轨"主要由护轨与护轨支架等组成，见图 2.12-4。护轨采用特制的双头护轨（或标准轻轨），双头护轨可以倒边使用，使用年限长。护轨支架采用精密铸钢（或模锻）制作，基本轨轨底两侧边设有绝缘缓冲高强垫片，护轨与支架之间设有横向弹性调距垫块，护轨采用相应型号的接头夹板（或绝缘夹板）连接。

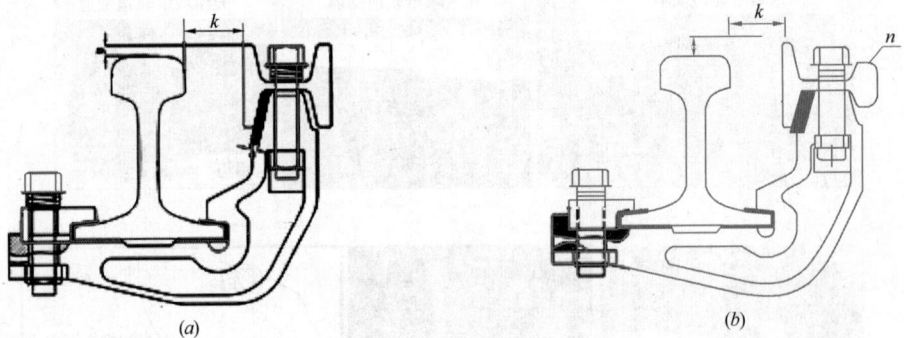

图 2.12-4　新型护轨构造

护轨缓冲段；根据轮轨关系及其相互作用原理，按照使用条件及其功能的要求在护轨工作边与基本轨轨头侧面之间设置有护轨轮缘槽宽度"K"，其值可调。

新型护轨分两种，一为防脱护轨；二为防脱减磨护轨。

"新型护轨"与"旧式护轨"相比较，具有如下创新与特点：

① 护轨不与轨下基础发生直接的紧固关系，通用性好，现行各种类型轨道（无论新建或既有线）均可安装使用；

② "新型护轨"既能可靠地防止列车车轮脱轨事故的发生，又能显著减少小半径曲线外股钢轨轨头的侧面磨耗与接触疲劳伤损；还能减轻轮轨之间的摩擦高频噪音；改善车体构架的横向摇晃，抑制车体蛇形运动，提高舒适度；

③ 根据轮轨动态几何关系及其相互作用原理，"新型护轨"设有合理的轮缘槽宽度"K"，其值采用横向缓冲弹性垫块可调整（5～17.5mm），以适应不同的使用条件与使用功能要求（例如不同半径曲线及不同列车运行速度等）；防脱新型护轨轮缘槽宽度"K"

值的设置，其工况特点：在轮轨均处于正常工况运行条件下，防脱新型护轨工作边与车轮轮缘背不发生接触；

④ 新型护轨装置设有合适的横向弹性组合刚度，当车轮轮缘背与护轨工作边一旦接触，发生相互作用力时，护轨将产生横向弹性变形，使轮轨之间相互作用的动态横向力具有柔性效应；

⑤ "新型护轨"采用双头专用护轨或标准轻轨加工后作护轨，将护轨旋转 90°，采用的是护轨断面 X（水平轴）轴的惯性矩 I_x，作为护轨梁抗横向弯曲变形的刚度；这与旧式护轨采用钢轨断面竖直轴的惯性矩 I_y，作为护轨梁抗横向弯曲变形的刚度相比较，对于同型号、相同质量的护轨而言，新型护轨抗横向弯曲变形的能力，可提高 6 倍左右；

⑥ 基本轨的轨底两侧设置有绝缘缓冲垫片，同时当走行轨设有绝缘接头，在其相应的护轨接头处也设有护轨绝缘夹板。起到双重绝缘设置，以确保轨道信号电路的使用要求。

⑦ "新型护轨"的支架底部表面与地绝缘，能减少迷电流对轨道部件的电腐蚀伤损；

（2）新型护轨推广使用情况

"新型护轮轨"国家专利产品自 1999 年开始，在全国轨道交通线上（含国铁、城轨交通、厂矿专用线），逐步大量推广应用。1999～2010 年十一年来，共安装使用"新型护轨" 3568 多处，其中：安装在小半径（$R=120～650m$）曲线轨道上使用的有 3146 处；安装在特定地段（如高架轨道跨越铁路、公路干线及河道、特长隧道、桥隧成群及高路堤的高危地段等）约 422 处；"新型护轨"累计已安装使用 365.8km，见图 2.12-5。

其中，在城市轨道交通北京、深圳、上海等 8 个城市已安装使用"新型护轨" 1547 处，155.2km，见图 2.12-6。

图 2.12-5　重庆嘉陵江铁路大桥防脱护轨

图 2.12-6　深圳地铁防脱护轨

在国铁成都、北京、太原、呼和浩特等 8 个铁路局管内的干线轨道上，已先后安装使用共计约 18.8 万 m。其中，防脱新型护轨约 16.4 万 m，减磨、防脱新型护轨约 2.4 万 m，新型护轨多安装使用。

在小半径曲线（$R≤650m$）、跨江大桥（例如遂渝线准高速铁路跨重庆地段的嘉陵江大桥）、高路堤（堤高 6m 以上）及特长隧道例如兰（州）—武（威）二线（上行），乌鞘岭隧道长 20.5km 等特定地段也均安装使用。

　　"新型护轮轨"还先后在武钢、包钢等十家钢铁企业；大同、大连港口等多个厂矿专用铁路轨道上使用，多安装在 $R=125\sim350m$ 的小半径曲线，运行特种大型货车（轴重 $25\sim46t$）的 $60kg/m$ 钢轨有碴轨道上，见图 2.12-7。

　　（3）"新型护轨"实际使用效果

　　通过调查回访，一致认为："新型护轨"结构设计合理，通用性好，现行的各种轨型、枕型的轨道均可安装使用；且具有多种实用功能；安装与拆卸简便；容易保养维修；安装使用后取得了良好的技术经济效益。

图 2.12-7　大连港口防脱护轨

　　防脱"新型护轨"能可靠防止列车车轮爬轨（或跳轨）脱轨事故发生。凡是已安装使用了新型护轨的地段，无论是以往曾发生惯性脱轨事故的地段，或其他十分担心害怕发生脱轨的地段，从未再发生过列车车轮脱轨事故。

　　① 大连市城轨交通 202 电车轨道，进行现代化快速改造开通运营后不久，于 2004 年 7 月～8 月期间，在小半径曲线（$R=250\sim400m$）轨道上，先后发生了 4 次列车脱轨事故，造成了很大的经济损失，产生了不良的社会影响；随后邀请有关专家参与对脱轨事故

图 2.12-8　大连 202 快轨防脱护轨

进行了调查研究，对脱轨原因各持己见，最后与会者一致建议：在 202 路快速电车轨道半径 $R=250\sim450m$ 的曲线轨道上，安装"新型护轮轨"。于 2004 年 11 月完成一万多延米的紧迫安装任务后，开通运营，至今已 10 多年，在已安装"新型护轮轨"的地段，未再发生过车轮脱轨事故。据实地调查，现场工务人员一致反映："新型护轨"运营使用效果很好，安装后，不但从未再发生过脱轨事故，而且还显著减少了小半径曲线外股钢轨侧面磨耗与接触疲劳伤损，有效降低了列车通过曲线时轮轨之间摩擦噪声；有砟轨道的维修养护工作量也大为减少。因此，大连市轨道运营总公司领导决定将跨越主要公路干线的高架桥的有砟轨道上，对已安装了旧式护轮轨的地段，再安装上"新型护轨"，见图 2.12-8。因为列车车轮脱轨后，通过已安装的旧式护轮轨的梭头后，已脱轨车辆势必还将发生倾覆，在城市轨道交通、人、车流量大，建筑密度高，车辆发生颠覆将产生灾难大事故。

　　② 北京地铁 1 号线古城车辆段出入库线的小半径 $R=190m$ 曲线轨道上，曾在 2004 年发生车辆脱轨事故。自 2005 年安装防脱轨新型护轮轨后，至今 10 年多从未再发生脱轨事故。

　　③ 成都铁路局管内 6 条铁路干线，地处西南山区曲线较多，半径较小，在不断要求提高客、货列车运行速度，而客货列车速差越来越大；同时还要求发展大轴重、大运量的

铁路运输新形势下，铁路轨道承担的任务一年比一年繁重。在安装使用新型护轨之前，列车在小半径曲线轨道上脱轨事故，每年都时有发生。如仅成渝线 1996～2000 年期间，在 $R=250～450m$ 小半径曲线上，曾先后发生了 12 次列车车轮脱轨事故，造成了巨大的经济损失与恶劣的影响。

2000 年成都铁路局局务会议与局安委会研究决定安装使用"DPII-60 防脱新型护轨"。自 2001 年开始，经过三年多的不懈努力，完成了铁路局管内 6 条铁路干线，小半径曲线轨道安装防脱新型护轮轨的任务。经多年的使用效果表明：凡是已安装使用新型护轨地段的轨道结构均获得了有效加强，增强了轨道结构横向稳定性，减少了轨道维修工作量，降低了轨道运营投入成本，至今 10 年多，从未再发生过列车车轮脱轨事故。

④ 武钢三炼钢厂连铸区域 6 号线（60 轨道、大轴重专用车）在 1997～1998 年期间运输钢水包的大型车（轴重 46t），曾先后发生两次车轮脱轨重大事故，严重影响钢铁生产，每次造成直接经济损失约 70 万元；自 1999 年安装使用"新型护轮轨"后，至今 10 多年，未再发生过车轮脱轨事故，解决了武钢铁路运输安全保产的突出问题。

⑤ 有砟轨道安装新型护轨后，轨道结构的承载能力与稳定性均已获得提高，线路日常维修养护 DPIII 弹性防脱减磨"新型护轨"，在小半径曲线轨道上安装使用后，确实能显著减少小半径曲线外股钢轨侧面的磨耗与接触疲劳伤损，大幅度延长了曲线外股钢轨的使用寿命延长约 2 倍以上；还能起到减小列车通过小半径曲线时的横向摇晃，降低轮轨之间的摩擦噪声。

据乘务司机及工务添乘人员实际感觉在小半径曲线上安装新型护轮轨后，与过去相比较，列车的横向摇晃明显减弱，轮轨之间的摩擦尖叫声有所降低。这是由于护轨适当分担了一部分导向轴的外侧车轮轮缘作用于曲线外股钢轨的横向力；护轨对导向轴内侧车轮轮缘背的反向作用力，发挥了有利的导向作用，使该导向车轴在双导向力作用下通过曲线，势必较前顺畅；且护轨具有横向弹性变形，使轮轨之间的相互作用力具有柔性效应之故。

⑥ 新型护轨安装后，能明显减少有砟轨道维修养护工作量。提高了轨道框架结构的稳定性，增强其横向承载能力。获得良好的经济效益。

煤运重载干线的小半径曲线有砟轨道上，安装"新型护轮轨"之后，现场认为：由于小半径曲线轨道，整体结构抵抗横向变形的承载能力获得有效提高约 34%，使轨道维修养护工作量大大减少约 30%；曲线轨距较易保持，轨距拉杆从未再发生折断，曲线外股钢轨的外侧扣件的尼龙挡板座，没有再发生损坏或挤出现象（过去轨距杆断裂及挡板座损坏或挤出十分严重）；曲线圆顺度保持较好，起道捣固与改道的工作量大大减少。

(4) 存在的主要问题及对策

10 多年来，新型护轨在安装使用中，据调查尚存在的问题：

① 新型护轨安装在曲线下股钢轨轨头里侧后，使护轨下边有一个 PC 枕扣件螺母的松、紧作业产生困难，若仍采用现场常用的 T 形扳手，则无法进行作业。

② 有砟轨道，在轨头里侧安装新型护轨后，其护轨下边的道砟捣固养护作业困难。可采用已配套开发的棘轮式螺母松（或紧）平扳手，见图 2.12-9，将其在水平方

向从护轨下边缘与扣件螺栓顶部之间放入，套在螺母上即可轻松地进行螺母松动上紧作业。

有砟轨道安装新型护轨后，轨道结构的承载能力与稳定性均已获得提高，线路日常维修养护作业方法及工具，也应改进，应少用（或不用）人工捣固进行线路维修工作，而采用垫（板）垫（小砟）结合，采用手提内燃捣固机或电镐捣固机，见图 2.12-10。

图 2.12-9　棘轮式平扳手　　　　　　　　图 2.12-10　手提式内燃捣固机

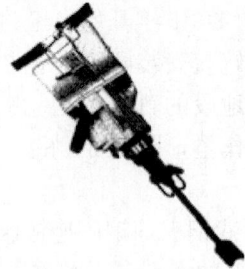

（5）"新型护轨"推广应用前景展望

根据推广应用新型护轨的实践经验表明，无论是既有线路、新建线（含国铁、城市轨道交通、厂矿企业及港口专用铁路等）的较小半径曲线及特定地段的直、曲线轨道，均能安装使用新型护轨。今后在我国铁路和城市轨道交通上，该项新技术会更多推广应用，将取得更加显著的技术经济效益与社会效益。

2）护轮矮墙

若不设置防脱护轨，可设置护轮矮墙。

护轮矮墙一般设在高架桥两条线路必要地段的外侧，钢筋混凝土结构，其高度一般与轨面同高，宽度 200～250mm，内部适当设置钢筋。护轮矮墙不得侵入设备限界。

短枕式整体道床因中间设有通长沟槽，能起到挡车轮作用，可不设置护轮矮墙。长枕式整体道床需设置护轮矮墙。

2.13　轨道结构设计与施工常遇到的技术问题及处理对策

2.13.1　设计细节问题及处理对策

设计细节问题及处理对策，见表 2.13-1。

设计细节问题及处理对策　　　　　　　　　　　　　　表 2.13-1

序号	问题	问题简要描述	当时的措施	预防或处理对策
1	轨道设备尽量统一、标准化	有的轨道设计单位不考虑设备尽量统一标准化问题，新设计线路的扣件、道岔等与既有线的不一致，给轨道维修带来麻烦。若既有线轨道设备存在不足，可以优化改进，应采用同类型设备	评审专家、施工图设计审查均提出应采用与既有线同类轨道设备，设计单位未采纳	建设和运营较多线的城市，应有轨道设备通用图，这样才能达到一个城市轨道设备的统一、标准化。国内地铁建设发展很快，应有地铁轨道设备的通用图，才能提高设计和设备产品的质量

续表

序号	问题	问题简要描述	当时的措施	预防或处理对策
2	设计端点应考虑存水的问题	某工程为方便今后二期工程的衔接施工,尽量减少拆除工作量,道岔后端附带曲线未施工,形成一片低洼地,产生积水	将低洼地填筑至道床排水沟面,防止积水	某一工程若远期需延伸,一期工程终点又在地下,在考虑尽量方便远期衔接外,还应考虑施工时因排水设施尚未启用,或运营期间有积水,应采取避免积水的设计,或者在端部道床做防水处理。其他对于道岔区、盾构井、车站及其两端、隧道断面变化处以及U形槽两端的道床排水设计也应尤其要注意,不要遗留排水死角
3	既有线改造应充分考虑既有的条件	某既有线改造,道岔要利用既有整体道床,新道岔需适应原基础,因缺乏改造设计经验,未重视道岔现有基础的误差(共13组该道岔的尺寸均不相同。道岔全长上、下股差达43mm;a值19mm、b值22mm。配轨与设计长度差达30mm,基本轨螺栓孔与设计位置差最大达到38mm),使改造的新道岔基本轨钉孔与现场不符,部分无法安装	由工务段提供标准钢轨现场配做,现场配钻钢轨螺栓孔	对既有线改造工程,首先一定要对现场的情况进行详细充分的调研。无法调查或现场情况较复杂时,改造设计方案应具有足够的兼容性,部分制作工序可安排在现场进行,以确保现场能顺利安装
4	工务用房等设计	不同工程的工务用房、定员及工务设备目前尚无规范与标准,运营维修管理部门的意见也往往基于他们的角度与利益,不客观,各项目设计基本都是抄来抄去,无法评价其实用性	一事一议	需对运营维修管理进行深入研究,在此基础上制订一个比较切合实际的标准,这是一个复杂的课题
5	施工图设计工程数量统计	不同工程、不同设计者工程数量表格式不统一,工程数量统计富余量考虑也不一样,多数按构造数量统计,不给富余量。先按构造数量统计,适当考虑富余量	初步设计按概算专业需要和施工图设计按业主招标要求统计	宜统一严格按照如下方式统计工程量:首先按构造数量精细计算。根据业主需求可在招标文件中体现不同轨道设备及材料的损耗量按相关规定考虑合理的富余系数。所考虑的富余系数在数量表后加以附注作为建议值,则在任何情况下工程量都可追溯、说得清
6	延伸线设计	如今很多地铁有延伸线。在延伸线设计中,往往引用前期工程设计文件,而未仔细分析延伸线与前期工程的区别,照抄照搬,造成较大失误或图面细小错误	校审或外部审查发现后修改	不能想当然地将延伸线当作前期工程的简单延伸,而应在方案阶段及每一册图纸开展设计前,先对二者的原则与细节的区别进行深入研究设计,杜绝盲目全盘拷贝前期工程的现成设计文件

序号	问题	问题简要描述	当时的措施	预防或处理对策
7	道岔尾的工程量统计	道岔尾4m多长度范围内的扣件及岔枕一般包含在道岔范围内,而钢轨则需单独计算,在工程量的长度统计中,一般将此部分长度计入区间线路,从而多计算了扣件、轨枕和道床	因数量较小,暂未因此发生过计量纠纷	应首先严格按构造数量进行精细的统计,在此基础上再考虑合理的富余量
8	直线电机轨枕间距与土建的协调	某正线枕间距初设为695mm,后按专家建议调小到675mm,考虑了25m轨排组装的方便,车辆也对675mm进行了确认,但后来发现全线80%的梁跨是30m的整数倍,若轨枕间距采用667mm,能被30m整除,则可减少轨枕上安装的感应板长度规格,随即通过项目组向车辆提出,但未被接受	仍采用的是675mm,即使直线地段的30m梁,感应板也需多种规格	枕间距采用667mm虽增加了轨排组装的不便,但轨排组装只是临时的,而减少感应板规格利于长期运营,可见枕间距667mm对整个系统是最优的。在特殊情况下,不能仅局限于轨道本身,而是站在整个系统的高度,可适当让步和包容,对整体更为有利
9	轨底净空不足	某工程弹簧浮置道床段采用无枕式设计,钢轨通过扣件与道床直接联结,轨下净空不足,加之个别弹簧浮置道床套筒垂向位置不满足设计要求,超出道床面高度过大,列车经过时,钢轨下沉与弹簧浮置道床金属外套筒相接触,产生放电现象,致使钢轨重伤。列车荷载的反复作用下造成钢轨折断	对断裂和重伤钢轨进行换轨处理,并对突起的金属外套筒进行绝缘处理	尽量不采用无枕式道床结构,困难情况下,也应保证轨底与道床面间的距离不小于70mm

2.13.2 轨道产品细节问题及处理对策

轨道设备产品细节问题及处理对策,见表2.13-2。

轨道设备产品设计细节问题及处理对策 表2.13-2

序号	问题	问题简要描述	当时的措施	预防或处理对策
1	轨枕开裂	某线工程轨枕在距轨枕底部4~5cm处出现不规则裂纹,裂纹普遍长40~80cm不等,全线裂纹共计842处,约占该轨枕地段的25%。轨枕是预应力混凝土结构,出现裂纹易导致轨枕强度降低,并造成钢筋锈蚀,对运营安全造成隐患	对损坏的轨枕进行灌浆修复	设计文件中明确预应力混凝土结构的预应力筋放张时,混凝土强度应符合设计要求,且不应低于设计的混凝土抗压强度标准值的75%

序号	问题	问题简要描述	当时的措施	预防或处理对策
2	轨枕下道床混凝土不足	因隧道结构和桥面施工出现公差超限，设计规范未规定轨枕下道床混凝土厚度不小于多少值。施工多凿除超限部分结构和桥面。应规定轨枕下道床混凝土厚度小于多少值时，再凿除结构和桥面的影响部分	现场多凿除超限部分结构和桥面	建议规定轨枕下道床混凝土厚度小于70mm部位，再凿除结构和桥面的影响部分。这样既能满足整体道床强度，又减少凿除的麻烦

2.13.3　设计文件细节问题及处理对策

设计文件细节问题及处理对策，见表 2.13-3。

设计文件细节问题及处理对策　　　　　　　　　　　表 2.13-3

序号	问题点	问题简要描述	当时的措施	预防或处理对策
1	制图标准	缺乏统一的制图标准格式	—	既有图纸可维持不变，新设计的图纸采用新制订的标准格式
2	CAD绘图细节	使用CAD镜像功能时粗心大意造成图面中弹条、螺栓、套管位置或形状错误，其中以套管位置错误带来的后果最为严重，某车辆段曾因此引起检查坑柱顶套管预埋错误，扣件无法安装	临时加工对称的铁垫板以适应埋错的套管	设计、校核一定要细心细心再细心，审核、审定也不能麻痹大意
3	施工图设计数量统计	有的施工图设计的工程数量不按施工标段划分进行统计	补充按施工标段的工程数量	施工图设计应以满足施工所需为目标，应按照施工标段的划分计算工程数量

2.13.4　接口关系问题及对策

接口关系问题及处理对策，见表 2.13-4。

接口关系问题及处理对策　　　　　　　　　　　表 2.13-4

序号	问题	问题简要描述	当时的措施	预防或处理对策
1	泵房处排水沟顺坡	多个工程泵房未设在正常水沟的最低点，使道床排水沟需要进行与线路坡度不一致的顺坡设计，给设计和施工带来麻烦	进行排水沟顺坡设计	初步设计、施工图设计阶段线路、轨道、给排水专业密切沟通，将泵房设在道床排水沟最低点

续表

序号	问题	问题简要描述	当时的措施	预防或处理对策
2	浮置道床地段安装信号应答器	某工程信号系统每隔一段距离需在轨道中间设应答器，但信号专业未提出相应的安装要求，而此前轨道系统设计也未遇到这种情况，浮置道床地段轨道中间部分几乎与轨面平齐，未给应答器预留安装空间	对需安装应答器部位的浮置道床进行局部开凿孔	每个工程在初设时即与相关专业初步沟通，了解相关专业的轨旁设备（如采用移动信号系统的，一般需在轨旁设置相应设备）并提出对轨旁设备的初步技术要求；在施设中向各轨旁可能安装设备的专业提供不同地段的详细轨道结构设计资料，与相关专业就轨旁设备安装进行详细的协商；做好图纸相互会签
3	道岔区设人防门	某工程人防专业对地铁道岔结构不太熟悉，使人防门设在了轨道结构复杂的道岔区内，无法实现预先的设防等级	将人防门过轨孔扩大，人防等级降低为战时封堵	每个工程初步设计及施工图设计阶段，轨道专业均应向人防提供道岔位置及主要尺寸及功能条件，协助做好人防门位置选择；有人防设计资质的单位很少，这么做也有助于增进人防专业对轨道的认识
4	轨连线与钢轨的连接方式	信号或供电轨连线在轨腰焊接，由于操作不规范，没有检验验收标准，致使轨腰钢轨金相组织被破坏，低温季节引起断轨；部分工程的轨连线甚至在无缝线路的轨底上焊接，造成安全隐患	有断轨时按维修规则进行临时修复	应在初步设计及施工图设计两个阶段均与相关专业进行沟通，首先是尽量不采用焊接方式，而采用塞钉方式，若必须采用焊接方式，则应向相关专业提出一系列技术要求，以确保轨道安全
5	道砟内埋设电缆井	信号或供电的电缆井很随意地设在碎石道床地段的道砟内，占用道砟及砟肩的空间，影响道砟的密实度及捣鼓作业，成为轨道不稳定因素，此前轨道专业与相关专业一般不在此问题上沟通，在设计及施工阶段均不太得到重视，但运营部门接收时很关注	竣工验收时改移或作为隐患点单独列出	应在初步设计及施工图设计两个阶段均与相关专业进行沟通，向他们提出轨道碎石道床的断面及对电缆井埋设位置的要求
6	道岔区出现结构变形缝	道岔区下部结构（隧道/桥梁）设变形缝或伸缩缝，长期运营条件下的差异变形将引起道岔病害，一般在设计中也会与土建专业进行一些协商，但由于整个工程持续时间长，土建专业的变化不一定能得到及时跟踪或沟通，便可能导致结构缝设在道岔区，等发现时，可能土建已经施工完毕，从而引起返工、变更或遗留隐患	挪移道岔位置、土建结构加强以防止差异变形、取消变形缝等	应在初步设计及施工图设计两个阶段与结构及桥梁专业进行沟通，尤其是在施工图设计阶段，要保持不断跟踪，尽量让隧道桥梁的结构缝避开道岔区，若实在无法避开，则要求采取措施减少缝两侧的差异变形，也有难以处理的情况比如车站两端，则只能由轨道采取特殊设计，成为将来运营维修管理的薄弱点
7	曲线轨道跨整碎分界	线路应尽量避免将同一曲线设计为跨地下及地面或地面及高架，以免成为轨道病害	将整个曲线地面段做成整体道床	应在初步设计及施工图设计两个阶段均与线路专业保持密切沟通，避免同一曲线跨不同轨道结构，若实在无法避免，则应考虑将该曲线地面段做成整体道床

序号	问题	问题简要描述	当时的措施	预防或处理对策
8	曲线轨道跨不同结构的超高方式处理	地下线采用半超高、地面线及高架线采用全超高时，若正好有曲线同时位于地下线和地面线或高架线，则该曲线的超高需按较易实现的方式设置，比如当通常采用半超高方式的该曲线地面线或地下段也采用高架线常用的全超高方式进行设置，铺轨图上尤其要注意，有施工单位曾安排两个不同的施工队，结果其中一个施工队自作主张将应采用全超高的曲线做成了半超高	施工错误时，采取调坡的方式进行处理	设计、校核一定要细心细心再细心，审核、审定也应特别注意；对于超高设置的特殊之处，一定要有明确的描述确定，复核时要认真核查，施工交底时要特别强调说明
9	限界对站台范围的轨道误差要求	根据限界专业的要求，站台边缘与线路中心线的距离误差为（0，+10mm），因只能为正公差，故站台边缘一般在轨道铺设并精调后才施工，而站台边缘施工后，则按限界专业的要求，轨道中心线不能再向站台一侧偏移，则此后的轨道调整及运营维修过程中，轨道均不得向站台一侧偏移，以前的工程中，限界专业并未向轨道专业提要求，只是由于轨道调整量一般并不大，故未出现过问题	还未发生列车剐蹭站台边缘的事故，故未采取过措施	应在施工图设计阶段让限界专业提出站台范围内轨道养护维修偏差的特殊技术要求，并将此要求写入施工图设计技术文件
10	高架桥道床与梁端止水带的连接	桥梁端部需设止水带，止水带的压条往往凸出梁面150~200mm，与轨枕布置有冲突，在接口协调不深入的情况下，止水带压条做好后，铺轨时还需将道床范围内的压条凿除，接口协调好的工程，可让桥梁事先预留出道床范围内的压条		应在初步设计及施工图设计阶段与桥梁专业保持沟通，尽量不让压条凸出梁面，若不得不突出，则需协商好道床与压条重叠的范围，让桥梁专业将重叠部分事先预留，在道床施工时再一同浇筑
11	车辆段轨道与站场的关系	车辆段轨道与站场的接口关系有些不清晰、不统一（平交道、轮对存放线）		应在初步设计及施工设计阶段与车辆段相关专业保持密切沟通，落实接口关系：确定平交道口（宽度2.5m）之间的道路、天车设备的走行轨不由轨道专业设计，洗车设备的走行轨可勉强由轨道专业设计；库外线轨道结构高度要按最高的提（木枕最低、混凝土枕其次、岔枕最高）；墙柱式检查坑以轨面高度以下500mm为界面

续表

序号	问题	问题简要描述	当时的措施	预防或处理对策
12	过轨管线下穿钢轨	轨道施工过程中，相关设备专业漏埋过轨管线，待道床混凝土浇筑完毕后，自行将管线从钢轨下方穿过，不符合《地铁设计规范》中对轨下净空及轨道绝缘的要求，特别是金属管线，容易引起钢轨与金属管线间放电现象的产生，造成钢轨被电击伤	对轨下金属管线进行有效的绝缘处理	新线建设过程中应加强相关设备专业与轨道专业间的施工协调配合，务必在道床混凝土浇筑前预埋好相关设备的过轨管线。后期增加的金属管线进行有效的绝缘处理
13	钢轨人为损坏	多个工程其他专业施工人员在线路上施工时，不注意成品保护，人为锯切钢轨或在轨头上施焊，造成钢轨损伤。 锯切钢轨会导致锯切面处轮轨冲击力增大，钢轨垂向及横向刚度降低，承载能力下降，在轮轨力作用下，极易产生钢轨突然性断裂。轨头施焊会引起熔化区缩孔缺陷，在轮轨力的作用下极易引起横向贯通性疲劳裂纹的产生和发展，造成钢轨疲劳断裂，危机行车安全	对于此类受损钢轨，经探伤确认内部无损伤且表面无重伤的钢轨，可对损伤表面一定范围进行打磨或焊补处理，对重伤钢轨应进行更换	加强与相关专业的设计、施工协调配合，并提出相关技术要求

2.13.5　技术交底问题及处理对策

技术交底问题及处理对策，见表 2.13-5。

技术交底问题及处理对策　　　　　　　　　　表 2.13-5

序号	问题	问题简要描述	当时的措施	预防或处理对策
1	接触轨安装的加长轨枕顶面的折角	首次采取接触轨与钢轨一体化安装的设计方案，即轨道在接触轨安装处设加长短轨枕，接触轨安装面与钢轨安装面应有一个 1/40 折角，使钢轨以 1/40 安装后，接触轨安装面水平，但这个折角很平，直观上几乎看不出来，技术交底过程沟通或理解不足，厂家又未仔细看图，生产的成品无此折角，施工单位进货验收也不严格，在现场接触轨安装时才发现无法保持与钢轨的相对尺寸关系	接触轨底座设特制垫片使安装后的接触轨与钢轨保持正确的相对位置关系	设计技术交底中，应强调产品的特殊性及重点，此外对于第一次采用的新技术或设计的产品，在批量生产前，应试制、试验、试组装，合格后再批量生产

2.13.6　设计、配合

设计、配合等问题及处理对策，见表 2.13-6。

设计、配合等问题及处理对策　　　　表 2.13-6

序号	问题	问题简要描述	当时的措施	预防或处理对策
1	特小半径曲线的钢轨铺设后不稳定	某工程曲线半径 70m 地段钢轨铺设后难以稳定，原因有：一是如此小半径曲线钢轨铺设应预弯，但施工交底未强调，问题刚发现时让施工单位做预弯；二是工程管理中没有严格的程序来约束供货厂家，轨道专业又未直接参与轨道车采购的招标审查过程，所提供的轨道车、工程车转向架不能适应如此小半径曲线，驶过时挤压轨道，使轨道不稳定；三是工期太紧，路基竣工未经过稳定期就开始铺轨，加上雨季，也是轨道不稳定的因素之一	将半径改为 75m，另设轨距拉杆及道砟加宽，可提高稳定性，但未解决根本问题；另业主协调轨道车改转向架	一是在设计中要充分考虑工程条件，目前国内的轨道车要通过半径 70m 的曲线地段而不挤轨，很难，因此在站场的曲线半径及轨道的轨距加宽设计中，应考虑兼容轨道车；二是路基及轨道设计应考虑到工期紧的特点，采取较为保守的设计，如提高路基填筑标准、轨枕间距加密、砟肩加宽及堆高等；三是应加强施工技术交底，对于钢轨预弯或类似特殊问题与施工单位协同研究处理，同时对于轨道车招标的技术要求中也需加以强调
2	结构注浆致道床上拱	某站后交叉渡线范围的结构堵漏注浆造成道床上拱，非轨道专业自身引起的问题	将上拱道床凿除重新浇筑	应采取应急措施，确保运营安全；等结构稳定后再进行轨道整治

2.14　轨道主要工程数量

2.14.1　简述

1）可行性研究阶段仅向概算专业提供轨道铺设长度，分别列出地下线、高架线、地面线、整体道床、碎石道床的长度、道岔类型和数量及不同等级的减振轨道长度。

2）总体设计、初步设计、施工图设计等阶段宜用表格示出轨道主要工程数量。注意铺设道床（含道床、扣件、轨枕）长度，扣除道岔后端基本轨轨缝至岔尾的长度 2 倍等于铺设道床的长度。

3）该施工材料损耗数量是参考"铁路预算定额"和"城轨预算定额"及施工经验而定的；维修轨道材料备用数量是参考北京市地铁运营公司工务维修规则而定的。以上两种"数量"仅作参考。

2.14.2　初步设计轨道主要工程数量

1. 初步设计正线轨道主要工程数量
初步设计正线轨道主要工程数量项目和格式见表 2.14-1。

初步设计正线轨道主要工程数量表　　　　表 2.14-1

项　目		单位	数量	备　注
线路长度	一、线路正线长度	双线 km		含正线、辅助线、道岔及
	二、线路长度	单线 m		钢轨伸缩调节器长度
	其中:			
	1. 普通线路长度	单线 m		
	2. 无缝线路长度	单线 m		
	3. 道岔区长度	单线 m		
	4. 钢轨伸缩调节器长度	单线 m		
分项项目	一、铺设无缝线路	单线 m		含长轨条
	二、铺设普通线路	单线 m		含钢轨及接头夹板等
	三、施工道床			
	1. 地下线整体道床	单线 m		
	(1) 一般减振地段	单线 m		含道床、扣件、轨枕
	(2) 较高减振地段	单线 m		含道床、扣件、轨枕、减振设备
	(3) 特殊减振地段	单线 m		含道床、扣件、轨枕、减振设备
	2. 高架线整体道床	单线 m		
	(1) 一般减振地段	单线 m		含道床、扣件、轨枕
	(2) 较高减振地段	单线 m		含道床、扣件、轨枕、减振设备
	(3) 特殊减振地段	单线 m		含道床、扣件、轨枕、减振设备
	3. 地面线道床	单线 m		
	(1) 施工整体道床	单线 m		含道床、扣件、轨枕
	(2) 施工碎石道床	单线 m		
	①混凝土枕碎石道床	单线 m		含道床、扣件、预应力混凝土枕
	②木枕碎石道床	单线 m		含道床、扣件、木枕
	四、铺设道岔			
	1. 铺设道岔整体道床	组		
	(1) 9号单开道岔整体道床	组		含道岔、扣件、岔枕、道床
	(2) 9号交叉渡线整体道床	组		
	2. 铺设道岔碎石道床	组		
	(1) 9号单开道岔混凝土枕碎石道术	组		含道岔、扣件、岔枕、道床
	(2) 9号交叉渡线木枕碎石道床	组		
	3. 钢轨伸缩调节器	组		
	(1) 单向钢轨伸缩调节器	组		含伸缩调节器、扣件、轨枕、道床
	(2) 双向钢轨伸缩调节器	组		
	五、轨道附属设备			
	1. 线路及信号标志	单线 m		
	2. 钢轨涂油器	个		
	六、安全设备			
	1. 车挡			
	(1) 缓冲滑动式挡车器	座		
	(2) 液压缓冲滑动式挡车器	座		
	(3) 液压固定式挡车器	座		
	2. 护轨设备			
	(1) 防脱护轨	单轨 m		
	(2) 护轮矮墙	单线 m		

注: 分项项目中一、二两项合计减去所有单开道岔后基本轨缝至岔尾长度的 2 倍等于三项数量。

2. 初步设计车场线轨道主要工程数量

初步设计车场线轨道主要工程数量项目、格式，见表 2.14-2。

初步设计车场线轨道主要工程数量　　　　　　　表 2.14-2

	项　　目	单位	数量	备　　注
线路长度	一、50kg/m 钢轨普通线路长度	单线 m		
	二、60kg/m 钢轨普通线路长度	单线 m		
	三、60kg/m 钢轨无缝线路长度	单线 m		
	四、道岔区长度	单线 m		
	五、异型钢轨长度	单线 m		
分项项目	一、铺设 50kg/m 钢轨	单线 m		含钢轨及接头夹板等
	二、铺设 60kg/m 钢轨	单线 m		
	三、铺设 60kg/m 钢轨长轨条	单线 m		
	四、铺设异形钢轨	单线 m		
	五、铺设库内线整体道床	单线 m		含扣件、轨枕、道床
	1. 库内一般整体道床	单线 m		
	2. 墙式检查坑整体道床	单线 m		
	3. 库内柱式检查坑整体道床	单线 m		
	六、铺轨碎石道床	单线 m		含扣件、轨枕、道床
	1. 出入线碎石道床	单线 m		
	2. 库外线碎石道床	单线 m		
	七、铺道岔			含道岔、扣件、岔枕、道床
	1.50kg/m 钢轨 7 号单开道岔	组		
	2.50kg/m 钢轨 7 号道岔交叉渡线	组		
	3.60kg/m 钢轨 9 号单开道岔	组		
	八、轨道附属设备			
	1. 线路及信号标志	单线 km		
	2. 钢轨涂油器	个		
	3. 库前平交道道口	m²/处		
	4. 橡胶道口	m²/处		
	九、安全设备			
	1. 缓冲滑动式挡车器	座		
	2. 液压缓冲滑动式挡车器	座		
	3. 库外线框架固定式车挡	座		
	4. 库内摩擦式车挡	座		
	5. 月牙式车挡	座		

注：分项项目中一至四项合计，减去所有单开道岔后基本轨缝至岔尾长度的 2 倍等于五、六项之和。

211

2.14.3 施工图设计轨道主要工程数量

1. 施工图设计正线轨道主要工程数量

施工图设计正线轨道工程主要数量项目、格式，见表 2.14-3。

施工图设计正线轨道工程数量 表 2.14-3

项 目		单位	数量	备 注
线路长度	一、线路正线长度	正线双线 km		
	二、线路长度	单线 m		含正线、辅助线、道岔及钢轨伸缩调节器长度
	其中：			
	1. 普通线路长度	单线 m		
	2. 无缝线路长度	单线 m		
	3. 道岔区长度	单线 m		
	4. 钢轨伸缩调节器长度	单线 m		
分项项目	一、铺设无缝线路	单线 m		不含长轨条
	二、铺设普通线路			不含钢轨及接头夹板等
	三、施工整体道床	单线 m		
	1. 地下线整体道床			不含轨道设备及材料
	(1) 扣件及轨枕，1600 对（根）/km			
	(2) 扣件及轨枕，1680 对（根）/km			
	(3) 钢弹簧浮置道床			含钢弹簧阻尼器、道床剪力铰等
	2. 高架线整体道床	单线 m		
	(1) 扣件及短轨枕，1600 对（根）/km			不含轨道设备及材料
	(2) 扣件及短轨枕，1680 对（根）/km			
	(3) 轨道减振器扣件轨枕，1600 对（根）/km			
	(4) 轨道减振器扣件及轨枕（整体道床），1680 对（根）/km			
	(5) 钢弹簧浮置道床			含钢轨阻尼器、道床剪力铰等
	3. 地面线整体道床，轨枕 1680 对（根）/km	单线 m		不含轨道设备及材料
	四、施工地面线碎石道床	单线 m		不含轨道设备及材料
	(1) 混凝土枕碎石道床			
	(2) 弹条Ⅰ型扣件、新Ⅱ型预应力混凝土枕，1680 根/km			
	(3) 木枕碎石道床（弹性分开式扣件）1680 根/km			
	(4) 木枕碎石道床（弹性分开式扣件）1760 根/km			
	(5) 木枕碎石道床（弹性分开式扣件）1840 根/km			

续表

项 目			单位	数量	备 注
钢轨及夹板	50kg/m、25m 有孔轨		根		
	60kg/m、25m 无孔轨				
	60kg/m、25m 有孔轨				
	60～50kg/m 异型钢轨				
	普通接头夹板				
	减振接头夹板				
	螺栓、螺母及垫圈				
扣件	Ⅹ型扣件（整体道床用弹性分开式）		块套		
	Ⅹ型扣件（高架线用橡胶垫板）				
	Ⅹ型扣件（高架线用复合垫板）				
	地下线轨道减振器扣件		套		
	高架线轨道减振器扣件（大阻力垫板）				
	高架线轨道减振器扣件（小阻力垫板）				
	50kg/m 钢轨用弹条Ⅰ型扣件				
	60kg/m 钢轨用弹条Ⅰ型扣件				
轨枕	地下线普通短轨枕或长轨枕		根		
	地下线减振器扣件配套轨枕（短轨枕或长轨枕）				
	高架线用普通短轨枕或长轨枕				
	高架线减振器扣件配套短轨枕				
	新Ⅱ型预应力混凝土枕				
道床材料	道砟	一级道砟	m³		
		底砟			
	混凝土	混凝土 C35			
		C40			
		C15			
	钢筋	φ12 螺纹筋	t		
		φ8 光圆筋			
		扁钢 50×8mm	kg		
	聚合物水泥防水砂浆		m³		
	φ30PVC 管		m		
	20mm 厚塑料泡沫板或沥青木板（厚 20mm）		m²		
道岔及钢轨伸缩调节节器	60kg/m 钢轨 9 号单开道岔（整体道床用）	左开	组		含道岔、扣件、岔枕、道床
		右开			
	60kg/m 钢轨 9 号单开道岔（轨道减振器扣件）	左开			
		右开			
	60kg/m 钢轨 9 号 5.0m 间距交叉渡线（整体道床用）				
	60kg/m 钢轨伸缩量 420mm 单向钢轨伸缩调节器（整体道床用）				含伸缩调节器、扣件、轨枕、道床
	60kg/m 钢轨伸缩量 420mm 单向钢轨伸缩调节器配用轨道减振器扣件				

续表

项　目		单位	数量	备　注
轨道附属设备	线路及信号标志			分类统计
	钢轨涂油器	台		
安全设备	缓冲滑动式挡车器	座		
	液压缓冲滑动式挡车器	座		
	液压固定式挡车器	座		
	防脱护轨	单轨 m		
	护轮矮墙	单线 m		

2. 施工图设计车场线轨道主要工程数量

施工图设计车场线轨道主要工程数量项目、格式，见表 2.14-4。

施工图设计车场线轨道主要工程数量　　　　表 2.14-4

项　目		单　位	数量	备　注
线路长度	一、50kg/m 钢轨普通线路长度	单线 m		
	二、60kg/m 钢轨普通线路长度	单线 m		
	三、60kg/m 钢轨无缝线路长度	单线 m		
	四、道岔区长度	单线 m		
	五、异型钢轨长度	单线 m		
分项项目	一、铺设 50kg/m 钢轨	单线 m		不含钢轨及接头夹板等
	二、铺设 60kg/m 钢轨	单线 m		
	三、铺设 60kg/m 钢轨长轨条	单线 m		
	四、施工整体道床			
	1. 墙式检查坑整体道床，1440 对/km	单线 m		不含轨道设备及材料
	2. 试车线式检查坑整体道床，1680 对/km			
	3. 一侧立柱一侧墙式检查坑整体道床，扣件间距 1.2～1.4m			
	4. 柱式检查坑整体道床，立柱间距 1.2～1.4m			
	5. 洗车库整体道床，1000 对/km			
	五、施工碎石道床			
	1. 混凝土枕碎石道床			
	(1) 弹条Ⅰ型扣件，新Ⅱ型混凝土枕，1760 根/km	单线 m		不含轨道设备及材料
	(2) 弹条Ⅰ型扣件，新Ⅱ型混凝土枕，1680 根/km			
	(3) 弹条Ⅰ型扣件，新Ⅱ型混凝土枕，1440 根/km			
	2. 木枕碎石道床，1440 根/km			不含轨道设备及材料

续表

项 目			单 位	数 量	备 注
分项项目	钢轨及配件	1. 50kg/m 钢轨 25m 有孔轨	根		
		2. 60kg/m 钢轨 25m 无孔轨	根		
		3. 60kg/m 钢轨 25m 有孔轨	根		
		4. 50kg/m 钢轨普通接头夹板	块		
		5. 60kg/m 钢轨普通接头夹板	块		
		6. 50kg/m 钢轨接头螺栓、螺母及弹簧垫圈	套		
		7. 60kg/m 钢轨接头螺栓、螺母及弹簧垫圈	套		
	扣件	1. 50kg/m 钢轨用弹性分开式扣件	组		
		2. 50kg/m 钢轨用弹条Ⅰ型扣件	组		
		3. 50kg/m 钢轨木枕上弹性分开式扣件	组		
		4. 60kg/m 钢轨木枕上弹性分开式扣件	组		
		5. 50kg/m 钢轨 7 号道岔一般部位无轨底坡扣件			
	轨枕	1. 弹性分开式扣件用短轨枕	根		
		2. 弹条Ⅰ型扣件用新Ⅱ型预应力轨枕	根		
		3. Ⅱ类油浸防腐木枕	根		
	道床材料	1. 一级道砟	m³		
		2. 混凝土 C35			
		3. 混凝土 C15			
		4. 细粒式沥青混凝土			
		5. 二灰砂砾			
	钢筋	1. Φ12 钢筋（HRB335）	t		
		2. Φ8 钢筋（HPB235）			
	5 号角钢		kg		
	钩钉		kg		
	扣件护罩（不透水型土工布）		m²		
	泡沫塑料或沥青木板		m³		
	铺设道岔	1. 50kg/m 钢轨 7 号单开道岔	组		分左、右开含道岔、扣件、轨枕、道床
		2. 50kg/m 钢轨 7 号道岔交叉渡线	组		
		3. 60kg/m 钢轨 9 号单开道岔	组		
	线路及信号标志				分类统计
	道岔整体道床用警冲标		个		
	道岔碎石道床用警冲标		个		
	道岔编号标		个		

续表

项　目	单　位	数量	备　注
钢轨涂油器	个		
库前道口	m²/处		
橡胶道口	m²/处		
分项项目　缓冲滑动式挡车器	座		
液压缓冲滑动式挡车器	座		
框架固定式车挡	座		
库内摩擦式车轨挡或月牙式车挡	个		

2.14.4　轨道施工材料损耗量

轨道施工材料损耗量见表 2.14-5。

轨道施工材料损耗量 表 2.14-5

序号	材料名称	施工损耗率（%）	备注（按 1680 对枕/km 计）
1	道砟	15	
2	商品混凝土	2	
3	钢筋 φ<10	2.5	
4	钢筋 φ≥10	2.5	
5	型钢	5	
6	钢轨（正线）	0.2	
7	钢轨（站线）	0.3	
8	轨枕	0.2	6.7 根（对）/2km
9	铁垫板	0.4	26.9 块/2km

2.14.5　线路维修设备备用量

1. 普通线路维修常备设备数量

普通线路维修常备设备数量，见表 2.14-6。

普通线路维修常备材料数量 表 2.14-6

序号	设备名称	常备数量
1	钢轨	正线单线每 5km25m 钢轨 6 根，单线不足 5km 部分每 1km1 根；单线每 5km12.5m 钢轨 2 根，单线不足 5km 部分每 1km2 根。站线每 5km25m 钢轨 3 根，每 5km12.5m 钢轨 2 根；有缩短轨的曲线，按总延长平均每 5km 备缩短轨 12 根
2	夹板	正线单线 25m 钢轨每 5km12 块，单线不足 5km 部分每 1km2 块；站线每 5km12 块
3	螺栓及垫圈	正线每 1km5 套，站线每 1km3 套

序号	设备名称	常备数量
4	扣件及弹性垫板	正线每1km6套（钢轨里外口为1套），站线每1km3套，道岔的适当备用
5	钢弹簧浮置道床	每1km2个隔振器；每1km2个剪力铰（销）
6	道岔	单开道岔每种每1～100组备用1组，交分、菱形或其他类型道岔每种每1～50组备用1组
7	辙叉、尖轨、基本轨	辙叉：每种每5组备1个；基本轨每种每5组备一对；尖轨：每种每5组备一对。不足5组按5组计
8	混凝土枕、木枕	正线每5km12根，站线每5km6根（碎石道床）。
9	木岔枕、混凝土岔枕	每1～100组备用1组（碎石道床）。
10	异型轨（50～60kg/m）	每4根备1根

① 对常备材料应妥善保管，并根据需要涂油防锈。

② 常备钢轨可分散存放在沿线钢轨架上/在具备运送和装卸条件的地段，亦可集中存放在方便的地点。

③ 为防洪抢险和事故抢修紧急使用，应储备一定数量的木枕。

2. 无缝线路维修常备设备、数量

无缝线路维修常备设备、数量，见表2.14-7。

无缝线路维修常备设备、数量   表2.14-7

序号	材料名称	常备数量
1	钢轨	单线每5km备25m钢轨6根，每个缓冲区另增加25m钢轨1根
2	夹板及螺栓	25m钢轨每1km3套，12.5m钢轨每1km5套；（2块夹板和6个螺栓等为1套）
3	膨包夹板及螺栓	每5km12套
4	急救器及螺栓	每5km6套
5	短轨	6.0m钻孔及7.0m无孔每5km各备1根
6	扣件及弹性垫板	每1km12套（钢轨里外口各为1套）
7	轨枕	每5km12根（碎石道床）
8	胶结绝缘钢轨	钢轨胶接绝缘接头每型号备1根
9	伸缩调节器	按型号每10组备1组（不足10组按10组计算）
10	防脱护轨	支架：每种每100m备2套；护轨：每种每100m备1根；弯头：每种每100m备1对，不足100m按100m计

2.15 轨道维修设备

2.15.1 正线轨道维修设备

1. 正线整体道床轨道维修设备

正线整体道床维修一个工区配置设备，见表2.15-1。

正线整体道床维修一个工区配置设备　　　表 2.15-1

序号	设备名称	单位	数量	序号	设备名称	单位	数量
1	钢轨切割锯	台	1	6	小型液压起道器	台	2
2	钢轨钻孔机	台	1	7	小型液压拨道器	台	2
3	轨缝调整器（40t）	台	1	8	全方位自动泛光灯	台	1
4	液压直轨器	台	1	9	多功能强光探照灯	台	2
5	内燃扳手	个	1				

2. 正线碎石道床轨道维修设备

正线碎石道床维修一个工区配置设备，见表 2.15-2。

正线碎石道床维修一个工区配置设备　　　表 2.15-2

序号	设备名称	单位	数量	序号	设备名称	单位	数量
1	钢轨切割锯	台	1	7	小型液压拨道器	台	2
2	钢轨钻孔机	台	1	8	全方位自动泛光灯	台	1
3	轨缝调整器（40t）	台	1	9	多功能强光探照灯	台	2
4	液压直轨器	台	1	10	液压内燃捣固机	台	2
5	内燃扳手	个	1	11	道岔捣固机	台	2
6	小型液压起道器	台	2	12	内燃直动式捣固机	台	2

2.15.2　车场线维修设备

车场线轨道维修一个工区配置设备，见表 2.15-3。

车场线一个工区配置设备　　　表 2.15-3

序号	设备名称	单位	数量	序号	设备名称	单位	数量
1	钢轨切割锯	台	1	9	多功能强光探照灯	台	2
2	钢轨钻孔机	台	1	10	液压内燃捣固机	台	2
3	轨缝调整器（40t）	台	1	11	道岔捣固机	台	2
4	液压直轨器	台	1	12	内燃直动式捣固机	台	2
5	内燃扳手	个	1	13	液压道岔捣固机	台	2
6	小型液压起道器	台	2	14	液压内燃起拨道机	台	2
7	小型液压拨道器	台	2	15	内燃直动式捣固机	台	2
8	全方位自动泛光灯	台	1				

2.15.3 线路队队部维修设备

1. 线路队队部维修设备，见表 2.15-4。

线路队队部配置设备　　　　　　　　表 2.15-4

序号	设备名称	单位	数量	序号	设备名称	单位	数量
1	轨道几何状态检测小车	台	1	14	激光测距仪	台	1
2	钢轨切割锯	台	1	15	便携式线路动态监测仪	台	1
3	钢轨钻孔机	台	1	16	线路巡检信息系	套	1
4	内燃扳手	个	1	17	全方位自动泛光灯	台	1
5	液压钢轨拉伸器（70t）	台	1	18	多功能强光探照灯	台	2
6	冲击钻（1300W）	台	2	19	360马力轨道车	台	1
7	冲击钻（800W）	台	1	20	平板吊车（30t）	台	2
8	400马力轨道车	台	1	21	平板车（30t）	台	2
9	发电机组（4kW）	台	1	22	加油机	台	1
10	发电机组（2kW）	台	1	23	启动充电两用电池	电台	1
11	三相发电机组（4kW）	台	1	24	空压机	台	1
12	经纬仪	台	1	25	复轨器	套	1
13	水准仪	台	1				

2. 探伤组配置设备

每个探伤组配备超声波钢轨探伤仪 2 台（其中备用 1 台），每 2 个探伤组配备超声波焊缝探伤仪 2 台（其中备用 1 台）。

3. 修配组配置设备

修配组设备配置设备，见表 2.15-5。

修配组配置设备　　　　　　　　表 2.15-5

序号	设备名称	单位	数量	序号	设备名称	单位	数量
1	小型气压焊机	台	1	6	铝热焊焊接设备	套	1
2	交流电焊机	台	1	7	二合一发电机组	台	1
3	空心水钻	2kW/台	1	8	小型钢轨焊补机	台	1
4	台式钻床	台	1	9	除尘式砂轮机	台	1
5	双人钳工台	个	1	10	双人检修工作台	台	2

4. 抢修班配置设备

一个抢修班配置切割锯 1 台、钢轨钻孔机 1 台、发电机组（950W）1 台、多功能强光探照灯 1 台、对讲机 1 对。

5. 工务维修用车

每线应配备工务生产指挥用车 1 辆（上海大众途安或同等车型），线路故障抢险车 1 辆（依维柯 17 座或同等车型）。线路长度在双线 40km 以上的新线，应增加上述两种车型各 1 辆。

6. 工务大型维修检测车

根据本市轨道交通线路规划和新建线运营线及联络线设置情况等统筹安排，有条件尽量配备工务大型维修、检测车辆，以确保轨道技术状况良好。

2.16 轨道维修定员、机构、用房

2.16.1 维修定员

1. 正线维修定员

整体道床为 2.5 人/双线 km；碎石道床为 4 人/双线 km。

道岔整体道床：单开道岔为 0.2 人/组、交叉渡线为 1.0 人/组；道岔碎石道床：单开道岔为 0.3 人/组、交叉渡线为 1.5 人/组。

2. 车场线维修定员

碎石道床为 1.5 人/单线 km、整体道床为 1 人/单线 km。

单开道岔碎石道床为 0.15 人/组、交叉渡线碎石道床为 0.75 人/组。

3. 巡道定员

正线 7~8 双线 km 为 3 人。

一个车场线为 2 人。

2.16.2 组织机构设置

新线接收开通，工务维修一般正线双线 20km 左右设置 1 个线路队，正线双线 7~8km 设 1 个工区，车场线设 1 个工区。1 个线路队，设 1 个钢轨探伤组、1 个轨道班、1 个修配组。根据需要几个线路队可设 1 个抢修班。

2.16.3 工务用房

1) 体现人文设计理念，改善工务维修的工作条件，尽量满足工务用房需要。
2) 有道岔的车站设 1 间 15~20m²，其他车站设 1 间 12~15m²。
3) 维修队用房：1 个维修队用房，见表 2.16-1。

一个维修队用房 　　　　　　　　　　　　　　　　　　表 2.16-1

序号	名 称	单位	数量	面积（m²）	设置说明	备注
1	经理办公室	间	1	15	1 人，日常办公、生产指挥及组织	
2	书记兼副经理	间	1	15	1 人，日常办公、生产指挥及组织	
3	副经理	间	1	12~15	1 人，日常办公、生产指挥及组织	
4	总工办公室	间	1	12~15	1 人，日常办公、生产指挥及组织	
5	材料员、核算员	间	1	15	2 人，日常办公、材料设备管理、概预算管理	
6	铁道工程、电脑资料室	间	1	15	2 人，技术研究、文字操作、复印、传真、资料存储	
7	检测工程师，标本及研究检测室	间	1	15	1 人，检测工程师、检测数据分析、除办公用品外设存放架，存放伤轨标本等	

序号	名　称	单位	数量	面积（m²）	设置说明	备注
8	计量室	间	1	20	用于存放轨道几何状态检测小车及轨距尺、三轨尺、支距尺、经纬仪、水准仪、三脚架、添乘仪、激光测距仪等计量器具	
9	调度值班室	间	1	20	调度3人，3班制。日常办公、值班、调度	
10	维修中心	间	1	20	维修中心主任1人，主管2人，高级技师1人，日常办公及生产指挥	
11	保养中心	间	1	20	保养中心主任1人，主管2～3人，技师2人，日常办公及生产指挥	
12	汽车司机室	间	1	20	3人2班制，项目部司机值守	
13	教室	间	1	50～60	职工培训	
14	会议室	间	1	30	用于召开生产工作会	
15	休息室	间	4	32	线路维修及探伤工、线路保养工、主管、技师等，夜班休息及更衣	
16	小型机具库	间	1	60	存放锯轨机、钻孔机、轨缝调整机、液压直轨器、内燃扳手、压起道器、液压拨道器、液压内燃捣固机、道岔捣固机、内燃直动捣固机、钢轨拉伸器、铝热焊机、小型气压焊机、钢轨焊补机、交、直流发电机、发电机组、冲击钻、水钻等；全方位自动泛光灯、多功能强光探照灯等工务小型维修机具	
17	抢修库（内设2000×600×1800存放架）	间	1	30	存放锯轨机、钻孔机、汽油发电机、直轨器、断轨急救器、全方位自动泛光灯、多功能强光探照灯、遥控探照灯、信号灯及轨道常用抢险辅料等抢修机具	
18	线路库房（内设2000×600×1800存放架，用于存放机电、杂品、油料、化工、五金等。）	间	1	30	工具及常用零备件库。内设存放架及工具柜、存放撬棍、翻轨器、压机、管拧子、道砟义、道镐、耙镐、千斤顶、铁锹、扭力扳手、手锤、手电钻及各种扳手等工具及轨道常用零备件	
19		间	1	20	杂品库1间，存放电线、电缆、抬杠、抬筐、劳保用品等	
20		间	1	15	易燃品库1间，存放油漆、液压油、润滑油脂等	
21	探伤组	间	1	20	用于探伤作业生产管理用房，存放钢轨探伤仪、焊缝探伤仪、耦合剂及备品	
	合计	间	24	472		

2.16.4 轨道车库用房

轨道车库用房，见表 2.16-2。

轨道车库用房   表 2.16-2

序号	名称	单位	数量	面积（m²）	设置说明	备注
1	生产工作用房	间	5	计 75	共 29 人：轨道车主管 1 人、轨道车正副司机 6 人、吊车司机 4 人、司索工 2 人。工务大车司机及操作人员、维修人员 16 人（按单次作业 2 台车计算，即两捣固车作业，或一轨检一探伤作业）。办公用房 2 间，休息用房 3 间	需配备必要的通讯设备、供暖设施、电源泉插座和大功率电源泉插座 220V16A。其中充电室需配备 380V 的动力电源。轨道车库用房应有卫生间及淋浴设施。
2	材料用房	间	2	计 40	存放轨道车及大车配件、吊装工具、轨道车和大车维修工具及复轨器、加油机、电动气泵等	
3	充电室	间	1	20	用于轨道车电瓶充电用。因含化学用品易产生安全隐患，所以需单独房间进行充电	
4	轨道车油库	间	1	50	用于轨道车及工务维修检测车辆内燃机柴油存放。满足相关消防规定	
	合计	间	9	185		

2.16.5 车辆段工务料场用房

车辆段工务料场用房，见表 2.16-3。

车辆段工备料场用房   表 2.16-3

序号	名称	单位	数量	面积（m²）	设置说明	备注
1	生产工作用房	间	1	15	2 人，料场职官运亨通及管理用房	需配备必要的通讯设备、供暖设施、电源泉插座和大功率电源插 220V16A。有消防设施及用水
2	库房	间	2	计 70	存放易锈蚀线路辅料，易燃易爆、人工材料等材料	
3	料场	处	1	1000	存放大型线路设备及工具，如：道砟、轨枕等。地面硬化处理。有消防设施及用水	
4	料棚	间	1	500	用于存放钢轨、辙叉等易腐蚀设备	

上述用房仅作参考，根据实际情况设置。

2.17 既有线轨道结构改造

既有线运营数年后，轨道部件会发生不同程度的伤损，钢轨磨耗和伤损会不断增加。

如果使用年限过长，扣件老化问题会严重，零部件锈蚀、变形、伤损。另外，由于线网的调整、节点重大工程建设需要，部分线路需要改线运营，比如：上海地铁 1 号线因 R1 线上海南站站的改建工程，在上海地铁南站前后区间重新改线；大连 3 号线因线网调整，部分线路需改线。

随着全国地铁运营线的增加，既有线改造工程也会随之增多。轨道结构改造工程设计的种类主要有两种：一是既有线轨道部件的更新改造设计；二是既有线改线轨道设计。

2.17.1　轨道结构改造设计主要原则

1）改造方案应在充分调研既有轨道现状的基础上确定，能切实可行。

2）改造后轨道具有坚固性、稳定性、耐久性以及适量的弹性，以确保列车运行平稳、安全和乘客舒适。

3）扣件简单、弹性好，扣压力适度，造价低，具有通用性和互换性，安装维修方便。

4）轨道具有良好的绝缘性和防腐性，以延长使用寿命，降低维修工作量。

5）根据信号改造情况，尽量增大铺设无缝线路长度。

2.17.2　改造设计主要技术参数

改造设计的主要技术参数应不低于与原设计标准。轨道技术参数主要包括轨距、轨底坡、曲线超高、轨枕铺设数量等应与既有线保持一致。

2.17.3　既有轨道结构改造设计主要内容

更新改造轨道结构主要包括：钢轨、扣件、无缝线路、道床、道岔、减振轨道结构、无缝线路等。

1. 钢轨

既有线改造，钢轨类型的选择受既有轨枕钉孔位置、车辆限界、车站站台高度等条件制约，为了与既有的轨道设备相匹配，一般与既有线的同类型钢轨更换。

目前，我国铁路和地铁大量使用的钢轨主要材质有 U71Mn 和 U75V 两种。根据国内地铁运营使用经验，直线及大半径曲线地段钢轨使用寿命一般受疲劳而非磨耗控制，直线及曲线半径 $R > 300m$ 地段采用 U71Mn 普通钢轨，钢轨侧磨并不严重，满足使用要求。小半径曲线地段钢轨使用寿命主要受磨耗控制，目前包括铺设 U75V 钢轨在内的小半径曲线地段钢轨侧磨速率均较快。因此，均有必要借鉴国铁和地铁运营使用经验，在半径 300m 以下的曲线地段采用硬度较高的热处理钢轨（硬度在 330HB 以上），以延缓钢轨的侧磨，并结合改造工程条件，确定钢轨材质。

2. 扣件

选择的扣件应具有足够的强度、耐久性、足够的轨距、水平调整量及适量的扣压力和弹性，并满足绝缘要求。扣件类型应适应钢轨及道床型式，可结合扣件技术的发展，在钉孔距与既有的保持一致、扣件组装高度不影响限界的条件下，采用新型扣件或同型扣件更换。

3. 轨枕及道床

修补损坏的轨枕，更换失效预埋的扣件套管，碎石道床清筛补充道砟，整修整体道床裂纹和剥离，清理整修水沟，使排水通畅。

4. 道岔

根据道岔使用情况，可整组或部分更换同类型道岔。一般更换成同类道岔扣件，也可按岔枕预埋套管位置，优化更换成技术更先进的扣件，整修道岔整体道床和岔枕及更换失效预埋的扣件套管。

5. 无缝线路

尽量增大无缝线路长度。

2.17.4　北京地铁 1 号线苹果园站单渡线折返道岔改造

1. 概况

1969 年建成通车的北京地铁 1 号线原设计的苹果园站不是客运终点站，站北端铺设的是单渡线，随着客流日益增大，满足不了最小间隔 2min 的列车折返需要，北京地铁运营公司决定对其进行改造。采用计算机仿真研究计算，利用既有线结构，将 4.3m 间距 50kg/m 钢轨 9 号单渡线改为 4.3m 间距交叉渡线，列车折返能力能满足要求。对施工组织方案和运营方案也进行了充分深入的研究。

2. 研究目的

研究目的是利用计算机仿真技术对苹果园站折返能力进行研究，实现列车六辆编组 2min 间隔的方案，以满足近期运力要求和远期的规划的需要。

苹果园站是 1 号线客运终点站，原为逆向的单渡线，一是延长了列车的折返时间，二是使库内线的转线调车作业影响苹果园下行列车作业，为了不影响下行列车进站，信号部门在西端增设了一处绝缘节，但是仍存在不安全因素，从而限制了列车的通过能力。

运营方案能满足近期规划的要求，在列车运营方式、列车运行时间及出入库时间，在设备改造上提出了几种比选方案，利用计算机仿真技术多次进行模拟实验。从实验结果得以下结论：

1）将现有的逆向单渡线改为顺向单渡线；这方案可缩短进站时间，但是列车折返时间仍满足不了 2min 间隔。

2）延长折返区段将列车开到 52 号站折返段，加大了空车运行时间，虽然从安全角度上保证了，但对目前缺少车辆情况下 2min 最小间隔仍不能实现。

3）为了满足六辆车编组和 2min 间隔，又能保证列车在转线折返时安全作业，将现有单渡线改为交叉渡线，有以下优点：一是缩短了列车、折返时间，可保证列车 2min 间隔；二是保证列车在调车作业中的安全，对后续列车有防护区段；三是在两条线均可以存放备用列车，便于值班员灵活调动列车，保证均衡 2min 发车。经过技术方案论证比选，专家评审，采用 50kg/m 钢轨 9 号道岔 4.3m 间距交叉渡线。

3. 50kg/m 钢轨 9 号道岔 4.3m 间距交叉渡线

1）转辙器：仍采用弹性可弯式 8.5m 长的曲线尖轨。

2）设计了 4.3m 交叉渡线的 4.5 号高锰钢锐角辙叉及 4.5 号钝角辙叉，辙叉耳板宽度尽量统一，减少垫板和短岔枕的规格。

3）道岔扣件一般部位采用有螺栓弹条弹性分开式 DTIV2 型扣件，轨距调整量＋8mm，－12mm，特殊部位个别设计，滑床板设置可调轨撑，轨距调量为±15mm。

4）为避免出现反超高，改善列车运行条件，导曲线设置 6mm 超高，在辙后垫板上、辙叉前垫板上超高顺坡。

5）道岔区段道床，采用短轨枕式整体道床，这种道床结构合理，短枕类型少，便于加工制造和施工。

6）道岔道床设两侧水沟。

7）设计了专用钢轨支撑架，采用 10 号槽钢焊接而成，质量轻，使用方便。

4. 临时运营方案

为保证施工的顺利进行和解决乘客临时乘车问题，北京地铁运营公司提出了五种运营方式，经过认真比选和听取各方面意见，最终选择了一个最佳方案：即封闭苹果园站，利用古城隧道口道岔折返，地铁列车从复兴门开到古城站终点，空车运行至 D8 信号机停车，折返至古城上行站台，折返时间为 4min；为保证列车间隔，在八角站后直线段备用 2 组列车。此外预防万一，还准备了一套备用方案，如果 D8 信号机万一出现故障，则空车运行至古城小站台折返。

在苹果园折返线道岔改造期间，为了解决封闭苹果园站后西部地区大量乘客进京问题，由北京地铁运营公司与石景山地区、公交总公司协调，在苹果园至八角村站间加开临时公交汽车，将苹果园地铁站客流分散到地铁古城和八角村站，方便进城乘客。

5. 施工组织

控制工期是施工的关键。施工全过程有四个关键工程：施工准备、既有混凝土道床凿除、交叉渡线铺设、浇筑整体道床混凝土。

（1）施工准备：分地面、隧道内同时平行作业。地面主要是材料、工具、机具准备；隧道内主要是变更列车运行图、封闭线路、拆轨，对隧道一切管线进行防护。这工序地面用了 10 天时间，隧道内只用了两天完成。

（2）既有混凝土道床凿除，这工序技术难度很大，是关键工程。施工地段全长 70m，宽 6.9m 混凝土厚度 0.32～0.35m 凿除，并把混凝土碎块运走，在一个管线密布的地下空间要在 7～10 天内完成是十分困难的。当时提出了几种方案，用风镐人工凿除，施工安全，但工期太长，要超过工期；用爆破方法凿除，要经上级审批，施工又不安全，后与铁道部科学研究院铁道建筑所合作，采用先进的技术钻孔灌药膨胀预裂法。用这种方法即保护了现场电缆、管路和信号设备，又加快了施工进度，在质量控制方面也是最好的。用了 10 天时间清除了 170m³ 钢筋混凝土，为下一步工序创造了条件。

（3）架设交叉渡线，由于在地面上已预先进行了控制测量，将上下行中线、中轴线和四个道岔位置全部放线，设好铺轨基标，然后散轨分段组装、用支撑架架设整组道岔吊挂安装短岔枕，调整方向规矩、水平。第一步粗调，第二步细调，然后进行支撑加固，防止施工时松动位移。

（4）浇筑道岔整体道床混凝土，混凝土养护、道岔调试、安装接触轨和 750V 电源。

苹果园折返线道岔改造只用了 66 天时间，工程质量达到全优。通过多年运营使用，证明工程设计和施工质量优良。

6. 结论

苹果园站折返线由单渡线改为 4.3m 线间距交叉渡线，在原设备基础上经过技术改造提高了运输能力。这种在隧道内既有线上进行整体道床道岔改造工程，在国内尚属首次。

4.3m 交叉渡线道岔铺设后既能满足地铁近期运营要求，也能实现远期规划，保证了六辆车编组，2min 间隔，满足客运量单向高峰达到 4.3 万人次/h 要求。设计是合理的，施工组织是科学严密的。这次苹果园道岔改造施工，运用网络技术，有计划、有组织、统筹安排，较短时间完成改造，具有良好的经济效益和社会效益，今后地铁在既有线上进行道岔技术改造可以借鉴。

2.17.5　上海地铁 1 号线南站站轨道结构改造

既有线改线是由于线网调整或节点重大工程建设需要，线路需要改线运营。上海地铁一号线上海南站站原为地面车站，上海地铁一号线上海南站站改建工程是将既有的上海南站站移位至铁路上海南站主站房下，将地面站改建为地下站，车站两端区间线路与既有线路接轨，同时，将轨道交通线网中的轻轨 L1 线在南站范围内的区段预埋下去，以避免远期轻轨 L1 线施工对南站地区的干扰。改造工程示意，见图 2.17-1。

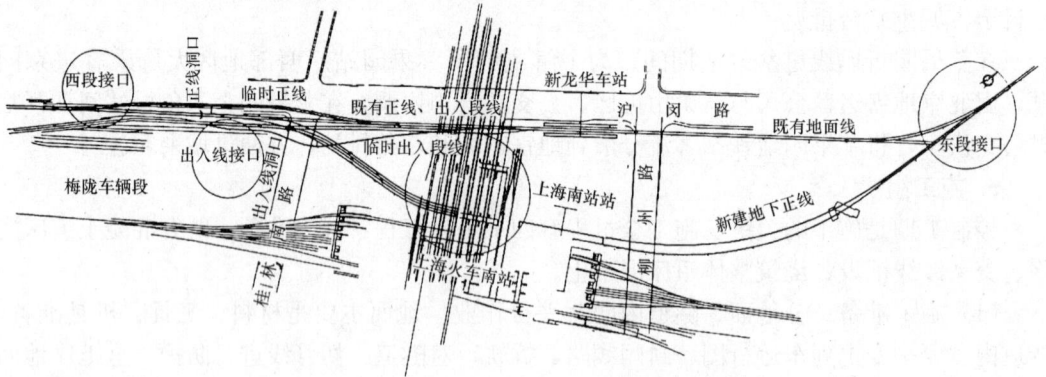

图 2.17-1　地铁 1 号线上海南站站改造工程示意

2002 年在既有线改线设计中，东段接口整体道床上的拨接是轨道结构改造工程的重点、难点，见图 2.17-2。

1. 既有线轨道结构情况

上海南站站改建改线东段拨接地段，原线路平面为曲线，上行线曲线半径 $R=500\text{m}$，缓和曲线 $l=60\text{m}$，实设曲线超高 $h=85\text{mm}$，下行线曲线半径 $R=495\text{m}$，缓和曲线长 $l=97\text{m}$，实设曲线超高 $h=70\text{mm}$。超高设置形式为半超高。改造线路从既有线路的缓直点开始，沿切线方向为直线。既有线为预应力混凝土长枕式整体道床，轨枕布置为每公里 1760 根。

2. 拨接段新轨道结构

因受现场条件限制，拨接段整体道床只能采用在既有整体道床两轨枕间凿坑现浇承轨台结构。其施工方法，要解决几个问题：一是新承轨台混凝土施工对正常运营安全的影响；二是新老轨道空间位置交叉的问题；三是正常运营行车振动对新浇筑的承轨台强度及与既有道床粘结强度的影响；四是与相关专业给排水、杂散电流等的接口问题。

1）新道床承轨台设计与施工的安全措施

（1）为增大新承轨台施工空间，先将既有轨道标高适当垫高，两端按规定顺坡。在既

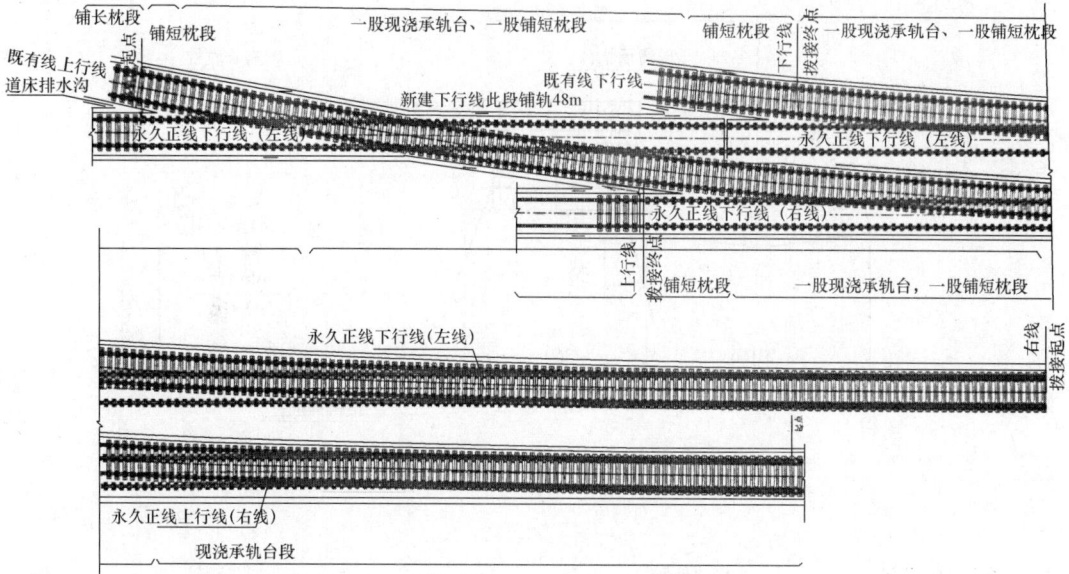

图 2.17-2　整体道床拨接段示意

有混凝土长枕间空档中凿出无枕式整体道床承轨台坑。垂直既有轨枕方向的侧边凿出楔形，利于新道床与既有道床的粘结。平行轨枕方向的侧边凿至轨枕侧面。

（2）凿混凝土的深度不低于既有混凝土长枕底面，尽量减小对既有道床的扰动。

（3）凿无枕式整体道床承轨台坑时，不能在连续的混凝土枕空档中凿，每隔2个空档（3根混凝土枕）凿一个，分三次循环施工。

（4）为保证新道床与既有混凝土道床的新老混凝土的粘结，道床内须植钢筋钩，钢筋斜插入既有混凝土轨枕下方，深度不小于150mm。采用螺纹筋，直径14mm，钻孔直径18~20mm，孔内灌入高强无收缩填充剂。既有混凝土枕面及道床均涂界面剂。

（5）新无枕式整体道床承轨台采用早强混凝土，以避免新老混凝土剥离和受列车运行振动而塌落。

（6）帮助施工单位设计了承轨台固定预埋套管的施工模具，施工效果良好。

（7）施工前，应对施工工法及材料等进行实地试验，对混凝土的强度，植钢筋钩的抗拔力，施工精度等进行检验。

（8）采用钢纤维混凝土、降低水灰比、用小型振捣棒振捣混凝土等方法，使施工方案更可靠。确定混凝土配合比、施工承轨台时间、既有长枕挡肩影响钢轨就位凿除时间等，为顺利拨接创造条件。枕间承轨台结构示意见图 2.17-3。

2）新老轨道平台位置交叉问题

为顺利拨接和保证工程质量，采用无挡肩分开式 DTⅢ2 型扣件，见图 2.17-4。可以通过轨下和铁垫板下垫调高垫板调整标高。

3）与相关专业，如给排水、杂散电流等的接口

（1）拨接段既有道床和轨枕不拆除，给排水、杂散电流等均需特殊设计。一般地段整体道床两侧设排水沟，将道床水引入排水泵站。拨接段除右线右侧水沟外，其余水沟因既有道床和轨枕不拆除，路由受阻，在本区段，将部分右线左侧道床水横向引入左线排水沟

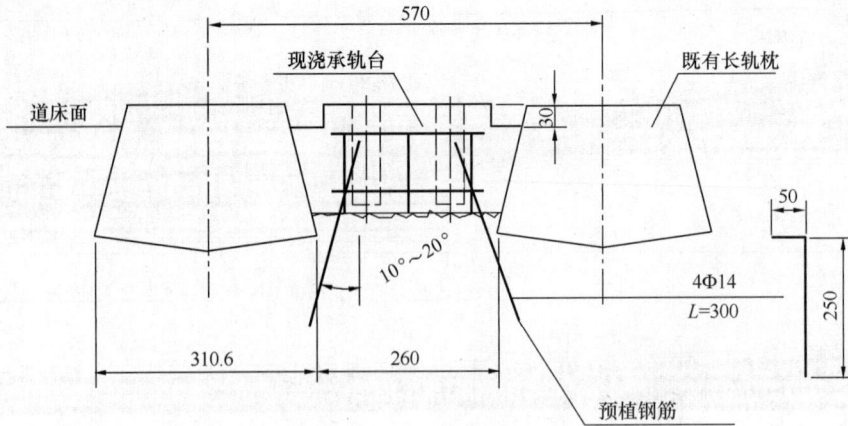

图 2.17-3 承轨台结构示意

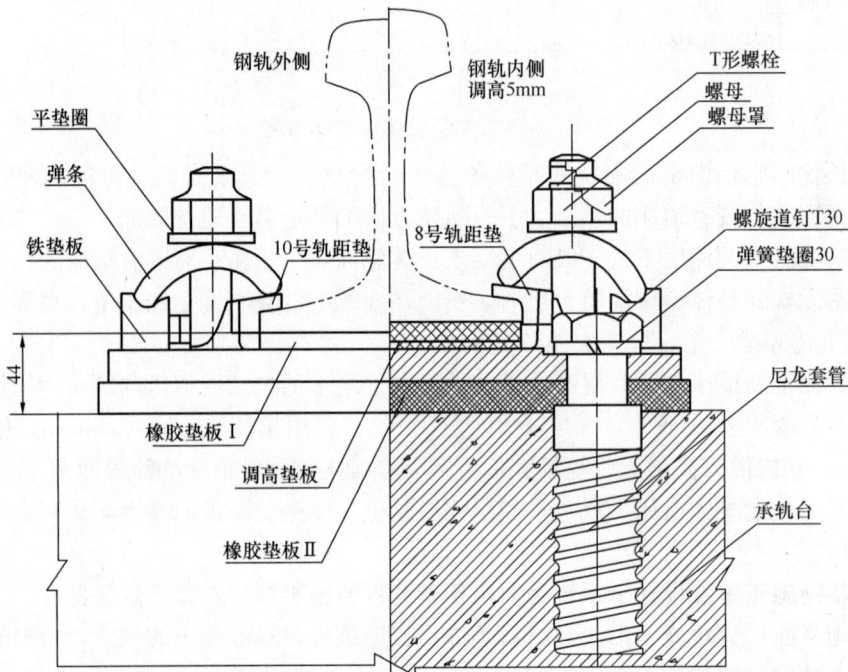

图 2.17-4 DTⅢ2型扣件

排出。

(2) 杂散电流专业要求道床钢筋兼做排迷流钢筋，并要求单线道床钢筋断面积不小于 2000mm² 。拨接段整体道床不拆除，只能利用部分原有道床钢筋做为回流钢筋，断面积不能满足杂散电流的要求。经与杂散电流专业协商，拨接段道床钢筋不作为杂散电流的回路，用电缆将既有线与改建线一般地段连接起来形成杂散电流回路，拨接段道床钢筋只排本段的杂散电流，解决了道床排流钢筋断面积不足的问题。

3. 新老线路拨接

1) 正线整体道床线路拨接

待拨接段的新线轨道结构和新承轨台达到强度后，利用一个晚上停运时间顺利圆满完成右线拨接，次日晚上完成左线拨接，拨接后整体道床轨道，见图 2.17-5。

图 2.17-5　拨接后整体道床轨道

2）车辆段出入线碎石道床线路拨接

先将非拨接段的新线碎石道床轨道结构施工好，将拨接段的路基和底部道砟铺好，并备好其余足够道砟和轨排，与正线拨接同一时间先后将出入线左右线顺利拨接。

上海地铁南站站拨接段轨道结构研究设计及拨接施工是国内地铁的首次，其设计和施工的经验为国内地铁类似轨道结构改造设计和施工提供了借鉴。

2.17.6　北京地铁 1、2 号线轨道结构更新改造

北京地铁 1、2 号线经过 40 多年运营，轨道设备已达到使用年限，于 2006 年、2014 年分别对 1、2 号线轨道设备进行更新改造。

1. 钢轨更换

因建设时扣件未预留更换 60kg/m 钢轨条件，所以改造仍采用 50kg/m 钢轨。

2. 扣件改造

北京地铁 1、2 号线建设时铺设的是专门为地铁研制的弹性分开式 DT1 扣件。该扣件为有螺栓弹片扣件，扣压件为 8mm 厚的弹片，单个弹片扣压力为 8kN。扣件轨下设 10mm 厚橡胶垫板，铁垫板下设 8mm 厚的塑料垫板（绝缘），扣件轨距通过非绝缘不同型号六边形轨距块调整，其轨距调整量为 +8mm、−12mm，一般水平调整量为 +10mm。该扣件经过 40 多年的运营使用，铁垫板、塑料垫板、螺旋道钉等零部件未有成批更换，塑料垫板已老化，螺栓锈蚀较严重。在使用过程中弹片的扣压力损失较大。由于铁垫板下采用塑料垫板，扣件弹性较差，缓冲车轮冲击能力较弱。这些因素都影响了扣件的整体性能，降低了轨道的可靠性。

为了提高扣件整体技术水平，采用了新研制性能良好的 DTⅤ扣件，见图 2.17-6。DTⅤ型扣件为无螺栓弹条弹性分开式扣件，因既有的短轨枕还能使用，所以扣件的钉孔距与 DTⅠ型扣件一致，能够更换，弹条为左穿式（一般扣件无螺栓弹条为右穿式）。

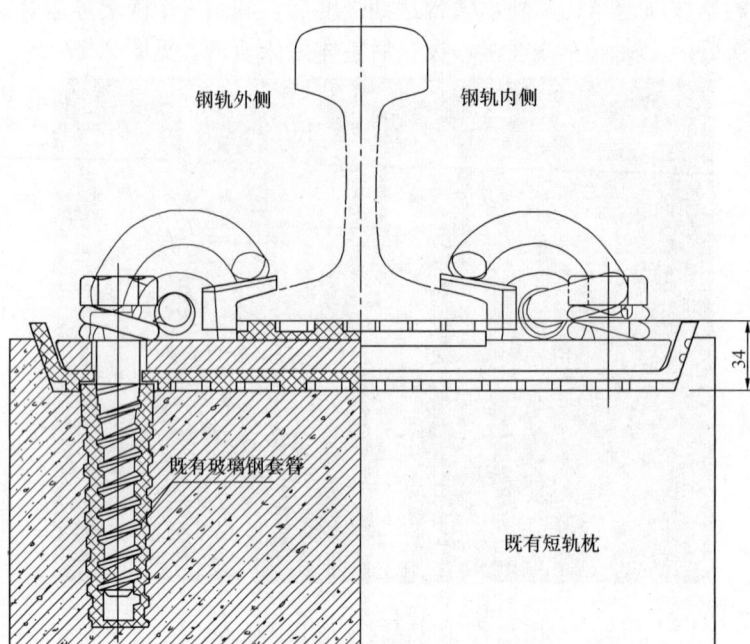

图 2.17-6　DT Ⅴ 型扣件

相比与 DTI 型扣件，DT Ⅴ 型扣件主要有如下优化改进：

1）扣压件为无螺栓弹条，扣压力为 8.25kN。

2）扣件轨下及铁垫板下均采用聚酯弹性体垫板，以提高扣件的弹性和减振性能。

3）铁垫板厚度由 15mm 增至 16mm，以适应板下垫板的弹性。

4）采用绝缘轨距垫，增加一道轨道绝缘。

5）扣件节点的垂直静刚度较小为 20～40kN/mm。

2 号线西环线当时建设时，战备要求在轨道上面能行驶小轿车，铺设了不分开式 DT Ⅱ 型扣件，扣件很短以减小钢轨两侧的轮缘槽，DT Ⅱ 型扣件采用很短 8mm 厚弹片扣压件，经多年运营使用产生病害。后改进为弹性分开式扣件（加设铁垫板），仍采用原扣压件，扣件使用状态仍不理想，改造时采用了经优化改进的 DT Ⅴ 2 型扣件，见图 2.17-7。扣压件为无螺栓弹条，弹条、轨距垫、轨下弹性垫板等与 DT Ⅴ 型扣件的相同。经铺设和运营使用效果良好。

3. 轨枕及道床

整体道床内轨枕，个别损坏的进行整修，松动的加固，失效的预埋扣件套管，用空心钻取出，更换新的；更换失效的碎石道床轨枕，补充、清筛道砟，清理整修道床排水沟，使排水顺畅。

4. 道岔

北京地铁 1 号线一期工程铺设的是木枕碎石道床，因不能中断地铁正常运营，至今未能实现换成道岔整体道床，只能换成弹性分开式扣件，加大木岔枕横断面，以增加道床的稳定性；2 号线道岔整体道床早已将拱形弹片分开式扣件换成性能良好弹性分开式弹条 Ⅰ 型扣件。

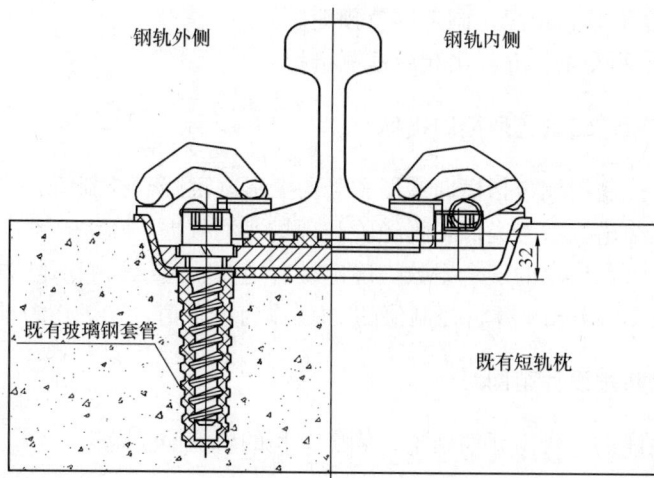

图 2.17-7　DTⅤ2 型扣件

5. 无缝线路

北京地铁 1、2 号线建设时受信号的制约，无缝线路长度较短不超过 1km，改造时增大了无缝线路长度。

6. 焊轨基地

为了满足轨道改造钢轨焊接的需要，设置临时的焊轨基地。采用基地接触焊，并与现场移动式接触焊相结合的方法进行钢轨焊接。

2.18　新建地铁线、市政管线穿越既有线施工的轨道防护

近年来，在轨道交通控制保护区穿越既有线的各类管线、新建地铁等城市建设工程越来越多，为确保既有轨道交通线路运营安全，穿越既有线工程实施时，需进行轨道防护设计。

轨道防护设计的支撑性文件主要有既有线受影响段轨道状况、轨道现状检测成果文件及《安全性评估报告》。

轨道防护设计的内容主要包括：轨道防护设计原则、确定轨道结构变形控制指标、安全措施设计、监测的要求、测量要求及防护标准等。

2.18.1　轨道防护设计原则

轨道防护设计利用轨道结构的可调性，结合运营维修的能力，并对可能出现的不利情况进行判定，在保证轨道结构坚固、稳定及列车运行安全下，确定监测方案、调整措施和应急措施，主要设计原则如下：

1）轨道防护方案应保证轨道结构坚固、稳定及列车运行安全。

2）充分结合轨道结构的可调性，确保轨道结构及时调整。

3）结合运营维修的能力，力求简单、方便。

4）充分考虑结构变形与轨道变形的不一致性。

5）针对结构变形紧急情况，制定应急预案。

6）提出轨道监测要求，并提出相应监测指标。

2.18.2　确定轨道结构变形控制指标

轨道结构变形控制指标包括横向变形和竖向变形（沉降）控制值。一般根据《安全性评估报告》的预测结论，参考类似工程经验和现场实测数据，在综合考虑预测变形值和结构变形值的基础上考虑一定的安全系数，确定既有地铁轨道结构变形监测控制值，控制值的范围一般为 1.0～3.0mm，并将控制值的 80% 作为报警值，70% 作为预警值。

2.18.3　轨道防护设计范围

根据《安全性评估报告》评估结论，确定工程的轨道防护范围。

2.18.4　轨道防护安全措施设计

轨道防护是在采取必要的安全措施条件下，通过对轨道的维护和调整，保证轨道的几何形位，从而保证安全行车。主要有轨道几何尺寸的调整、道床与结构剥离以及道床裂缝的整治。轨道几何尺寸的调整主要为轨面水平及轨向的调整。

1. 安全预防措施

在施工前，应对既有线轨道结构进行加强，以增强轨道结构应对结构变形的能力并保证运营安全。轨道主要采取以下预防措施：

1）施工前检查

施工前再次检查并调整轨道状态，整体道床和碎石道床线路应保持在"综合维修标准"的要求范围内，分别见表 2.18-1、表 2.18-2。

整体道床轨道静态几何尺寸容许偏差管理值　　　　　表 2.18-1

项　　目		综合维修（mm）		经常保养（mm）	
		正线	其他线	正线	其他线
轨距		+4、−2	+5、−2	+6、−3	+7、−3
水平		4	5	6	8
高低		4	5	6	8
轨向（直线）		4	5	6	8
三角坑（扭曲）	缓和曲线	4	5	6	8
	直线和圆曲线	4	5	6	8

碎石道床轨道静态几何尺寸容许偏差管理值　　　　　表 2.18-2

项　　目	综合维修（mm）		经常保养（mm）	
	正线	其他线	正线	其他线
轨距	+5、−2	+6、−2	+7、−4	+8、−4
水平	4	5	7	9
高低	4	5	7	9

续表

项　目		综合维修（mm）		经常保养（mm）	
		正线	其他线	正线	其他线
轨向（直线）		4	5	7	9
三角坑 （扭曲）	缓和曲线	4	5	7	9
	直线和圆曲线	4	5	7	9

注：1. 轨距偏差不含曲线上按规定设置的轨距加宽值，但最大轨距（含加宽值和偏差）不得超过1456mm；
　　2. 轨向偏差和高低偏差为10m弦测量的最大矢度值；
　　3. 三角坑偏差不含曲线超高顺坡造成的扭曲量，检查三角坑时基长为5m，但在延长18m的长度内无超过表列的三角坑。

2）施工中全程监测和调整

在施工过程中，加强对轨道几何尺寸及变形状况的监测，如出现变形超标，应尽快调整。

3）设置安全预防设备

根据评估报告，结合工程情况，可选取下列安全预防设备：

（1）施工前，应安装作业警示标、解除作业警示标志等安全预防设备，待变形稳定后拆除。

（2）在防护段范围内，视轨道变形情况每隔6m左右安装一根绝缘轨距拉杆。对曲线半径小，过车频繁的地段可每隔2.5m左右安装一根绝缘轨距拉杆。

（3）在全部防护范围内，每股钢轨内侧安装防脱护轨。

4）加强人工巡视

巡视内容包括：影响范围内道床结构有无裂缝以及轨道变形情况等，并将巡视情况及时上报相关单位。将巡视工作作为运营公司维修工作的有益补充。

（1）初始状态巡视

在施工影响前对既有线做初始状态巡视，巡视上述内容，如有上述情况，及时做好标识、记录各项参数，填写现场安全巡视表，同时采用影像方式记录并做存档。

（2）施工过程中的巡视

巡视方法同上，将在巡视中发现的既有线状态与初始状态相比较，填写现场安全巡视表，及时通报、反馈，并做影像记录。

2. 轨道几何状态调整措施

根据《安全性评估报告》预测值和既有线轨道结构特征，施工期间，轨道沉降变形或因不均匀沉降变形产生的倾斜，可通过调整轨面水平达到调整轨道几何形位的目的，通过采取调高沉降段的轨顶高程的方法调整，满足行车安全需要。

对于横向变形，通过使用不同型号的轨距垫来进行调整。

施工完成后，再根据结构变形情况进行调坡和调整轨道。

3. 道床结构整治措施

1）整体道床

整体道床轨道沉降有可能使道床产生剥离或开裂。施工过程中应对道床裂缝进行严密观测，在施工结束后对道床开裂超过0.3mm的地段应进行整治。

道床裂缝整治可采用混凝土裂缝灌浆材料进行修补，浆料粒径不大于 0.3mm，采用无压灌注法，灌浆材料 2h 必须达到 C15 强度等级，并在通车前 2h 施工完毕。灌注部位及工程量现场确定。

2）碎石道床

碎石道床的变形可能造成轨道道床松散，道床边坡无法保持形状，降低道床阻力或引起轨枕空吊板，如空吊板率超过 12％，需对道床进行重新捣固。

2.18.5 监测要求

1. 自动化监测

自动化监测，重点是变形较大的点及变形缝两侧。其余地段间距不大于 20m。监测项目包括轨道结构竖向及横向变形。

2. 静态监测内容

人工监测从全面监测角度考虑，监测区段范围覆盖主要影响区范围，监测项目包括：

1）轨道竖向及横向变形。

2）轨道结构几何形位：轨道水平、轨距、高低、轨向、轨道扭曲（三角坑）。

3）道床裂缝。

3. 测点布置

1）监测断面布置要求

可按 20m 等间距布设监测断面，取得测量数据。

2）监测频度

自动化监测实行连续不间断监测。人工监测施工关键期每日停运后监测。后期可适当放宽监测频度。

2.18.6 轨道测量要求

检测轨道时，整体道床轨道静态几何尺寸容许偏差应满足经常保养标准。超出标准时，应在当晚进行维修。

2.18.7 轨道防护措施的结束

当最后 100d 的沉降速率小于 0.01mm/d 时，可认为沉降已进入稳定阶段。此时可结束轨道防护措施和第三方监测措施。

第3章 轨道结构动力性能和减振性能测试

国铁很早并一直坚持对扣件、道床的受力状况及轨道结构的振动情况进行测试。测试结果数据是研究开发新轨道结构的依据。

北京地铁 1 号线设计，当时未有地铁轨道结构受力资料，只能参照国铁的轨道结构的相关资料设计，肯定是超强度设计。

1970 年对地铁轨道结构进行了现场动力测试，测试的宝贵资料为地铁轨道结构研究设计和设计规范编制提供了科学依据。北京地铁 1 号线 DTI 型扣件是采用铸钢四边形轨距块调整轨距，调整量为＋4mm、－8mm，满足不了维修轨距调整的需要，个别处需另加铁片调整。根据测试的资料，轨距块强度可以适当减小，2 号线轨距块改为六边形，轨距调整量增到＋8mm、－12mm，满足了维修调整的需要。后来相继对道岔整体道床受力状况和各级别减振轨道结构减振效果进行了测试，测试的资料为地铁轨道结构研究设计提供了依据。

3.1　区间轨道结构动力测试

3.1.1　测试概况

北京地铁 1 号线一期工程古城至北京站线，于 1969 年 10 月 1 日顺利建成通车。这是我国第一条自己设计、自己设备、自己施工完成的地铁线路。由于缺乏经验，许多问题还有待进一步研究和解决。为使今后地铁设计工作做得更好，为给我国修建地铁提供轨道技术资料，因而与铁道科学研究院合作在该线的礼士路车站附近进行了轨道结构受力状况动测试验。

本次试验的目的，是测定该线所采用的扣件和混凝土整体道床在动荷载作用下的受力性质、大小及应力的分布情况等，为今后扣件和混凝土道床设计提供科学依据。本次测试线路段位于礼士路车站以东联络线及站台西端上行线上。测试地段铺设 50kg/m 的钢轨，扣件铺设数量正线直线地段为 1760 对/km，小半径曲线地段为 1840 对/km，扣件为弹性分开式 DTI 型扣件，道床为短枕式整体道床。

测试段曲线半径为 220m；线路坡度为 3‰。测试点位有 4 个：

1）位于半径 220m 的圆曲线。
2）位于缓和曲线。
3）直线段。
4）站台西端的直线段。

3.1.2　列车车辆及测试车速

地铁运行的车辆是北京Ⅱ型电力客车。满载时客车总重 415kN，轴重为 103.75kN；

构造速度为 80km/h。

本次测试速度：50～65km/h，根据测试需要在测试地段运行的速度。

3.1.3　测试内容和方法

1. 测试方法

试验项目均采用非电量电测法进行测定。采用电阻应变片粘贴在被测扣件的测定部位和道床的测点位置，通过测试仪器，将列车通过测点时电阻应变片感受产生的应变曲线，放大地记录在示波器的感光纸上，形成波形图。

这次贴在扣件各部件上的电阻应变片的型号为 3mm×5mm，电阻值为 120Ω；贴在道床上的电阻应变片型号 5mm×40mm，电阻值为 340Ω。粘贴电阻应变片用 502 胶剂，并用环氧树脂作封闭涂料，以防止应变片受潮。

2. 测试内容

1）扣件上拔力

这次扣件上拔力是测 T 形螺栓、螺纹道钉的上拔力。把测定上拔力的 T 形螺栓、螺纹道钉的螺杆相对两侧面磨光，分别贴上一片电阻应变片，焊上引线，封好环氧树脂涂料，即成测试元件，分别为 T 形螺栓和螺纹道钉的测试元件。

2）横向水平力

扣件的水平横向力是通过在轨距块垂直于钢轨的两个侧面贴上电阻应变片进行测定。

3）短轨枕的垂直压力

测定短轨枕垂直压力是将铁垫板作为测试元件的。在作测试用的铁垫板的底部刨成宽 50mm、深 5mm 的槽，在槽内贴上电阻应变片。

上述三项，每项的测点均布置六个连续测点，取其平均值，并找出其中的最大值。

4）道床表面应力

道床表面应力是在缓和曲线段测定的。把电阻应变片先贴在铝箔上，用薄膜封闭，然后用环氧涂料把带铝箔的电阻应变片贴在轨底的道床表面上，再用环氧涂料封闭。

5）道床断面应力

对道床内部应力的测定，以往经常采用环氧树脂测标埋设在道床混凝土内部的方法。由于本次测试是在混凝土道床施工完成线路交付运营之后进行的，所以就选择道床的自然断面——横向水沟的两个侧面来测定道床断面应力值，与测定道床表面应力相同，把带铝箔的电阻应变片直接贴在断面的所测位置上。

3.1.4　测试结果及分析

1. 读数及读数统计

当时北京地铁行驶的北京Ⅱ型电力客车设有 2 个转向架，轴重均相同。

根据数理统计方法进行读数及计算。先读出各测点波形图上的波峰值，每一节车辆可以读出两个波峰值。本次试验各测点的读数均在 6～60 次之间。

根据本次试验所有项目（包括扣件及整体道床受力）的实读波峰值，可以看出，各项读数基本上都是按正态分布的。

2. 数据整理

1) 扣件

扣件各部件,包括 T 形螺栓、螺旋道钉的上拔力、轨距块的水平横向力以及短轨枕的垂直压力等项,其试验数据的整理方法完全相同。

(1) 由记录波形图,通过读数统计,得出表示该测试之件应变的算术平均值 X,以及均方根差 σ;

(2) 通过室内校正,得出相应测试元件的力与应变的关系曲线,称之为校正曲线;

(3) 对照校正曲线,即可得到表示应变的算术平均值 X 所相当的 $X_校$;以及表示应变的均方根差 σ 所相当的 $\sigma_校$。$X_校$ 和 $\sigma_校$ 是该测试元件所受力的算术平均值和均方根差;

(4) 最大可能值的计算:

最大可能值 $X_{max}=X_校+2.5\sigma_校$,根据数理统计的原理,在正态分布的情况下,取均方根差 $\sigma_校$ 的系数为 2.5,是表示在 1000 个测试数据中,将有 994 个数据不会超过计算的最大可能值 X_{max} 仅有 6 个数据可能超过,这就足够满足扣件实际使用的要求。

2) 整体道床表面应力和断面应力;

道床混凝土的表面应力和断面应力的试验数据整理也是一样的。

(1) 由读数统计得出表示道床各测点混凝土平均应变值 X°,以及均方根差 σ°。

(2) 根据混凝土的应力 $T_混=E_混 X_\varepsilon$ 得出表示该测点应力值的算术平均值 T_x 和均方根差 T_σ,即:

$$T_x=X^\circ E_混 \quad T_\sigma=\sigma^\circ E_混$$

式中 $E_混$——混凝土弹性模量。地铁整体道床采用 C30 级混凝土,计算用的弹性模量 $E_混=3\times10^5\,kg/cm^2$。

(3) 最大可能值依 $T_{max}=T_x+5T_\sigma$ 进行计算。

3. 测试结果分析

1) 扣件上拔力

(1) 从本试验对弹性分开式 DTI 型扣件的 T 形螺栓和螺旋道钉分别测其上拔力的结果,总的可以看出扣件所受的上拔力是很小的。螺旋道钉几乎没有上拔力;T 形螺栓的很多测点也未能测出上拔力值,可以认为,此种分开式扣件承受的上拔力大部是 T 形螺栓来承担的。

(2) 测得 T 形螺栓上拔力的范围均在几十至几百 N 之间;最大的上拔力为 550N。

(3) 扣件的损失压力。即松弛力的最大值 8.04kN。按上紧 T 型螺栓和螺旋道钉的拧紧力矩为 120N·m,计算得出相应的拧紧力为 12kN。则由测试得出本扣件的平均松弛力约为拧紧力的一半左右。

(4) 在缓和曲线地段,同样的速度,内外钢轨不同侧面扣件的松弛力值是有区别的。其中曲线外股钢轨内侧的松弛力值为最大。而不论直线地段和缓和曲线地段,扣件松弛力随速度的增加有渐增的趋势,但本次测试的规律性不明显。上拔力因测得的数据少,数值较小,不足以比较。

(5) 本测试所测的上拔力较国铁地面普通轨枕线路的扣件上拔力小。据分析,可能有两方面原因:

①地铁采用混凝土整体道床,其刚性较大;

② 地铁行驶的电力客车，其轴重远较国铁的机车轴重轻。

2）轨距块的水平横向力

（1）这次测试的水平横向力是在半径为 220m 的圆曲线上测得的。当运行速度为 50km/h 时，轨距块承受的水平横向力平均值在 29kN 左右，最大值可达 40.2kN。

（2）从 6 个连续测点的测试数据看，水平横向力的大小与该测点轨距块的顶紧程度有关，也与邻近轨距块的顶紧程度有关。若有一轨距块较为松动，则邻近两轨距块所受的横向水平力显然就大了。

（3）轨距块承受的水平横向力有随速度增加而增加的趋势。

3）短轨枕的垂直压力

（1）直线地段，6 个连续测点的测试数据基本上接近，其平均值的范围在 15～17kN。

（2）曲线地段，6 个连续测点的测试数据较为分散，最大值为 24.26kN，最小值为 9.36kN。

（3）列车运行速度对短轨枕承受的垂直压力的影响在本次测试中，还不足以说明。作为测试元件的铁垫板直接承受来自钢轨的垂直压力，其值的大小与客车的轴重、列车运行速度直接有关，同时与轨道的状况也有关。

4）整体道床的应力

从本次所测得的整体道床应力值可以看出，整体道床是一种复杂的受力结构。

（1）道床表面应力在沿钢轨方向均为拉应力，最大表面拉应力值为 50.3N/cm²。

（2）道床断面应力在断面上部的纤维受弯曲压应力，下部纤维受弯曲拉应力。其最大的弯曲压应力值为 41.4N/cm²，最大的弯曲拉应力值为 49N/cm²。

（3）道床断面的竖向纤维全部承受压应力，最大竖向压应力为 108.5N/cm²。

（4）整体道床应力值的测试，采用表面贴电阻应变片的方法，所测数据不够完善，难以进行定量的分析，有待今后进一步测试研究。

（5）道床断面应力是在道床横向水沟的两侧断面上测试的，其受力状况与连续的整体道床受力情况是有所区别的。

3.1.5 结语

1）北京地铁 1 号线一期工程，采用的分开式弹性扣件所承受的上拔力是很小的，最大的上拔力为 550N。

2）测得短轨枕受的垂直压力较小，仅就测试数据看，取消铁垫板是完全可以的，但铁垫板的取消不仅取决于受力情况，尚需结合运营使用要求综合考虑。

3）从测得的整体道床应力远远小于 C30 混凝土强度，C30 整体道床足以满足使用要求。按百年设计应采用 C35 整体道床。

在地铁进行动测试验这还是第一次，各项测试的测点数目也不多，所测得的成果只是初步的，加上测试条件的局限和对上述测试资料的整理、分析，可能有不当之处，本区间轨道结构动力测试结果仅供参考。

3.2 道岔短枕式整体道床动力测试

3.2.1 动力测试目的

北京地铁后建的 2 号线 9 号单开道岔和复式交分道岔均铺设了钢筋混凝土短枕式整体道床。短轨枕采用 C50 钢筋混凝土，道床则采用 C30 混凝土。与铁道科学研究院合作，于 1984 年 11 月对道岔短枕式整体道床在列车荷载下的应力分布情况进行了测试，以检验道岔整体道床结构的强度，适应地铁情况，并为进一步改善道岔整体道床结构设计提供依据。

3.2.2 测试条件

1. 道岔轨道结构

本测试点为西直门车站南站 50kg/m 钢轨 9 号单开道岔，道岔扣件为拱型弹片分开式（有铁垫板）、短枕式整体道床，厚度为 310mm。短轨枕厚度为 150mm。

2. 车辆

型号：BJ-3 型地铁电动客车。

轴重：12t，轮重 6t。

每列车由 4 节车辆组成，通过道岔区的速度为 30～40km/h。

3.2.3 测试项目

为了测得道岔整体道床在列车通过时的应力分布情况，分别在道床表面及道床内部布设测点：

1. 道床表面应力测试

把电阻应变片直接粘贴在需要测试部位的道床表面，分别按垂直钢轨方向和平行钢轨方向粘贴，以测得该两个方向的应力值。

在道岔区的尖轨、辙叉及叉后基本轨相对应的道床表面分别粘贴两组应变片，以测得道岔不同部位下的道床应力状况。

2. 道床内部应力测试

采用环氧保护层测标，在整体道床施工时已预埋道床内部，留出引线。测标分两层，并按垂直钢轨方向和平行钢轨方向埋设。

在道岔的尖轨、辙叉及叉后基本轨相对应的道床内部分别埋设了相当数量的测标，以供测试用。

道床表面应力和道床内部应力均采用国产 YD-15 型动态应变仪及 SC-16 型光线示波器进行测试。本次测试共用 4 组仪器同时进行。

3.2.4 测试结果

1. 道床表面测点测试结果

道床表面测点测试结果见表 3.2-1。

道床表面测点测试结果　　　　　　　　　　　　表 3. 2-1

测点 位置	测点号	应变值（$\mu\varepsilon$）			应力值（kg/cm²）		
		平均值	均方差	最大可能值	平均值	均方差	最大可能值
岔后 基本轨	1-X	1.64	0.39	2.61	0.57	0.13	0.91
	2-X	1.47	0.38	2.42	0.52	0.13	0.85
	2-Y	1.66	0.34	2.50	0.58	0.12	0.87
辙岔	3-Y	1.77	0.33	2.59	0.62	0.11	0.91
	4-Y	3.26	0.87	5.44	1.14	0.30	1.90
	4-Y	2.75	0.41	3.50	0.96	0.14	1.23
尖轨	5-Y	1.17	0.42	2.23	0.41	0.15	0.78
	6-X	2.60	0.87	4.78	0.91	0.31	1.67
	6-Y	1.51	0.46	2.64	0.53	0.16	0.93

注：1. 测点号 X 为垂直钢轨方向；Y 为平行钢轨方向；

　　2. C50 的弹性模量按 $3.5 \times 10^5 \, kg/cm^2$ 计；

　　3. 最大可能值＝平均值＋2.5 均方差。

2. 道床内部测点（岔后基本轨）测试结果

道床内部测点（岔后基本轨）测试结果见表 3.2-2。

道床内部测点（岔后基本轨）测试结果　　　　　　表 3. 2-2

测点 位置	测点号	应变值（$\mu\varepsilon$）			应力值（kg/cm²）		
		平均值	均方差	最大可能值	平均值	均方差	最大可能值
二层	1-X	1.64	0.39	2.61	0.57	0.13	0.91
	2-X	1.47	0.38	2.42	0.52	0.13	0.85
辙岔 尖轨	3-Y	1.77	0.33	2.59	0.62	0.11	0.91
	4-Y	3.26	0.87	5.44	1.14	0.30	1.90
	4-Y	2.75	0.41	3.50	0.96	0.14	1.23
	5-Y	1.17	0.42	2.23	0.41	0.15	0.78

3. 道床内部测点（辙岔部分）测试结果

道床内部测点（辙岔部分）测试结果见表 3.2-3。

道床内部测点（辙岔部分）测试结果　　　　　　　表 3. 2-3

测点 位置	测点号	应变值（$\mu\varepsilon$）			应力值（kg/cm²）		
		平均值	均方差	最大可能值	平均值	均方差	最大可能值
二层	16-X	7.86	1.72	12.16	2.36	0.52	3.65
一层	15-X	3.14	0.91	5.42	0.94	0.27	1.63
	17-X	1.0	0	1.0	0.30	0	0.30
	77-X	2.251	0.84	4.36	0.68	0.25	1.31
	188-X	2.08	0.70	3.82	0.62	0.21	1.15

4. 道床内部测点（尖轨部分）测试结果

道床内部测点（尖轨部分）测试结果见表 3.2-4。

道床内部测点（尖轨部分）测试结果　　　　　表 3.2-4

测点位置	测点号	应变值（$\mu\varepsilon$）			应力值（kg/cm²）		
		平均值	均方差	最大可能值	平均值	均方差	最大可能值
二层	22-Y	2.04	0.28	2.73	0.61	0.08	0.82
	61-Y	1.24	0.24	1.84	0.37	0.07	0.55
	79-Y	1.94	0.53	3.25	0.58	0.16	0.98
	88-Y	1.71	0.38	2.67	0.51	0.11	0.80
	111-Y	1.94	0.59	3.43	0.58	0.18	1.03
一层	42-Y	1.72	0.67	3.40	0.52	0.20	1.02
	110-Y	1.13	0.22	1.69	0.34	0.07	0.51
	142-X	1.26	0.23	1.83	0.38	0.07	0.55

3.2.5 测试结果分析

1）道床表面应力测试结果表明，实测的应变值很小，不超过 $5\mu\varepsilon$ 相应的应力值则不超过 $2kg/cm^2$。这对于 C30 混凝土道床是完全可以承受的。

2）根据三个部位两个方向测试结果的统计分析，垂直钢轨方向道床表面应力是辙岔部分为最大，其次为尖轨部分，岔后基本轨为最小。平行钢轨方向道床表面应力也是辙岔部分为最大，其次为基本轨最小为尖轨。可见辙岔部分较其他部分受力为大，这符合实际受力情况。各部分实测应力平均值及最大可能值，见表 3.2-5。从表中还可以看出，辙岔和尖轨部分垂直钢轨方向的道床表面应力均大于平行钢轨方向的道床表面应力；而基本轨部分两个方向的应力值基本接近。

道岔道床各部分道床表面应力比较表（kg/cm²）　　　　　表 3.2-5

测点位置	垂直钢轨方向		平行钢轨方向	
	平均值	最大可能值	平均值	最大可能值
辙岔	1.14	1.90	0.79	1.07
尖轨	0.91	1.67	0.47	0.86
基本轨	0.55	0.88	0.58	0.87

3）道床内部应力值，除辙岔部分的 16 号测点外，均不超过 $1kg/cm^2$ 并较道床表面应力略小。两个方向的应变测值均为压应变。本次预理的测标中，未埋设竖直向下的测标，根据以往道床内部应力测试结果，竖直向下测标的应变肯定为压应变。所以，整体道床内部不出现拉应力。说明整体道床与地铁框架底板的联结良好，共同承受列车荷载的作用。

4）从测值看，不论在辙岔部位，还是在尖轨或基本轨部位，位于二层的道床内部应力值均大于一层的相应值，这一测试结果是符合应力分布规律的。由于埋设测标失效较多，在有效的测点中，垂直钢轨方向和平行钢轨方向的测标数不均衡，故无法对两个方向的测值作进一步的分析比较。

3.2.6　结语

本次测试试验得出，道岔整体道床各部分的道床应力的平均测值小于 $2kg/cm^2$，最大可能值也不到 $4kg/cm^2$，是较小的。分析有以下三方面主要原因：

1）地铁运行的车辆重轻，仅为 12t，是国家铁路机车车辆轴重的一半。

2）列车过岔进站减速，通过速度约 30kg/h，并未达到车辆容许的构造速度，对道床的动力附加作用力就很小。

3）整体道床与地铁框架底板联结成一体，共同承受列车动载作用，接近于弹性半无限体的受压结构致使道床应力偏小。

4）除了上述三个直接与整体道床受力的荷载和结构有关的因素外，本次试验采用的电阻应变片和预埋在道床内部的环氧保护层测标时间较长（约 3～4 年），绝缘性能较差，失效率较高。有效的几个测标其测量灵敏度可能受其影响。此外，有效的测点数仅为预埋测标总数的 10％，不能全面反映道床内部实际的受力状况，加上前面所说的荷载因素，本次试验的测值并不是道床受力的最不利状态，有些数据仅作参考。

5）根据地铁的运行条件，北京地铁工程道岔整体道床的结构强度完全可以满足运行使用要求，结构的耐久性也可以得到保证。建议：在有条件的情况下，可进一步进行道岔不同部位的动力测试，适当提高过岔时的运行速度，以取得在不利荷载条件下道床的振动特性参数。

3.3　弹性短枕式整体道床减振测试

3.3.1　测试目的

为探索地铁减振轨道结构，1977 年在北京地铁 2 号线东四十条站试铺弹性短枕式整体道床，在建国门站南端试铺了密排短枕式整体道床。与铁道科学研究院合作，于 1984 年对上述两种减振轨道结构进行了减振测试。

3.3.2　测试条件

1）轨道：两测试地点为东四十条和建国门南端。钢轨 50kg/m、弹性分开式 DT I 型扣件、短枕式整体道床。

2）车辆：BJ-3 型地铁电动客车，轴重为 12t。每列车由 4 节车辆组成，通过东四十条速度为 30～40kg/h，建国门进站速度为 20～30kg/h，出站速度为 10～20kg/h。

3.3.3　测试方法

1）加速度计作为传感元件，用 110A 电阻应变仪进行放大，SC-16 紫外线示波器记录，见图 3.3-1。

2）将加速传感器安放在车辆的弹簧上，列车行驶时测量加速度值。

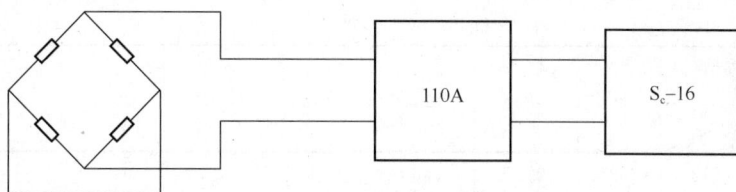

图 3.3-1 测试方法示意

3）试验结果及分析：

（1）根据 $\bar{a}_{\text{总}} = \dfrac{\sum a_j}{n}$ 和 $\sigma_{\text{a总}} = \sqrt{\sigma_{a1}^2 + \sigma_{a2}^2 + \sigma_{a3}^2}$，求出 $\bar{a}_{\text{总}} - \sigma_{\text{a总}}$ 的值。

（2）根据 $t = \dfrac{|\bar{a}_{\text{总}}^i - \bar{a}_{\text{总}}^{i+1}|}{\sqrt{\dfrac{(\sigma_{\text{总}}^i)^2}{n_{i+1}} + \dfrac{(\sigma_{\text{总}}^{i+1})^2}{n_i}}}$ 进行差异比较。

当 $t>2$ 两者有差异，当 $t<2$ 两者没差异。

（3）根据 $\dfrac{\text{短轨枕加速度} - \text{整体道床加速度}}{\text{短轨枕加速度}} = $ 减幅率得到每种轨道结构减振性能好与坏，减幅率愈大减振愈好，愈小愈差。

3.3.4　测试结果

对比实测值，见表 3.3-1。

对比实测值　　　　　　　　　　　　　　　　表 3.3-1

地点 \ 参数数值		n	a_i	$\Delta \bar{a}_i$	$a_{\max}$	n	$\bar{a}_i$	$\sigma_{\text{a总}}$	$\sigma_{\text{总max}}$
东四十条短轨枕（不包橡胶套）	1	40	7.9	2.1	13.1	168	3.8	2.6	10.3
	2	46	1.5	0.37	2.4				
	3	41	1.0	0.36	1.9				
	4	41	4.8	1.42	8.3				
东四十条整体道床（不包橡胶套）	5	48	0.04	0.01	0.065	204	0.06	0.028	0.130
	6	50	0.087	0.016	0.128				
	7	50	0.034	0.014	0.07				
	8	56	0.078	0.016	0.12				
建国门（进站）短轨枕（点支承）	9	66	1.48	0.64	3.08	247	1.93	1.28	5.13
	10	71	0.19	0.056	0.34				
	11	55	5.6	1.1	8.4				
	12	55	0.44	0.1	0.69				

地点 ＼ 参数 数值	n	a_i	$\Delta\bar{a}_i$	a_{max}	n	$\bar{a}_i$	$\sigma_{a总}$	$\sigma_{总max}$
建国门（进站）整体道床（点支承） 13	68	0.26	0.06	0.42	247	0.16	0.08	0.36
14	67	0.21	0.05	3.4				
15	56	0.06	0.016	0.10				
16	56	0.112	0.025	0.174				
建国门（出站）短轨枕（点支承） 17	55	1.1	0.62	2.65	213	1.28	1.28	4.48
18	58	0.14	0.044	0.25				
19	49	3.58	1.1	6.4				
20	56	0.26	0.11	0.53				
建国门（出站）整体道床（点支承） 21	59	0.2	0.06	0.35	230	0.12	0.07	0.30
22	71	0.14	0.029	0.21				
23	45	0.04	0.01	0.07				
24	55	0.09	0.02	0.14				

试验段资料，见表 3.3-2。

试验段资料　　　　　　　　　　　　　　　　表 3.3-2

地点 ＼ 参数 测点	n	a_i	$\Delta\bar{a}_i$	a_{max}	n	$\bar{a}_i$	$\sigma_{a总}$	$\sigma_{总max}$
东四十条短轨枕（包橡胶套） a	36	5.01	1.49	8.74	160	3.98	3.02	11.5
b	36	4.26	1.17	7.17				
c	44	3.5	1.63	7.57				
d	44	3.17	1.69	7.39				
东四十条整体道床（包橡胶套） a	36	0.0037	0.0029	0.011	160	0.005	0.0044	0.016
b	36	0.0091	0.0038	0.019				
c	44	0.0078	0.0017	0.049				
d	44	0	0	0				
建国门（进站）短轨枕（连续支承） a	79	3.39	0.77	5.3	233	2.88	1.22	5.93
E	77	4.04	0.87	6.2				
F	77	1.22	0.37	2.15				
建国门（进站）整体道床（连续支承） b	68	0.17	0.165	1.11	223	0.25	0.174	0.68
d	68	0.15	0.045	0.26				
G	47	0.06	0.025	0.13				
H	40	0.074	0.017	0.12				
建国门（出站）短轨枕（连续支承） a	79	2.49	0.59	4.0	233	2.15	1.02	4.69
E	77	2.83	0.73	4.6				
F	77	1.04	0.40	2.05				

地点	测点	n	a_i	$\Delta \overline{a_i}$	a_{max}	n	$\overline{a_i}$	$\sigma_{a总}$	$\sigma_{总max}$
建国门（出站）整体道床（连续支承）	b	79	0.55	0.15	0.93	203	0.21	0.163	0.62
	d	79	0.156	0.028	0.22				
	G	28	0.052	0.028	0.12				
	H	37	0.08	0.08	0.21				

减幅率比较，见表 3.3-3。

减 幅 率 比 较 表 3.3-3

地点	参数值	对比段		试验段	
		平均值	最大可能值	平均值	最大可能值
东四十条		0.984	0.987	0.999	0.999
建国门（进站）		0.92	0.93	0.913	0.885
建国门（出站）		0.91	0.93	0.90	0.87

注：1. 东四十条的"对比段"为普通整体通车"试验段"为弹性短轨枕（包橡胶套）。

    2. 建国门的"对比段"为点支承，"试验段"为连续支承。

差异比较，见表 3.3-4。

差 异 比 较 表 3.3-4

地点	参数值	点支撑与连续支撑	带套与不带套
东四十条	短轨枕		0.58<2 不显著
	整体道床		14.8>2 显著
建国门（进站）	短轨枕	8.3>2 显著	
	整体道床	7.5>2 显著	
建国门（出站）	短轨枕	8.1>2 显著	
	整体道床	7.8>2 显著	

根据表 3.3-1～表 3.3-4 的统计结果，车辆簧上振动加速度弹性短轨枕整体道床较普通短轨枕式整体道床降低 30%。

3.3.5 测试结果分析

由表 3.3-1～表 3.3-4 提出以下几点看法：

1）弹性短轨枕的加速度较一般短轨枕加速度大，但不显著。弹性短枕式整体道床加速度较一般短枕式整体道床加速度小，差异显著。

2）密排短轨枕式整体道床的加速度较一般短枕式整体道床加速度大，而且差异显著。这些结果可能是由于施工时密排短轨承轨面不平顺而影响的。

3）弹性短枕式整体道床较普通短枕式整体道床的减幅率大，车辆簧上振动加速值降低 30%，这说明弹性短枕式整体道床有良好的减振效果。

3.3.6　结语

1）弹性短枕式整体道床具有良好的减振效果。

2）由于密排短枕式整体道床加速度较一般短枕式整体道床大，所以密排短枕式整体道床无减振效果。若能改进短轨枕承轨面的平顺性，密排短枕式整体道床会有减振作用。

3）由于试验数量较少，所得结果仅供参考。

3.4　DTⅥ型扣件性能现场测试

3.4.1　测试目的

为了实测新研制的 DTⅥ型扣件现场使用性能，1997 年 11 月在北京地铁一号线复兴门至西单段上行线 166+70～168+70 处为直线段试铺 200m 试验段，并委托原铁道部专业设计院对扣件在动静状态下的性能进行测试。测点布置见图 3.4-1。

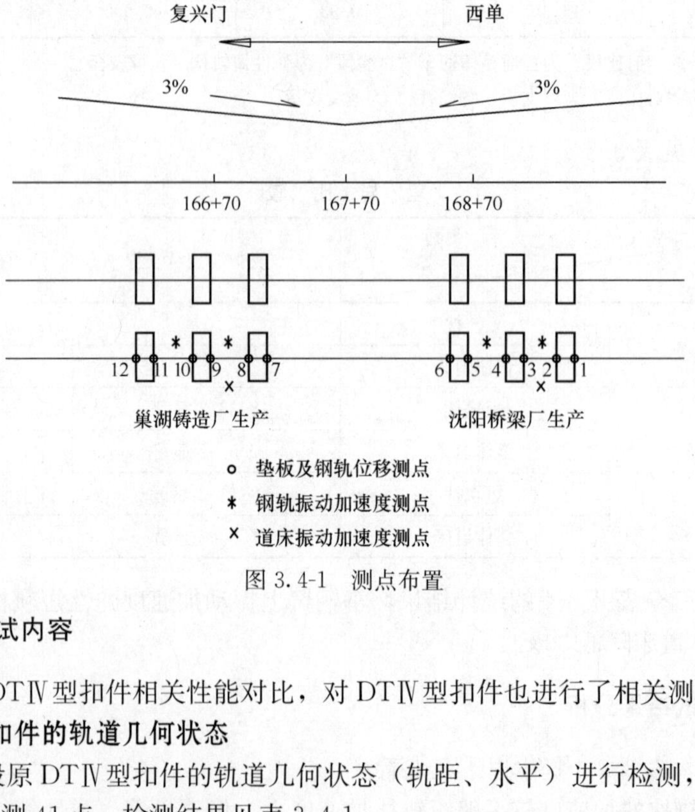

图 3.4-1　测点布置

3.4.2　测试内容

为与既有 DTⅣ型扣件相关性能对比，对 DTⅣ型扣件也进行了相关测试。

1. DTⅣ型扣件的轨道几何状态

先对试铺段原 DTⅣ型扣件的轨道几何状态（轨距、水平）进行检测，监测点间隔为每 5m 一点，共测 41 点，检测结果见表 3.4-1。

2. DTⅥ型扣件的轨道几何状态

1997 年 11 月中旬北京地铁工务段陆续将试验段内的 DTⅣ型扣件更换为 DTⅥ型扣件，经过调整及短期运营稳定后，于 1997 年 12 月 10 日对试验段轨道几何状态（轨距、水平）进行检测，检测点间隔约为 2.5m，共测 62 点，检测结果见表 3.4-1。

DTⅣ、DTⅥ型扣件轨道几何状态　　　　　　　　　　　表 3.4-1

项　　目	轨距 1435mm				水平			
偏差（mm）	0	0～≤2	≥3～≤4	≥5～9	0	+1 或 −1	+2 或 −2	+3 或 −3
DTⅣ型百分率（%）	2.4	7.3	47.6	42.7	31.7	43.9	13.6	9.8
DTⅥ型百分率（%）	26.9	32.1	35	6	28.4	47.8	16.4	7.5

3. DTⅥ型扣件静态扣压力测定

通过静态扣压力测试，可以了解扣件组装后静态弹条的实际扣压力。扣压力采用精制的测力架进行测定，见图 3.4-2。用拉钩将弹条扣压肢端拉起至刚好离开绝缘轨距垫上表面，用 0.05mm 厚塞尺通过，此时读出测力架主梁的变形量（百分表读数），根据标定值换算出拉钩对弹条的作用力，即弹条的实际扣压力。

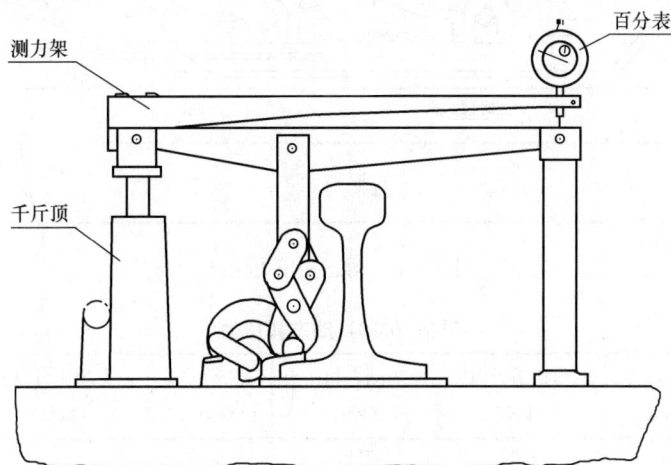

图 3.4-2　扣压力测试示意

实测扣压力值见表 3.4-2。

弹条（ϕ18）扣压力　　　　　　　　　　　表 3.4-2

序号	巢湖铸造厂生产弹条		沈阳桥梁厂生产弹条	
	百分表读数（mm）	换算扣压力（kN）	百分表读数（mm）	换算扣压力（kN）
1	3.55	8.17	3.80	8.75
2	2.85	6.56	2.50	5.76
3	3.75	8.63	3.75	8.63
4	2.95	6.79	3.90	8.98
5	3.45	7.94	3.85	8.86
6	3.85	8.86	3.91	8.99
7	3.75	8.63	3.70	8.52
8	3.80	8.75	3.29	7.57
9	3.85	8.86	3.55	8.17
平均值	3.53	8.13	3.58	8.26

4. DTⅥ型扣件动态测试

列车荷载对轨道结构的作用是非常复杂的，只有通过对现场的动态测试，才能真正了解 DTⅥ型扣件的实际工作状态。

1）DTⅥ型扣件动态扣压力测定

测试采用梁式位移计作为传感器，用特制的垫块将其固定在道床上，分别测定铁垫板及钢轨相对道床的垂直位移，见图 3.4-3。将所得信号传入动态应变仪放大，并用示波器记录。用塞尺进行现场标定。钢轨与铁垫板相对道床的位移差，即是弹条扣压肢在列车通过时的松弛位移。通过松弛位移可以换算出剩余扣压力，即动态扣压力。测定结果见表 3.4-3。

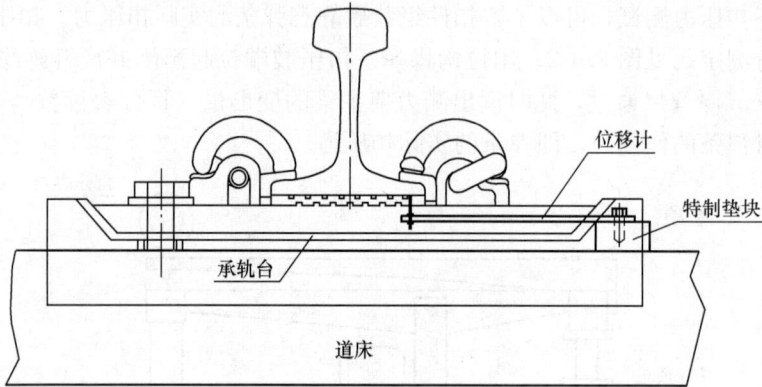

图 3.4-3　动态扣压力测试

弹条（ϕ18）动态扣压力　　　　　　　　　　　　表 3.4-3

生产厂家	平均位移（mm）	平均扣压力损失（kN）	平均动态扣压力（kN）	最大位移（mm）	最大扣压力损失（kN）	最小动态扣压力（kN）
巢湖铸造厂	0.36	0.28	7.85	0.43	0.34	7.79
沈阳桥梁厂	0.24	0.19	8.07	0.34	0.27	7.99

2）DTⅥ型扣件动态振动加速度测定

测试采用压电式振动加速度计作为传感器，将加速度计分别吸附于轨底及位移计特制垫块上，分别测定钢轨及道床的垂直振动加速度，所得信号经放大传入磁带记录仪，并用测振软件进行数理统计分析。作为对比，同时对下行线上的 DTⅣ型扣件振动情况也做了测定，结果见表 3.4-4。

扣件动态振动加速度　　　　　　　　　　　　表 3.4-4

扣件名称	钢轨		道床	
	平均值（g）	最大值（g）	平均值（g）	最大值（g）
巢湖铸造厂生产 DTⅥ型扣件	104.8	130.2	0.46	1.05
沈阳桥梁厂生产 DTⅥ型扣件	63.8	117.0	0.39	1.02
DTⅣ型扣件	94	123.9	0.8	1.1

3.4.3　测试结果分析

扣件是轨道系统中的重要部件，与其作用的相关部件及荷载均对其性能有很大影响，因此在考查其技术性能时，必须研究周围环境对其的影响，才能做出合理的判断。

1）从轨道几何状态的检测看，DTⅥ型扣件保持轨距的能力优于DTⅣ型扣件，这主要因为其扣压力不受人为控制，而是自动定位控制，并且均匀，增加了轨道整体刚度。钢轨水平状态没有改善，可能是由于更换扣件时未进行调高所致。轨道几何状态的好坏对动态测试有影响。

2）DTⅥ型扣件静态扣压力的测定结果表明，弹条扣压力均匀离散性很小，所测平均值均达到设计允许的 7.5～9kN 规定值。

3）扣件的动态测试均在客运高峰期间进行，列车密度高，车辆荷载大，所测结果反映的是较大值。测试结果表明，动态扣压力与静态扣压力相比变化不大，最小扣压力均达到设计要求。

4）钢轨及道床的振动加速度测试表明，DTⅥ型扣件对钢轨有较好的减振能力，经过轨下及铁垫板下双层胶垫的振动衰减，道床振动已很小。与下行 DTⅣ型扣件相比，DTⅥ型扣件减振性能有所提高。

经过对 DTⅥ型扣件的静态及动态情况下性能的测试，表明试验段 DTⅥ型扣件扣压力符合设计要求，动态下扣压力松弛很小，扣件具有较好的减振性能。

3.5 轨道结构减振测试

3.5.1 减振测试情况

为摸清国内地铁已铺设的减振轨道结构减振状况，进而根据需要研究设计出不同级别的减振轨道结构，以满足人们对环境保护的要求。北京地铁运营公司、北京市劳动保护研究所和 UCD 合作于 2001 年对北京、上海、广州地铁不同级别的减振轨道结构在列车运行时实际减振效果进行了测试。

3.5.2 不同级别减振轨道结构测试结果

所测试的轨道结构，为弹性分开式扣件、枕式整体道床、无缝线路。其中，北京地铁测试地段均为 50kg/m 钢轨，上海、广州均为 60kg/m 钢轨。减振效果均为钢轨—隧道壁的振动加速度级插入损失。

1. 一般减振轨道结构测试

扣件插入损失测试结果，见表 3.5-1。

扣件插入损失　　　　　　　　　　　　　　表 3.5-1

序号	扣件名称	测试地点	车载 ($V-60km/h$)	插入损失 （dB）
1	DTⅣ型	北京地铁 1 号线民族段	正常运行	9
			实验车（载人 100）	4
			实验车（载人 200）	4

序号	扣件名称	测试地点	车载 ($V-60\text{km/h}$)	插入损失 (dB)
2	DTⅣ型	北京地铁1号线西单段	正常运行	2
			实验车（载人100）	8
			实验车（载人200）	8
3	试验 类似DTⅥ型	北京地铁1号线民族宫段	正常运行	6
			实验车（载人100）	2
			实验车（载人200）	2
4	DTⅢ型	上海地铁1号线长沙路段	正常运行	3
5	单趾弹簧	广州地铁1号线体西段	正常运行	8

2. 中等减振轨道结构测试

测试结果，见表3.5-2。

中等减振轨道结构插入损失　　　　　　表 3.5-2

序号	减振轨道结构	测试地点	插入损失（dB）
1	弹性短枕式整体道床	北京地铁2号线东四十条站	$V-40\text{km/h}$　19
2	轨道减振器扣件（改进型）	上海地铁1号线长沙路段	$V-60\text{km/h}$　7～8
3	轨道减振器扣件（改进型）	广州地铁1号线铁中段	$V-60\text{km/h}$　3～5

3. 特殊减振轨道结构测试

当时只有广州地铁1号线铺设了特殊减振轨道结构橡胶浮置道床，在体育馆—体育馆西区间测试列车速度30km/h振动加速度插入损失为14.1dB，列车速度60km/h振动加速度插入损失为15.1dB。

通过这次对不同级别减振轨道结构的减振测试，测得了其减振效果，给设计提供了依据。但有的测试数据不太符合实际情况，仅供参考。

3.6　碎石道床减振垫减振降噪测试

2003年，四惠车辆段试车线试铺了道砟减振垫，试车线轨道结构为50kg/m，25m长普通钢轨，弹性分开式 DTⅥ1 型扣件（扣压件为 ω 弹条）、木枕碎石道床，道砟厚300mm。

减振垫尺寸为 3500mm×970mm×22mm，沿线路长度为970mm，减振垫间互相咬合，减振垫厚度22mm，中间设菱形孔，减振垫铺在路基和道砟之间，试铺长度为300m。

3.6.1　测试目的

采用对比法对四惠车辆段试车线减振垫试铺段和未铺设减振垫地段，进行列车通过时的振动和噪声测试，并通过相关数据的对比，得出铺设减振垫的轨道减振和降噪效果。

3.6.2 现场测试

1. 测试项目

1）振动加速度：测试列车通过测试断面时的振动加速度，记录加速度最大值、有效值、频谱等；

2）环境振动：测试断面环境振动 Z 振级，记录最大值、等效值等；

3）噪声：列车通过噪声 A 声级最大值、等效值、噪声频谱等。

2. 测点布置

本次测试在有减振垫断面和无减振垫断面同时进行，测点布置见图 3.6-1 所示。

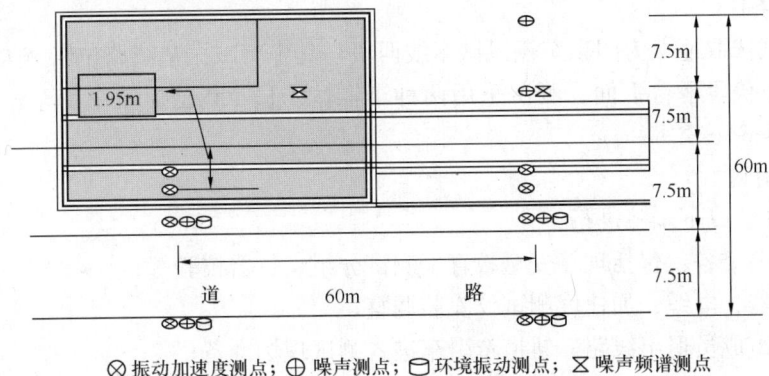

⊗振动加速度测点；⊕噪声测点；▭环境振动测点；⊠噪声频谱测点

图 3.6-1 测点布置

1）振动测点布置

（1）在两个对比断面上，分别在钢轨、路肩表面布置 2 个测点，并在垂直轨道方向距轨道中心线 7.5m、15m 处的地面布置 2 个测点，安装振动传感器，进行振动加速度级等测试。

轨道上布置的传感器采用磁座安装；路肩处以钢钎插入地层并在钢钎顶部用磁座安装；地面上的测点采用 A、B 胶将钢板粘贴于地面，并用磁座安装传感器。

（2）在两个对比断面上，均分别在垂直轨道方向，距轨道中心线 7.5m、15m 的地面布置 4 个测点，安装环境振动分析仪拾振器，进行振动 Z 振级测试。

2）噪声测点布置

在两个对比断面上，均分别在垂直轨道方向，距道轨中心线 7.5m、15m 距地面 1.5m 处布置 2 个测试点，进行列车等效 A 声级、最大 A 声级、暴露 A 声级测试；

在断面 7.5m 处进行噪声频谱测试。

测点及测试项目，见表 3.6-1。

测点编号、测试断面、测点位置、测试项目　　　　　　　　表 3.6-1

测点序号	测试断面	测点位置	测试项目及编号
1	有减振垫断面	轨道	加速度（V_{a-1}）
2		路肩	加速度（V_{a-2}）
3		距线路中心 7.5m	加速度（V_{a-3}）、环境振动（Z_{a-1}）、噪声（S_{a-1}）噪声频谱（P_{a-1}）
4		距线路中心 15m	加速度（V_{a-3}）、环境振动（Z_{a-2}）噪声（S_{a-2}）

测点序号	测试断面	测点位置	测试项目及编号
5	无减振垫断面	轨道	加速度（V_{b-1}）
6		路肩	加速度（V_{b-2}）
7		距线路中心 7.5m	加速度（V_{b-3}）、环境振动（Z_{b-1}）、噪声（S_{b-1}）、噪声频谱（P_{b-1}）
8		距线路中心 15m	加速度（V_{b-3}）、环境振动（Z_{b-2}）噪声（S_{b-2}）

3. 测试条件

本次测试选取地点为四惠车辆段试车线西段，其中有减振垫线路位于露天，而无减振垫线路位于车辆段平台下面。测试采用两种车辆：①JY400 型道轨牵引车；②电动客车（六节编组 V 车）。

4. 测试流程

测试工作分以下步骤进行：

1）测试前准备：包括现场安全教育、测试分组、仪器校验等；

2）传感器、电缆、加速度测试仪安装调整；

3）测试组成员退出线路，轨道牵引车进入测试现场准备；

4）轨道牵引车调整运行速度，同时各测试组调整设备量程；

5）轨道牵引车振动、噪声正式测试开始：分别记录列车通过对比断面时的车速、加速度信号、噪声级、环境振动级、噪声频谱等项目。在运行 4 次后进行现场简要分析，之后继续进行正式测试，牵引车反复运行共 12 次；

6）轨道牵引车退出现场，线路供电轨送电，地铁电动客车进场；

7）重复（4）、（5）过程；

8）电动客车退出现场、供电轨断电；

9）测试组进入线路拆除传感器、电缆等设备；

3.6.3　测试数据分析

由于减振垫敷设位置在试车线一端，因此测试车辆无法保证在线路上的正常速度，特别是电动客车在通过有减振垫测试断面时处于加速状态。为保持两个测试断面车速保持一致，电动客车加速到 35～40km/h 时保持匀速行驶，此时客车后两节车通过有减振垫断面。

整个测试过程中，牵引车通过两个测试断面的车速保持一致，在 32～40km/h 范围；电动客车后两节车通过有减振垫测试断面及整车通过无减振垫测试断面的车速保持在 38～40km/h 范围。

振动加速度测试中，采样频率取 2500Hz，即每秒钟采样 2500 次，采样间隔 0.4ms。

1. 振动加速度

牵引车通过有减振垫断面时振动加速度峰值与车辆前后两组轮对基本保持一致；对于电动客车，由于加速行驶，加速度波形程逐步上升趋势，加速度最大值出现在后两节车通过时。考虑到上述情况，在分析振动加速度时，采用 64 点非稳态最大值平均和非稳态有效值平均值（约 0.026s 平均值）的峰值进行比较。测试结果见表 3.6-2，加速度时域波形见图 3.6-2。

64 点非稳态最大值平均和非稳态有效值平均值峰值（m/s²）　　　　表 3.6-2

计算项目	车辆型号	测点号	测试序号								
			4	5	6	7	8	9	10	11	12
64点最大值平均	牵引车	1	106.8	105.2	105.4	96.70	95.00	110.7	104.2	113.0	109.3
		2	0.773	0.883	0.896	0.766	0.817	0.784	0.838	0.794	0.727
		3	0.143	0.142	0.137	0.154	0.153	0.146	0.144	0.135	0.139
		4	0.039	0.038	0.038		0.050		0.036	0.030	0.044
		5	167.4	147.6	151.6	139.6	171.3	153.6	153.2	137.4	150.9
		6	1.564	1.457	1.405	1.350	1.700	1.673	1.447	1.218	1.522
		7	0.195	0.198	0.182	0.201	0.195	0.188	0.182	0.212	0.189
64点有效值平均		1	38.31	38.52	36.58	34.19	35.36	41.23	38.08	39.27	39.03
		2	0.360	0.338	0.309	0.324	0.350	0.350	0.383	0.333	0.355
		3	0.088	0.088	0.085	0.097	0.087		0.084	0.0850	0.088
		4	0.026	0.026	0.028		0.022		0.025	0.020	0.022
		5	63.29	67.00	62.20	61.05	59.38	59.42	69.46	50.60	58.64
		6	0.690	0.640	0.644	0.571	0.594	0.554	0.541	0.490	0.604
		7	0.104	0.122	0.106	0.110	0.103	0.110	0.117	0.127	0.124

计算项目	车辆型号	测点号	15	16	17	18	19	20	21		
64点最大值平均	电客车	1	140.1	135.4	140.7	153.6	148.8	150.1	162.9		
		2	0.875	0.732	0.894	0.881	0.911	0.977	1.036		
		3	0.120	0.119	0.126	0.125	0.104	0.116	0.139		
		4		0.034				0.040	0.039		
		5	189.9	198.9	202.4	165.2	184.4	199.9	192.1		
		6	1.403	1.484	1.152	1.761	1.673	1.933	1.723		
		7	0.183	0.198	0.195	0.183	0.183	0.181	0.205		
64点有效值平均		1	50.64	48.72	52.98	52.73	53.48	56.94	55.54		
		2	0.295	0.309	0.335	0.333	0.332	0.356	0.357		
		3	0.083	0.073	0.069	0.079	0.074	0.070	0.074		
		4		0.025				0.026	0.026		
		5	74.40	73.53	74.75	65.74	70.73	72.24	61.73		
		6	0.571	0.578	0.556	0.557	0.566	0.568	0.574		
		7	0.115	0.105	0.095	0.115	0.089	0.103	0.097		

1）加速度级

振动加速度级由下式计算：

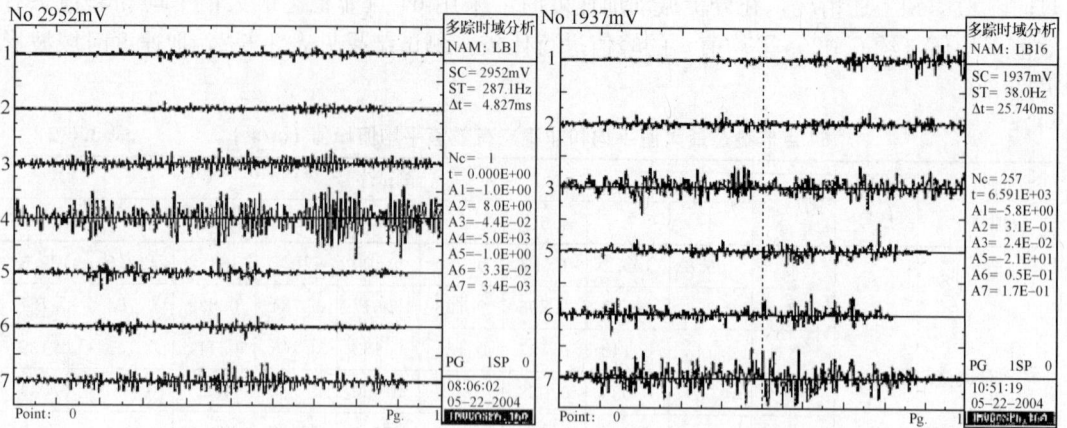

图 3.6-2　牵引车（左）、电客车（右）通过测试断面时的加速度时域波形

$$V_a = 20\lg\,(A/A_0)$$

式中　V_a——振动加速度级（dB）；

　　　A——振动加速度（m/s^2）；

　　　A_0——基准加速度（$1\times10^{-6}\,m/s^2$）。

根据上述公式计算的结果见表 3.6-3。

64 点非稳态最大值、非稳态有效值平均值峰值（dB）　　　　表 3.6-3

计算项目	车辆型号	测点号	测试序号									平均值
			4	5	6	7	8	9	10	11	12	
64 点最大值平均	牵引车	1	160.6	160.4	160.5	159.7	159.6	160.9	160.4	161.1	160.8	160.4
		2	117.8	118.9	119.0	117.7	118.2	117.9	118.5	118.0	117.2	118.1
		3	103.1	103.1	102.8	103.7	103.7	103.3	103.2	102.6	102.9	103.1
		4	91.9	91.5	91.7		94.0		91.0	89.6	92.9	91.8
		5	164.5	163.4	163.6	162.9	164.7	163.7	163.7	162.8	163.6	163.6
		6	123.9	123.3	123.0	122.6	124.6	124.5	123.2	121.7	123.6	123.4
		7	105.8	105.9	105.2	106.1	105.2	105.5	105.2	106.5	105.5	105.7
64 点有效值平均		1	151.7	151.7	151.3	150.7	151.0	152.3	151.6	151.9	151.8	151.5
		2	111.1	110.6	109.8	110.2	110.9	110.9	111.7	110.4	111.0	110.7
		3	98.9	98.9	98.5	99.7	98.8	99.0	98.5	98.6	98.9	98.9
		4	88.2	88.4	88.8		86.7		87.8	85.9	86.7	87.5
		5	156.0	156.5	155.9	155.7	155.5	155.5	156.8	154.1	155.4	155.7
		6	116.8	116.1	116.2	115.1	115.5	114.9	114.7	113.8	115.6	115.4
		7	100.3	101.8	100.5	100.8	100.2	100.8	101.4	102.1	101.9	101.1

计算项目	车辆型号	测点号	15	16	17	18	19	20	21			平均值
64点最大值平均	电客车	1	162.9	162.6	163.0	163.7	163.5	163.5	164.2			163.4
		2	118.8	117.3	119.0	118.9	119.2	119.8	120.3			119.0
		3	101.6	101.5	102.0	101.9	100.4	101.3	102.9			101.6
		4		90.6				91.9	91.8			91.4
		5	165.6	166.0	166.1	164.4	165.3	166.0	165.7			165.6
		6	122.9	123.4	121.2	124.9	124.5	125.7	124.7			123.9
		7	105.2	105.9	105.8	105.3	105.3	105.2	106.2			105.6
64点有效值平均		1	154.1	153.8	154.5	154.4	154.6	155.1	154.9			154.5
		2	109.4	109.8	110.5	110.5	110.4	110.0	111.1			110.4
		3	98.5	97.3	96.8	98.0	97.4	96.9	97.4			97.5
		4		88.0				88.4	88.3			88.2
		5	157.4	157.3	157.5	156.4	157.0	157.2	155.8			156.9
		6	115.1	115.2	114.9	114.9	115.1	115.1	115.2			115.1
		7	101.2	100.4	99.5	101.2	99.0	100.2	99.8			100.2

(1) 牵引车加速度级最大值有减振垫断面自轨道至15m测点分别为160.4、118.1、103.1、91.8（dB）；有效值分别为151.5、110.7、98.9、87.5（dB）；

(2) 牵引车加速度级最大值无减振垫断面自轨道至7.5m测点分别为163.6、123.4、105.7（dB）；有效值分别为155.7、115.7、101.1（dB）；

(3) 电客车加速度级最大值有减振垫断面自轨道至15m测点分别为163.4、119.0、101.6、91.4（dB）；有效值分别为154.5、110.4、97.5、88.2（dB）；

(4) 电客车加速度级最大值无减振垫断面自轨道至7.5m测点分别为165.6、123.9、105.6（dB）；有效值分别为156.9、115.1、100.2（dB）；

(5) 无论牵引车还是电客车，自轨道至15m测点均程率减趋势，且趋势基本一致。

2) 插入损失（有、无减振垫相应测点对比）

为获得减振垫的减振效果，需要对有减振垫断面及无减振垫断面进行插入损失计算，计算时以加速度级为依据，牵引车、电客车通过计算结果，分别见表3.6-4、表3.6-5、牵引车、电客车通过插入损失统计描述计算结果，分别见表3.6-6、表3.6-7。表中钢轨、路肩、7.5m数据为有减振垫断面与无减振垫断面相应测点的加速度级差值。

牵引车通过时对比断面相应位置插入损失（dB）　　　　　　表3.6-4

测试序号	最大值			等效值		
	钢轨	路肩	7.5m	钢轨	路肩	7.5m
4	3.90	6.12	2.69	4.36	5.65	1.45
5	2.94	4.35	2.88	4.81	5.56	2.84
6	3.16	3.91	2.46	4.61	6.38	1.94

续表

测试序号	最大值			等效值		
	钢轨	路肩	7.5m	钢轨	路肩	7.5m
7	3.19	4.92	2.32	5.04	4.91	1.06
8	5.12	6.37	2.11	4.50	4.58	1.50
9	2.84	6.58	2.23	3.17	3.99	1.86
10	3.35	4.74	2.02	5.22	2.99	2.90
11	1.70	3.72	3.90	2.20	3.36	3.53
12	2.80	6.42	2.69	3.54	4.61	2.94
平均值	3.22	5.24	2.59	4.16	4.67	2.22

电客车通过时对比断面相应位置插入损失（dB）　　　　表 3.6-5

测试序号	最大值			等效值		
	钢轨	路肩	7.5m	钢轨	路肩	7.5m
15	2.64	4.10	3.68	3.34	5.76	2.82
16	3.34	6.14	4.39	3.58	5.45	3.12
17	3.16	2.20	3.81	2.99	4.40	2.47
18	0.63	6.01	3.36	1.92	4.46	3.25
19	1.86	5.28	4.89	2.43	4.62	1.58
20	2.49	5.93	3.92	2.07	4.05	3.31
21	1.43	4.42	3.39	0.92	4.12	2.38
平均值	2.22	4.87	3.92	2.46	4.69	2.70

牵引车通过时对比断面相应位置插入损失统计描述　　　　表 3.6-6

项　目	最大值			有效值		
	钢轨	路肩	7.5m	钢轨	路肩	7.5m
平均	3.2227	5.2365	2.5879	4.1611	4.6695	2.2238
标准误差	0.3076	0.3814	0.1900	0.3306	0.3678	0.2825
中值	3.1572	4.9176	2.4560	4.5026	4.6139	1.9433
标准偏差	0.9227	1.1443	0.5701	0.9917	1.1035	0.8476
样本方差	0.8513	1.3094	0.3250	0.9835	1.2178	0.7184
峰值	2.3218	−1.9773	3.4373	0.3897	−0.7496	−1.4524
偏斜度	0.7079	−0.0477	1.6717	−1.0644	−0.0800	0.1687
区域	3.4225	2.8616	1.8834	3.0190	3.3840	2.4673
最小值	1.6982	3.7209	2.0173	2.2018	2.9919	1.0617
最大值	5.1207	6.5825	3.9008	5.2208	6.3760	3.5290
求和	29.0044	47.1289	23.2914	37.4503	42.0252	20.0138
计数	9	9	9	9	9	9
置信度（95.0%）	0.7092	0.8796	0.4382	0.7623	0.8483	0.6515

电客车通过时对比断面相应位置插入损失统计描述　　　　表 3.6-7

项　目	最大值			有效值		
	钢轨	路肩	7.5m	钢轨	路肩	7.5m
平均	2.2224	4.8689	3.9201	2.4622	4.6940	2.7040
标准误差	0.3669	0.5376	0.2094	0.3496	0.2482	0.2328
中值	2.4886	5.2786	3.8055	2.4282	4.4604	2.8225
标准偏差	0.9708	1.4224	0.5540	0.9248	0.6566	0.6160
样本方差	0.9424	2.0231	0.3069	0.8553	0.4311	0.3795
峰值	−0.5847	1.0694	0.2053	−0.2886	−0.6651	0.6806
偏斜度	−0.5739	−1.1942	0.9473	−0.5024	0.9346	−1.0162
区域	2.7079	3.9406	1.5294	2.6573	1.7040	1.7345
最小值	0.6324	2.2003	3.3646	0.9178	4.0516	1.5776
最大值	3.3403	6.1408	4.8940	3.5751	5.7556	3.3121
求和	15.5567	34.0823	27.4405	17.2354	32.8582	18.9277
计数	7	7	7	7	7	7
置信度（95.0%）	0.8978	1.3155	0.5123	0.8553	0.6072	0.5697

由表 3.6-4～3.6-7 可知：

（1）采用最大值 64 点平均与采用有效值 64 点平均之间无显著性差异，但以有效值计算插入损失更好；

（2）以有效值计算插入损失，则在路肩点两断面间的插入损失平均值，对于牵引车为 4.6695（dB），对于电客车为 4.6940（dB）。两者一致均为 4.7（dB）。

（3）以最大值计算插入损失，则在路肩点两断面间的插入损失平均值，对于牵引车为 5.2365（dB），对于电客车为 4.8689（dB）。

3）振动加速度频谱

从振动加速度频谱可以看出减振垫减振在不同频率范围的效果。分析表明对于同一振动源的同样条件下的多次试验，频谱基本相同。频谱分析过程如下：首先将采样信号数据进行数据截取、去直流处理，截取列车匀速通过测点时段的数据，然后进行幅值谱计算，对幅值谱进行 1/3 倍频程处理并取得数据，然后取各频段平均值作为最终结果。

牵引车、电客车通过时各测点的线形谱，频谱范围 0～1250Hz，见图 3.6-3。

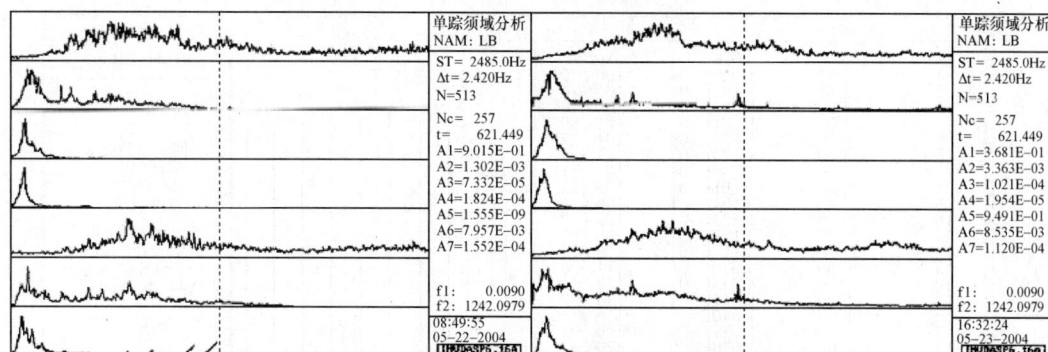

图 3.6-3　牵引车（左）电客车（右）通过时各测点的线形谱

线形谱分析示意见图 3.6-4。

1/3 倍频程分析示意见图 3.6-5。

1/3 倍频程数据见图 3.6-6。

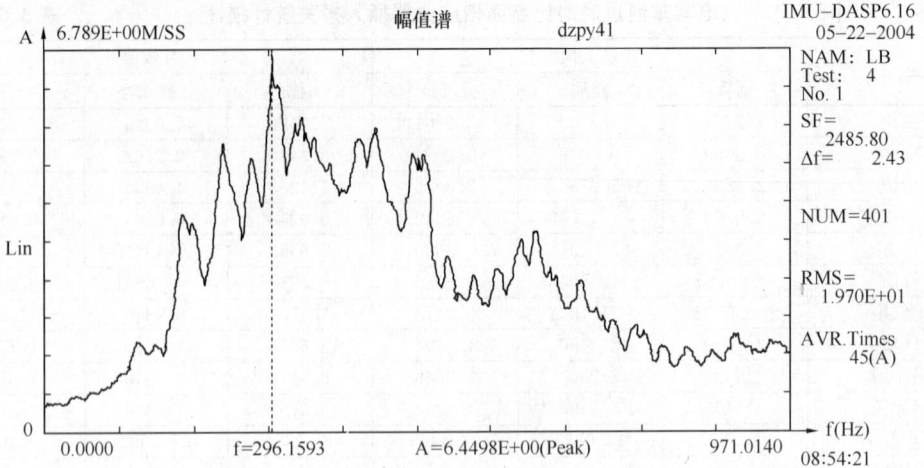

图 3.6-4　线形频谱分析

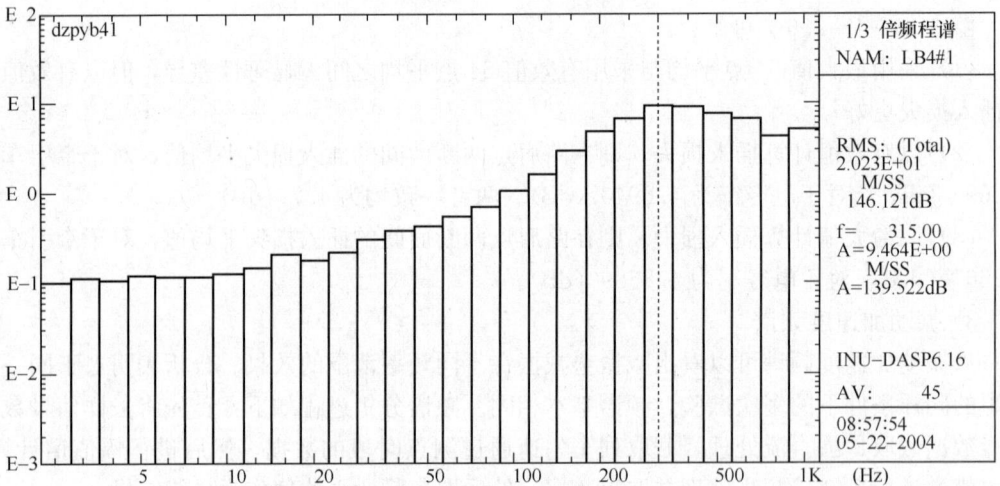

图 3.6-5　1/3 倍频程分析

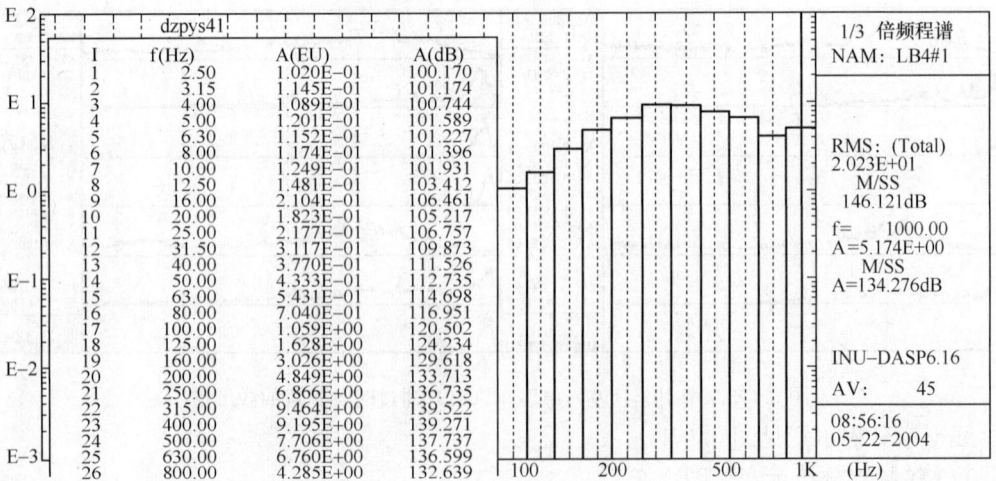

I	f(Hz)	A(EU)	A(dB)
1	2.50	1.020E-01	100.170
2	3.15	1.145E-01	101.174
3	4.00	1.089E-01	100.744
4	5.00	1.201E-01	101.589
5	6.30	1.152E-01	101.227
6	8.00	1.174E-01	101.396
7	10.00	1.249E-01	101.931
8	12.50	1.481E-01	103.412
9	16.00	2.104E-01	106.461
10	20.00	1.823E-01	105.217
11	25.00	2.177E-01	106.757
12	31.50	3.117E-01	109.873
13	40.00	3.770E-01	111.526
14	50.00	4.333E-01	112.735
15	63.00	5.431E-01	114.698
16	80.00	7.040E-01	116.951
17	100.00	1.059E+00	120.502
18	125.00	1.628E+00	124.234
19	160.00	3.026E+00	129.618
20	200.00	4.849E+00	133.713
21	250.00	6.866E+00	136.735
22	315.00	9.464E+00	139.522
23	400.00	9.195E+00	139.271
24	500.00	7.706E+00	137.737
25	630.00	6.760E+00	136.599
26	800.00	4.285E+00	132.639

图 3.6-6　收集 1/3 倍频程数据

牵引车和电动车测试的 1/3 倍频程频谱统计结果分别见表 3.6-8、表 3.6-9。

比较断面 1/3 倍频程插入损失，见表 3.6-10。

1/3 倍频程加速度级随测点的衰减，见表 3.6-11。

牵引车 1/3 倍频程频谱统计

表 3.6-8

1/3 倍频程	有减振垫断面				无减振垫断面		
	钢轨	路肩	7.5m	15m	钢轨	路肩	7.5m
2.5	100.5	62.9	55.0	47.4	108.0	65.7	57.3
3.15	101.5	63.9	56.0	48.4	109.0	66.7	58.3
4	100.7	64.2	55.4	47.4	110.9	66.0	57.9
5	101.5	65.1	56.3	48.2	111.9	66.7	58.8
6.3	101.4	66.5	58.1	50.1	111.4	68.9	61.5
8	101.7	67.6	59.3	51.8	111.7	70.1	62.3
10	102.5	68.9	60.6	54.0	112.4	71.3	62.9
12.5	104.3	72.9	63.9	59.4	113.9	76.3	67.8
16	106.8	75.3	67.0	62.9	114.1	84.5	74.0
20	105.0	81.2	69.8	66.4	116.9	88.4	80.8
25	106.9	83.7	78.1	71.7	117.3	93.2	84.8
31.5	109.9	88.9	83.9	75.5	116.2	95.7	89.2
40	112.8	93.8	90.1	79.0	119.6	94.6	87.6
50	113.2	98.1	85.1	70.9	121.6	100.0	86.1
63	115.3	99.5	84.6	65.5	121.8	96.1	86.2
80	117.3	97.1	80.8	60.3	122.6	94.6	80.9
100	121.9	92.4	75.0	56.6	124.4	95.9	79.9
125	124.1	89.1	72.0	53.0	124.7	90.1	73.6
160	129.2	94.1	65.4	53.1	129.9	95.7	74.0
200	133.4	92.5	62.6	57.6	133.2	94.7	71.2
250	136.7	94.3	59.9	56.1	138.1	99.6	66.4
315	139.5	95.8	57.5	57.7	143.7	102.1	63.2
400	139.2	91.7	56.2	62.7	144.8	102.1	60.9
500	137.5	88.7	55.4	59.8	143.0	96.3	60.1
630	136.3	82.1	55.0	58.3	140.6	94.5	60.7
800	132.6	78.3	54.8	54.9	138.2	87.9	60.7

电客车 1/3 倍频程频谱统计

表 3.6-9

1/3倍频程	有减振垫断面				无减振垫断面		
	钢轨	路肩	7.5m	15m	钢轨	路肩	7.5m
2.5	94.4	75.0	52.7	45.7	102.5	82.0	56.4
3.15	95.4	76.0	53.7	46.7	103.5	83.0	57.4
4	96.5	76.6	53.6	46.3	104.3	82.4	57.2
5	97.5	77.5	54.5	47.1	105.2	83.2	58.1
6.3	97.7	78.6	56.6	49.2	106.8	83.6	60.5
8	98.3	79.7	58.1	51.5	107.9	84.1	62.0
10	99.2	81.2	60.2	55.2	109.2	84.6	63.5
12.5	99.4	82.3	65.0	60.2	110.0	85.7	67.5
16	100.6	83.0	69.9	63.5	110.8	86.6	72.3
20	103.4	83.7	75.6	66.8	111.6	89.5	81.2
25	104.5	86.7	77.4	69.1	113.3	92.8	83.9
31.5	106.7	90.3	81.5	71.5	114.3	95.4	86.1
40	109.9	93.8	86.6	72.0	115.5	96.2	89.3
50	112.5	96.8	86.2	68.6	117.4	96.7	88.1
63	114.1	98.7	84.6	60.1	118.9	94.2	84.5
80	116.1	96.5	81.5	54.7	121.4	95.2	81.4
100	117.8	92.1	74.3	51.4	124.2	96.6	78.5
125	120.4	89.3	68.1	47.2	125.8	94.6	72.7
160	124.6	90.3	63.6	44.9	126.5	93.2	70.8
200	128.4	89.8	61.1	44.2	132.6	95.2	67.1
250	130.5	90.7	59.1	43.4	135.2	97.5	63.3
315	133.7	93.5	56.6	43.8	138.9	98.7	62.3
400	135.4	90.8	55.0	43.6	141.4	99.3	60.1
500	131.8	89.6	54.8	43.7	140.1	96.0	59.8
630	132.1	91.1	54.8	44.3	137.2	97.0	59.4
800	129.0	87.1	53.4	45.8	135.5	92.2	59.0

频谱插入损失计算　　　　　　　　表 3.6-10

1/3 倍频程	牵引车断面间相应点比较			电动客车断面间相应点比较		
	钢轨	路肩	7.5m	钢轨	路肩	7.5m
2.5	7.5	2.8	2.2	8.1	7.0	3.8
3.15	7.5	2.8	2.3	8.1	7.0	3.8
4	10.2	1.7	2.5	7.8	5.9	3.6
5	10.4	1.6	2.5	7.7	5.8	3.6
6.3	10.1	2.4	3.4	9.1	5.0	3.9
8	9.9	2.5	3.0	9.6	4.3	3.9
10	10.0	2.5	2.3	10.0	3.4	3.4
12.5	9.5	3.4	3.9	10.6	3.4	2.5
16	7.3	9.2	7.1	10.2	3.6	2.4
20	12.0	7.2	11.0	8.2	5.8	5.6
25	10.4	9.4	6.7	8.8	6.1	6.5
31.5	6.3	6.8	5.3	7.6	5.0	4.6
40	6.8	0.8	−2.6	5.6	2.4	2.7
50	8.5	1.9	1.0	4.8	−0.1	1.9
63	6.5	−3.4	1.6	4.8	−4.5	−0.1
80	5.3	−2.6	0.1	5.4	−1.3	−0.1
100	2.5	3.5	4.8	6.5	4.6	4.3
125	0.6	1.0	1.6	5.5	5.3	4.6
160	0.8	1.6	8.6	1.9	2.9	7.2
200	−0.3	2.1	8.6	4.2	5.5	6.1
250	1.4	5.3	6.5	4.7	6.8	4.2
315	4.2	6.3	5.7	5.3	5.2	5.8
400	5.6	10.4	4.8	6.0	8.5	5.1
500	5.5	7.6	4.6	8.4	6.4	5.0
630	4.3	12.4	5.7	5.1	5.9	4.7
800	5.6	9.5	5.9	6.5	5.1	5.6
≤80Hz	8.6	3.1	3.3	7.9	3.7	3.2
>80Hz	3.0	6.0	5.7	5.4	5.6	5.2
总平均	6.5	4.2	4.2	6.9	4.4	4.0

频谱随测点衰减

表 3.6-11

1/3 倍频程	有减振垫断面衰减			无减振垫断面衰减		
	轨道-路肩	路肩－7.5m	7.5～15m	轨道-路肩	路肩－7.5m	7.5～15m
2.5	37.6	7.9	7.6	42.2	8.5	
3.15	37.6	7.9	9.6	42.2	8.4	
4	36.4	8.8	8.0	44.9	8.0	
5	36.4	8.9	8.1	45.2	7.9	
6.3	34.9	8.4	7.9	42.5	7.5	
8	34.1	8.3	7.5	41.5	7.8	
10	33.6	8.3	6.6	41.	8.5	
12.5	31.5	9.0	4.4	37.6	8.5	
16	31.5	8.3	4.1	29.6	10.5	
20	23.8	11.4	3.4	28.6	7.6	
25	23.2	5.7	6.4	24.1	8.4	
31.5	21.0	5.0	8.4	20.5	6.5	
40	19.0	3.6	11.1	25.0	7.0	
50	15.1	13.0	14.2	21.7	13.9	
63	15.8	14.9	19.1	25.7	9.9	
80	20.1	16.4	20.5	28.0	13.7	
100	29.5	17.4	18.4	28.5	16.0	
125	34.9	17.2	19.0	34.5	16.5	
160	35.1	28.7	12.3	34.3	21.6	
200	40.9	29.9	5.1	38.5	23.4	
250	42.4	34.4	3.7	38.6	33.2	
315	43.7	38.3	－0.2	41.6	38.9	
400	47.4	35.6	－6.5	42.6	41.2	
500	48.8	33.2	－4.4	46.7	36.2	
630	54.2	27.1	－3.2	46.1	33.8	
800	54.2	23.6	－0.1	50.3	27.2	
≤80Hz	28.2	9.1	9.1	33.8	8.9	
＞80Hz	43.1	28.5	4.4	40.2	28.8	
总平均	33.9	16.6	7.3	36.2	16.6	

　　根据表 3.6-8、表 3.6-9 的结果绘制牵引车、电客车 1/3 倍频程频谱,分别见图 3.6-7、表 3.6-8。

　　从上述图表中可以看出:

　　(1) 轨道振动加速度峰值出现在 315～500Hz 之间,为中频振动;

　　(2) 路肩振动加速度峰值出现在 40～80Hz、250～630Hz 之间出现两个峰值,为低、中频振动;

　　(3) 7.5m 处峰值出现在 20～63Hz 之间,为低频振动;

　　(4) 15m 处峰值出现在 40Hz 左右,比 7.5m 处略低。

　　(5) 随测点距振源距离的增大,中高频振动为土壤层吸收迅速衰减。振动加速度值中

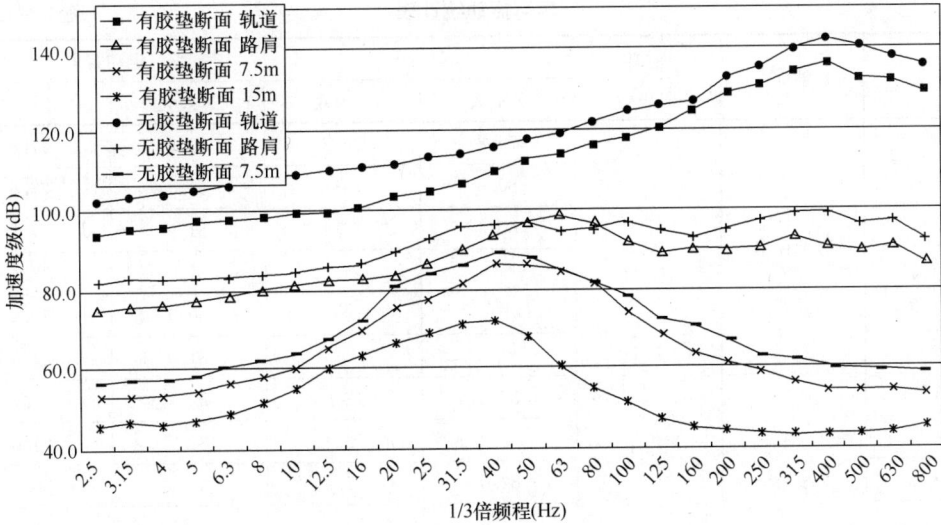

图 3.6-7 牵引车通过时各测点振动 1/3 倍频程

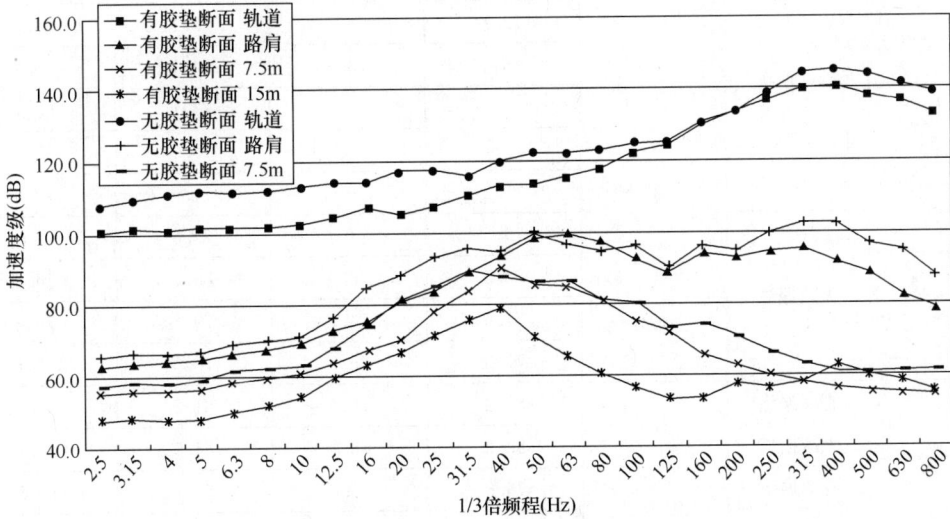

图 3.6-8 电客车通过时各测点振动 1/3 倍频程

心频率基本呈衰减趋势，以有减振垫断面为例，自轨道至 15m 点各频带平均衰减 33.9dB、16.6dB、7.3dB，率减趋势逐渐减弱。

（6）插入损失计算表明，轨道测点间损失最大，平均在 6.5dB 以上，而路肩及 7.5m 处损失较小，为 4dB 左右；

（7）轨道振动低频损失高于中高频损失，而地面点则正好相反。

2. 环境振动

为了解减振垫减振性能对环境的影响，进行环境振动测试，主要测试列车通过时距线路中心线 7.5m、15m 两处的 Z 振级，以最大值和等效值进行比较。环境振动结果，见表 3.6-12。

环境振动统计表 表 3.6-12

序号	断面	距离 (m)	牵引车		电动客车	
			Z 最大	Z 等效	Z 最大	Z 等效
1	有减振垫	7.5	79.8	76.2	81.2	77.0
2			80.8	76.8	81.2	77.6
3			80.0	76.4	81.9	77.8
4					81.0	77.6
5					80.9	77.9
6					81.0	77.9
1	无减振垫		82.5	78.0	82.3	79.7
2			82.3	78.4	84.7	81.0
3			82.0	77.9	84.4	80.9
4			81.9	77.7	84.5	81.1
5			82.3	77.8		
1	有减振垫	15	77.2	72.7	72.2	68.7
2			72.1	68.6	73.1	68.6
3			78.1	73.6	74.1	70.4
4					73.1	69.1
5					75.0	70.8
6					74.9	71.0
1	无减振垫		79.5	74.4	77.5	74.0
2			80.5	76.9	80.7	76.8
3			77.6	74.7	79.2	76.4
4			77.5	75.9	78.9	76.6
平均值	有减振垫	7.5	80.2	76.5	81.2	77.6
	无减振垫		82.2	78.0	84.0	80.7
	有减振垫	15	75.8	71.6	73.7	69.8
	无减振垫		78.8	75.5	79.1	76.0
有减振垫 7.5 与 15m 差值			4.4	4.8	7.5	7.9
无减振垫 7.5 与 15m 差值			3.4	2.5	4.9	4.7
7.5m 处无减振垫与有减振垫差值			2.0	1.5	2.8	3.0
15m 处无减振垫与有减振垫差值			3.0	3.8	5.3	6.2

根据表 3.6-12 可知：

1）有减振垫断面 7.5m 与 15m 处的最大值差值，对牵引车和电动车分别为 4.4dB 和 7.5dB，等效值差值分别为 4.8dB 和 7.9dB；

2）无减振垫断面 7.5m 与 15m 处的最大值差值，对牵引车和电动车分别为 3.4dB 和 4.9dB，等效值差值分别为 2.5dB 和 4.7dB。这一点符合以往的测试结果，先期研究表明，距离倍增，Z 振级一般衰减 3～6dB；

3) 距轨道中心同样距离的两个测点间的插入损失，对于牵引车 7.5m 处为 2.0、1.5dB，15m 处为 3.0、3.8dB；对于电客车 7.5m 处为 2.8、3.0dB，15m 处为 5.3、6.2dB。

3. 噪声

噪声测试统计结果，见表 3.6-13。

噪声测试统计（dBA）　　　　　　　　　　　　　　表 3.6-13

序号	断面	距离	牵引车				电动客车			
			T (s)	A_{MAX}	A_{LEQ}	背景	T (s)	A_{MAX}	A_{LEQ}	背景
1	有减振垫	7.5	5	96.0	87.8	61.2	6.0	84.0	80.0	61.2
2			2	97.0	90.5	55.9	6.0	83.0	80.2	55.9
3			2	96.0	90.5	56.9	6.0	84.0	79.9	56.9
4			2	96.5	92.5	59.7	7.0	84.0	79.8	59.7
5			3	95.5	92.5	59.7	6.0	83.0	80.2	59.7
6			3	95.0	92.0	56.7	6.0	85.0	80.6	56.7
7			4	96.0	92.3	57.4				
8			4	95.0	92.3	57.4				
1		15	5	86.0	82.2	51.8	5.0	75.7	74.1	54.3
2			6	87.3	83.1	51.5	6.0	77.3	73.3	53.8
3			4	85.1	83.8	52.3	7.0	76.3	74.7	51.4
4			5	87.1	83.7	51.8	5.0	76.5	74.7	51.1
5			5	86.8	83.1	50.4	4.0	76.8	75.2	51.2
6			6	87.2	83.0	52.7	5.0	77.0	74.6	51.3
7			5	87.4	83.4	50.7				
8			6	86.7	83.1	52.4				
9			6	86.4	79.7	53.3				
1	无减振垫	7.5		96.5	94.7	64～67		94.9	90.5	61～65
2				96.9	95.2			93.4	90.1	
3				96.5	94.8			95.3	90.2	
4				96.6	95.1			94.7	90.3	
5				96.8	95.0			92.9	89.7	
6				98.6	96.5			93.5	89.6	
7				98.6	96.6			95.4	90.1	
8				96.5	94.6			94.2	90.0	
1		15		88.5	85.7			87.5	84.4	
2				88.5	83.7			88.0	85.4	
3				88.5	83.4			87.8	85.2	
4				88.1	86.7			87.3	84.3	
5				88.5	87.6			87.8	84.8	
6				88.8	88.8			87.3	84.4	
7				88.9	87.4			88.0	84.9	
8								88.3	85.3	

续表

序号	断面	距离	牵引车				电动客车			
			T (s)	A_{MAX}	A_{LEQ}	背景	T (s)	A_{MAX}	A_{LEQ}	背景
平均值	有减振垫	7.5		95.9	91.3			83.8	80.1	1
		15		86.7	82.8			76.6	74.4	
	无减振垫	7.5		97.1	95.3			94.3	90.1	
		15		88.5	86.2			87.8	84.8	
7.5m 处无减振垫与有减振垫差值				1.3	4.0			10.5	9.9	
15m 处无减振垫与有减振垫差值				1.9	3.4			11.2	10.4	
有减振垫 7.5 与 15m 差值				9.2	8.5			7.2	5.7	
无减振垫 7.5 与 15m 差值				8.6	9.1			6.5	5.2	

1）噪声声级

噪声测量由于场地限制，存在两方面不利因素：其一，在有减振垫断面，由于噪声测点位置在一个土坡上，位置相对于无减振垫断面高出 1m 以上，土坡类似于声障的作用使得测量结果可能偏低；其二，在无减振垫断面，由于该断面处于类似隧道的一个盖板下面，因此反射声造成的混响会加大噪声级，另外，由于测试位置较有减振垫断面低，正处于轮轨噪声的最大声线上，测试结果也会增大。

另外，牵引车噪声类似点声源、电客车则为线声源，它们之间的衰减规律是不同的，因此也会造成结果的差异。

由表 3.6-13 可知：

（1）牵引车噪声大于电客车，以有减振垫 7.5m 处声级比较，其最大值平均值分别为 95.9dBA、83.8dBA；等效值平均值分别为 91.3dBA、80.1dBA；

（2）最大 A 声级 7.5m 处插入损失对于牵引车与电动车分别为 1.3dBA、10.5dBA；等效值插入损失分别为 4.0dBA、9.9dBA；差别较大。

（3）对于牵引车，在两个断面处的衰减规律均大于 6dBA，大于点声源衰减速率；对于电客车同样大于线声源衰减规律为距离加倍，声级衰减 3dBA。

（4）关于第（3）点现象的产生，需要更多的其他数据加以论证。

2）噪声频谱

噪声频谱测试统计结果见表 3.6-14。

噪声频谱测试统计 表 3.6-14

序号	断面	1∶1 倍频程（Hz）									
		31.5	63	125	250	500	1k	2k	4k	8k	A_{leg}
1		44.2	56.9	68.3	80.0	86.2	86.9	85.6	80.9	75.1	91.9
2		51.2	60.1	69.5	80.6	85.3	87.5	85.6	80.3	74.3	91.8
3	牵引车有减振垫	48.1	57.0	67.8	79.9	84.8	86.8	85.0	79.8	73.5	91.2
4		48.9	59.8	69.1	80.2	85.5	86.9	84.8	79.5	73.5	91.4
5		45.9	57.3	68.0	79.5	84.8	86.5	84.6	79.3	72.7	90.9

序号	断面	1:1倍频程（Hz）									
		31.5	63	125	250	500	1k	2k	4k	8k	A_leg
1	牵引车无减振垫	48.0	59.2	74.3	85.2	89.7	90.6	88.0	82.0	75.2	95.2
2		49.0	58.8	74.6	84.7	89.9	90.4	87.9	82.0	75.2	95.1
1	电动车有减振垫	41.0	52.0	59.7	71.5	77.8	72.6	68.2	63.3	53.8	80.0
2		40.8	51.1	59.4	71.8	78.6	73.9	69.3	64.3	54.3	80.9
1	电动车无减振垫	44.9	54.1	71.2	83.0	89.6	85.0	80.5	72.2	60.4	91.9
2		48.4	57.2	71.4	83.4	90.0	85.0	81.3	73.0	61.2	92.5
1	车厢有减振垫	46.7	48.9	61.0	72.2	78.2	74.3	67.3	56.0	43.5	80.6
2		46.7	46.5	53.5	66.0	71.9	71.7	62.0	51.9	41.0	75.6
1	车厢无减振垫	47.5	51.4	62.1	73.2	79.0	76.0	68.4	57.3	42.3	81.7
2		49.0	51.0	61.8	73.3	79.3	76.4	68.9	57.9	44.6	82.0
	断面	31.5	63	125	250	500	1k	2k	4k	8k	A_leg
1	牵引车有减振垫	47.7	58.2	68.5	80.0	85.3	86.9	85.1	80.0	73.8	91.4
2	牵引车无减振垫	48.5	59.0	74.5	85.0	89.8	90.5	88.0	82.0	75.2	95.2
平均值	电动车有减振垫	40.9	51.6	59.6	71.7	78.2	73.3	68.8	63.8	54.1	80.5
	电动车无减振垫	46.7	55.7	71.3	83.2	89.8	85.3	80.9	72.6	60.8	92.2
	车厢有减振垫	46.7	47.7	57.3	69.1	75.1	73.0	64.7	54.0	42.3	78.1
	车厢无减振垫	48.3	51.2	62.0	73.3	79.2	76.4	68.7	57.6	43.5	81.9

根据表 3.6-14 统计结果，频谱测试表明：

（1）牵引车频谱主频为 1kHz，电客车为 500Hz，车厢内主频为 500Hz；

（2）牵引车噪声级大于电客车，牵引车噪声高于电客车 10.9dBA；

（3）无减振垫断面噪声大于有减振垫噪声：牵引车为 95.2dBA、91.4dBA；电动客车为：92.2dBA、80.5dBA。

（4）车厢内噪声无减振垫区大于有减振垫区，两者分别为 81.9dBA、78.1dBA。

3.6.4 测试结论

通过对减振垫减振措施的测试分析，可以得出如下几方面主要结论。

1. 减振效果

1）减振垫具有明显的减振效果。以加速度有效值计算插入损失，则在路肩点两断面的插入损失平均值，对于牵引车为 4.6695（dB）对于电客车为 4.6940（dB）。以加速度最大值计算插入损失，则在路肩点两断面间的插入损失平均值，对于牵引车为 5.2365（dB）对于电客车为 4.8689（dB）；对于环境振动，距轨道中心同样距离的两个测点间的插入损失，对于牵引车 7.5m 处为 2.0、1.5dB，15m 处为 3.0、3.8dB；对于电客车 7.5m 处为 2.8、3.0dB，15m 处为 5.3、6.2dB。

2）减振垫对于轨道减振具有一定效果，以加速度有效值计算，则有减振垫与无减振垫处的加速度级分别为：电动车，154.5（dB）、156.9（db）；牵引车，151.7（dB）、155.7（dB）；

3）振源无论牵引车还是电客车，自轨道至 15m 测点振动均呈衰减趋势，且趋势基本一致；

4）有减振垫断面振动频谱显示各中心频率振动级基本低于大胶垫断面，说明胶垫的减振频率范围较宽，效果良好。

2. 降噪情况

1）牵引车噪声大于电动客车，以有减振垫 7.5m 处声级比较，其最大平均值分别为 95.9dBA、83.8dBA；等效值平均值分别为 91.3dBA、80.1dBA；

2）对于牵引车与电动客车，有、无减振垫断面 7.5m 处等效噪声插入损失分别为 4.0dBA、9.9dBA，差别较大。说明大胶垫具有降噪效果，这一点也可从有减振垫断面钢轨振动比无减振垫断面钢轨振动低得到解释。

3）频谱测试表明：牵引车频谱主频为 1kHz，电客车为 500Hz，车厢内主频为 500Hz；牵引车噪声级大于电客车，牵引车噪声高于电客车 10.9dBA；无减振垫断面噪声大于有减振垫噪声；车厢内噪声无减振垫区大于有减振垫区。

从以上测试结果看，减振垫起到了减振降噪作用，基本达到了设计要求，具有广泛的推广应用价值。如果将该项措施应用于整体道床或高架线路，效果会更加显著。

3.7　轨道减振器扣件减振效果测试

3.7.1　测试目的和测试项目概况

为正确反映轨道减振器扣件的减振效果，轨道减振器扣件和作为对比的普通整体道床测试断面处的隧道形式（单洞单线、圆形盾构、直径）、线路条件（钢轨类型、有/无缝线路、曲线半径、坡度）、列车类型、载重、列车速度等要尽量保持一致。由北京铁科工程检测中心测试选取北京地铁 4 号线铺设轨道减振器扣件的 1 个测试断面和普通整体道床进行振动和减振效果测试，轨道减振器扣件和普通整体道床测试断面简况对比见表 3.7-1。

测试断面简况对比　　　　　　　　　表 3.7-1

项　　目	轨道减振器扣件整体道床	普通整体道床
左、右线	右线	右线
铺设里程	K24+357~K24+420	K23+574~K24+120
测试断面里程	K24+390	K23+954
所在区间	圆明园~西苑	
钢轨类型（kg/m）	60	
直、曲线	直线	
是否位于竖曲线上	R=5000m 竖曲线	否
扣件类型	弹条Ⅱ型	DTⅥ2型
线路坡度（‰）	3	3
隧道断面形式	单洞单线的圆形盾构	
埋深（m）	20	
地址特征	粉土及卵石圆砾上下堆叠	粉质黏土、卵石圆砾及杂黏土上下堆叠

本次测试是在北京地铁 4 号线实际运营阶段（开通运营约 5 年后）进行，采用实际运营的地铁 B 型车，受流器受电，6 辆编组，固定轴距 2.2m，车辆定距 12.6m，车体基本

长度19m，列车载客量约为定员荷载。

3.7.2 测试内容

测试内容包括轨道减振器扣件整体道床的钢轨铅垂向振动加速度、道床铅垂向振动加速度、道床横向振动加速度、隧道壁铅垂向振动加速度、隧道壁横向振动加速度和列车速度。测点布置见图3.7-1和表3.7-2。

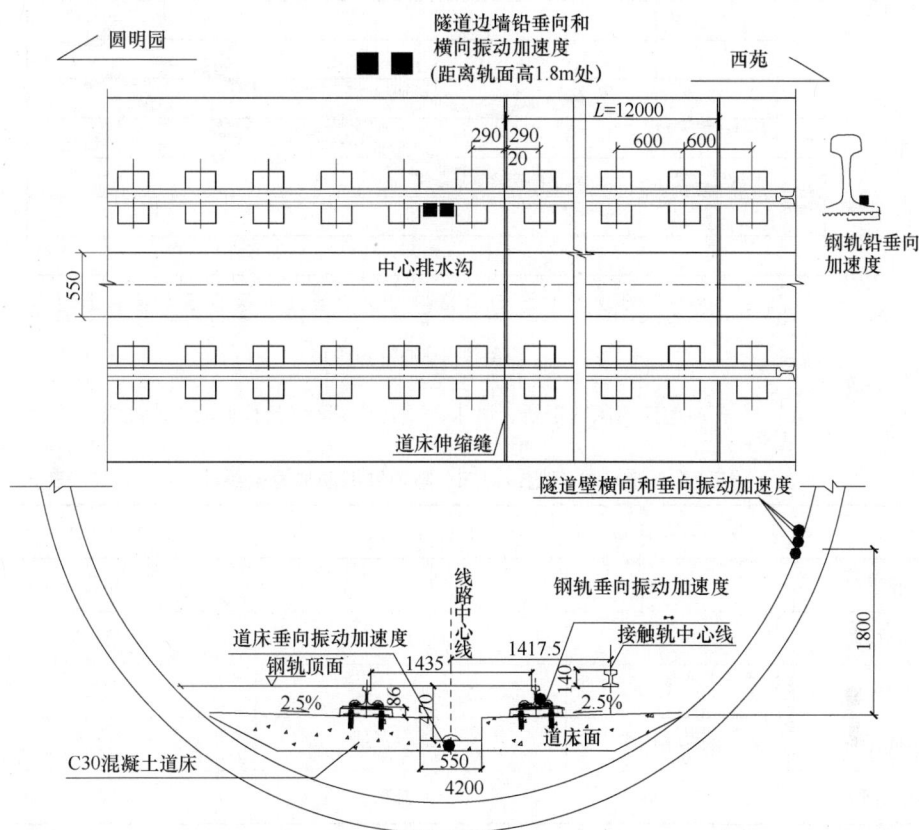

图 3.7-1 轨道减振器扣件整体道床振动测点布置示意

轨道减振器扣件整体道床振动测点布置 　　　　　　　　　　　　　　表 3.7-2

测试内容	测点数	位　置
钢轨铅垂向振动加速度	1个	轨道减振器扣件整体道床一侧钢轨上
道床铅垂向振动加速度	1个	轨道减振器扣件整体道床上
道床横向振动加速度	1个	轨道减振器扣件整体道床上
隧道壁铅垂向振动加速度	1个	轨道减振器扣件整体道床一侧隧道边墙，距轨面1.8m高度
隧道壁横向振动加速度	1个	轨道减振器扣件整体道床一侧隧道边墙，距轨面1.8m高度
列车速度	1个	轨道减振器扣件整体道床一侧钢轨上

3.7.3 测试数据分析

1. 普通整体道床的振动特性

对20趟地铁列车通过普通整体道床时的1/3倍频程谱线性平均得到的振动加速度级，

见图 3.7-2。普通整体道床的钢轨、道床、隧道壁振动加速度（0.5～1000Hz）统计结果，见表 3.7-3。列车通过时段，普通整体道床的钢轨铅垂向、道床横向、道床铅垂向、隧道壁横向、隧道壁铅垂向振动加速度有效值分别为 13.56m/s^2、0.495m/s^2、0.645m/s^2、0.034m/s^2、0.047m/s^2；振动加速度级分别为 142.6dB、113.9dB、116.2dB、90.6dB、93.4dB。

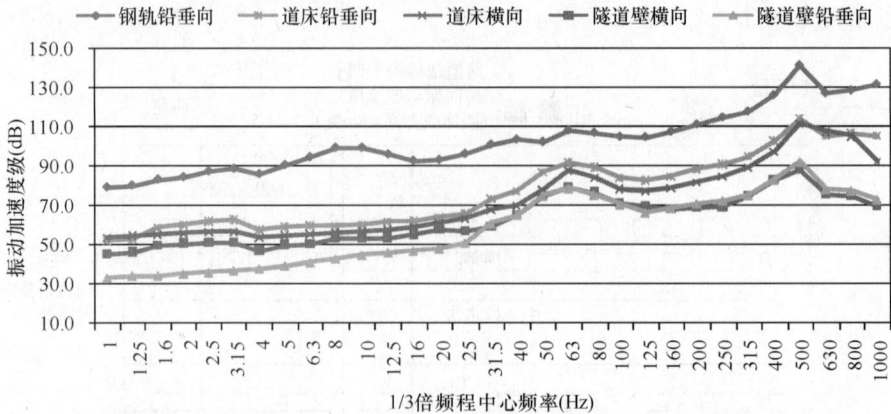

图 3.7-2　普通整体道床的钢轨、道床、隧道壁 1/3 倍频程振动加速度级

普通整体道床的钢轨、道床、隧道壁振动加速度统计　　　　　　　　表 3.7-3

位置	频率范围（Hz）	振动加速度有效值（m/s^2）	振动加速度级（dB）
钢轨铅垂向	0.5～1000	13.56	142.6
道床铅横向	0.5～1000	0.495	113.9
道床铅垂向	0.5～1000	0.645	116.2
隧道壁横向	0.5～1000	0.034	90.6
隧道壁铅垂向	0.5～1000	0.047	93.4

2. 轨道减振器扣件整体道床的振动特性

1）对 20 趟地铁列车通过轨道减振器扣件整体道床时的 1/3 倍频程谱线性平均得到振动加速度级，见图 3.7-3，轨道减振器扣件整体道床的钢轨、道床、隧道壁振动加速度（0.5～1000Hz）统计结果，见表 3.7-4。列车通过时段，轨道减振器扣件整体道床的钢轨铅垂向、道床横向、道床铅垂向、隧道壁横向、隧道壁铅垂向振动加速度有效值分别为 58.69m/s^2、0.213m/s^2、0.228m/s^2、0.032m/s^2、0.023m/s^2；振动加速度级分别为 155.4dB、106.6dB、107.2dB、90.2dB、87.4dB。

2）对比普通整体道床，轨道减振器扣件整体道床 0.5～1000Hz 范围内钢轨铅垂向振动加速度级增大了 12.8dB；道床横向振动加速度级减小了 7.3dB；道床铅垂向振动加速度级减小了 9.0dB；隧道壁横向振动加速度级减小了 0.4dB；隧道壁铅垂向振动加速度级减小了 6.0dB。轨道减振器扣件整体道床与普通整体道床钢轨铅垂向、道床横向、道床铅垂向、隧道壁横向、隧道壁铅垂向振动加速度对比分别见图 3.7-4～图 3.7-8。

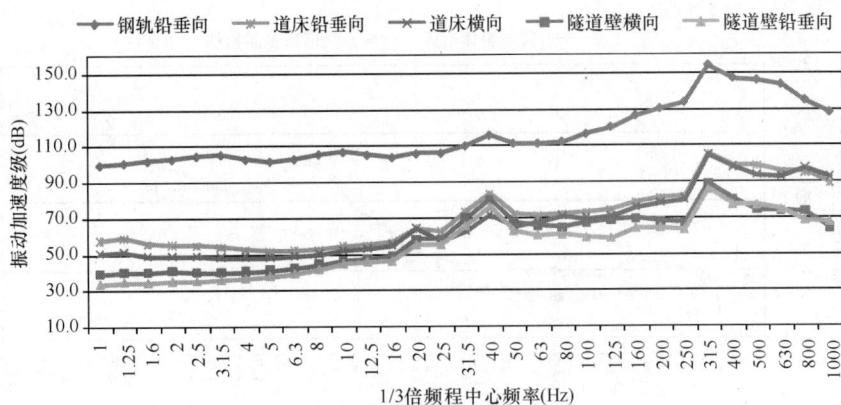

图 3.7-3 轨道减振器扣件整体道床的钢轨、道床、隧道壁 1/3 倍频程振动加速度级

轨道减振器扣件整体道床的钢轨、道床、隧道壁振动加速度统计　　表 3.7-4

位置	频率范围（Hz）	振动加速度有效值（m/s²）	振动加速度级（dB）
钢轨铅垂向	0.5～1000	58.69	155.4
道床铅横向	0.5～1000	0.213	106.6
道床铅垂向	0.5～1000	0.228	107.2
隧道壁横向	0.5～1000	0.032	90.2
隧道壁铅垂向	0.5～1000	0.023	87.4

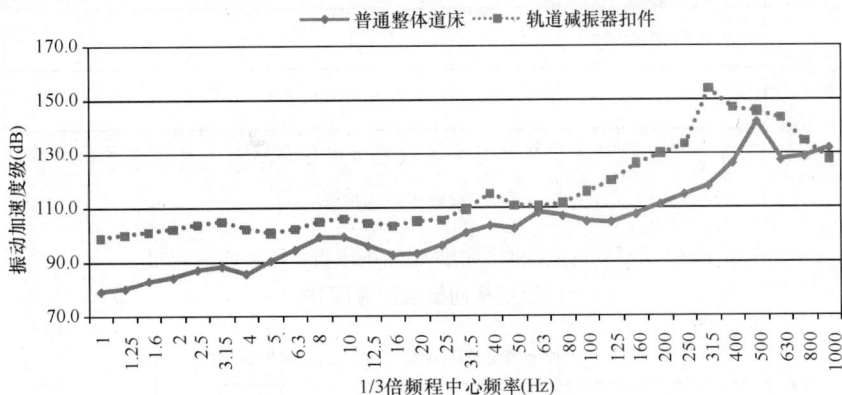

图 3.7-4 轨道减振器扣件整体道床与普通整体道床钢轨铅垂向振动加速度对比

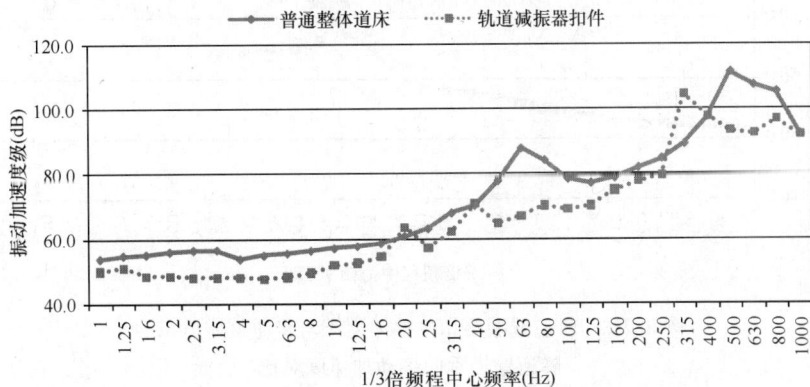

图 3.7-5 轨道减振器扣件整体道床横向振动加速度

271

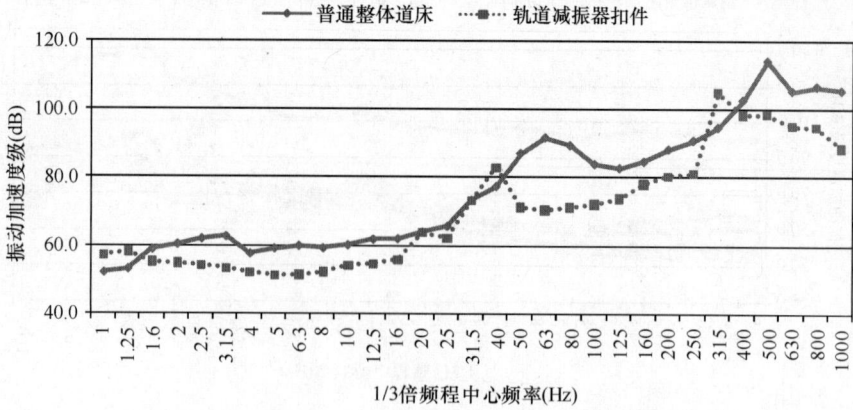

图 3.7-6　轨道减振器扣件整体道床铅垂向振动加速度

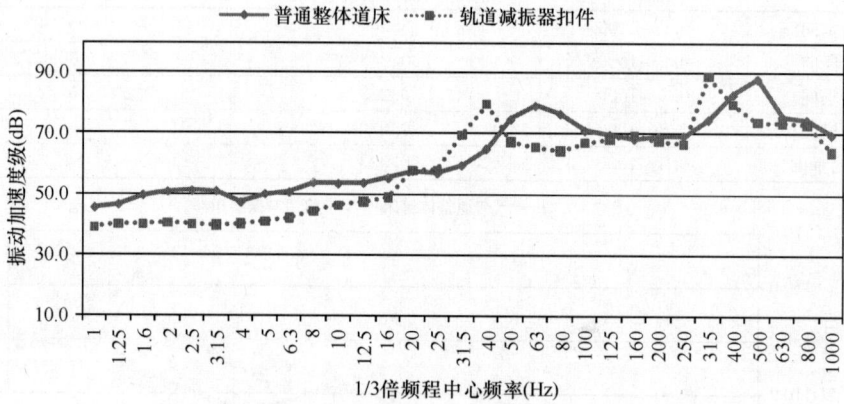

图 3.7-7　轨道减振器扣件整体道床与普通整体道床的
隧道壁横向振动加速度对比

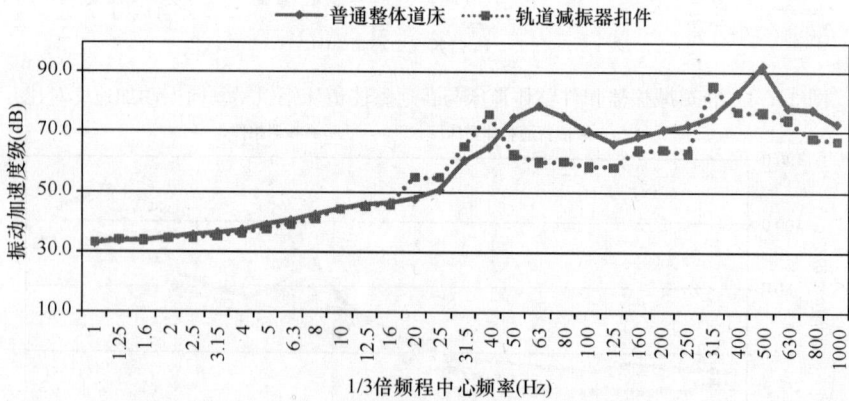

图 3.7-8　轨道减振器扣件整体道床与普通整体道床的
隧道壁铅垂向振动加速度对比

3. 轨道减振器扣件整体道床铅垂向减振效果

1) VL_{zmax}（1～80Hz）

普通整体道床、轨道减振器扣件整体道床隧道壁铅垂向振动加速度按照《人体全身振动环境的测量规范》GB/T 13441—1992、《机械振动与冲击 人体暴露于全身振动的评价 第1部分：一般要求》GB/T 13441.1—2007 计权得到隧道壁 VL_{zmax} 和轨道减振器扣件整体道床相对于普通整体道床的插入损失 ΔVL_{zmax}，见表3.7-5。按照 GB/T 13441—1992、GB/T 13441.1—2007 计权得到的普通整体道床隧道壁 VL_{zmax} 平均值分别为67.3dB、70.5dB；轨道减振器扣件整体道床隧道壁 VL_{zmax} 平均值分别为65.0dB、68.9dB，插入损失 ΔVL_{zmax} 分别为2.3dB、1.6dB。

轨道减振器扣件整体道床和普通整体道床的隧道壁 VL_{zmax} 和 ΔVL_{zmax} 表3.7-5

计权网络	项目	普通整体道床 VL_{zmax}（dB）	轨道减振器扣件整体道床 VL_{zmax}（dB）	插入损失 ΔVL_{zmax}（dB）
GB/T 13441—1992	实测值	66.2～71.6	63.6～66.8	2.3
	平均值	67.3	65.0	
GB/T 13441.1—2007	实测值	69.6～72.8	67.5～70.7	1.6
	平均值	70.5	68.9	

2) VL_{Z10}（1～80Hz）

普通整体道床、轨道减振器扣件整体道床隧道壁铅垂向振动加速度按照 GB/T 13441—1992、GB/T 13441.1—2007 计权得到隧道壁 VL_{z10} 和轨道减振器扣件整体道床相对于普通整体道床的插入损失 ΔVL_{z10}，见表3.7-6。按照 GB/T 13441—1992、GB/T 13441.1—2007 计权得到的普通整体道床隧道壁 VL_{z10} 平均值分别为66.7dB、70.1dB；轨道减振器扣件整体道床隧道壁 VL_{z10} 平均值分别为64.5dB、68.4dB，插入损失 ΔVL_{z10} 分别为2.2dB、1.7dB。

轨道减振器扣件整体道床和普通整体道床的隧道壁 VL_{z10} 和 ΔVL_{z10} 表3.7-6

计权网络	项目	普通整体道床 VL_{z10}（dB）	轨道减振器扣件整体道床 VL_{z10}（dB）	插入损失 ΔVL_{z10}（dB）
GB/T 13441—1992	实测值	65.9～68.9	63.6～66.6	2.2
	平均值	66.7	64.5	
GB/T 13441.1—2007	实测值	69.4～72.1	67.2～70.6	1.7
	平均值	70.1	68.4	

3) 铅垂向分频最大振级 VL_{zmax}（i）（4～200Hz）

根据《城市轨道交通引起建筑物振动与二次辐射噪声限值及其测量方法标准》（JGJ/T 170—2009）规定，对20趟地铁列车通过时隧道壁铅垂向振动加速度1/3倍频程谱线性平均，按照 GB/T 13441.1—2007 频率计权得到的 4～200Hz 范围内的分频振级，见图

3.7-9。普通整体道床隧道壁 VL_{zmax}（i）为 64.0dB（中心频率为 63Hz）；轨道减振器扣件整体道床隧道壁 VL_{zmax}（i）为 65.9dB（中心频率为 40Hz）。

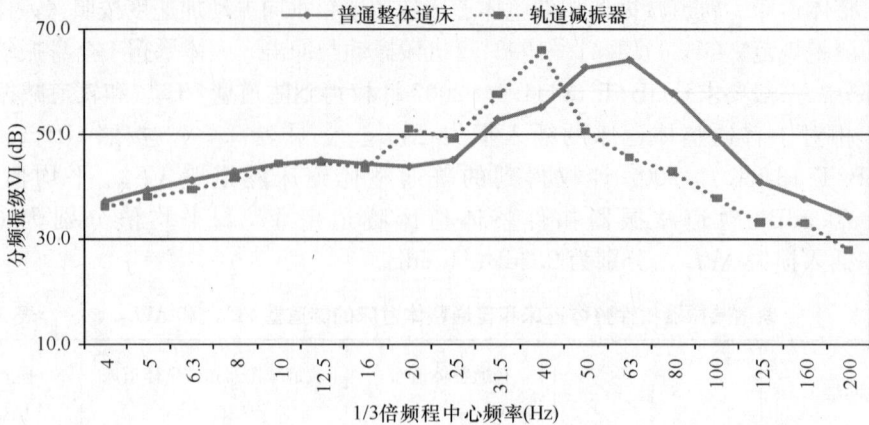

图 3.7-9 隧道壁分频振级

4）铅垂向分频插入损失 ΔVL_{za}（1～200Hz）

轨道减振器扣件整体道床隧道壁铅垂向分频插入损失，见图 3.7-10。与普通整体道床相比，轨道减振器扣件整体道床隧道壁铅垂向振动加速度级按照 GB/T 13441.1—2007 频率计权得到的分频振级均方根（1～200Hz）的减振效果 ΔVL_{za} 为 0.7dB。

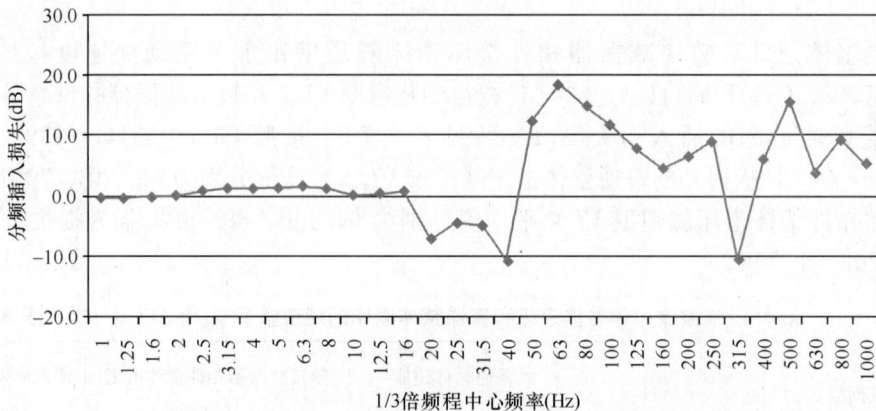

图 3.7-10 隧道壁铅垂向分频插入损失

3.7.4 结论

通过对北京地铁 4 号线单洞单线圆形盾构隧道内采用的轨道减振器扣件整体道床，在地铁 B 型车 6 辆编组平均车速为 70.4～76.1km/h 条件下对比普通整体道床的钢轨、道床、隧道壁的振动测试，可得出以下结论：

1. 隧道壁 Z 振级减振效果（1～80Hz）

1）相对于普通整体道床，按照 GB/T 13441—1992 铅垂向计权网络，轨道减振器扣件整体道床的隧道壁插入损失 ΔVL_{zmax} 为 2.3dB，ΔVL_{z10} 分别为 2.2dB。

2) 相对于普通整体道床，按照 GB/T 13441.1—2007 铅垂向计权网络，轨道减振器扣件整体道床的隧道壁插入损失 ΔVL_{zmax} 为 1.6dB，ΔVL_{z10} 为 1.7dB。

2. 隧道壁分频最大振级（4～200Hz）

隧道壁铅垂向振动加速度级按照 GB/T 13441.1—2007 频率计权得到的分频最大振级 VL_{zmax}（i），普通整体道床、轨道减振器扣件整体道床分别为 64.0dB（63Hz）、65.9dB（40Hz）。

3. 隧道壁铅垂向分频振级均方根减振效果（1～200Hz）

与普通整体道床相比，轨道减振器扣件整体道床的隧道壁铅垂向振动加速度级按 GB/T 13441.1—2007 频率计权得到的分频振级均方根的差值 ΔVL_{za} 分别为 0.7dB。

4. 与普通整体道床振动加速度级对比（0.5～1000Hz）

轨道减振器扣件整体道床钢轨铅垂向振动加速度级增大了 12.8dB；道床横向、铅垂向振动加速度级分别减小了 7.3dB、9.0dB；隧道壁横向、铅垂向振动加速度级分别减小了 0.4dB、6.0dB。

3.8 梯形轨枕振动和减振效果测试

3.8.1 测试目的

梯形轨枕是一种纵梁式轨枕系统，在国内多个城市轨道交通工程中多有应用。梯形轨枕由左右两块预制预应力混凝土纵梁及其连接杆件、减振垫、纵横向限位及缓冲垫组成，预应力混凝土纵梁与钢轨形成双弹性叠合梁，梯形轨枕结构见图 3.8-1、图 3.8-2。梯形轨枕具有一定的减振性能。

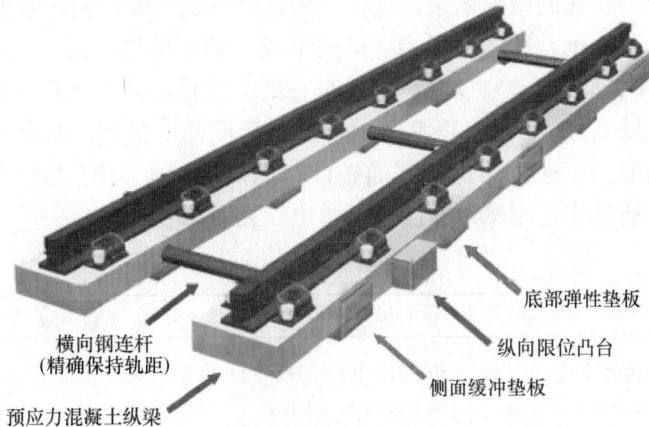

图 3.8-1 梯形轨枕轨道

梯形轨枕一般单元长度 6.25m，扣件间距为 625mm，两侧有 2 个限位凸台，侧面有 3 个缓冲垫板，底部弹性垫板共 7 块，梯形轨枕底部减振垫间距 1.25m，减振垫分两种，其中梯枕中部的刚度为 18kN/mm，梯枕端部的刚度为 6kN/mm。

为掌握梯形轨枕的实际减振效果和振动特性，2014 年 11 月北京铁科工程检测中心对北京地铁 6 号线梯形轨枕在实际运营 B 型车条件下的减振效果进行评估。

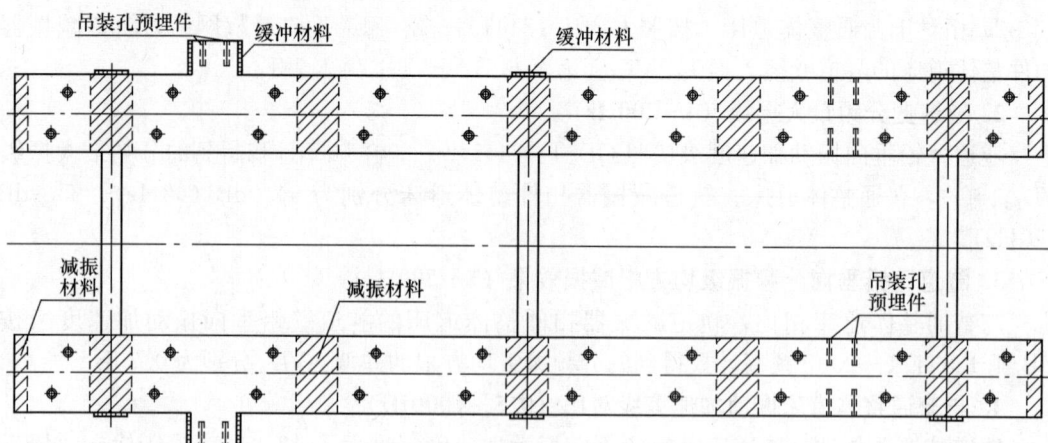

图 3.8-2　梯形轨枕弹性垫板布置图

测试工程为北京地铁 6 号线位于白石桥南至车公庄西区段的梯形轨枕结构，隧道为单洞单线马蹄形结构，轨道系统采用 DTⅥ2-T 型扣件。

本次测试采用实际运营的地铁 B 型车，8 辆编组，为 6 动 2 拖，转向架中心距 12.6m，转向架轴距 2.2m，中间车车体长度 19.0m，带司机室车体长度 19.5m，车体最大宽度 2.8m，接触网供电，测试时地铁 6 号线已开通运营约 2 年，列车载客量约为定员荷载。

3.8.2　测试内容

为正确评测梯形轨枕的减振效果，选择与测试段其他条件相同，轨道结构为普通整体道床的区段进行对照测试。即隧道形式（单洞单线、圆形盾构、直径）、线路条件（钢轨类型、有/无缝线路、曲线半径、坡度）、列车类型、载重、列车速度等要尽量保持一致。测试段选取北京地铁 6 号线一期工程铺设梯形轨枕区间的 2 个测试断面，另外选取隧道形式、线路条件相同但列车速度不同的普通整体道床区间的 2 个测试断面，共 4 个测试断面。梯形轨枕和普通整体道床测试断面简况对比，见表 3.8-1。

测试断面简况对比　　　　　　　　　　　　　　　　　表 3.8-1

测点里程	K5+800	K5+700	K2+820	K0+880
所在区间	白石桥南(K4+383)—车公庄西 (K6+48)	白石桥南(K4+383)—车公庄西 (K6+48)	慈寿寺(K1+785)—花园桥(K3+217)	五路居(K0+277)—慈寿寺(K1+785)
到车站距离	距车公庄西 248m	距车公庄西 348m	距花园桥 397m	距五路居 614m
上下行	下行	下行	上行	上行
隧道断面	马蹄形	马蹄形	圆形盾构	马蹄形
轨道类型	梯形轨枕	梯形轨枕	普通轨道	普通轨道
措施铺设里程	K5+192～K5+922	K5+192～K5+922	K2+350～K3+700	K0+800～K0+990

测点里程	K5+800	K5+700	K2+820	K0+880
扣件型号	DTⅥ2-T	DTⅥ2-T	DTⅥ2	DTⅥ2
隧道埋深 （地面至轨顶）	23.7m	23.2m	23.2m	23.5m
坡度	2‰	2‰	3.9‰	9.5‰
钢轨类型	60kg/m	60kg/m	60kg/m	60kg/m
直、曲线	直线	直线	直线	$R=3000m$
平均列车速度	76.6 km/h	72.4km/h	62.2km/h	82.2km/h

测试内容主要包括梯形轨枕的铅垂向自振频率和阻尼比，梯形轨枕的钢轨和隧道壁处的铅垂向振动加速度，对比普通整体道床隧道壁处铅垂向振动加速度，以评价梯形轨枕的减振效果。

1. 梯形轨枕测试内容为梯形轨枕的自振特性和相应钢轨及隧道壁铅垂向振动加速度，测点布置为：钢轨铅垂向振动加速度（2个测点，左右侧钢轨各1个）、梯形轨枕铅垂向自振频率、隧道壁铅垂向振动加速度（同时设2个测点）和列车速度。梯形轨枕道床测点布置，见表3.8-2。

2. 普通整体道床测试内容为普通整体道床钢轨及隧道壁铅垂向振动加速度，测点布置为：钢轨铅垂向振动加速度（2个测点，左右侧钢轨各1个）、隧道壁铅垂向振动加速度（同时设2个测点）和列车速度。普通整体道床测点布置，见表3.8-3。

梯形轨枕道床振动测点布置　　　　　　　　　表 3.8-2

测试内容	测点数	位　　　　置
竖向自振特性	1个	梯形轨枕上
钢轨铅垂向振动加速度	2个	梯形轨枕道床左、右侧钢轨上
隧道壁铅垂向振动加速度	2个	梯形轨枕道床一侧隧道边墙，距轨面0.8m高度
列车速度	1个	梯形轨枕道床一侧钢轨上

普通整体道床振动测点布置　　　　　　　　　表 3.8-3

测试内容	测点数	位　　　　置
钢轨铅垂向振动加速度	2个	普通整体道床左、右侧钢轨上
隧道壁铅垂向振动加速度	2个	普通整体道床一侧隧道边墙，距轨面0.8m高度
列车速度	1个	普通整体道床一侧钢轨上

梯形轨枕和普通整体道床隧道内断面测点位置示意，见图3.8-3。

3.8.3 数据处理方法

隧道内振动测试的测试量、数据采集和数据处理方法依据《人体对振动的响应测量仪器》（GB/T 23716—2009）、《城市区域环境振动测量方法》（GB 10071—

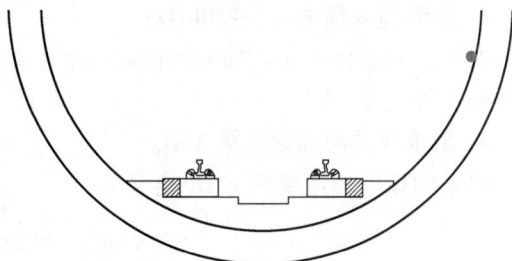

图 3.8-3　隧道内测点布置示意

88)。采用插入损失评价减振效果，插入损失为有无隔振装置情况下的加速度级之差。插入损失的定义为：

$$L_1 = 20\lg \frac{a_{2R}}{a_2} \tag{3.8-1}$$

式中，a_{2R} 为没有隔振装置时的响应，a_2 为有隔振装置时的响应。当 $L_1 \geqslant 0$ 时，隔振系统起作用；当 $L_1 \leqslant 0$ 时，隔振系统没有衰减作用。

对式（3.8-1）进行变换，引入基准加速度 $a_0 = 10^{-6}\,\mathrm{m/s^2}$，得到：

$$L_1 = 20\lg \frac{a_{2R}}{a_2} = 20\lg \Big(\frac{a_{2R}}{a_0} \cdot \frac{a_0}{a_2}\Big) = 20\lg \frac{a_{2R}}{a_0} - 20\lg \frac{a_2}{a_0} \tag{3.8-2}$$

$$L_1 = VL_{2R} - VL_2 \tag{3.8-3}$$

评价轨道交通轨道减振措施的减振效果时，插入损失评价量采用减振轨道与普通整体道床对比时的两种计权网络（GB/T 13441—1992 和 GB/T 13441.1—2007）计算的 1～80Hz 的 $VL_{z\max}$、VL_{z10} 的差值 $\Delta VL_{z\max}$、ΔVL_{z10}；1～200Hz 分频振级均方根的差值 ΔVL_{za} 和 1/3 倍频程第 i 个中心频率的分频振级之差 $\Delta VL_{za}\,(i)$。

1. Z 振级 VL_z（1～80Hz）

《城市区域环境振动测量方法》（GB 10071—88）采用的是 GB/T 13441—1992 铅垂向计权网络，修订中的环境振动标准将采用 GB/T 13441.1—2007 铅垂向计权网络，因此计算 1～80Hz 范围内 GB/T 13441—1992 和 GB/T 13441.1—2007 两种铅垂向计权网络的 Z 振级，分析列车通过时的 $VL_{z\max}$、VL_{z10}。

评价轨道交通轨道减振措施的减振效果时，插入损失评价量采用减振轨道与普通整体道床对比时的两种计权网络（GB/T 13441—1992 和 GB/T 13441.1－2007）计算的 $VL_{z\max}$、VL_{z10} 的差值 $\Delta VL_{z\max}$、ΔVL_{z10}。

2. 分频振级均方根插入损失（1～200Hz）

频振级均方根插入损失的频率范围为 1～200Hz，计权网络为 GB/T 13441.1—2007 铅垂向频率计权网络，评价量为梯形轨枕与普通整体道床对比时的分频振级均方根的差值 ΔVL_{za}。

$$\Delta VL_{za} = 10\lg \Big(\sum_{i=1}^{n} 10^{\frac{VL_q(i)}{10}} \Big) - 10\lg \Big(\sum_{i=1}^{n} 10^{\frac{VL_h(i)}{10}} \Big) \tag{3.8-4}$$

式中：$VL_q\,(i)$ ——普通整体道床隧道壁铅垂向振动加速度在 1/3 倍频程第 i 个中心频率的分频振级（dB）；

$\qquad VL_h\,(i)$ ——减振轨道隧道壁铅垂向振动加速度在 1/3 倍频程第 i 个中心频率的分频振级（dB）。

3. 分频插入损失（1～200Hz）

对比普通整体道床，梯形轨枕隧道壁铅垂向振动加速度在 1/3 倍频程第 i 个中心频率的分频振级之差 $\Delta VL_{za}\,(i)$。

4. 铅垂向振动加速度级 VAL

铅垂向振动加速度级 VAL 定义为

$$VAL = 20\lg \frac{a}{a_0} \quad (\mathrm{dB}) \tag{3.8-5}$$

式中 a ——铅垂向振动加速度有效值，$\mathrm{m/s^2}$；

a_0——基准加速度，取 $a_0 = 10^{-6}$ m/s^2。

为保证振动加速度时域和频域分析的准确性和真实性，测试数据处理时，消除系统误差，舍弃因过失误差产生的可疑数据，对时域波形进行预检，去掉奇异项、修正零线飘移、趋势项等误差。

3.8.4　测试数据分析

选取其中 20 趟作为本报告的分析依据，实测地铁列车通过时，K5＋700 处梯形轨枕的速度为 52.4～82.3km/h，平均速度为 72.4km/h；K5＋800 处梯形轨枕的速度为 67.8～82.3km/h，平均速度为 76.6km/h；K0＋880 普通整体道床的速度为 66.7～90.4km/h，平均速度为 82.2km/h；K2＋880 普通整体道床的速度为 57.6～72.0km/h，平均速度为 62.2km/h；为消除列车速度的影响，对比普通整体道床采用的是 K0＋880、K2＋820 两处各 20 趟列车的平均值，两处的平均速度为 72.2km/h。

普通整体道床和梯形轨枕实测时域波形、频谱图、试验数据和现场照片详见附录。

1. 梯形轨枕自振频率和阻尼比

梯形轨枕自振特性测试采用自振衰减法测试，选取自由振动波形个数 $n \geqslant 4$。

$$\xi = \frac{n}{2} = \frac{1}{2}\sqrt{\frac{4\lambda^2}{4\pi^2 + 4\lambda^2}} \tag{3.8-6}$$

式中　　λ——单个波形对数衰减率，$\lambda = \dfrac{1}{n}\ln\dfrac{X_i}{X_{i+n}}$；

　　　　n——自由振动波形个数；

　　　　X_i——第 i 个波峰幅值；

　　　　X_{i+n}——第 $(i+n)$ 个波峰幅值。

K5＋700、K5＋800 处梯形轨枕自由振动衰减波形，分别见图 3.8-4、图 3.8-5。

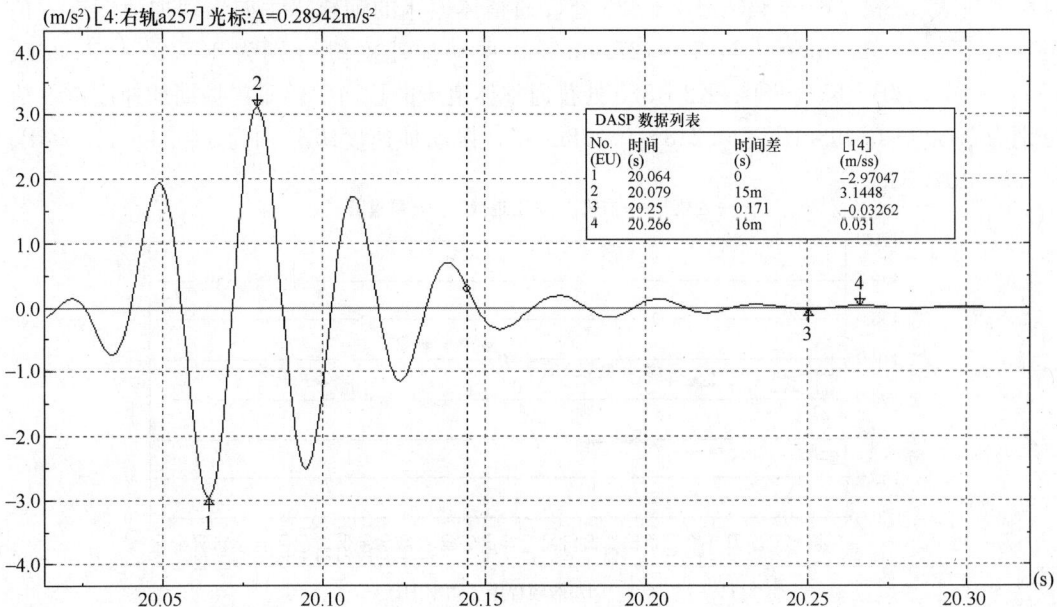

图 3.8-4　K5＋700 处梯形轨枕铅垂向自由振动衰减波形

(mm) [14] 光标:A=−0.00993mm

DASP 数据列表

No. (EU)	时间 (s)	时间差 (s)	[14] (mm)
1	3.804	0	0.00902
2	3.818	14m	−0.00993
3	3.945	0.127	8.131E-4
4	3.958	13m	−6.81E-4

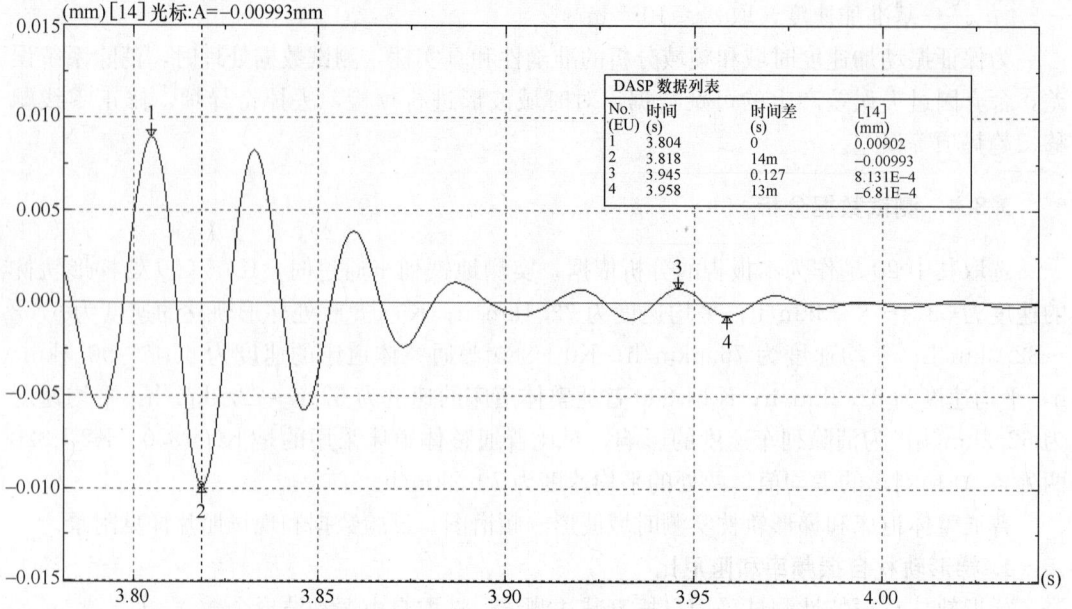

图 3.8-5　K5＋800 处梯形轨枕铅垂向自由振动衰减波形

1）K5＋700 处梯形轨枕铅垂向自振频率为 32.3Hz，阻尼比为 11.7％。

2）K5＋800 处梯形轨枕铅垂向自振频率为 35.5Hz，阻尼比为 8.0％。

2. 普通整体道床振动特性

对 20 趟地铁列车通过普通整体道床时的钢轨、隧道壁铅垂向 1/3 倍频程谱线性平均得到的 1/3 倍频程谱，分别见图 3.8-6、图 3.8-7。列车通过时段，普通整体道床的 0.5～2000Hz 范围内钢轨铅垂向振动加速度、0.5～1000Hz 范围内隧道壁铅垂向振动加速度统计结果见表 3.8-4。K0＋880、K2＋820 处普通整体道床的钢轨铅垂向振动加速度有效值分别为 57.8～82.4m/s²、64.5～127.9m/s²，振动加速度级分别为 155.2～158.3dB、156.2～162.1dB。K0＋880、K2＋820 处普通整体道床的隧道壁铅垂向振动加速度有效值分别为 0.329～0.498m/s²、0.218～0.238m/s²，振动加速度级分别为 110.3～113.9dB、106.8～107.5dB。

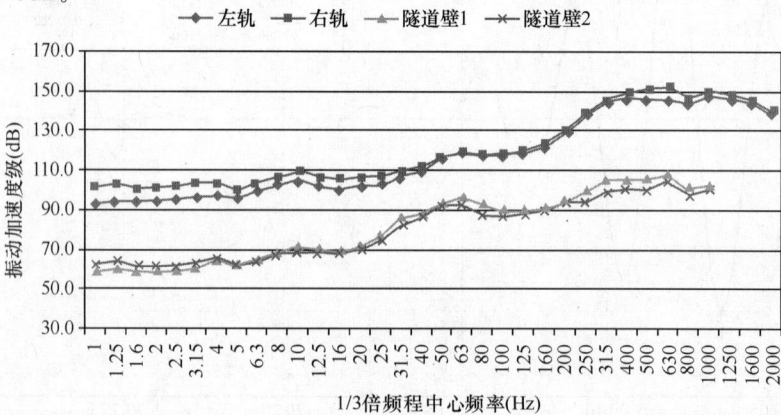

图 3.8-6　K0＋880 普通整体道床的钢轨、隧道壁铅垂向 1/3 倍频程振动加速度级

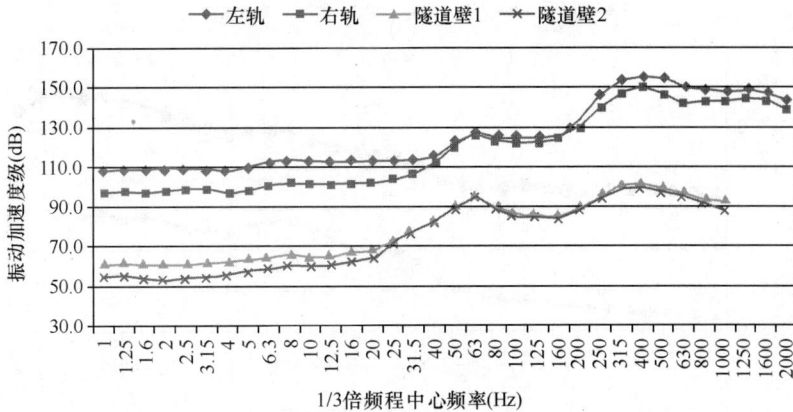

图 3.8-7 K2+820 普通整体道床的钢轨、隧道壁铅垂向 1/3 倍频程振动加速度级

普通整体道床的钢轨、隧道壁铅垂向振动加速度统计 表 3.8-4

位 置	频率范围 （Hz）	K0+880		K2+820	
		振动加速度有效值 （m/s²）	振动加速度级 （dB）	振动加速度有效值 （m/s²）	振动加速度级 （dB）
左侧钢轨	0.5～2000	57.8	155.2	127.9	162.1
右侧钢轨	0.5～2000	82.4	158.3	64.5	156.2
隧道壁 1	0.5～1000	0.498	113.9	0.238	107.5
隧道壁 2	0.5～1000	0.329	110.3	0.218	106.8

3. 梯形轨枕和普通整体道床的振动特性对比

1) 梯形轨枕振动特性

对 20 趟地铁列车通过梯形轨枕时的钢轨、隧道壁铅垂向 1/3 倍频程谱线性平均得到的 1/3 倍频程谱，分别见图 3.8-8、图 3.8-9。列车通过时段，梯形轨枕的 0.5～2000Hz 范围内钢轨铅垂向振动加速度、0.5～1000Hz 范围内隧道壁铅垂向振动加速度统计结果，见表 3.8-5。K5+700、K5+800 处梯形轨枕的钢轨铅垂向振动加速度有效值分别为 44.4 ～48.7m/s²、61.3～69.9m/s²，振动加速度级分别为 153.0～153.7dB、155.8～156.9dB。K5+700、K5+800 处梯形轨枕的隧道壁铅垂向振动加速度有效值分别为 0.059～0.055m/s²、0.062～0.064m/s²，振动加速度级分别为 94.8～95.3dB、95.9 ～96.1dB。

梯形轨枕的钢轨、隧道壁铅垂向振动加速度统计 表 3.8-5

位 置	频率范围 （Hz）	K5+700		K5+800	
		振动加速度有效值 （m/s²）	振动加速度级 （dB）	振动加速度有效值 （m/s²）	振动加速度级 （dB）
左侧钢轨	0.5～2000	44.4	153.0	61.3	155.8
右侧钢轨	0.5～2000	48.7	153.7	69.9	156.9
隧道壁 1	0.5～1000	0.059	95.3	0.062	95.9
隧道壁 2	0.5～1000	0.055	94.8	0.064	96.1

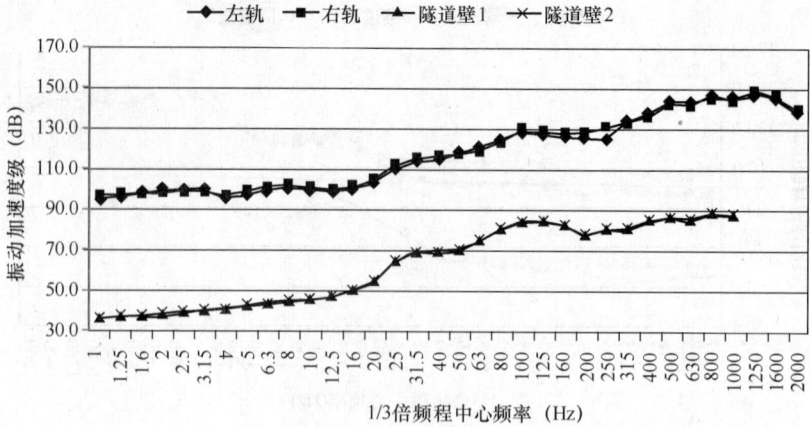

图 3.8-8　K5＋700 梯形轨枕的钢轨、隧道壁 1/3 倍频程振动加速度级

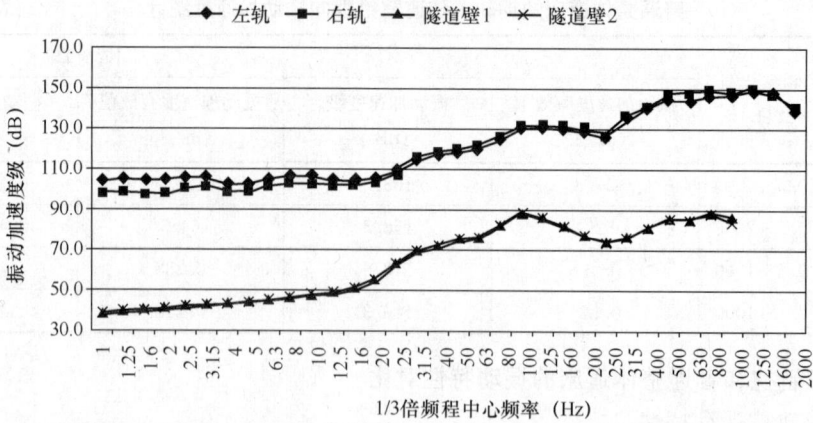

图 3.8-9　K5＋800 梯形轨枕的钢轨、隧道壁 1/3 倍频程振动加速度级

2）梯形轨枕和普通整体道床的振动对比

列车通过普通整体道床和梯形轨枕时的钢轨、隧道壁铅垂向 1/3 倍频程振动加速度对比，分别见图 3.8-10、图 3.8-11。对比普通整体道床的 0.5～2000Hz 范围内钢轨铅垂向振动加速度级的平均值 158.0dB。K5＋700、K5＋800 处梯形轨枕的钢轨铅垂向振动加速

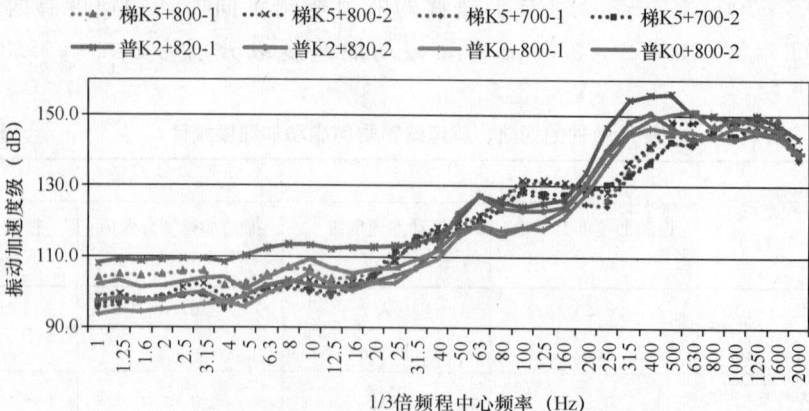

图 3.8-10　钢轨铅垂向 1/3 倍频程振动加速度级对比

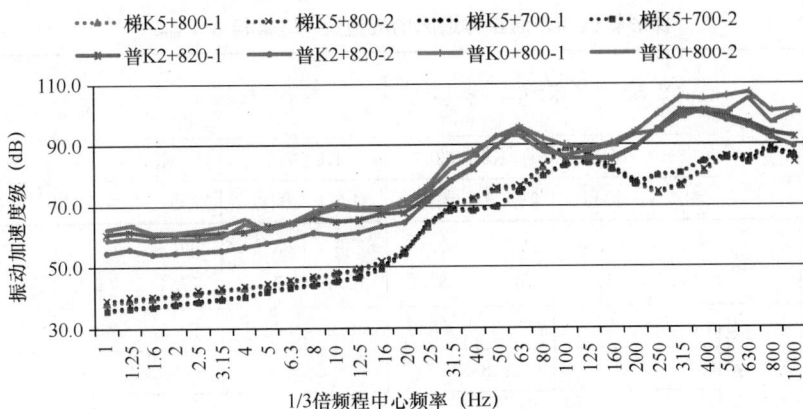

图 3.8-11 隧道壁铅垂向 1/3 倍频程振动加速度级对比

度级平均值分别减小了 4.7dB、1.7dB；对比普通整体道床的 0.5～1000Hz 范围内隧道壁铅垂向振动加速度级的平均值 109.6dB，K5+700、K5+800 处梯形轨枕的隧道壁铅垂向振动加速度级平均值分别减小了 14.6dB、13.6dB。

4. 梯形轨枕的减振效果

1）VL_{zmax}（1～80Hz）

普通整体道床、梯形轨枕隧道壁铅垂向振动加速度按照 GB/T 13441—1992 和 GB/T 13441.1—2007 计权得到隧道壁 VL_{zmax} 和梯形轨枕相对于普通整体道床的插入损失 ΔVL_{zmax}，见图 3.8-12，梯形轨枕、普通整体道床的隧道壁 VL_{zmax} 和梯形轨枕相对于普通整体道床插入损失 ΔVL_{zmax}，见表 3.8-6。按照 GB/T 13441—1992、GB/T 13441.1—2007 计权得到的普通整体道床隧道壁 VL_{zmax} 平均值分别为 84.7dB、87.9dB，K5+700 处梯形轨枕隧道壁 VL_{zmax} 平均值分别为 68.4dB、71.9dB，插入损失 ΔVL_{zmax} 平均值分别为 16.3dB、16.0dB；K5+800 处梯形轨枕隧道壁 VL_{zmax} 平均值分别为 70.8dB、74.2dB，插入损失 ΔVL_{zmax} 平均值分别为 13.9dB、13.7dB。按照 GB/T 13441—1992、GB/T 13441.1—2007 计权得到的梯形轨枕相对于普通整体道床隧道壁的插入损失 ΔVL_{zmax} 平均值为 15.1dB、14.9dB。

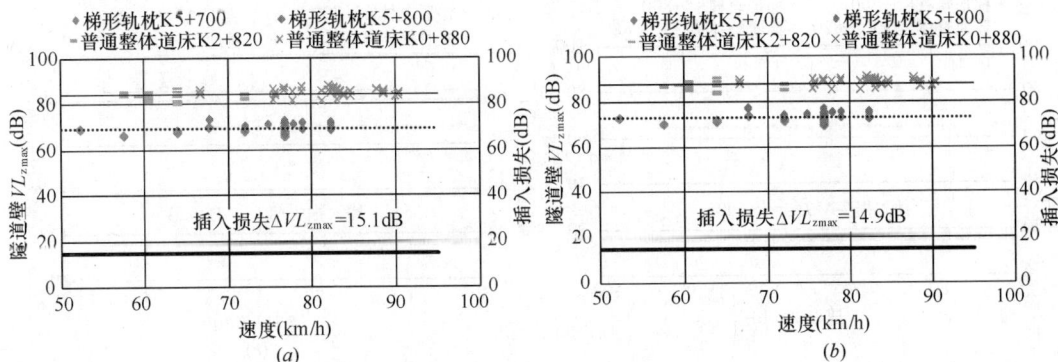

图 3.8-12 隧道壁 VL_{zmax} 及插入损失 ΔVL_{zmax}
(a) GB/T 13441—1992；(b) GB/T 13441.1—2007

梯形轨枕和普通整体道床的隧道壁 VL_{zmax} 和 ΔVL_{zmax}　　　　表 3.8-6

计权网络	项目	普通整体道床 VL_{zmax} （dB）				梯形轨枕 VL_{zmax} （dB）				插入损失 ΔVL_{zmax} （dB）	
		K0+880		K2+820		K5+700		K5+800		K5+700	K5+800
		测点1	测点2	测点1	测点2	测点1	测点2	测点1	测点2		
GB/T 13441—1992	实测值	83.6~87.5	81.5~87.0	81.6~87.3	80.4~87.2	65.9~72.1	65.6~71.7	66.8~73.4	66.8~74.1	16.3	13.9
		85.7	84.7	84.3	83.9	68.6	68.1	70.5	71.1		
	平均值	85.2		84.1		68.4		70.8		15.1	
		84.7				69.6					
GB/T 13441.1—2007	实测值	86.6~90.3	85.3~90.5	84.6~90.7	83.6~90.7	69.5~75.4	69.1~75.0	69.6~76.8	70.2~77.5	16.0	13.7
		89.2	88.2	87.2	87.1	72.1	71.7	73.9	74.5		
	平均值	88.7		87.2		71.9		74.2		14.9	
		87.9				73.1					

2）VL_{Z10}（1~80Hz）

普通整体道床、梯形轨枕隧道壁铅垂向振动加速度按照 GB/T 13441—1992 和 GB/T 13441.1—2007 计权得到隧道壁 VL_{z10} 和梯形轨枕相对于普通整体道床的插入损失 ΔVL_{z10}，见图 3.8-13，梯形轨枕、普通整体道床的隧道壁 VL_{z10} 和梯形轨枕相对于普通整体道床插入损失 ΔVL_{z10}，见表 3.8-7。按照 GB/T 13441—1992、GB/T 13441.1—2007 计权得到的普通整体道床隧道壁 VL_{z10} 平均值分别为 80.4dB、83.9dB，K5+700 处梯形轨枕隧道壁 VL_{z10} 平均值分别为 64.2dB、67.6dB，插入损失 ΔVL_{z10} 平均值分别为 16.2dB、16.3dB；K5+800 处梯形轨枕隧道壁 VL_{z10} 平均值分别为 65.8dB、68.9dB，插入损失 ΔVL_{z10} 平均值分别为 14.6dB、15.0dB。按照 GB/T 13441—1992、GB/T 13441.1—2007 计权得到的梯形轨枕相对于普通整体道床隧道壁的插入损失 ΔVL_{z10} 平均值为 15.4dB、15.6dB。

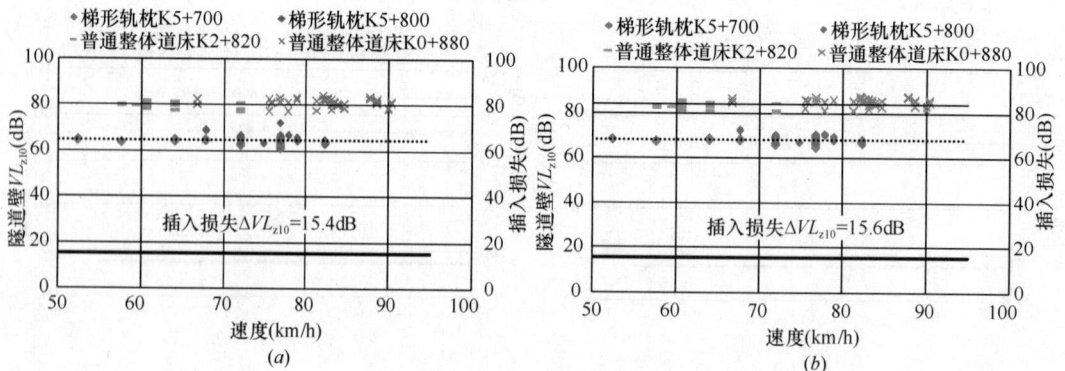

图 3.8-13　隧道壁 VL_{z10} 及插入损失 ΔVL_{z10}
（a）GB/T 13441—1992；（b）GB/T 13441.1—2007

表 3.8-7

梯形轨枕和普通整体道床的隧道壁 VL_{z10} 和 ΔVL_{z10}

计权网络	项目	普通整体道床 VL_{z10} (dB)				梯形轨枕 VL_{z10} (dB)				插入损失 ΔVL_{z10} (dB)	
		K0+880		K2+820		K5+700		K5+800		K5+700	K5+800
		测点1	测点2	测点1	测点2	测点1	测点2	测点1	测点2		
GB/T 13441—1992	实测值	78.8~83.9	77.3~83.2	76.8~81.3	77.6~81.8	61.7~66.4	61.3~66.3	62.9~68.9	63.3~69.5	16.2	14.6
		81.9	80.7	79.5	79.4	64.3	64.0	65.4	66.1		
	平均值	81.3		79.5		64.2		65.8		15.4	
		80.4				65.0					
GB/T 13441.1—2007	实测值	81.8~86.9	81.1~87.1	80.3~85.5	80.7~85.1	64.8~70.3	64.5~69.8	61.1~72.0	66.7~72.6	16.3	15.0
		85.3	84.6	82.8	82.7	67.8	67.4	68.6	69.1		
	平均值	85.0		82.8		67.6		68.9		15.6	
		83.9				68.2					

3) 铅垂向分频最大振级 VL_{zmax} (i)（4~200Hz）

根据《城市轨道交通引起建筑物振动与二次辐射噪声限值及其测量方法标准》（JGJ/T 170—2009）规定，对 20 趟地铁列车通过时隧道壁铅垂向振动加速度 1/3 倍频程谱线性平均，按 GB/T 13441.1—2007 频率计权得到的 4~200Hz 范围内的分频振级，见图 3.8-14。普通整体道床隧道壁分频最大振级 VL_{zmax} (i) 为 80.0dB（中心频率为 63Hz）；K5+700 处梯形轨枕隧道壁分频最大振级 VL_{zmax} (i) 为 62.6dB（中心频率为 80Hz）；K5+800 处梯形轨枕隧道壁分频最大振级 VL_{zmax} (i) 为 68.2dB（中心频率为 100Hz）。

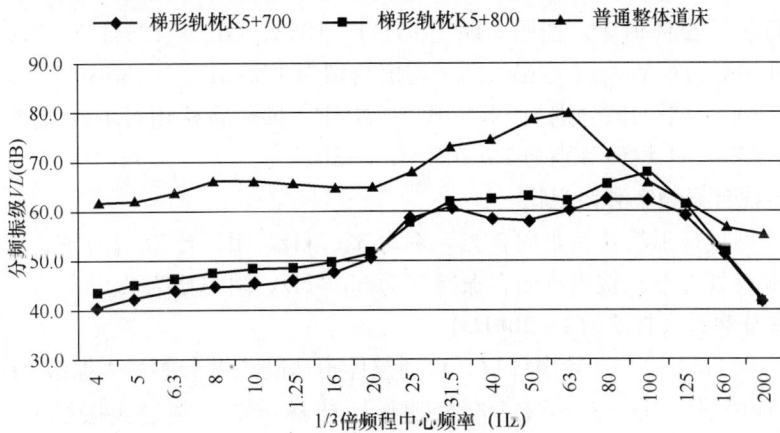

图 3.8-14 隧道壁分频振级

4) 铅垂向分频插入损失 ΔVL_{za}（1~200Hz）

K5+700 处、K5+800 处梯形轨枕隧道壁铅垂向分频插入损失，见图 3.8-15。与普通整体道床相比，K5+700 处、K5+800 处梯形轨枕隧道壁铅垂向振动加速度级按 GB/T 13441.1—2007 频率计权得到的分频振级均方根（1~200Hz）的减振效果 ΔVL_{za} 分别为

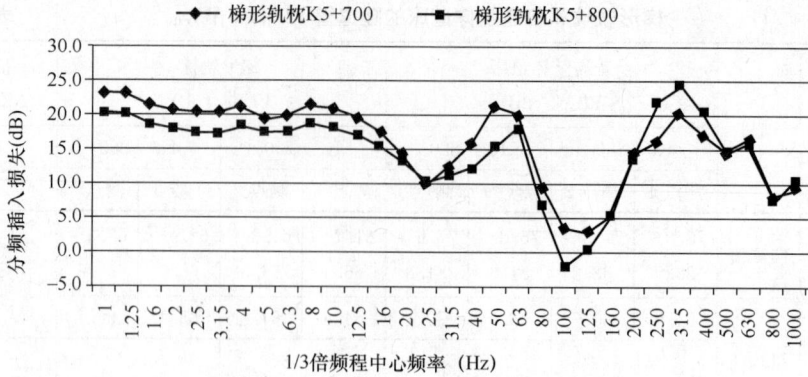

图 3.8-15　隧道壁铅垂向分频插入损失

15.0dB、11.6dB。

3.8.5　结论

北京地铁 6 号线一期工程单洞单线马蹄形隧道内采用的梯形轨枕（北京易科路通铁道设备有限公司），在地铁 B 型车 8 辆编组以 50～90km/h 速度通过条件下（平均速度 72～82km/h），对比普通整体道床的钢轨、隧道壁（距离轨面 0.8m 高度）的振动测试得出以下结论：

1. 梯形轨枕隧道壁 Z 振级减振效果（1～80Hz）

1）相对于普通整体道床，按照 GB/T 13441—1992、GB/T 13441.1—2007 计权得到的 K5＋700 处梯形轨枕插入损失 ΔVL_{zmax} 平均值分别为 16.3dB、16.0dB；K5＋800 处梯形轨枕插入损失 ΔVL_{zmax} 平均值分别为 13.9dB、13.7dB。梯形轨枕相对于普通整体道床的插入损失 ΔVL_{zmax} 平均值分别为 15.1dB、14.9dB。

2）相对于普通整体道床，按照 GB/T 13441—1992、GB/T 13441.1—2007 计权得到的 K5＋700 处梯形轨枕插入损失 ΔVL_{z10} 平均值分别为 16.2dB、16.3dB；K5＋800 处梯形轨枕插入损失 ΔVL_{z10} 平均值分别为 14.6dB、15.0dB。梯形轨枕相对于普通整体道床隧道壁的插入损失 ΔVL_{z10} 平均值分别为 15.4dB、15.6dB。

2. 梯形轨枕自振频率和阻尼比

1）K5＋700 处梯形轨枕铅垂向自振频率为 32.3Hz，阻尼比为 11.7%。

2）K5＋800 处梯形轨枕铅垂向自振频率为 35.5Hz，阻尼比为 8.0%。

3. 隧道壁分频最大振级（4～200Hz）

按 GB/T 13441.1—2007 频率计权，普通整体道床隧道壁分频最大振级 VL_{zmax}（i）为 80.0dB（中心频率为 63Hz）；K5＋700 处梯形轨枕隧道壁分频最大振级 VL_{zmax}（i）为 62.6dB（中心频率为 80Hz）；K5＋800 处梯形轨枕隧道壁分频最大振级 VL_{zmax}（i）为 68.2dB（中心频率为 100Hz）。

4. 隧道壁铅垂向分频振级均方根减振效果（1～200Hz）

与普通整体道床相比，K5＋700 处、K5＋800 处梯形轨枕隧道壁铅垂向振动加速度级按 GB/T 13441.1—2007 频率计权得到的分频振级均方根的差值 ΔVL_{za} 分别为 15.0dB、11.6dB。

5. 梯形轨枕和普通整体道床隧道壁振动加速度级对比（0.5～1000Hz）

与普通整体道床相比，K5+700、K5+800 处梯形轨枕的隧道壁铅垂向振动加速度级（0.5～1000Hz）平均值分别减小了 14.6dB、13.6dB。

6. 梯形轨枕和普通整体道床钢轨振动加速度级对比（0.5～2000Hz）

与普通整体道床相比，K5+700、K5+800 处梯形轨枕的钢轨铅垂向振动加速度级（0.5～2000Hz）平均值分别减小了 4.7dB、1.7dB。

3.9 减振垫整体道床减振效果测试

3.9.1 测试目的

选取北京地铁减振垫浮置道床和对比的普通整体道床各 1 个断面进行减振效果和振动测试。减振垫浮置道床每块浮置道床标准长度为 6.25m，60kg/m 钢轨，DTⅥ2-1 扣件，测试列车采用实际运营列车，B 型车，6 辆编组，固定轴距 2.2m，车辆定距 12.6m，车体基本长度 19m。

3.9.2 测试内容

测试内容包括减振垫浮置道床的钢轨铅垂向振动加速度、道床铅垂向振动加速度、隧道壁铅垂向振动加速度和列车速度。测点布置见图 3.9-1 和表 3.9-1。

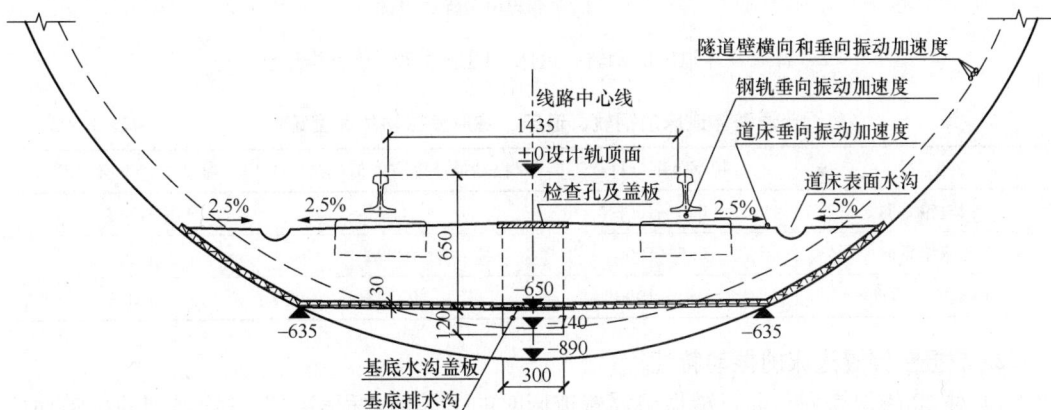

图 3.9-1 减振垫浮置道床振动测点布置示意

减振垫浮置道床振动测点布置　　　　　　　　　表 3.9-1

测试内容	测点数	位　　　置
钢轨铅垂向振动加速度	1个	减振垫浮置道床一侧钢轨上
道床铅垂向振动加速度	1个	减振垫浮置道床上
道床横向振动加速度	1个	减振垫浮置道床上
隧道壁铅垂向振动加速度	1个	减振垫浮置道床一侧隧道边墙，距轨面1.8m高度
隧道壁横向振动加速度	1个	减振垫浮置道床一侧隧道边墙，距轨面1.8m高度
列车速度	1个	减振垫浮置板一侧钢轨上

3.9.3　测试数据分析

1. 普通整体道床的振动特性

对 20 趟地铁列车通过普通整体道床时的 1/3 倍频程谱线性平均得到的振动加速度级，见图 3.9-2，普通整体道床的钢轨、道床、隧道壁振动加速度（0.5～1000Hz）统计结果，见表 3.9-2。列车通过时段，普通整体道床的钢轨铅垂向、道床铅垂向、隧道壁铅垂向振动加速度有效值分别为 16.12m/s²、0.299m/s²、0.122m/s²，振动加速度级分别为 144.1dB、109.5dB、101.7dB。

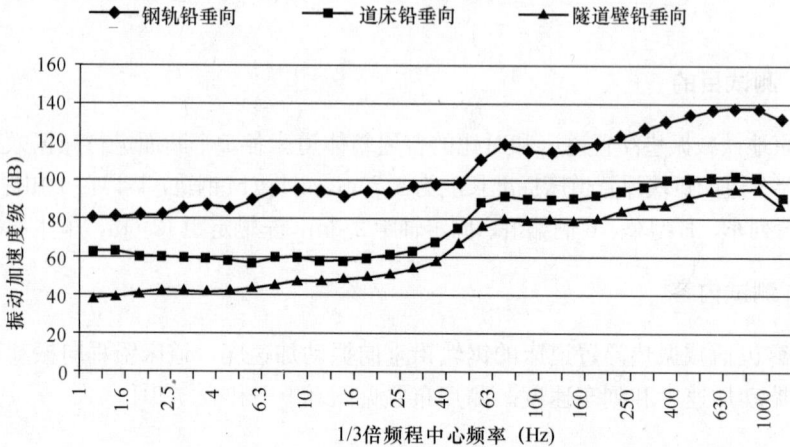

图 3.9-2　普通整体道床的钢轨、道床、隧道壁 1/3 倍频程振动加速度级

普通整体道床的钢轨、道床、隧道壁振动加速度统计　　　　表 3.9-2

位置	频率范围（Hz）	振动加速度有效值（m/s²）	振动加速度级（dB）
钢轨铅垂向	0.5～1000	16.12	144.1
道床铅垂向	0.5～1000	0.299	109.5
隧道壁铅垂向	0.5～1000	0.122	101.7

2. 减振垫浮置道床的振动特性

1）对 20 趟地铁列车通过减振垫浮置道床时的 1/3 倍频程谱线性平均得到的振动加速度级，见图 3.9-3，减振垫浮置道床的钢轨、道床、隧道壁振动加速度（0.5～1000Hz）统计结果，见表 3.9-3。列车通过时段，减振垫浮置道床的钢轨铅垂向、道床铅垂向、隧道壁铅垂向振动加速度有效值分别为 35.00m/s²、2.62m/s²、0.020m/s²；振动加速度级分别为 150.9dB、128.4dB、85.81dB。

减振垫浮置道床的钢轨、道床、隧道壁振动加速度统计　　　　表 3.9-3

位置	频率范围（Hz）	振动加速度有效值（m/s²）	振动加速度级（dB）
钢轨铅垂向	0.5～1000	35.00	150.88
道床铅垂向	0.5～1000	2.62	128.36
隧道壁铅垂向	0.5～1000	0.020	85.81

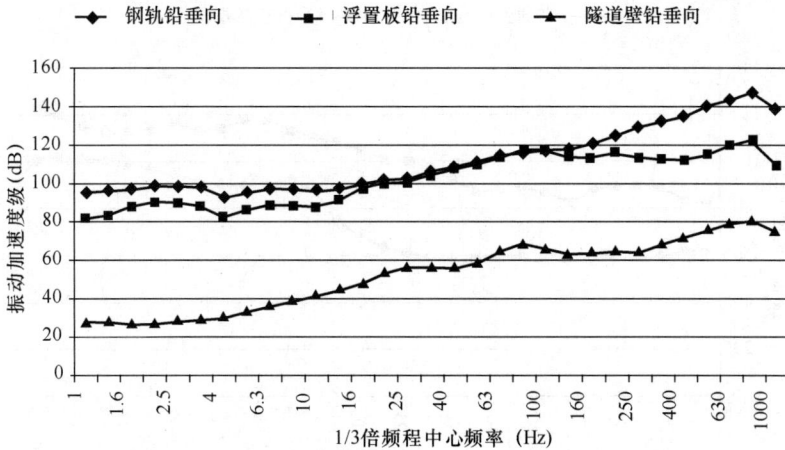

图 3.9-3 减振垫浮置道床的钢轨、道床、隧道壁 1/3 倍频程振动加速度级

2）对比普通整体道床，减振垫浮置道床 0.5～1000Hz 范围内钢轨铅垂向振动加速度级增大了 4.7dB；道床铅垂向振动加速度级增大了 9.0dB；隧道壁铅垂向振动加速度级减小了 15.9dB。减振垫浮置道床与普通整体道床钢轨铅垂向、道床铅垂向、隧道壁铅垂向振动加速度对比，见图 3.9-4～图 3.9-6。

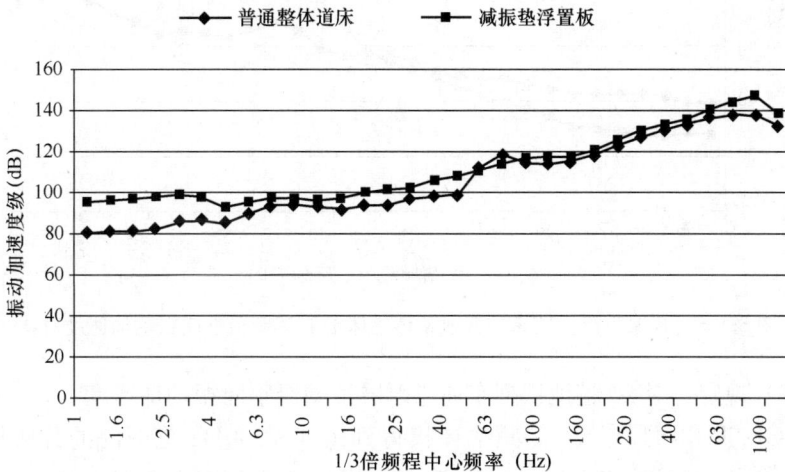

图 3.9-4 减振垫浮置道床与普通整体道床钢轨铅垂向振动加速度对比

3. 减振垫浮置道床铅垂向减振效果

1）VL_{zmax}（1～80Hz）

普通整体道床、减振垫浮置道床隧道壁铅垂向振动加速度按照 GB/T 13441—1992、GB/T 13441.1—2007 计权得到隧道壁 VL_{zmax} 和减振垫浮置道床相对于普通整体道床的插入损失 ΔVL_{zmax}，见表 3.9-4。按照 GB/T 13441—1992、GB/T 13441.1—2007 计权得到的普通整体道床隧道壁 VL_{zmax} 平均值分别为 67.3dB、70.5dB；减振垫浮置道床隧道壁 VL_{zmax} 平均值分别为 65.0dB、68.9dB，插入损失 ΔVL_{zmax} 分别为 2.3dB、1.6dB。

2）铅垂向分频最大振级 VL_{zmax}（i）（4～200Hz）

根据《城市轨道交通引起建筑物振动与二次辐射噪声限值及其测量方法标准》（JGJ/

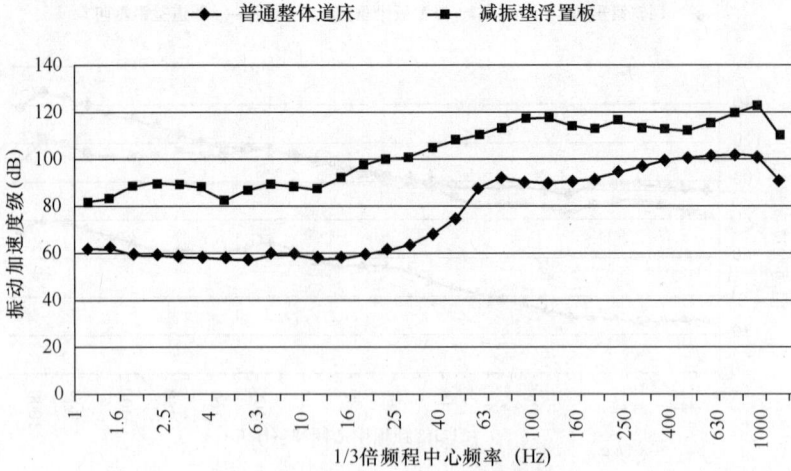

图 3.9-5　减振垫浮置道床铅垂向振动加速度

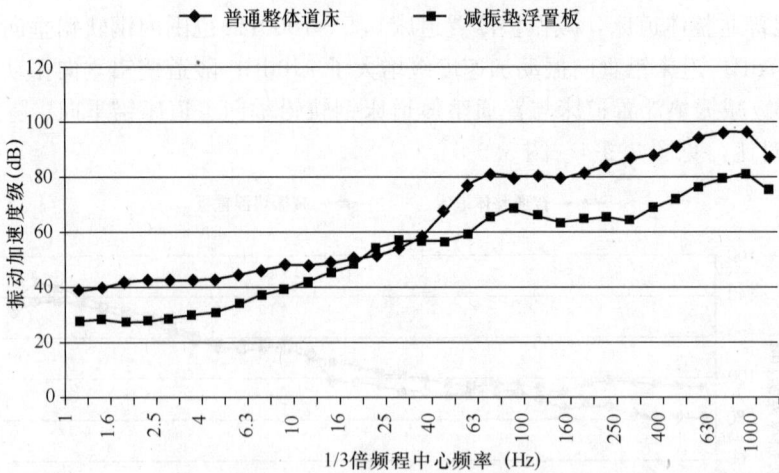

图 3.9-6　减振垫浮置道床与普通整体道床的隧道壁铅垂向振动加速度对比

T 170—2009) 规定，对 20 趟地铁列车通过时隧道壁铅垂向振动加速度 1/3 倍频程谱线性平均，按照 GB/T 13441.1—2007 频率计权得到的 4～200Hz 范围内的分频振级，见图 3.9-7。普通整体道床隧道壁 VL_{zmax} (i) 为 66.7dB (中心频率为 63Hz)；减振垫浮置道床隧道壁 VL_{zmax} (i) 为 51.4dB (中心频率为 80Hz)。

减振垫浮置道床和普通整体道床的隧道壁 VL_{zmax} 和 ΔVL_{zmax}　　表 3.9-4

计权网络	项目	普通整体道床 VL_{zmax} (dB)	减振垫浮置道床 VL_{zmax} (dB)	插入损失 ΔVL_{zmax} (dB)
GB/T 13441—1992	实测值	64.99～70.82	55.16～65.55	10.15
	平均值	68.50	58.35	
GB/T 13441.1—2007	实测值	68.24～74.19	58.94～65.94	10.61
	平均值	71.95	61.34	

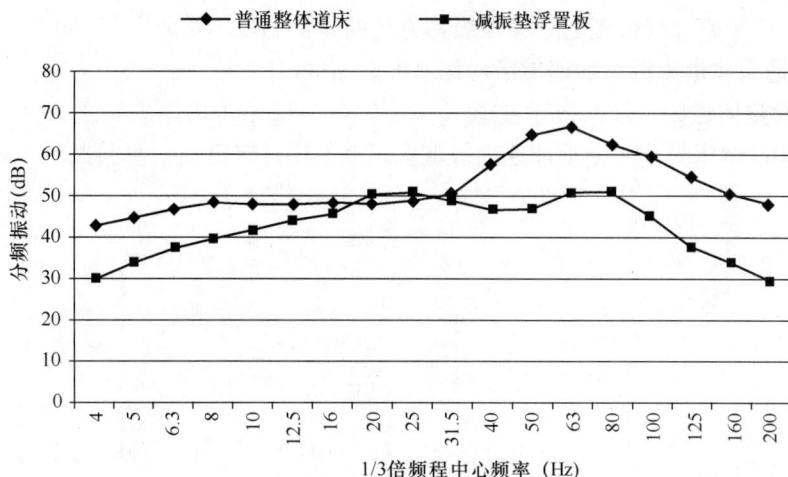

图 3.9-7 隧道壁分频振级

3）铅垂向分频插入损失 ΔVL_{za}（1～200Hz）

减振垫浮置道床隧道壁铅垂向分频插入损失，见图 3.9-8。与普通整体道床相比，减振垫浮置道床隧道壁铅垂向振动加速度级按照 GB/T 13441.1—2007 频率计权得到的分频振级均方根（1～200Hz）的减振效果 ΔVL_{za} 为 11.8dB。

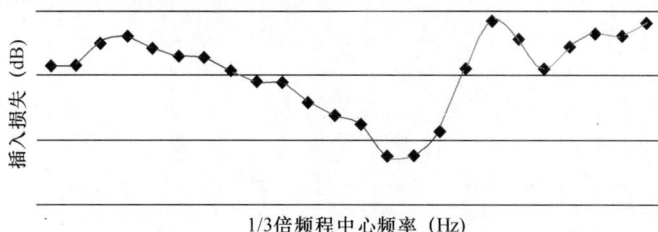

图 3.9-8 隧道壁铅垂向分频插入损失

3.9.4 结论

通过对北京地铁单洞单线圆形盾构隧道内采用的减振垫浮置道床，在地铁 B 型车 6 辆编组对比普通整体道床的钢轨、道床、隧道壁的振动测试，可得出以下结论：

1. 隧道壁 Z 振级减振效果（1～80Hz）

相对于普通整体道床，按照 GB/T 13441—1992 铅垂向计权网络，减振垫浮置板的隧道壁插入损失 ΔVL_{zmax} 为 10.15dB。

相对于普通整体道床，按照 GB/T 13441.1—2007 铅垂向计权网络，减振垫浮置板的隧道壁插入损失 ΔVL_{zmax} 为 10.6dB。

2. 隧道壁分频最大振级（4～200Hz）

隧道壁铅垂向振动加速度级按 GB/T 13441.1—2007 频率计权得到的分频最大振级 VL_{zmax}（i），普通整体道床、减振垫浮置道床分别为 66.7dB（63Hz）、51.4dB（80Hz）。

3. 隧道壁铅垂向分频振级均方根减振效果（1～200Hz）

与普通整体道床相比，减振垫浮置道床的隧道壁铅垂向振动加速度级按 GB/T

13441.1—2007 频率计权得到的分频振级均方根的差值 ΔVL_{za} 分别为 11.8dB。

4. 与普通整体道床振动加速度级对比（0.5～1000Hz）

对比普通整体道床，减振垫浮置道床 0.5～1000Hz 范围内钢轨铅垂向振动加速度级增大了 4.7dB；道床铅垂向振动加速度级增大了 9.0dB；隧道壁铅垂向振动加速度级减小了 15.9dB。

第4章 轨道施工及维修

4.1 轨 道 施 工

4.1.1 施工总体进度计划

1. 概述

根据合同及业主的施工工期要求，结合工程特点，在进度计划安排中，充分考虑各种影响工期的不确定因素，按照科学管理、优质高效、统筹兼顾的原则，科学合理安排施工计划，预留不可预见因素影响时间1个月，以免影响轨通时间。

2. 进度保证措施

1）组织管理措施

实行工期目标管理责任制，建立工期保证领导组，严格工期目标计划、检查、考核与奖惩制度。

与建设单位、设计单位等有关部门的良好沟通与协作，及时解决问题，提高工作效率，保证各项施工顺利进行，确保工期目标的实现。

科学组织施工，不断优化施工方案和生产要素配置，提高设备的完好率、利用率和施工机械化作业程度。

各种材料保证及时供应，周转材料储备充足，各类型机械设备保养良好，保证施工在最佳状态下进行。

提前对可能引起施工进度拖延的因素进行分析，制定相应的赶工预案和措施。

2）技术保证措施

提前进行施工调查，组织复测验收、技术资料复核，做好施工调查和技术准备。

对图纸疑问、设计变更等影响进度的问题提前积极协商解决，从总体布置上合理安排，保证工期。

施工过程中，不断优化施工技术方案，积极推广和运用新技术、新工艺、新材料、新设备，提高施工技术水平和技术设备含量，加快施工进度。

3）资源配置措施

按照劳动力资源计划，优化各专业施工人员的配备与管理方案，对劳动力实行预储备，保证劳动力的调配。

按照施工进度计划要求及时进货，做到既满足施工要求，又要使现场无太多的积压，以便有更多的场地安排施工。

配备足够的施工机械，做好施工机械的定期检查和日常维修，保证施工机械处于良好的状态。

4.1.2 铺轨基标测设

1. 概述

铺轨基标分控制基标和加密基标。控制基标是铺轨首级测量控制点，控制基标为永久测量标志。加密基标是铺轨次级控制点，分布在控制基标之间，是铺轨施工使用的临时铺轨基标，见图 4.1-1。

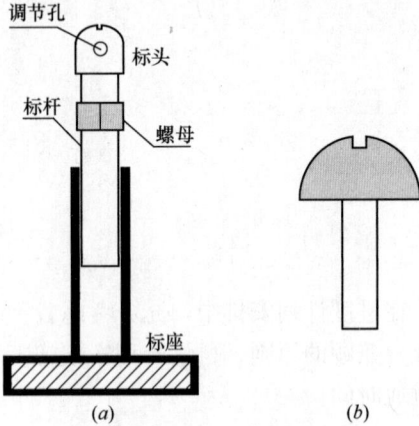

图 4.1-1 铺轨基标示意图

(*a*) 控制基标；(*b*) 加密基标

2. 铺轨基标测量精度

1）控制基标测量精度要求

（1）使用 2″级全站仪进行测量，检测控制基标间夹角，水平角左、右角各两测回（其左、右角之和与 360°之差小于 5″），边长往返测各二测回（测回差小于 5mm）。控制基标测设形式为等高等距。

（2）直线段控制基标间夹角与 180°较差应小于 8″，实测距离与设计距离较差小于 10mm，曲线段控制基标间夹角与设计值较差计算出的线路横向偏差小于 2mm，弦长测量值与设计值较差小于 5mm。

（3）控制基标高程测量按精密水准测量技术要求施测。其水准线路闭合差小于 ±8 mm。控制基标高程实测值与设计值较差小于 2mm，相邻控制基标与设计值的高差较差小于 2mm。

2）加密基标测量精度要求

（1）直线段加密基标限差要求

纵向：相邻基标间纵向误差小于 ±5mm；

横向：加密基标偏离两控制基标间的方向线小于 2mm；

高程：相邻加密基标实测高差与设计高差较差小于 1mm，每个加密基标的实测高程与设计高程较差小于 2mm。

（2）曲线加密基标限差要求

纵向：相邻基标间纵向误差小于 5mm

横向：加密基标相对于控制基标的横向偏距小于 2mm

高程：相邻加密基标实测高差与设计较差小于 1mm，每个加密基标的实测高程与设计高程较差小于 2mm。

3. 铺轨基标设置

以调整好的线路中线控制点（百米桩或曲线要素点）为起算依据进行基标测设。铺轨基标依据线路实际情况设置在线路中线上或中线钢轨的外侧。控制基标和加密基标的设置宜等距等高（至线路中线等距、至相邻钢轨顶面高差相等）。

1）控制基标的设置

控制基标在直线线路上每 120m 设置一个，曲线线路上除曲线要素点设置控制基标外还应每 60m 设置一个。碎石道床控制基标设置在线路外侧（基标位置关系依据设计图纸而定），同样直线线路上 120m 一个，曲线线路上除曲线要素点设置控制基标外还应每 60m 设置一个。道岔铺轨基标一般设置在直股和曲股钢轨两侧。

2）加密基标的设置

在控制基标的基础上进行加密。一般曲线段每 5m 设置一个，直线段每 6m 设置一个。

4.1.3 铺轨基地

1. 铺轨基地规模

1）一般铺轨基地规模

铺轨基地设置应满足工程铺轨需要，面积约在 5000m² 左右。铺轨基地如在车辆基地，一般设置在出入线地面段。当铺轨基地在车站时，有道岔车站应在车站线路正上方预留 30m×5m 的轨排下料口，在无道岔车站，下料口应跨双线预留，以满足双线铺轨需要。

铺轨基地内设钢轨存放区、轨枕存放区、道岔及扣配件存放区、轨排拼装及存放区、钢筋和模板加工及存放区、生产房屋区（包括料库、检修车间、实验室、配电房）等，并跨预留下料口配置走行龙门吊，负责基地内轨料装卸、轨排拼装及通过预留下料口向地下隧道进行轨料、轨排、施工机械设备等吊装作业。

2）带焊轨基地的铺轨基地规模

带焊轨基地的铺轨基地在一般铺轨基地基础上需增加焊轨场地、长轨排组装、储存场地等，增加面积约 3000m²，整个铺轨基地面积不小于 7000m²。

2. 铺轨基地设备配备及临时设施

1）场地围蔽及施工标牌

为了减少工程施工对周围环境的影响，按照有关文明施工要求进行现场围蔽。

施工现场置挂五牌一图：工程概况牌、文明施工制度牌、安全生产制度牌、消防管理制度牌、质量管理制度牌和施工平面图。

2）场地硬化及进场道路

场区内的临时房屋、内外地坪、仓库、加工场、材料堆放场地、铺轨下料口四周等采用混凝土硬化。

应有专用运输道路进入铺轨基地，并设置夜间照明路灯和指示牌。

3）龙门吊走行轨

根据现场实际情况，铺设龙门吊走行轨，其基础需要加固处理。当龙门吊位于结构上方时，应进行必要的荷载检算。

4）材料库、钢筋加工棚及标养室

在铺轨基地设置材料库和钢筋加工棚，存放扣配件、小型材料、钢筋下料、加工。标养室一个，进行混凝土试块在标准条件下的养护。

5）办公、生活区布置

办公、生活区设在场地内，包括办公室、宿舍、餐厅等，均采用彩钢结构临时房屋。

6）临时用水、用电及临时排水

施工和生活用水、用电，利用土建标段现有水、电供应接口进行接引。施工和生活临时排水：在生活区及存料场四周设临时排水系统、布设排水管道，将生活用水和雨水排至附近下水道。生活污水按照环保要求及标准进行排放。

7）通信、消防设施

在办公区安装程控电话，保持内外联系畅通。采用有线电话及对讲机进行联络，以保证施工现场的相互通信与协调指挥。在办公区、生活区、材料库房、钢筋加工棚、配电室、气压焊场地等重要场所，按规定配全、配齐消防器材。

3. 焊轨场地

焊轨基地一般设钢轨存放区、焊轨区、长轨存放区、长轨排组装区及存放区等，同时跨焊轨基地配走行龙门吊，负责基地的钢轨吊装、轨排吊装等作业。焊轨区布置见图4.1-2。

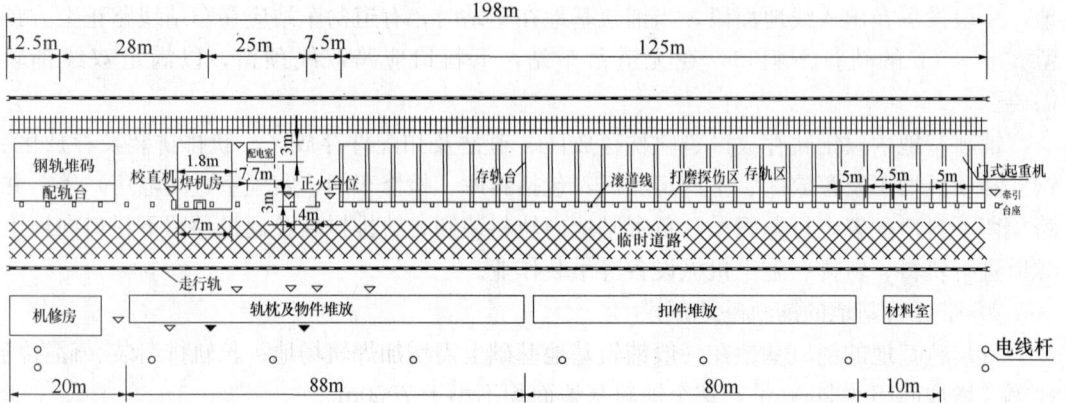

图 4.1-2　焊轨区布置

1）配轨打磨工位

加工好的钢轨除锈打磨面应显出金属光泽，在距端面700mm以内的钢轨应无锈垢，轨腰若有凸出字迹或厂牌等必须打平。

加工好的除锈打磨面，若30min不焊接，轨腰必须重新打磨，母材打磨深度不超过0.2mm。不得用手触摸或受水、烟、油、灰的污染，否则应重新处理。

2）对正焊接工位

以K922焊机为例，在距K922焊机集装箱前方1080mm处及间隔905mm处分别设置1台绝缘的，能自动调整的滚轮。通过调整自动调整滚轮让两待焊轨焊头、轨腭及轨腰对齐，轨头在1m范围内单边起拱0.4～0.6mm。对正时必须保证除锈打磨面清洁。焊接前两待焊轨之间必须保持2～3mm的间隙。若焊头焊接结束后电脑显示屏显示NO，此头必须锯掉重焊。焊机的各参数值已经选定，不得改动。操作人员须严格按照安全操作规程进行作业。

3）热处理工位

（1）正火处理时必须按工艺进行，待钢轨焊接接头温度低于500℃时方可重新加热。

（2）正火温度：轨头加热的表面温度不超过950℃，轨底角加热的表面温度不低于850℃。

（3）正火范围：以焊缝为中心，单边25～30mm。

（4）火焰采用弱炭化焰，乙炔采用不低于3瓶联用（一般4瓶）：

乙炔压力：0.13～0.15MPa　　　　流量：4.4～4.6m³/t

氧气压力：0.5MPa　　　　流量：3.6～3.8m³/t

（5）每个焊头必须用光电测温仪实测温度。

4）粗磨、超声波探伤及精磨工位

人工打磨过程中，砂轮不得冲出钢轨，不得在钢轨上跳动，打磨力量不宜过大。打磨面应平整、光洁，不得有凹坑，打磨表面不得有发黑、发蓝现象。

人工打磨时，发现钢轨外形质量、偏差造成的接头不平顺，采用圆顺方向进行修整，在大截面一侧进行圆顺，圆顺后要求无棱角、无突出。轨底角上斜表面在横向的打磨范围不小于 35mm（从轨底角算起）。

粗打磨用较粗砂轮。细打磨宜用粒度较细的砂轮，应纵向打磨，不允许横向打磨，母材打磨深度不超过 0.5mm，所有角必须倒圆，在焊缝两侧 100mm 范围内不得有明显压痕、碰痕、划伤缺陷，焊头不得有电击伤，细打磨的表面粗糙度应不大于 12.5um，符合无损检测需求。

外观打磨由质检员检查（轨头 0～0.3mm/1m，内侧工作面 0～0.3mm/1m，轨底 0～1.0mm），抽查时发现不合格视情况精修或报废。每个焊头外观检测，必须记录。

每一焊头必须进行超声波探伤，使用数字式超声波探伤仪配合探头进行探伤，严格执行（TB/T1632）的规定。不合格焊头必须锯掉重焊。

4.1.4 钢轨焊接

1. 钢轨焊接种类

1）铝热焊

铝热焊接（也称热剂焊）是利用金属氧化物和金属铝之间的放热反应所产生的过热熔融金属来加热金属而实现结合的方法。主要程序是将配制好的铝热焊剂（主要成分：铝粉、氧化铁、铁丁头、铁合金及石墨）放入特制的坩埚，用高温火柴引燃焊剂，产生强烈的化学反应，得到高温的钢水和熔渣，待反应平静后，将高温的钢水注入装卡在轨缝上，经过预热过程后的砂型中，将砂型中对接好的钢轨端部溶化，冷却后去除砂型，并及时将对焊好的钢轨整形，两节钢轨即焊成一体。

铝热焊的主要工艺流程：焊前准备→待焊钢轨检查及钢轨端头对正→砂模的准备→轨端预热→点火及浇注→拆除砂模与推瘤→焊缝打磨及收尾。

铝热焊是通过加入与钢轨化学成分不同的焊接材料将钢轨焊接在一起。焊接过程没有顶锻预压力，焊头的强度、塑性和韧性损失较多。铝热焊的操作全部是手工操作，焊接质量受工人的技术熟练程度、操作水平、焊剂质量、气候条件等影响较大，焊接质量存在一定的波动性。因此在城市轨道交通领域，正线钢轨一般不采用铝热焊接，仅在道岔、联合接头等局部地段使用。

2）气压焊

目前广泛应用的钢轨气压焊是小型移动式气压焊机。其原理是采用燃烧的气体将钢轨的焊接端面加热到塑性状态，在固定的顶锻力作用下产生顶端量，当顶锻量达到一定量之后，钢轨即被焊接成一个整体。目前的小型气压焊机基本上为国产焊机，其焊接过程一般是：钢轨端头处理→精车端面→对轨固定→安装、调整加热器→火焰预热→预顶施压→低压顶锻→高压顶锻→保压推凸等。

钢轨气压焊是塑性压力焊，接头是锻造组织且没有脱碳层，在理论上其强度不低于闪光焊，而且一次性投资小，无需大功率电源，焊接时间短。其缺点是由于焊接过程中需要人工对轨和肉眼观察加热状况，所以受人为因素影响较大，易出现焊接接头错口和接头缺陷。在城市轨道交通领域主要应用于现场联合接头的焊接。

3）接触焊（含移动接触焊）

接触焊又称闪光焊，是将钢轨装备成对接接头，通电使其端面逐渐移近达到局部接触，利用电阻热加热这些接触点（产生闪光），使端面全部熔化，直至端部在一定深度范围内达到预定温度时，迅速施加顶锻力完成焊接的方法。根据使用方法分固定式接触焊和移动式接触焊。地铁中因为运输等问题，一般采用移动式接触焊。

现场移动式接触焊工艺流程：施工准备→除锈打磨→预热轨端（环境温度低于10℃时进行）→焊机对位→接触焊、推瘤→正火→调直→打磨→探伤检验→恢复线路。

接触焊自动化程度高，工艺稳定，焊接质量优良，力学性能接近钢轨母材，生产效率高。但移动式接触焊受施工现场的影响，如焊轨车压在焊接的钢轨上引起初始弯曲，焊头温度未降到预定温度就通过焊轨车等，对焊接质量造成一定的影响。

近年来，随着城市轨道交通领域的发展，对钢轨焊接质量的重视程度越来越高，部分城市已经开始研究在基地进行固定式接触焊的实践，主要是在铺轨基地将钢轨焊接成100～150m的长轨条，然后在线上用移动式焊机进行连接，可更好的保证焊接质量。

2. 焊接质量检验

钢轨焊接质量检验执行现行《钢轨焊接》（TB/T1632.1～1632.4）系列规范。

根据不同焊接工艺，焊接接头检验项目和细节规定略有不同，基本的检验项目主要有焊接接头平直度及表面质量、超声波探伤、落锤、静弯、疲劳、拉伸、冲击、硬度、显微组织、断口等。其中铝热焊接没有落锤试验项目。

1）焊接接头平直度

分钢轨顶面、轨头侧面工作边两项，轨头工作边1m长度范围内接触焊钢轨顶面平直度标准为+0.3mm，0，气压焊和铝热焊为+0.4mm，0，轨头侧面工作边平直度都为±0.4mm。

2）表面质量

焊接接头的轨头工作面经外形精整后的表面不平度应满足：在焊缝中心线两侧各100mm范围内，表面不平度不大于0.2mm。轨顶面及轨头侧面工作边母材打磨深度不应超过0.5mm。

焊接接头及其附近钢轨表面不应有裂纹、明显压痕、划伤、碰伤、电极灼伤、打磨灼伤等伤损。

3）超声波探伤

钢轨焊接后均应对焊接接头进行超声波探伤，探伤时焊接接头的温度不应高于40℃。

4）落锤

试件长度1.2～1.6m，焊缝中心位于试件中央，两端锯切加工。试件的轨头向上，平放在试验机的两固定支座上，支距1m，焊缝居中。落锤抬升高度因不同轨型而不同，铝热焊接头不做落锤试验。

5）静弯

试件长度1.2～1.3m，焊缝中心应位于试件中央，两端锯切加工。试件置于支距1m

的支座上，焊缝居中，焊缝中心承受集中载荷。荷载值因不同轨型、不同焊接方法略有不同。

6）疲劳

采用脉动弯曲疲劳试验。根据钢轨型号确定载荷，最大载荷记为 F_{max}，最小载荷记为 F_{min}。载荷频率 $5\pm0.5Hz$，载荷比为 0.2。载荷循环次数应从达到要求载荷时算起。

7）拉伸

从焊接接头不同部位取 9 个直径 10mm，长度 50mm 的圆柱形试样进行拉伸试验，分别记录抗拉强度和断后伸长率，将 9 个试样的抗拉强度平均值、断后伸长率平均值作为试验结果。

8）冲击

从钢轨不同部位取 12 个方形试样，将 12 个试样的冲击吸收功平均值作为试验结果。

4.1.5 枕式整体道床施工

1. 枕式轨道施工方法

1）轨排法

将标准长度无孔钢轨与混凝土枕在铺轨基地拼装，若是短轨枕，采取每间隔 4 根短轨枕用一根钢轨支撑架横梁连接左右股钢轨，组装成轨排；用基地龙门吊将轨排吊装至轨道平板车上，由轨道车推送平板车至现场后，用地铁专用铺轨龙门吊吊运至作业面，采用轨排支撑架架立调整轨排，现场绑扎钢筋、支立模板。检查合格后，混凝土通过下料口输送到平板车上的混凝土料斗内，由轨道车推送平板车至作业面，利用铺轨龙门吊吊运进行整体道床混凝土浇筑。

该方法是在隧道外组装轨排，干扰小，施工精度高，效率高，且便于运输，无需工具轨。

2）架轨法

通过地面汽车运输，将钢轨、钢筋、轨枕、扣件等材料和机具，直接运至作业面。用钢轨支撑架进行架轨、挂装轨枕，形成轨排，然后现场绑扎钢筋网、支立模板，检查合格后，采用混凝土泵将商品混凝土通过下料口，利用导管直接供到作业面，进行整体道床浇筑，完成整体道床施工。

该方法亦无需工具轨，但现场干扰较大，适用于高架线短枕式整体道床施工。

2. 枕式整体道床施工工序

1）轨排组装

轨排法铺轨在铺轨基地组装轨排，利用轨道车运至现场，铺轨小龙门吊配合吊运就位。散铺法直接将轨料运至现场进行组装。

2）绑扎钢筋

按设计要求绑扎钢筋，并按杂散电流要求焊接钢筋，引出道床连接端子。

3）轨排精调

依据铺轨基标精调轨排，钢轨调整精度应符合《地下铁道施工及验收规范》GB 50299 的相关要求。

4）立模板

道床模板宜采用钢模板，模板与道床钢筋网间设混凝土垫块，保证钢筋的保护层。

5）浇筑道床混凝土

立模后应再次对钢轨状态进行复查，确认符合验收标准后，方可浇筑道床混凝土。混凝土振捣时应加强轨枕下面及四周的捣固。混凝土浇筑后根据初凝时间对道床表面进行抹平压光，终凝后进行养护。

3. 施工工艺流程

施工主要流程，见图 4.1-3。

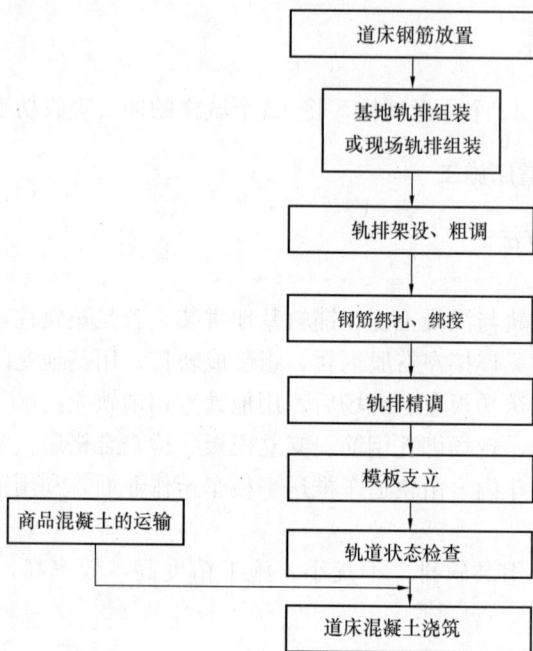

图 4.1-3　枕式整体道床施工主要流程

4.1.6　无枕式整体道床施工

无枕式整体道床施工同枕式整体道床施工，只是施工时将铁垫板下的弹性垫板临时用相同尺寸的木垫板或塑料垫代替，施工完成后再换回设计的弹性垫板，以保证承轨台的平整度。

4.1.7　梯形轨整体道床施工

1. 梯形轨枕整体道床施工

梯形轨枕整体道床位于地下线，一般宜采用轨排法施工，地面线、高架线一般采用架轨法施工，施工流程，见图 4.1-4。

1）梯形轨枕准备

（1）梯形轨枕运入施工现场之前，应粘贴施工辅助材料。施工中应采用低密度聚乙烯做辅助隔离材料，在梯形轨枕底部（减振垫范围外）将隔离材料用胶条与轨枕可靠地固定；在梯形轨枕的外侧面（缓冲垫范围外），将隔离材料用胶条与轨枕可靠地固定。

（2）检验合格后的梯形轨枕在运输及铺设过程中，应注意保护外贴的辅助隔离材料和减振材料。

（3）在梯形轨枕贴有减振材料的侧面及底部设置隔离层，模板应与梯形轨枕侧面及底面贴实。模板的高度应高于减振材料 3～5mm，在与减振材料衔接的位置应以30mm 长的斜面平缓过渡，以便于混凝土与减振材料密贴。

（4）存放梯形轨枕时，应分型号水平（枕底向下）堆码，最多堆码 8 层。堆放场地宜进行硬化处理，保证平整、坚实。在梯形轨枕与场地基础间、轨枕与轨枕之间加放垫木，垫木放置，见图 4.1-5。上下层垫木应对齐，垫木尺寸要保证轨枕处于水平状态，并不得损伤减振垫层等。存放梯形轨枕时，预埋套管孔口应封闭。

2）基础处理

（1）在进行基础处理之前，应根据设计要求，确认基础顶面至钢轨顶面高差不小于设计高度。应检查相对 L 形支座下的基础中预埋钢筋的位置和高程，对不符合图

图 4.1-4 梯形轨枕整体道床施工流程示意

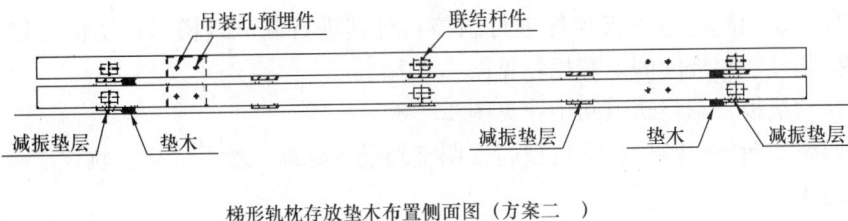

梯形轨枕存放垫木布置侧面图（方案一）

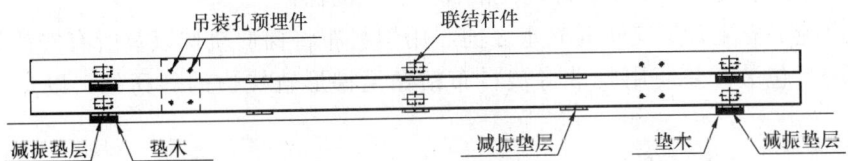

梯形轨枕存放垫木布置侧面图（方案二）

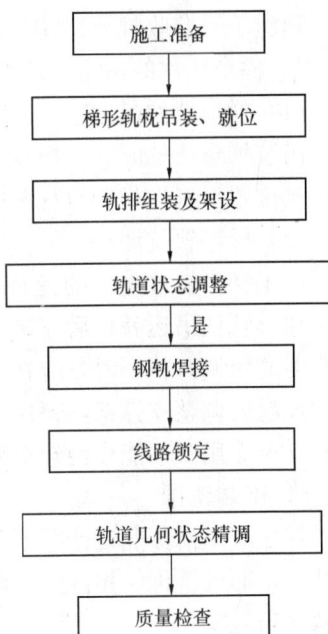

图 4.1-5 梯形轨枕存放

纸要求的预埋钢筋进行处理。

（2）隧道基础凿毛处理时，要求凿坑深 5～10mm，坑距 30～50mm；凿毛后立即清扫杂物垃圾，并用高压水或高压风将基础表面冲洗干净。

3）铺设钢筋网

（1）铺设 L 形支座基础钢筋时，应按照设计图纸进行。铺设顺序：底层、中间层、面层、板块端部，最后绑扎特殊部位加固钢筋。钢筋铺设应经监理检查合格后方可安装模板。

（2）钢筋网的制作、焊接、绑扎应符合《钢筋焊接及验收规程》JGJ 18、《混凝土结

构工程施工及验收规范》GB 50204 及设计文件的规定。

4）梯形轨枕的吊运、调整

（1）梯形轨枕吊运

吊装梯形轨枕时，应按规定的吊点依次将梯形轨枕吊装至安装位置上方。起吊点为四点，其位置设置在梯形轨枕两端的连接钢管的端部。吊装时严禁碰、撞、摔、掷。

（2）梯形轨枕调整

由于梯形轨枕生产的允许长度误差为±10mm，因此梯形轨枕宜在凸台位置进行定位。梯形轨枕吊运就位后先进行水平调整，再按照基标，对架设于支撑架上的梯形轨枕进行高度的粗调。粗调时，应在梯形轨枕的两侧确定起点，同时使用小型液压千斤顶将梯形轨枕顶起后调整支撑架，每次起升高度不得大于 5mm，以保持梯形轨枕的平稳。支架只能起支撑作用，不能作为轨道调节用。

5）组装轨排

首先应严格按照设计图纸所给出的扣件偏移量及调高量安装扣件垫板，其次将钢轨安装就位，形成轨排。扣件安装前，务必确保套管内无小石子、水等其他异物，并注入适量防锈油脂。

6）轨道调整及状态检查

经过精调后，应达到轨道铺设完成后的精度要求，其偏差应符合《地下铁道工程施工及验收规范》GB 50299 的规定，并经现场监理检查确认。轨道位置调整，按下列要求进行。

（1）在梯形轨枕左右安装支撑杆，见图 4.1-6，并利用小型液压千斤顶等工具（注意：不可直接使用高度定位支撑杆进行调整）对其进行调节将梯形轨枕横向移到设计位置，然后拧紧外轨垫板的固定螺栓，见图 4.1-7。

（2）移动垫板、调整轨道间距，见图 4.1-8。

（3）调整竖向定位螺栓，将轨顶高度调整到设计标高，然后固定。轨枕准确定位后的状态，见图 4.1-9。

（4）L 形支座或 L 形支座基础浇注前梯形轨枕的保护

在轨道施工浇注 L 形支座混凝土之前，用塑料布将梯形轨枕以及所有安装完毕的钢轨及配件进行包装，并使用胶带将塑料布粘贴至梯形轨枕边的斜楞处，以免被混凝土污染。

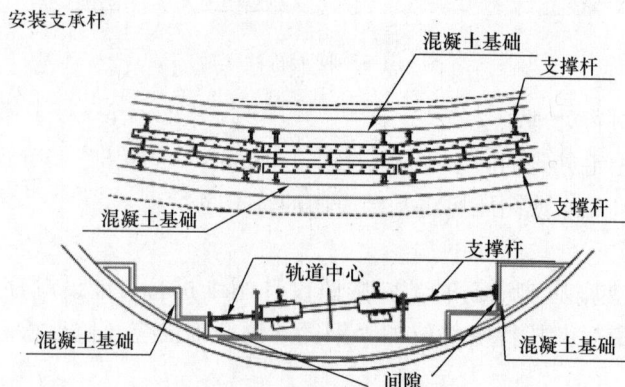

图 4.1-6　轨枕左右两侧支撑杆

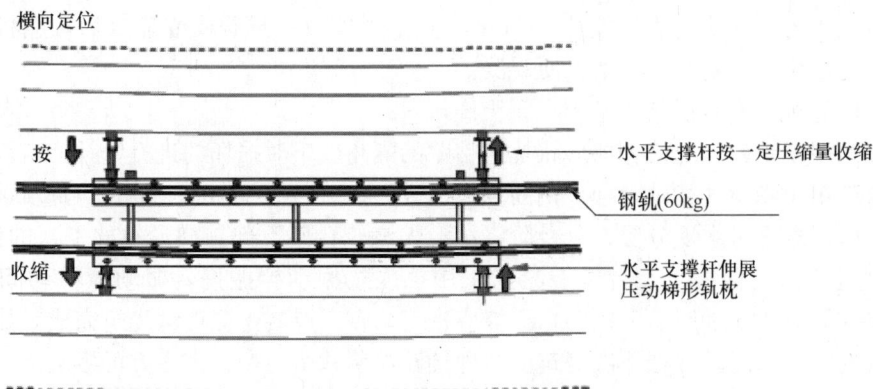

图 4.1-7 轨枕横向定位

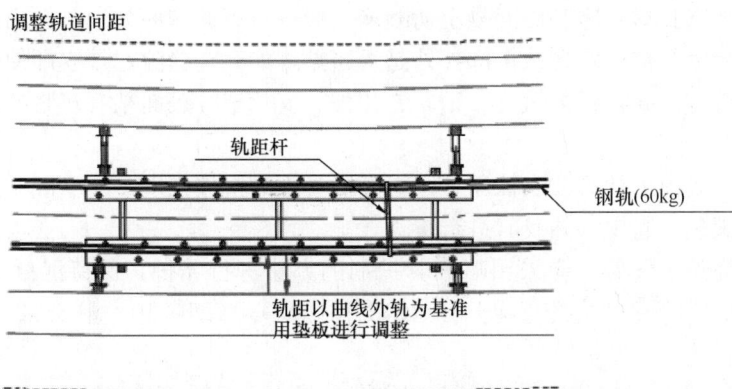

图 4.1-8 轨道间距调整

图 4.1-9 轨枕定位后状态

（5）检查、调整轨道位置

在立模前，按照设计图纸和相关技术要求对轨道质量进行检查，如果检查结果超过误差容许值，则需要对轨道进行调整。

（6）L形支座或L形支座基础立模、检查

立模前先清洁基础表面，然后对照图纸安装模板。模板支立应牢固，严禁发生跑、胀模现象。模板的允许偏差为：位置＋5mm，垂直度 2mm。模板支立完成后，应将基础混凝土表面的定位线弹划在模板上以便观测。

（7）L 形支座或 L 形支座基础混凝土浇筑

①浇筑混凝土前，应检查梯形轨枕上粘贴的隔离层，对损坏的进行修补。自检合格后应报请监理组织隐检（基础处理、钢筋绑扎），经认定符合要求并签字后方可浇筑混凝土。

②台座混凝土可水平分层、分台阶浇筑，先浇筑台座下部（梯形轨枕下）的混凝土，再浇筑台座上部的混凝土。台座混凝土采用插入式振动棒振捣，振动棒移动间距宜为 400mm 左右，振捣时间为 15～30s，振捣应密实。台座混凝土应连续浇筑完成，如遇不能连续浇筑的特殊情况，应在下次浇筑前清理接茬浮浆并凿毛接触表面方可再次浇筑。

③对每车混凝土进行坍落度试验，保证符合施工要求。

（8）抹面、整修和养生

①L 形支座或 L 形支座基础混凝土初凝前，应进行表面抹面处理，做出道床横向排水坡，同时检查台座与梯形轨枕减振部件处是否密贴，如存在缝隙，须立即使用填充料（环氧树脂）进行填充。并将梯形轨枕、钢轨、扣件、支承架等表面粘有灰浆的地方立即清理干净。

②初凝后终凝前进行第二次抹面，以提高混凝土的抗拉强度，减少混凝土收缩量，避免混凝土表面皱裂、起皮，并及时进行覆盖。

③混凝土浇筑 12h 后，应采用喷洒养护剂的方法进行养护，保持混凝土处于湿润状态；混凝土养护应符合《铁路混凝土与砌体工程规范》（TB10210）中 5.12 条款的规定。

（9）梯形轨枕支承架拆除

在 L 形支座或 L 形支座基础混凝土达到设计强度的 70% 后，对梯形轨枕支撑架进行拆除、清洗和涂油工作。

（10）拆除模板

在混凝土强度达到 5MPa 后方可拆除模板。将模板拆除时应注意保护成品混凝土的完整性。拆除完毕后的模板应进行清洗并分类摆放、回收。

（11）质量检查

对拆除模板后的 L 形支座进行质量检查，发现外观有问题的可用环氧树脂对表面进行抹面整修处理。

2. 梯形轨枕碎石道床施工

梯形轨枕碎石道床采用轨排法或架轨法进行施工，施工流程，见图 4.1-10。

碎石道床梯形轨枕道床铺设有一些关键点需加注意：

1）梯形轨枕的纵向幅宽与普通横向轨枕比较宽，所以用振道装置对纵梁进行捣固时，要特别注意振捣均匀。

2）梯形轨枕端部以及中央部位较容易下沉，因此与纵梁连接的闭合端梁下面应十分注意捣固。具体捣固方法隔 25cm 左右的间隔，在补给石碴的同时从纵梁的两侧进行捣固作业，振捣装置插入，拔出的频率为 15s3 次的程度为宜。捣固作业见图 4.1-11。

3）捣固作业时，应注意避免造成梯形轨枕出现裂纹和破裂等的损伤。

4.1.8 可调式框架板道床施工

可调式框架板道床施工架轨法、轨排法均可行，施工工艺同枕式整体道床施工，详见第 4.1.5 节。

为确保可调式框架板轨道的正常使用及运营期间调高操作的顺利进行，其施工应满足以下技术要求：

1）采用架轨法时，应将底部弹性垫板及侧面限位垫板与框架板一并组装就位，同时将框架板底部及沿线路方向侧面裸露部分用厚 20mm 的泡沫塑料及宽胶带严密包裹，以隔离框架板及浇筑的道床混凝土。在框架板的调整、钢筋绑扎及混凝土浇筑过程中，应注意不使泡沫塑料被损坏。

2）采用轨排法时，应在框架板轨排组装时，将底部弹性垫板、侧面限位垫板及泡沫塑料组装好，在框架板轨排的运输、调整、钢筋绑扎及混凝土浇筑过程中，应注意不使泡沫塑料被损坏。

3）轨道几何尺寸精度、基标测设等应符合《地下铁道工程施工及验收规范》（GB 50299）的要求。

4）框架板下部整体道床模板、钢筋、混凝土施工均应符合《混凝土结构工程施工质量验收规范》（GB 50204）的有关规定。

5）框架板轨排比普通短轨枕轨排的质量高 150%，故钢轨支撑架的强度、刚度和稳定性应相应进行加强，支撑架的间距及安置位置应便于调整、拆卸和混凝土浇筑。

6）浇筑下部整体道床混凝土前，应检查弹性垫板的位置是否正确以及外贴塑料泡沫板是否有损坏，若有问题，应进行修整。

7）道床混凝土可分次浇筑，先浇筑框架板底部的道床混凝土，再浇筑两侧混凝土。道床混凝土采用插入式振动棒振捣，振动棒移动间距宜为 400mm 左右，振捣时间为 15·····

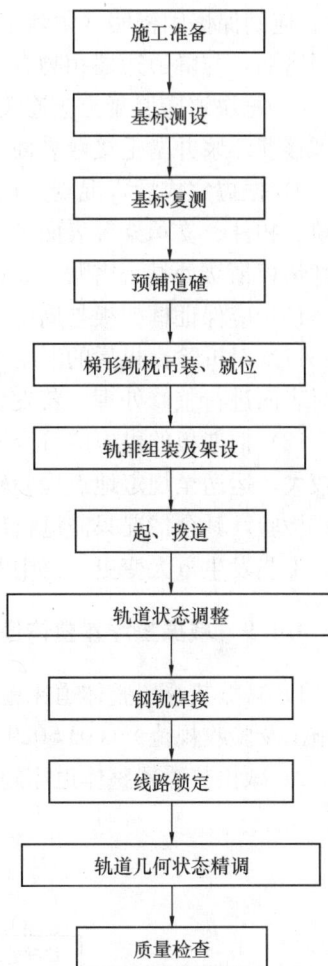

施工准备
↓
基标测设
↓
基标复测
↓
预铺道碴
↓
梯形轨枕吊装、就位
↓
轨排组装及架设
↓
起、拨道
↓
轨道状态调整
↓
钢轨焊接
↓
线路锁定
↓
轨道几何状态精调
↓
质量检查

图 4.1-10 梯形轨枕碎石道床施工流程示意

图 4.1-11 捣固作业

30s，应确保捣固密实（尤其是框架板弹性垫板处），保证捣固后的混凝土与框架板的弹性垫板密贴，与隧道边墙相吻合。

8）每块道床混凝土应连续浇筑完成，若不能接续浇筑的特殊情况，应在下次浇筑前清理接茬浮浆并凿毛接触表面后方可再次浇筑。

9）振捣完成后，混凝土初凝前应进行抹面处理，做出道床横向排水坡，并将框架板、钢轨、扣件、支承架等表面粘有灰浆的地方立即清理干净。初凝后，应检查道床混凝土与弹性垫板衔接处是否密贴，如存在缝隙，应立即使用填充料进行填充。

10）应保证框架板与周围现浇道床之间的隔离空隙在任何情况下不得小于 10mm。

11）对拆除模板后的混凝土台座应及时进行检查，若发现有不影响正常使用的缺陷，可对表面进行整修处理，若发现有影响正常使用的缺陷，应返工重做。

12）框架板的供应应符合相应的制造及验收技术要求，考虑到框架板的外形尺寸及自重较大，运送至规定地点检验较困难，结合前期试制及试验情况，仅要求以下情况下进行型式检验，其余情况只需进行出厂检验：①轨枕批量投产前。②在正式生产过程中，如材料、工艺发生重大变更。③中断生产两年半以上又重新恢复生产。

4.1.9 减振垫浮置整体道床施工

1）减振垫浮置整体道床施工应满足一般整体道床施工的基本要求，按《地下铁道工程施工及验收规范》（GB 50299）中整体道床轨道标准及设计相关要求进行施工和验收。

2）减振垫浮置整体道床施工流程，见图 4.1-12。

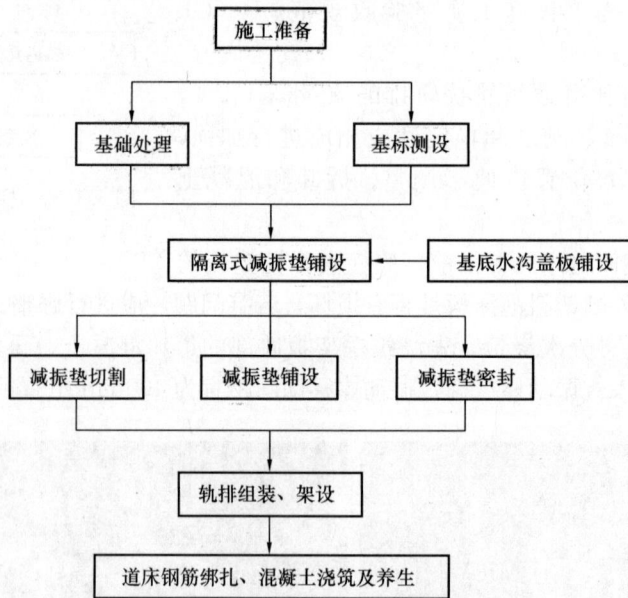

图 4.1-12 减振垫浮置整体道床施工流程

3）减振垫浮置整体道床施工时每个断面应有 10～12 个配合人员，并备好施工工具。

4）施工前应收集隧道竣工平面、高程控制测量、中线测量和横断面测量的测绘成果资料，依据调线调坡图开展施工。

5）基标设置前应完成主体结构底板高程的检测，复核主体结构限界，并应进行导线点及水准点的复测，复测合格后，方可进行控制基标和加密基标的测设。

6）轨道基底施工时，主体结构底板应无积水、无浮渣。凿毛地段的凿毛深度和间距应符合设计要求。凿毛后应清理干净，并应确保基底与主体结构底板粘结牢固。

7）基底施工完成后，应保证基底面的平整度5mm/m，基底表面严禁出现局部突出或凹陷。

8）减振垫铺设前在基底中心水沟上方铺设基底水沟盖板。

9）减振垫铺设

（1）减振垫切割：减振垫按照现场量测的铺设宽度进行切割，要求切割完的减振垫边角平直，以保证铺设后整体美观。

（2）减振的铺设：减振垫采用横铺方式进行铺设，要求减振垫间衔接的缝隙宽度≤10mm，采用搭接条覆盖减振垫间缝隙，然后用三排铆钉固定减振垫。

（3）减振垫铺设好后，上卷部分采用橡胶密封条密封。为防止杂物渗漏于减振垫下部，密封前采用土工布将减振垫上卷边沿进行包裹，包裹单面宽度不小于100mm。矩形隧道及马蹄形隧道道床浇筑前密封条顶面采用泡沫板填塞，待道床浇筑完毕后勾除，采用聚氨酯密封胶封顶，见图4.1-13。

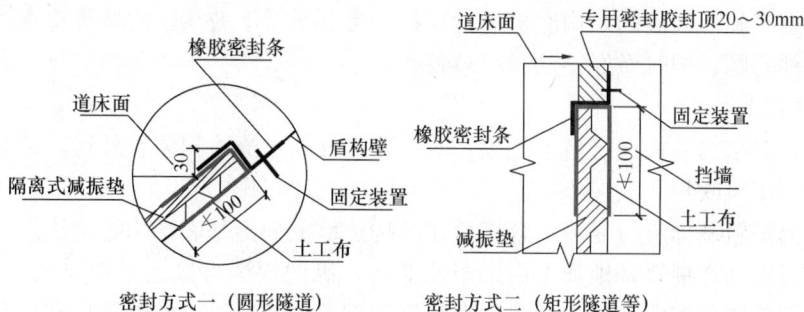

图 4.1-13 减振垫的密封

10）减振垫铺设完毕后进行轨排组装、架设、道床钢筋绑扎等工作。施工时应注意保护减振垫，不得损坏。

11）钢轨架设时，在钢轨支架立柱位置减振垫开孔（也可采用垫钢板形式，钢板规格尺寸不小于200mm×200mm×8mm），将钢轨支架立柱直接与结构底板接触，混凝土浇筑前做好密封措施。混凝土浇筑完毕后，钢轨支架拆除时应避免杂物进入立柱孔内，拆除后应立即将立柱孔进行封堵。为避免混凝土进入减振垫下部，封堵前先采用海绵或土工布将底部填充50mm厚，然后采用混凝土进行灌注。

12）减振垫浮置整体道床轨道精调后，轨道精度应符合现行国家标准《地下铁道工程施工及验收规范》（GB 50299）的相关规定。

13）道床块混凝土浇筑需按照板块一次浇筑成型，道床块施工时应加强混凝土的捣实，以提高混凝土的密实度，以避免道床开裂。混凝土入模温度、养护措施等相关要求按照《铁路混凝土工程施工质量验收标准》（TB10424）执行。

14）混凝土浇筑时应采取有效措施对钢轨、扣件等进行防污保护。

15）整体道床施工过程中及施工完成后，基底与道床之间不得出现刚性接触，施工完成的道床应及时进行养护。

16）减振垫浮置整体道床起始、终止点基底排水沟两端在施工完毕后应立即用土工布、海绵或纱布塞死，防止灰尘及杂物（被水带入）进入减振垫下部，引起淤积，影响减振效果。填充措施应在线路开通使用前、道床表面完成最后清洁、排水系统设施投入使用后方可撤除。

4.1.10　橡胶浮置道床施工

橡胶浮置道床施工方法，一般采用人工预铺法。利用距橡胶浮置道床最近的竖井或下料口，运送浮置道床、材料及轨道设备至施工场地。先进行浮置道床基础找平层施工及水沟预留，然后铺设橡胶基座（圆形），最后铺设橡胶浮置道床。

4.1.11　钢弹簧浮置道床施工

根据钢弹簧浮置道床施工周期长及施工工艺要求高的特点，施工主要有散铺法和预制钢筋笼法两种。

1. 散铺法

1）场地交接检查

对浮置道床施工区段的结构底板进行高程和渗漏水及下坡端水沟坡等检查，并及时处理发现的各种问题，同时做好签认和记录备查。

2）基底施工

施工前，对结构底板进行凿毛处理。对凿除的混凝土渣清扫装袋外运，并对凿除完地段底板采用高压风吹扫。

对测设的铺轨基标进行复测，合格后在结构边墙上划出基底结构高度线。

基底横向钢筋在铺轨基地加工后运至作业区，纵向钢筋直接运至作业区，钢筋位置、间距按设计图纸进行固定和搭接，采用绑线固定钢筋。最后设置伸缩缝板和固定中心水沟模板。

浮置道床隔振器部位的基底高程允许误差为 0～－5mm，平整度要求±2mm/m²。

3）铺轨基标复测

基底达到强度后及时与基标测设单位联系，进行铺轨基标测设，随后进行基标移交，对基标进行复测，无误后方可使用。调轨时轨面高程均比设计轨面值低 30mm。

4）铺设塑料隔离层

浮置道床垫层混凝土表面处理干净后，在浮置道床垫层和隧道边墙及施工好的隧道仰拱混凝土位置铺上塑料薄膜，防止浇筑浮置道床时新的混凝土和下部粘结在一起。当顶升浮置道床时，使塑料薄膜能粘在浮置道床上，方便下一道工序施工。进行全方位清扫、清洗，基底面如有损伤，采用加胶水泥浆进行补修。在铺设隔离层过程中，每幅接头要用封胶带粘结，铺设轮廓线向外延伸要大于 150mm。铺设要求平展，铺轨基标处隔离要仔细铺设，防止造成隔离层损伤。

5）轨排铺设

考虑钢轨、扣件及调轨吊架在运输和组装过程中易损伤隔离塑料薄膜，运输组装过程中，注意保护，搬运时要稳拿轻放，钢轨临时存放要在轨下垫方木。

将钢轨及扣件运至现场后人工架轨，在钢轨的轨腰用白油漆出垫板的间距，每隔 4 块垫板安装 1 个下承式钢轨支撑架，再用扣件吊装短轨枕（无短轨枕时，吊装扣件用相同尺寸的木板代替橡胶垫板 II），完成后用液压油顶顶升轨排，分段逐步把左右股钢轨以铺轨基标为参照顶升至设计标高（－30mm），调整轨距扭紧轨距螺栓，再依据铺轨基标调整钢轨方向、高低，利用横向支承固定轨道中线，根据铺轨基标进行各种状态检查。

6）设置隔振器外套筒及水沟盖板

根据设计图纸，在隔离层上按设计位置标出安装隔振器的准确位置，外套筒放好后，用硅胶等粘结物把基础密封好，以保证外套筒的位置防止水泥浆渗入，影响浮置道床顶升。钢筋绑扎前对隔振筒进行全面检查，保证位置准确无误。

7）钢筋绑扎

钢筋加工绑扎分别在铺轨基地和地下现场进行，按规格型号捆扎挂牌运输和堆码。钢筋堆放注意防水浸和其他污染。钢筋间搭接采用绑扎形式，搭接长度按设计图纸进行搭接。绑扎过程中，应轻拿轻放，并避免损坏隔离层。

在浮置道床的端头设置 4 根剪力铰，按设计图纸进行布置。钢筋绑扎完毕后，把剪力铰与钢筋网片焊接固定。

8）浮置道床模板架立

每块浮置道床应一次架立、浇筑完成。立浮置道床端部模板时，采用由三合板与泡沫板组成隔离层，使相邻浮置道床之间形成伸缩缝，两侧用塑料薄膜与结构边墙隔离。模板支立完成后，对道床块长度及各模板尺寸进行检查。

9）浮置道床混凝土浇筑

浇筑混凝土前进行隔器外筒检查，混凝土采用混凝土搅拌运输车运至工地，泵送至施工现场进行道床浇筑。

浇筑浮置道床混凝土前先将钢轨、扣件和隔振器外筒顶部用塑料袋包封，防止被混凝土污染。

浮置道床的混凝土浇筑到外筒的上边缘，使浮置道床的上表面要比设计标高低 30mm（即轨道标高低 30mm，预留浮置道床顶升高度）。每块浮置道床的浇筑应一次完成，避免冷接缝而削弱浮置道床的强度。混凝土采用插入式振捣器振捣。插捣时，要从一端向另一端进行充分插捣，不可漏捣，混凝土表面无气泡冒出为准，特别是外套筒附近处，加强振捣，但避免插撞隔振器及隔离层表面。

混凝土收面时，应按收面线抹压，对道床表面进行二次压平、抹光，确保道床表面平整，横坡符合设计要求。当混凝土终凝后，触摸有热感或表面有泛白干燥时，应进行洒水养生，保持混凝土表面湿润为准，洒水养生期不少于 7 天。在混凝土强度达到 5MPa 时拆除水沟模板。一段浮置道床最后一块道床施工完成 28 天后便可以进行板块顶升工作。

10）钢弹簧浮置通床顶升

按设计要求采用液压千斤顶将浮置道床顶升至设计轨面标高。

2. 钢筋笼法

钢筋笼法浮置道床施工与散铺法施工类似，区别主要是在铺轨基地制作钢筋笼，组装钢轨、扣件，然后整体运送到现场，就位后浇筑混凝土，其余工序同散铺法。钢筋笼法施工流程见图 4.1-14。

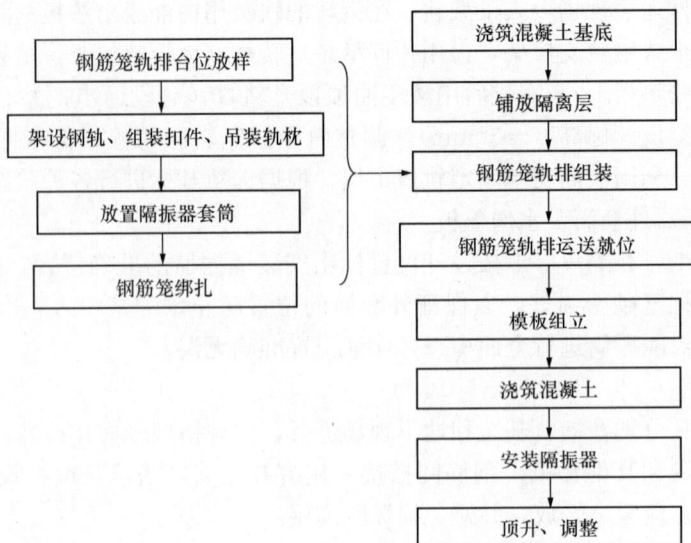

图 4.1-14　浮置道床钢筋笼法施工流程

1）架设钢轨

在铺轨基地进行钢筋笼轨排台位放样，钢轨用专用的支撑架支撑。支撑架横梁不应侵入浮置道床面，并有足够的刚度以保证施工期间轨道状态的保持。

2）放置外套筒

根据图纸要求在相邻扣件的间放置外套筒，外套筒的位置应通过放线确定，不同规格的道床有不同的放线组合。

3）制作钢筋笼

根据图纸要求进行钢筋绑扎，制作钢筋笼。外套筒周围钢筋应加强绑扎，并把外套筒的吊耳和道床钢筋绑扎牢固。见图 4.1-15。

图 4.1-15　钢筋笼（无短轨枕）

4）钢筋笼存储

钢筋笼制成检查合格后，可在铺轨基地存储备用。注意钢筋笼存放时叠放不可超过 3 层，减小变形。

5）钢筋笼的运输与就位

钢筋笼在运输过程中吊点的设置要求在钢轨上多点对称布置，吊点位置应通过计算确定。如 25m 长钢筋笼的 2 对吊点应分别设在距道床端 5.5m 处。在垂直和水平运输过程中，应采取有效措施，确保整个钢筋笼不出现不可恢复的变形。

在放置钢筋笼前，应检查塑料隔离膜，对损坏处进行修补。

钢筋笼就位前在基底上标划出笼体和套筒的位置，然后依靠辅助定位装置精确定位。

6）剪力铰安装

钢筋笼就位后，进行剪力铰的安装。

7）浇筑混凝土

浮置道床的混凝土应浇筑到设计高度，应有可靠措施控制浇筑高度，扣件垫板下混凝土应注意气泡的排除，保证浇筑质量。根据设计要求抹出浮置道床面横向坡度。注意这时浮置道床轨面标高要比设计轨面标高低 30mm（预留出顶升的高度）。

每块道床的浇筑不得中断，以免削弱浮置道床的强度。

运用插入式混凝土振捣棒严格按照振捣规程操作，确保混凝土的浇筑质量，注意套筒周围应加强振捣。

清理隔振器盖板，确保外套筒盖上无混凝土。

混凝土浇筑后要进行不少于 2 周的洒水养护，确保混凝土质量。

4.1.12 枕式道岔整体道床施工

为保证正线铺轨按计划顺利进行，道岔整体道床应提前铺设。一般均采用架轨法施工，先将道岔及配件运至现场，用钢轨支承架将整组道岔架好，吊挂岔枕，依据铺轨基标调整好道岔几何尺寸，然后浇筑整组道岔。

1. 检查道岔尺寸

试拼道岔，检查、确认道岔各部分尺寸复核设计图纸要求、配件及扣件齐全，分组捆绑装车，运至铺设地点。

2. 基底清理

道岔架设前，结构底板凿毛、清理干净。

3. 测设铺轨基标

按《测量规范》规定，测设铺轨基标。

4. 架设道岔

用钢轨支承架架设道岔。支承架按施工要求布置，并用斜撑固定于结构底边或边墙上。将道岔钢轨位置、高程、方向大致定位。

5. 吊挂岔枕

按设计图纸位置吊挂岔枕，要方正、对齐。

6. 粗调道岔

通过调节支承架立柱螺栓及轨卡螺栓，配合轨距拉杆和专用顶杆调整道岔各部几何尺寸。

7. 绑扎钢筋

按设计图绑扎、绑紧，并注意杂散电流焊接要求。

8. 精调道岔

依据铺轨基标，精调道岔。先调整直股，后调整侧股及支距。道岔调整精度符合规范相关规定。对于短岔枕道岔，辙叉护轨、转辙器部分，钢轨两侧岔枕伸出长度不同，在自重作用下，岔枕悬臂较长的一侧产生下坠，扣件微小的活动空间使岔枕与垫板、滑床板产生不密贴，与岔枕不水平。为此，施工中加强检查控制，并在调整完成地段加设角钢加工的特制加固架进行加固，确保岔枕水平，与垫板、滑床板密贴。

9. 浇筑混凝土支墩

道岔精调后，在两个支撑架间的一根岔枕下浇筑混凝土支墩，使该岔枕牢固固定在底板上。若支撑架架设牢固，可不必浇筑岔枕下的支墩。

10. 道岔道床混凝土浇筑

支墩达到强度后，拆除支承架，安装模板，对轨道进行复查，确认无误后，浇筑道床混凝土。

11. 养护

混凝土浇筑 12h 后，开始浇水养护，保持混凝土处于湿润状态。道床混凝土强度达到 5MPa 后，拆除模板，强度达到设计强度 70% 后，方可载重、行车。

4.1.13　车场线轨道施工

1. 库外线轨道施工

1）库外线碎石道床施工

地面线碎石道床轨道由于股道多，线路短，不适合大型机械化铺轨作业，因此采用人工及小型机具现场铺轨。

（1）基标测设

施工前，以交接并复测后的基桩，定测车辆段轨道施工测量控制基线，进行线路中线、道岔定位及施工控制测量和放样。

（2）道砟摊铺

路基面平整完毕后，进行预铺砟工作。双层道床先铺设底砟，铺轨过后，补充剩余面砟；单层道床按设计厚度一次铺足，铺轨过后，整道匀砟。

（3）轨枕铺设

混凝土轨枕铺设前，在轨枕侧面用油漆标出中心位置，以便布枕时对准线路中线。布枕时，采用人工将轨枕由路肩抬至已铺道砟的路基中心，按照定测的线路中心线及设计的轨枕间距铺设。木枕采用人工铺设，间距按照规范规定计算。铺设时，枕木端头取齐，曲线线路的枕木间距以线路中心为准，并与内侧钢轨垂直向外股钢轨略呈放射状。

（4）钢轨铺设

钢轨采用汽车运至铺设现场，人工配合汽车吊将钢轨按照轨节表的铺轨顺序散布。在混凝土轨枕上安装扣件，木枕使用电钻按机件钉孔位置钻孔后安装扣件。

（5）上砟整道

钢轨铺设完成后，将线路按中心桩拨正，进行上砟整道作业。

2）库外线道岔碎石道床施工

道岔碎石道床采用机械吊装，人工现场铺设。即在路基交接后，先铺设碎石道砟，在设计岔位采用汽车吊装，人工现场钉铺道岔，然后采用起道机、拨道机和捣固机整道，使道岔达标。

（1）基标测设

施工前按相关规定测设铺轨基标。

（2）摊铺道砟

道岔碎石道床由于起道较困难，道砟宜一次摊铺到位。

（3）散布岔枕

岔枕按标准图检尺，并将长度写在岔枕端头，在台位上划出岔枕长度分界点及岔枕取齐线，按点线散布岔枕。

（4）散布道岔及配件

按照道岔组装标准图，将所需钢轨及螺栓、垫圈、道钉、垫板、轨撑、连杆等按正确位置散布，并在钢轨腰上标明岔枕间距线，按轨腰上的岔枕间距线放正岔枕。

（5）组装道岔

放置垫板，先直股，拨正拨顺，丈量支距，再曲股钢轨，由转辙器、导曲线、辙叉部位顺序安装。

（6）质量检查及整修

道岔铺完后，整修空吊板，校正道岔各部尺寸。检查各部位的部件数量、轨距、导曲线支距、查照间隔、尖轨密贴等项目是否符合规定。

2. 库内线轨道施工

1）一般枕式整体道床及检查坑短枕式整体道床施工

一般检查坑短枕式整体道床施工方法同枕式整体道床施工，详见第4.1.5节。

2）立柱式检查坑整体道床施工

立柱检查坑整体道床一般立柱间距为1200～1400mm，先将扣件的联结件尼龙套管按设计位置预埋在立柱上部，顶面做成1:40轨底坡，尼龙套管与立柱顶面垂直并平齐。一般采用架轨法施工。

架轨法的施工方法是采用钢轨支撑架及专门加工的加长支柱将钢轨架起，安装扣件，利用与扣件上橡胶垫板Ⅱ厚度相同的木垫板或硬塑料板代替橡胶垫板Ⅱ，拧紧螺旋道钉，浇筑立柱混凝土。待混凝土初凝后，拆除扣件，进行立柱表面整修。

该方法的特点是施工精度易保证，调整简单，但需加长的支撑进行架轨。由于支柱高度较高，安装扣件及架轨过程中应保证安全。

（1）测设铺轨基标，测量立柱下部基础高程，并对基础表面进行清理。

（2）按照配轨架设钢轨并安装扣件，用木板代替橡胶垫板Ⅱ。

（3）依据铺轨基标调整钢轨标高、轨距、水平及方向。

（4）支立模板。模板立完，轨道位置可能变化，应检查调整。复检螺旋道钉紧固、扣件方正。

（5）浇筑混凝土。混凝土浇筑过程中，避免施工机具碰撞钢轨、扣件。施工中随时检查轨道状态，发现问题及时处理。浇筑完成后，重新检查调整轨道各部件尺寸。

4.1.14 轨道工程验收

1. 轨道工程施工完毕，应按《地下铁道工程施工及验收规范》GB 50299、《铁路轨道工程施工质量验收标准》TB10413和设计文件要求全面整修轨道。

2. 轨道工程经过竣工验收后，方可投入使用。

3. 轨道工程竣工验收应按相关的规定提供整套竣工资料。应根据设计文件、施工图设计更改通知单等资料，编制竣工文件，供业主存档，并作为轨道维修、大修的依据。

4.2　轨　道　维　修

轨道维修工作的基本任务是经常保持轨道设备完整和质量均衡，使列车能以规定速度安全、平稳和不间断地运行，并尽量延长设备使用寿命。轨道维修工作应遵循"预防为主，防治结合，修养并重"的原则，按轨道设备技术状态的变化规律和程度，相应地进行综合维修、经常保养和临时补修，有效地预防和整治轨道病害，有计划地补偿轨道设备损耗，以取得良好的技术经济效益。

根据轨道结构的技术状况和使用年限，参照国铁线路大修周期，有计划分段进行轨道结构大修，以长期保持轨道结构的良好技术状态。

4.2.1　扣件维修

1. 木枕道钉扣件维修

直线及半径 450m 及以上曲线地段，在铁垫板上钢轨内侧各钉 2 个道钉，外侧钉 1 个道钉；半径 450m 及以下曲线地段，在铁垫板与木枕联结道钉必须钉齐。

普通铁垫板道钉扣件各零部件应齐全，功能良好，缺少时应及时补充。道钉浮起或松动时应及时整治，道钉连续浮起或松动不得超过 3 根枕木。伤损达到下列标准，应有计划更换：

1）铁垫板折断、变形、严重锈蚀或丧失固定道钉功能。

2）道钉钉头脱落、严重锈蚀或下颌磨耗达 3mm 及以上。

3）扣件应经常保持零件齐全，位置正确，功能良好，缺少时应及时补充。

2. 弹性分开式扣件维修

扣件与轨枕联结应牢固，扣件扭矩应符合设计规定。

扣件零部件损伤达到下列标准，应有计划的修理和更换：

1）螺旋道钉折断、螺帽或螺杆丝扣损坏，严重锈蚀。

2）垫圈损坏或作用不良。

3）弹条、扣板损坏或不能保持应有的扣压力。

4）扣板、轨距挡板、轨距垫严重磨损，与轨底边离缝超过 2mm。

5）橡胶垫板压溃或变形丧失作用，胶垫片损坏。

3. 先锋扣件维修

扣件各部件应完整无缺失，各部分组件应紧固。专用扣件锁紧弹条应明显可见，并在相应位置。扣件防撞垫应完整无缺失，钢轨与扣件底板不能直接接触，扣件系统预埋铸铁零部件应完整无损坏。

连续两个以上扣件破损，应立即更换所有损坏的零部件，并重新装夹扣件。

先锋扣件处钢轨需加装接头夹板时，应将该处扣件改为相邻型式扣件。

先锋扣件与普通扣件过渡地段，应在结合部位连续加装不少于 5 块的过渡垫板。

宜每隔 2 年，对螺旋道钉锈蚀情况进行检查，对锈蚀的螺旋道钉应进行除锈及防腐处理，损坏的螺旋道钉应及时更换。

4.2.2 轨枕维修

正线及到发线应做到接头轨枕无失效,其他处所无连续失效(含岔枕)。

1. 轨枕失效标准

1) 混凝土枕(含混凝土岔枕及短轨枕)

(1) 明显折断。

(2) 纵向通裂:

①挡肩顶角处缝宽大于 1.5mm;

②纵向水平裂缝基本贯通(缝宽大于 0.5mm)。

(3) 横裂(或斜裂)接近环状裂纹(残余裂缝宽度超过 0.5mm 或长度超过 2/3 枕高)。

(4) 挡肩破损,接近失去支承能力(破损长度超过挡肩长度的 1/2)。

(5) 严重掉块。

2) 木枕(含木岔枕)

(1) 腐朽失去承压能力,钉孔腐朽无处改孔,不能持钉。

(2) 折断或拼接的结合部分离,不能保持轨距。

(3) 机械磨损,经削平或除去腐朽木质后,厚度不足 100mm。

(4) 劈裂或其他伤损,不能承压、持钉。

2. 混凝土枕严重伤损标准

1) 横裂裂缝长度为枕高的 1/2～2/3。

2) 纵裂:

(1) 两螺栓孔间纵裂(挡肩顶角处缝宽不大于 1.5mm);

(2) 纵向水平裂缝基本贯通(缝宽不大于 0.5mm)。

3) 挡肩破损长度为挡肩长度的 1/3～1/2。

4) 严重网状龟裂和掉块。

5) 承轨槽压溃,深度超过 2mm。

6) 钢筋(或钢丝)外露(钢筋未锈蚀,长度超过 100mm);

7) 斜裂长度为枕高的 1/2～2/3。

3. 轨枕修理

1) 用削平、捆扎、腻缝或钉组钉板等方法修理木枕。

2) 修补局部破损的混凝土枕。

3) 用锚固法修理松动或失效的螺纹道钉。

4) 水钻法或热熔法修理和锚固松动或失效的尼龙套管。

4.2.3 道床维修

1. 碎石道床维修

1) 应按维修规则和设计图维修,保持道床良好技术状态。垫砟起道用的道砟宜采用花岗岩石材,粒径 8～20mm。

2) 道床应经常保持道砟饱满、密实、均匀、整洁,严格防止轨枕空吊、道床翻白及翻浆冒泥，并及时整治。

2. 整体道床维修

1）无配筋整体道床、配筋整体道床的纵横向裂纹分别超过 0.2mm、0.3mm 时宜及时整治。

2）整体道床与结构剥离超过 2mm 应及时注浆整治，以防扩大。

3）整体道床应定期冲洗。

4）应定期清理水沟杂物和积水，保证排水畅通。

4.2.4　道岔维修

1. 道岔维修标准

各类道岔的轨距、牵引点动程应满足设计图的要求。

2. 一般道岔尺寸维修要求

1）各部分轨距加宽递减

导曲线中部轨距加宽，递减范围按标准图或设计图实施。

道岔尖轨尖端轨距递减：两尖轨尖端距离小于 6m 时，两尖轨尖端处轨距相等时不递减，不相等时，从较大轨距向较小轨距均匀递减。道岔前端与另一道岔后端相连时，尖轨尖端的递减率不大于 6‰。如不能按 6‰ 递减，可加大前面道岔的辙叉部位轨距为 1441mm，仍不能解决时，可按道岔容许 6‰ 递减。

2）导曲线支距与超高

导曲线支距按道岔标准图或设计图设置，在导曲线与基本轨工作边之间测量。

导曲线可根据需要设置 6mm 的超高，并在导曲线范围内按不大于 2‰ 顺坡。

3）轮缘槽宽度

护轨平直部分轮缘槽标准宽度为 42mm，如侧向轨距为 1440mm，则侧向轮缘槽宽度为 46mm，如侧向轨距为 1445mm，侧向轮缘槽标准宽的为 52mm。容许误差为 +2，-0mm。

辙叉心轮缘槽标准宽度为 47mm，容许误差为 +2，-1mm。轮缘槽宽度的量取位置和轨距量取位置相同。

尖轨跟段最小轮缘槽为 68mm。

岔后附带曲线半径不得小于该道岔导曲线半径。附带曲线可以设置超高，但不得大于 15mm，顺坡不得大于 2‰；附带曲线至辙叉跟间的直线长度不小于 6m。

交分道岔、交叉渡线和其他类型道岔的各部尺寸按标准图或设计图的要求执行。正线道岔转辙部分和辙叉部分关键螺栓每两年换一次；道岔护轨垫片厚度不得多于 10mm。

3. 一般道岔损伤维修要求

1）尖轨、可动心轨有下列伤损或病害时，应及时修理或更换：

（1）两尖轨相互脱离；

（2）在转辙器连杆处，尖轨与基本轨不密贴；

（3）尖轨被轧伤或轮缘有爬上尖轨的危险；

（4）尖轨头部宽 50mm 及以上断面处，尖轨较基本轨低至 2mm 以上；

（5）尖轨损坏。

2）基本轨有下列损伤或病害，应及时修理或更换：

（1）基本轨垂直磨耗，正线上超过 6mm，其他线上超过 10mm。

（2）基本轨损坏。

3）辙叉心有下列损伤或病害，应及时修理或更换：

（1）查照间隔不得小于 1391mm，护背距离不得大于 1348mm。

（2）在辙叉心宽 40mm 断面处，辙叉心垂直磨耗，正线上超过 6mm，其他线上超过 10mm。

（3）辙叉损坏。

4）护轮轨螺栓折损危及行车安全的禁止使用。

5）道岔各种零件应齐全，作用良好，缺少时应及时补充。有下列伤损或病害，应有计划的修理或更换：

（1）各种螺栓、连杆、顶铁和间隔铁损坏、变形或作用不良。

（2）滑床板损坏、变形或滑床台磨耗大于 3mm。

（3）轨撑损坏、松动、轨撑与轨头下颌或轨撑与垫板挡肩离缝大于 2mm。

（4）护轨垫片损坏。

（5）弹片、销钉、挡板损坏。

（6）其他零件损坏、变形或作用不良。

6）高锰钢铸辙叉损伤分轻伤和重伤两类。

（1）轻伤标准

① 辙叉心宽 40mm 断面处，辙叉心垂直磨耗：

a. 50kg/m 及以下钢轨正线上超过 4mm，到发线上超过 6mm，其他站线上超过 8mm。

b. 60kg/m 及以上钢轨正线上超过 4mm，到发线上超过 8mm，其他站线上超过 10mm。

② 可动心轨宽 40mm 断面及可动心轨宽 20mm 断面对应的翼轨垂直磨耗超过 4mm。

③ 辙叉顶面和侧面的任何部位有裂纹。

④ 辙叉心、翼轨轨面剥落掉块，正线长度不超过 15mm，深度不超过 1.5mm；其他站线上长度不超过 15mm，深度不超过 3mm。

钢轨探伤人员或养路工确认有伤损的辙叉。

（2）重伤标准

① 辙叉心宽 40mm 断面处，辙叉心垂直磨耗：

a. 50kg/m 及以下钢轨正线上超过 6mm，到发线上超过 8mm，其他站线上超过 10mm。

b. 60kg/m 及以上钢轨正线上超过 6mm，到发线上超过 10mm，其他站线上超过 11mm。

② 可动心轨宽 40mm 断面及可动心轨宽 20mm 断面对应的翼轨垂直磨耗超过 6mm。

重伤垂直、纵向裂纹长度限值，分别见表 4.2-1、表 4.2-2。

重伤垂直裂纹长度限值　　　　　　　　　　　　　　表 4.2-1

项　　目	辙叉心（mm）		辙叉翼（mm）
	宽 0～50	宽 50 以后	
一条裂纹长度	50	50	40
两条裂纹相加	60	80	60

重伤纵向水平裂纹长度限值　　　　　　　　　　　　表 4.2-2

项　　目	辙叉心（mm）	辙叉翼（mm）	轮缘槽（mm）
一侧裂纹长度	100	80	200
一条裂纹发展至轨面	60	60	—
两侧裂纹贯通	50	—	—
两侧裂纹相对部分长度	—	—	100

岔趾、岔跟轨头及下颌部位裂纹超过 30mm。

岔趾、岔跟浇注断面变化部位斜向或水平裂纹，长度超过 120mm，或虽未超过 120mm，但裂纹垂直高度超过 40mm。

底板裂纹向内裂至轨腰，并超过轨腰与圆弧的连接点。

螺栓孔裂纹延伸至轨端、轨头下颌或轨底，两相邻螺栓孔裂通。

辙叉心、辙叉翼轨轨面剥落掉块，长度超过 30mm，深度超过 6mm。

钢轨探伤人员或项目部认为有影响行车安全的其他缺陷。

钢轨组合辙叉的垂直磨耗比照高锰钢整铸辙叉的标准，其他损伤比照钢轨轻、重伤标准处理。辙叉有轻伤时，应注意检查观测，达到重伤标准时，应及时更换。

4. 可动心轨道岔维修

1）可动心轨辙叉单开道岔相关规定

直线尖轨轨头刨切起点处两基本轨之间的距离为 1506±1mm。

顶铁与尖轨轨腰间的间隙应小于 1mm。

弹条螺母应拧紧，弹条中部前端下颌应与轨距垫表面接触，扭力矩应为 80～180N·m；弹簧垫圈没有错口，呈压平状态，M24 高强度螺栓扭力矩为 780N·m，M27 高强度螺栓扭力矩为 980N·m。

限位器 A 块与 B 块之间间隙应为 7±1mm。

60kg/m 钢轨 9 号尖轨可动心轨辙叉单开道岔滑床板与基本轨轨底之间设置 4mm 调整片，支距扣板每侧各设置 2mm 调整片。

60kg/m 钢轨 18 号尖轨可动心轨辙叉单开道岔滑床板与基本轨轨底之间设置 4mm 调整片。

尖轨、可动心轨的轨底与滑床台密贴间隙不大于 1mm，各牵引点两侧轨枕上的滑床台必须与尖轨、可动心轨轨底密贴。

2）可动心轨辙叉维修规定

可动心轨辙叉道岔应加强尖轨跟端及可动心轨辙叉前后钢轨的锁定，加强尖轨限位器间隔尺寸、可动心轨辙叉尖趾距离的检查、维修，确保尖轨和可动心轨辙叉正常使用。

道岔伤损尖轨更换的同时宜更换基本轨，若确有困难时可单独更换尖轨，但在更换前应校核尖轨几何尺寸，更换后应进行基本轨、尖轨顺坡打磨，保证换后符合技术要求。

可动心轨辙叉道岔的改道作业，应采用调换不同号码轨距垫的方法进行。调整量不足时可加垫片调整，但厚度不得超过 2mm，严禁用改螺纹道钉孔的方法改道。

可动心轨辙叉道岔应保持弹条扣件和接头螺栓扭矩，加强尖轨跟端及可动心轨辙叉前后钢轨接头的锁定，加强尖轨间隔尺寸、可动心轨辙叉尖趾距离的检查、维修，确保尖轨和可动心轨辙叉的正常使用。

日常应加强可动心轨辙叉道岔下列各部件的检查、维修：

（1）防松螺母的位置、扭矩和上下螺母间隙。

（2）滑床板及护轨垫片的弹片、弹片销钉、短心轨转向轴线顶铁的位置、方向和间隙。

（3）塑料垫板、胶垫的位置，立柱螺栓扭矩。

（4）心轨与拉板的联结螺栓位置、扭矩和间隙；垫板的位置；长、短心轨联结螺栓的扭矩。

可动心轨辙叉道岔宜整组更换。

正线 18 号道岔设 1/40 轨底坡，其余道岔均不设轨底坡，不同轨底坡之间需过渡，整体道床地段通过 3~4 对短轨枕实现轨底坡过渡。

道岔的滑床板、螺栓等应定期涂油。

尖轨的轨底和滑床台密贴间隙不大于 1mm，各牵引点两侧轨枕上的滑床台必须与尖轨轨底密贴。

钢轨产生飞边应及时打磨。

尖轨跟端如出现鞍形磨耗，深度达到 1.5mm，应进行补焊，并打磨恢复轨头外形轮廓。

道岔护轨顶面应高出基本轨顶面 12mm。

无缝线路道岔需更换伤轨时，同时准备新的伸缩调节器尖轨及道岔与之相邻的基本轨，在道岔原有基本轨范围非刨切段锯开，更换后重新焊接。

5. 伸缩调节器维修

伸缩调节器伸缩时，调节器的轨距和高低偏差不超过线路规定标准。

尖轨尖端与基本轨保持密贴，如出现间隙，须及时调整。

尖轨或基本轨顶面出现压溃飞边后要及时打磨，防止轨头掉块。出现擦伤或剥落时采用焊补或喷焊修补。

调节器每年维修一遍，将各部件及能卸下的螺栓清洗涂油。

巡道工每日进行一次检查。

报废标准：

1）基本轨垂直磨耗量超过 6mm 或在尖轨轨头顶宽 50mm 以上断面处，尖轨发生垂直磨耗，其轨顶低于基本轨顶面 2mm。

2）基本轨或尖轨轨头掉块长度超过 30mm、深度超过 8mm，影响行车平稳。

3）尖轨尖端轧伤长度超过 200mm。

4）轨头侧面磨耗影响了调节器的轨距调整，轨距偏差经常超出允许限度。

4.2.5　防脱护轨维修

防脱护轨各组成部件之间的组装面应相互配合良好。

护轮轨装置安装运营一年后，应对紧固螺栓全面进行一次涂油（特别是螺母，以防锈死），并按扭矩要求拧紧螺栓。随后每隔 2～3 年进行一次全面涂油防锈。新型护轮轨装置的紧固螺栓应经常保持紧固。

护轮轨装置在运营过程中，应定期进行检查维护。螺栓、扣板、弹性调距垫块及绝缘缓冲垫片缺损、失效时，应及时补充或更换。

线路进行综合维修时，如有砟道床采用大型机捣作业，必须事前将护轨卸下放入建筑限界以外，严禁侵入限界。机捣作业完成后，应及时将护轨按要求安装恢复原状。

4.2.6　无缝线路养护维修

1. 养护维修要求

温度应力式无缝线路，一般由固定区、伸缩区、缓冲区三部分构成。固定区长度不得短于 50m。伸缩区长度根据年轨温差幅值、道床纵向阻力、钢轨接头阻力等参数计算确定，一般为 50～100m。缓冲区一般由 2～4 节标准轨组成，接头采用 10.9 级螺栓，扭矩保持在 700～900N·m。绝缘接头轨缝不得小于 6mm。

无缝线路的长轨条，必须在设计锁定轨温范围内牢固锁定，如有变动，必须适时放散应力，在设计所设定轨温范围内重新锁定。

无缝线路的锁定轨温必须准确、均匀，有下列情况之一者，必须做好放散和调整。

1）实际锁定轨温不在设计锁定轨温范围内，或左右股长轨条的实际锁定轨温相差超过 5℃。

2）锁定轨温不清楚或不准确。

3）两相邻单元轨条的锁定轨温差超过 5℃，同一区间内单元轨条的最低、最高锁定轨温差超过 10℃

当轨温超过锁定轨温值，大于规定容许的限值时，不得进行削弱线路阻力的有关作业。

道床横断面必须按设计标准经常保持完好。因清筛或其他施工原因导致缺砟时，应及时按规定标准补足、夯实、整形。

线路纵平面应圆顺，几何偏差应控制在养护标准限值内。

根据季节性特点、锁定轨温情况和轨道状态，制定维修计划和组织线路作业。

线路轨向应经常保持良好，对钢轨硬弯，应及时矫直。

注意伸缩区和缓冲区的养护。

经常保持路基及排水设备处于良好状态。

2. 无缝线路维修作业

应根据季节特点、锁定轨温情况和轨道状态，合理安排全面维修计划。

高温季节不安排综合维修和影响轨道稳定性的作业。

无缝线路综合维修计划，以每段长轨条或单元轨条为单位安排作业。

在无缝线路地段维修作业时，必须有保证轨道稳定的技术措施。

3. 胀轨、跑道的防治和处理

当发现线路连续出现碎弯时，必须加强巡查或派专人监视，观测轨温和线路方向变化。若碎弯继续扩大，应设慢行信号，并通知项目部紧急处理。线路稳定后，恢复正常行车速度。

养护维修作业中，发现轨向、高低不良，起道、拨道省力，枕端道砟离缝，必须停止作业，及时采取防止跑道措施。

无论作业中或作业后，发现线路轨向不良，用长 10m 线弦测量两股钢轨的轨向偏差。当平均值达到 10mm 时，必须设置慢行信号，并采取夯拍道床、填满枕盒道砟和堆高砟肩等措施。当两股钢轨的轨向偏差平均值达到 12mm 时，在轨温不变的情况下，过车后线路弯曲变形突然扩大，必须立即设置停车信号，及时通知车站，并采取紧急措施，消除故障后放行列车。

发生胀轨跑道后，必须封锁线路进行锯轨处理，待处理完毕后再恢复线路和正常行车速度。

4. 无缝线路钢轨折断的处理

紧急处理：当钢轨断缝小于 50mm 时，应立即进行紧急处理。在断缝处上好夹板或鼓包夹板，用急救器固定，在断缝前后各 50m 拧紧扣件，并派人看守，限速 5km/h 放行列车。如断缝小于 30mm 时，放行列车速度为 15～20km/h。有条件时应在原位复焊，否则应在轨端钻孔，上好夹板或鼓包夹板，拧紧接头螺栓，然后可适当提高行车速度。

临时处理：钢轨折损严重或断缝大于 50mm 时，以及紧急处理后不能立即焊接修复的，应封锁线路进行临时处理。沿断缝两侧对称切除伤损部分，两锯口间插入不短于 6m 的同型钢轨，轨端钻孔，上接头夹板，用 10.9 级螺栓拧紧。在短轨前后各 50m 范围内，拧紧扣件后，按正常速度放行列车。

5. 桥上无缝线路养护维修工作注意事项

1）按照设计文件规定，保持扣件布置方式和拧紧程度。

2）对桥上钢轨焊缝应加强检查，发现损伤及时处理。

3）定期检查伸缩调节器伸缩量，发现异常，及时分析原因并整治。

4）定期测量长轨条爬行量，并做好记录，固定区爬行超过 10mm 时，应分析原因，及时整治。

第5章 轨道结构研究成果应用

5.1 北京地铁轨道系统

5.1.1 工程概况

北京地铁建成运营线路共 16 条（4 号线和大兴线按 1 条计算）、线路总长度双线 449.716km。敷设方式有地下线、高架线和地面线。车场共 22 个，车场线总长度 269.588km。除机场线为直线电机车、感应板及接触轨外，其余均为 B 型车、接触轨或接触网授电方式。

5.1.2 轨道结构

1. 轨道结构高度

1）正线整体道床地段 1、2 号线矩形隧道轨道结构高度为 535mm，后建线为 560mm。马蹄形隧道为 650mm、圆形隧道的为 735mm、高架线的为 500～520mm、特殊减振地段、矩形隧道为 750mm、马蹄形隧道的为 860mm、圆形隧道的为 890mm、碎石道床为 840mm。

2）车场线整体道床为 500mm（不含基础），碎石道床最小高度为 612mm。

2. 钢轨

1）正线钢轨

1、2 号线正线均铺设 50kg/m 钢轨，车场线均铺设 43kg/m 钢轨，其材质均为 U71Mn，后建线正线采用 60kg./m 钢轨，一般曲线半径 $R \leqslant 400$m 地段采用 U75V，其余地段均为 U71Mn；车场线均采用 50kg/m 钢轨，U71Mn。轨底坡大多采用 1：40，10 号线 II 期工程和 6 号线轨底坡采用 1：30。道岔一般不设轨底坡。1 号线钢轨焊接在工厂采用气压焊法，2 号线在现场采用铝热法，当时因技术水平和检验制度不完善，钢轨焊接质量有的未达到焊接质量标准，致使在运营使用中，部分焊接接头断裂，为保障行车安全，工务维修部门在焊接接头加设鼓包夹板。后建线多在施工现场采用移动式接触焊法焊轨。2004 年 1、2 号改造，因当初扣件设计未预留更换 60kg/m 钢轨条件（及受限界条件所限），所以只能仍铺设 50kg/m 钢轨。

2）车场线钢轨

古城车辆段、太平湖车辆段均铺设 43kg/m 钢轨，其材质均为 U71Mn。其他车辆段均铺设 50kg/m 钢轨，其材质均为 U71Mn。

3. 扣件

1）正线扣件

1、2号线正线均铺设有挡肩弹性分开式DTⅠ型扣件，扣压件为弹片，设六边形轨距块，静刚度40～60KN/mm，轨距调整量＋8、－12mm，一般调高量10mm。改造时更换成有挡肩无螺栓弹条弹性分开式DTV型扣件。1号线延伸复八线，地下线铺有挡肩无螺栓弹条，弹性分开式DTⅥ型扣件。木枕碎石道床地段，铺设无螺栓弹条弹性分开式DTⅥ1型扣件。

后建线的地下线一般铺设无挡肩无螺栓弹条弹性分开式DTⅥ2型扣件，个别线铺设了其他型式无螺栓弹性分开式扣件。高架线整体道床地段大多铺设弹性分开式DTⅦ2型扣件，昌平线高架桥上铺设WJ－2型扣件。13号线地面线混凝土枕碎石道床地段铺设无螺栓弹条弹性不分开式DTⅥ3型扣件。机场线铺设无螺栓弹条弹性分开式DTⅥ2-2型扣件，适当的阻力能同时满足地下线和高架线扣件阻力的需要，减少了扣件种类。

2）车场线扣件

1号线古城车辆段检查坑铺设不分开式Ⅰ型检查坑扣件，库外线铺设普通垫板道钉扣件（木枕上），1、2号线改造时铺设弹性分开式扣件，2号线太平湖车辆段和古城车辆段改造均铺设弹性分开式Ⅱ型检查坑扣件，扣压件为刚性扣板，静刚度为40～60kN/mm，轨距调整量＋4mm、－8mm，一般调高量10mm（1、2号线消隐改造时古城车辆段部分股道铺设了弹性分开式DJK43-1型扣件）。后建的车辆段库内线一般整体道床墙式检查坑、立柱式检查坑整体道床均铺设弹性分开式DJK5-1型扣件。扣压件为ω弹条，设绝缘轨距垫，静刚度为30～50kN/mm，轨距调整量＋8mm、－12mm，一般调高量30mm。60kg/m钢轨检查坑地段铺设有螺栓弹条弹性分开式DJK6-1型（$\phi13\omega$弹条）或DJK6-2型扣件（无螺栓弹条），均设绝缘轨距垫，静刚度30～50kN/mm，轨距调整量＋8mm、－12mm，一般调高量30mm，库外线混凝土碎石道床地段铺设弹性不分开式弹条Ⅰ型扣件。

上述扣件详见第2.4.6节

4. 轨枕

1）正线轨枕

除机场线因直线电机车感应板精度要求采用长轨枕和9号线部分减振区段采用了弹性长轨枕外，其他地下线、高架线均采用短轨枕。1、2号线短轨枕横断面为矩形，底部伸出钢筋钩，后建线为增加轨枕与道床的粘结，横断面改为梯形。地面线一般采用国铁定型的预应力Ⅰ、Ⅱ型轨枕。以往接触轨安装采用单独底座。后建线安装接触轨托架部位长、短轨枕加长，加长端预埋联结接触轨尼龙套管，使接触轨联结与轨道一体化。部分线路接触轨底座采用了分开式设计，即接触轨底座单独设置。

1、2号线小半径曲线地段铺设1840对/km。其余地段1760对/km。后建线曲线半径$R\leq800m$地段铺设1680对（根）/km，其余地段为1600对（根）/km。

2）车场线轨枕

1、2号线车辆段库外线铺设Ⅱ类木枕（改造后），后建线库外线一般铺设国铁定型的预应力Ⅱ型轨枕，库内线一般铺设短轨枕。

短轨枕混凝土强度等级采用C50、预应力长枕为C60。库内外线一般均铺设1440对（根）/km，立柱检查坑立柱间距为1.2～1.4m。

5. 道床

1) 正线道床

地下线、高架线一般均铺设短枕式整体道床，1、2 号线整体道床未布设钢筋，后建线设钢筋，并与排流筋相结合。地下线整体道床设中心水沟（水沟宽度一般为 550mm），或两侧水沟。1、2 号线水沟深度至结构底板。后建线水沟至结构底板高度 80mm，增强了道床整体性。高架线设带状整体道床，道床宽度一般为 800mm。为增加整体道床与桥面的粘结，桥面预埋联结钢筋钩。

地面线一般铺设碎石道床。

2) 车场线道床

库外线铺设碎石道床，库内线一般铺设整体道床，根据检修工艺要求，铺设一般检查坑整体道床和立柱式检查坑整体道床。

6. 道岔

1) 正线道岔

（1）正线道岔结构

1、2 号线铺设有 50kg/m 钢轨 9 号单开道岔、4.6m 间距交叉渡线和复式交分道岔，其中尖轨有曲线尖轨、直线尖轨。1 号线苹果园站单渡线改造铺设 50kg/m 钢轨 9 号道岔 4.3m 间距交叉渡线（曲线尖轨）。

后建线一般铺设 60kg/m 钢轨 9 号直线尖轨和曲线尖轨单开道岔、5.0m 间距交叉渡线、高锰钢辙叉及可调式护轨，机场线还铺设了 9 号和 18 号曲线尖轨、可动心轨辙叉单开道岔。

（2）正线道岔扣件

1 号线 I 期工程道岔扣件为普通垫板道钉，后改造为弹性分开式弹条 I 型扣件；2 号线短枕式道岔整体道床采用弹性分开式拱形弹片楔形扣件，后改造为弹性分开式弹条 I 型扣件。

后建线道岔一般部位多采用无螺栓弹条弹性分开式 DTⅥ2 型扣件、转辙器和护轨部位采用弹片扣压钢轨。

（3）正线道岔轨枕和道床

1 号线 I 期工程铺设道岔木枕碎石道床，弊病很多，道岔排水设备复杂，道岔维修量大，不够稳定，北京地铁运营公司酝酿多次想改为道岔整体道床，终未实现，后经改造，提高道砟质量，加大木岔枕横断面（200mm×240mm），并改进扣件，增强了道岔的稳定性。1 号线 I 期工程 402 线 8 组单开道岔和 2 号线有 2 组单开道岔铺设无枕式道岔整体道床。经研究试验 2 号线单开道岔、复式交分道岔及后建线道岔均铺设短枕式整体道床。

2) 车场线道岔

（1）道岔结构

1 号线古城车辆段，2 号线太平湖车辆段铺设 43kg/m 钢轨 6 号、7 号曲线尖轨单开道岔，后建线均铺设 50kg/m 钢轨 7 号曲线尖轨单开道岔和交叉渡线，均采用高锰钢整铸辙叉。

（2）道岔扣件

1、2 号线车辆段当初道岔扣件为普通垫板和道钉，改造后及后建线道岔木枕和混凝土枕碎石道床均采用类似 DTⅣ1 型弹性分开式扣件。

（3）道岔轨枕和道床

车场线道岔一般均铺设木枕碎石道床，后建线道岔大多采用混凝土枕碎石道床。

7. 钢轨伸缩调节器

在高架线无缝线路地段，根据需要铺设单向或双向钢轨伸缩调节器。

8. 减振轨道结构

1）一般减振轨道结构

正线均铺设无缝线路、弹性分开式扣件。地面线铺设碎石道床，一般在半径 400m 及以下曲线半径 400m、600m 曲线减振轨道地段安装自动涂油器。

2）中等减振轨道结构

在一般减振轨道结构基础上，2 号线东四十条站铺设弹性短枕式整体道床，后建线铺设有轨道减振器扣件、弹性短轨枕、弹性长轨枕整体道床等。

3）高等减振轨道结构

后建线铺设有梯形轨枕、先锋扣件、减振垫浮置道床和中量级钢弹簧浮置道床。

4）特殊减振轨道结构

铺设重量级钢弹簧浮置道床。

9. 轨道弹性过渡段

1）1、2 号线整体道床与碎石道床衔接，在整体道床端每股钢轨下部位预埋 3 对梯形短木枕，其上用扣件固定钢轨。后建线（含试车线）一般在碎石道床端采取道床厚度渐变的方法，实施轨道弹性过渡。

2）1、2 号线改造，道岔木枕碎石道床与短轨枕式整体道床衔接处在整体道床端 10 对扣件的轨下、铁垫板下铺设高弹性垫板办法，实施轨道弹性过渡。

3）一般减振与中高等减振地段衔接，因垂向变形差很小，未采取弹性过渡措施。一般减振、中高等减振与特殊减振地段衔接，在特殊减振端采取加密钢弹簧隔振器方法，实施轨道弹性过渡。

4）车场线库内整体道床与库外碎石道衔接，因是空车，速度又低，所以一般未设轨道弹性过渡段。有的采取在碎石道床端轨枕间距加密的方法，实施轨道弹性过渡。

10. 无缝线路

1、2 号线因受信号制约铺设温度应力式无缝线路较短，不超过 1000m，后建线铺设跨区间温度应力式无缝线路。

11. 附属设备及安全设备

1）附属设备

（1）加强设备

1、2 号线车辆段当初铺设普通垫板道钉扣件地段，安装绝缘轨距拉杆，后改造和新建线均采用保持轨距良好的扣件，所以均未设轨距拉杆。

（2）线路及信号标志

1、2 号线线路及信号标志一般采用搪瓷板材料，后建线供司机瞭望的标志或全部标志，标志面采用Ⅱ级反光材料。

（3）道口

库外线一般铺设板式道口，后建线在行驶汽车较多的道口铺设橡胶道口。

2）安全设备

（1）车挡

1、2 号线正线安装沙堆弯轨式车挡，后改为缓冲滑动式挡车器，后建线一般采用缓冲滑动式挡车器和液压缓冲滑动式挡车器。1 号线四惠车辆段一安全线因线路较短安装液压固定式挡车器，13 号线西直门高架线路尽头下面是繁忙的道路和人行道，为确保安全，将原缓冲滑动式挡车器改为液压固定式挡车器。

库内线一般安装月牙式车挡，或安装摩擦式车轮挡，库外线采用框架固定式车挡。

（2）护轨设备

在高架桥必要部位安装防脱护轨。6 号线高架桥设置护轨矮墙。

5.1.3　轨道施工方法

1. 焊轨方法

1 号线在焊轨厂采用气压焊法焊接成长钢轨，在现场采用铝热焊法焊接成长轨条；2 号线在现场采用铝热焊直接将标准轨焊成长轨条。由于当时铝热焊技术不太成熟，加上检验制度不健全，焊接质量有的未达标，在运营使用中有的铝热焊接头断裂。为保证行车安全，工务部门临时安装鼓包接头夹板。后建线多在现场采用接触焊直接将标准轨焊成长轨条。

2. 整体道床施工

1、2 号线、13 号线正线及库内线短轨式整体道床均采用架轨法施工，后建线正线一般采用轨排法施工。

3. 道岔整体道床施工

1）无枕式道岔整体道床施工

采用施工机具、板条按扣件设计位置，将扣件联结件玻璃钢套管吊挂固定，再依次浇筑道床混凝土、承轨台及抹面，然后铺设道岔。该施工方法，机具复杂、施工进度慢、施工自下而上，施工误差集中到轨面，施工精度不易保证。

2）短枕式道岔整体道床施工

采用架轨法施工。用钢轨支承架将整组道岔架立，用扣件吊挂短岔枕，精调道岔后浇筑道床混凝土。该施工方法施工方便，精度容易保证，进度快。

5.1.4　轨道结构运营使用状况

北京地铁不同时期的轨道结构均采用先进技术，轨道结构较稳定。虽然有个别不尽人意，存在不足，但经过研究改进，满足了运营使用的需要，保障了行车安全。尚存在以下问题：

1）1 号线 I 期工程铺设的道岔木枕碎石道床，虽然经改进增强了道岔稳定，但不如整体道床稳定，维修工作量也较大。

2）1、2 号线受当初条件限制和对道岔标准化认识不足，基本上是按需要特殊设计的道岔，造成道岔类型较多，整体道床上又不易改造，增加了道岔维修备料种类。

3）2 号线阜成门至车公庄因当时特殊要求铺设的弹性不分开式 DTⅡ型扣件，扣件较短，虽然改造成弹性分开式 DTⅡ改型扣件，扣压力不够稳定。改造时更换或新研制的无螺栓弹条弹性分开式 DTⅤ2 型扣件，使用效果很好。

4）1 号线古城车辆段库内Ⅰ型检查坑扣件，不能调整轨距，不方便维修。

5）北京地铁钢轨材质一般为 U71Mn，4、5 号线个别地段运营使用中产生非正常钢轨波浪磨耗，经研究产生原因及整治措施，基本得到控制。

6）北京地铁后建线，一般地下线多铺设弹性分开式 DTⅥ2 型扣件，高架线铺设弹性分开式 DTⅦ2 型扣件，也有铺设其他型式扣件。扣件、道岔未有定型，造成扣件、道岔种类不统一，不利于维修管理和备料。

5.2 上海地铁轨道系统

5.2.1 工程概况

上海地铁最早建成的 1 号线于 1986 年正式开通运营后，相继建成运营 14 条线，正线双线总长度 548km。

采用 A 型车、接触网授电方式。

5.2.2 轨道结构

1. 轨道结构高度

正线一般整体道床地段矩形隧道为 560mm，马蹄形隧道为 650mm，圆形隧道为 740mm，碎石道床地段为 840mm。

车场线整体道床地段为 500mm（不含基础），碎石道床地段最小为 612mm。

2. 钢轨

1）正线钢轨

均铺设 60kg/m 钢轨，其材质半径 300m 曲线地段为 U75V，其余地段均为 U71Mn。

轨底坡均采用 1：40，道岔一般未设轨底坡。

2）车场线钢轨

均铺设 50kg/m 钢轨，其材料均为 U71Mn。

轨底坡均采用 1：40，道岔未设轨底坡。

3. 扣件

1）正线扣件

1、2 号线地下线铺设有挡肩弹性分开式 DTⅢ型扣件，高架线采用有挡肩弹性分开式 DTⅦ型扣件。

后建线铺设上海地铁定型的，地下线为有螺栓弹条分开式扣件，高架线为有螺栓弹条分开式扣件。

2）车场线扣件

1 号线车场线库内线为刚性扣板式扣件。

2 号线、莘闵线库内铺设弹性分开式 DJK5－1 型扣件，扣压件为 ω 弹条，设轨距垫。后建线库内铺设定型扣件，库外线铺设弹条Ⅰ型扣件。

4. 轨枕

1）正线轨枕

1、2 号线正线铺设有挡肩预应力长轨枕，为适应圆形隧道，枕长 1.2m。

后建线改进为无挡肩长轨枕（长 1.2m），地面线碎石道床地段采用国铁定型 I、II 轨枕。轨枕铺设数量曲线半径 $R \leqslant 400m$ 地段为 1760 根/km，其余地段均为 1680 根/km。

2）车场线轨枕

车场线库内铺设短轨枕，库外线铺设国铁定型的 I 型、II 型轨枕。

5. 道床

1）正线道床

地下线和 2 号线高架线均铺设长枕式整体道床，后建线高架线均铺设短枕式整体道床，桥面预埋钢筋钩。

1 号线漕宝路站南端有 19 世 50 年代建的 80m 长双洞结构，轨道结构高度最小仅 250mm，设不下轨枕，经充分研究论证，该段铺设无枕式整体道床和轨道减振器扣件。按扣件，套管位置将结构底板凿孔，预埋扣件套管，做成承轨台。承轨台内布设钢筋网，解决了这个技术难题，避免了报废既有结构，经 20 多年运营使用，结构和轨道技术状态良好。

1 号线轨道结构未预留上海南站改造条件。2002 年上海南站改造时，只好利用晚上停运时间按改造新轨道支承点位置，将既有长轨枕间道床凿开，植加强筋，涂界面剂，做承轨台及设短轨枕，轨道改造成功，满足了上海南站改造的使用需要。

2）车场线道床

库外线铺设碎石道床，库内线一般铺设整体道床，根据检修工艺要求铺设一般检查坑整体道床和立柱检查坑整体道床。

轨枕铺设数量一般为 1400 根（对）/km，立柱检查坑扣件间距为 1.2～1.4m。

6. 道岔

1）正线道岔

（1）正线道岔结构

一般铺设 60kg/m 钢轨 9 号曲线尖轨单开道岔，5.0m 间距交叉渡线均采用高锰钢整铸辙叉及可调式护轨。导曲线设 6mm 超高。1 号线在人民广场站铺设了 1 组复式交分道岔，导曲线设 3mm 超高。该道岔结构较复杂，铺设和维修麻烦，后建线未再采用。

后建线铺设上海地铁定型的道岔。

（2）正线道岔扣件

一般部位铺设与区间一致的 DTIII 2 型扣件，1、2 号线道岔转辙器和护轨部位安装可调轨撑，后建线设置弹片扣压基本轨。

（3）正线道岔岔枕及道床

地下线高架线道岔均铺设短岔枕式整体道床

后建线地面线，道岔一般铺设预应力混凝土岔枕碎石道床。

2）车场线道岔

（1）道岔结构

一般铺设 50kg/m 钢轨 7 号曲线尖轨道岔，1 号线车场线还铺设了一渡四交分组合道岔。

（2）道岔扣件

一般部位铺设弹性分开式弹条Ⅰ型扣件，转辙器和护轨部位铺设可调轨撑。

（3）道岔岔枕及道床

1、2号线车场线道岔铺设木枕碎石道床，后建线一般铺设预应力混凝土岔枕碎石道床。

7. 钢轨伸缩调节器

在高架桥无缝线路地段根据需要铺设单向或双向钢轨伸缩调节器。

8. 减振轨道结构

1）一般减振轨道结构

正线一般铺设无缝线路，弹性分开式扣件，一般小半径曲线地段安装自动涂油器。

2）中等减振轨道结构

在一般减振轨道结构基础上，1号线国内首次铺设了轨道减振器扣件，现场实测较DTⅢ型扣件减振3～5dB。新闸站南端，地铁线下穿居民楼，在楼内一般情况下感觉不到列车经过，减振效果良好。但由于橡胶材质和配方缘故，减振性能衰减较快，后优化改进橡胶材质及配方，其减振性能衰减得到有效控制。后建线还铺设了洛德扣件等。

3）高等减振轨道结构

铺设有梯形轨枕、减振垫浮置道床等。

4）特殊减振轨道结构

新建线铺设了钢弹簧浮置道床。

9. 轨道弹性过渡段

1）正线和试车线整体道床与碎石道床衔接，采取道砟厚度减变方法，实施轨道弹性过渡。

2）中等减振与一般减振地段衔接一般未设弹性过渡段。

3）高等减振与一般减振地段衔接，在前者采取弹性过渡措施。

4）特殊减振与其他减振地段衔接，在特殊减振端部采取适当加密钢弹簧隔振器方法，实施其弹性过渡。

5）车场线库内整体道床与库外碎石道床间一般未设弹性过渡段。

10. 无缝线路

早期建成的地铁线路铺设一般温度应力式无缝线路，后建线铺设温度应力式跨区间无缝线路。

11. 附属设备及安全设备

1）附属设备

（1）加强设备

后建线均采用保持轨距和防爬性能良好的扣件，所以均未设轨距拉杆和防爬设备。

（2）线路及信号标志

1、2号线线路及信号标志一般采用搪瓷板，后建线供司机瞭望的标志，标志面采用Ⅱ级反光材料。

（3）道口

库外线一般铺设板式道口，后建线行驶汽车较多的道口铺设橡胶道口。

2）安全设备

（1）车挡

1 号线正线安装了钢轨固定式 DTⅡ型车挡，被列车撞过，车辆和车挡不同程度损坏。后建线安装新研制的缓冲滑动式挡车器、液压滑动式挡车器和液压固定式挡车器。

（2）护轮设备

在高架桥必要部位安装防脱护轨。

上海地铁轨道统一标准，通用图工作做得很好，已有上海地铁轨道设计标准和通用图。

5.2.3　轨道施工方法

1. 钢轨焊接方法

在基地采用接触焊将标准轨（25m）焊接成 250m 长轨条，在现场采用移动式气压焊机焊接联合接头。

2. 长枕式整体道床施工

1 号线国内地铁首次采用轨排法施工。

在铺轨基地，用扣件长轨枕（2.1m）组装 25m 轨排，用平板车运至施工现场用小龙门吊吊运轨排到位，再用钢轨支撑架架立轨排，精调钢轨后，浇筑道床混凝土。

3. 短枕式整体道床施工

库内短枕式整体道床，采用架轨法施工。

4. 枕式道岔整体道床施工

采用架轨法，用钢轨支撑架将整组道岔架起，然后用扣件吊挂短岔枕，精调后，一次浇筑成组道岔混凝土。

5.2.4　轨道结构运营使用状况

上海地铁轨道结构设计采用了先进技术，轨道结构稳定，满足了运营使用的需要。但也存在不足：

1）小半径曲线地段钢轨磨耗较重。

2）1 号线 DTⅢ型扣件，由于橡胶材质和配方及板下橡胶垫板螺旋道钉周围未设支承圆圈，使橡胶垫板永久变形较大，影响了扣件的弹性。后改造橡胶材料和配方及增设支承圆圈，解决了扣件弹性问题。

3）1 号线轨道减振器扣件，由于橡胶材质和配方，其减振性能衰减较快，后优化改进，其衰减得到了控制。

圆形隧道由于道床两侧水沟断面受限较小，在个别渗水较多地段水沟水漫出。圆形隧道宜适当加大轨道结构高度，以增大水沟断面。

4）小半径曲线地段及道岔侧股护轮轨的个别处有螺旋道钉断裂。

5）高架桥小阻力扣件的复合垫板，不锈钢板与钢轨底锈蚀粘结，造成复合垫板窜动。

6）个别处扣件的调整量因制造误差和施工调整，余下调量很少，满足不了因结构不均匀沉降变形的调整及维修调整的需要。

7）个别处短轨枕与整体道床产生裂缝。

8）基础不均匀沉降个别处整体道床产生裂缝。

5.3 天津地铁轨道系统

5.3.1 工程概况

天津地铁建成运营线路共 4 条，线路总长度双线 139.696km。敷设方式有地下线、高架线和地面线。车场共 2 个，车场线总长度 17.59km。为 B 型车，接触轨授电方式。

5.3.2 轨道结构

1. 轨道结构高度

1）正线碎石道床轨道结构最小高度 697mm，高架线一般整体道床与弹性短枕式整体道床轨道结构高度均为 520mm。

2）库内一般地段整体道床结构高度为 500mm，墙式检查坑整体道床与立柱式检查坑整体道轨顶面距坑底高度为 1400mm，库外线碎石道床最小轨道结构高度为 590mm。

2. 钢轨

1）正线钢轨

正线新建线铺设 60kg/m 钢轨，既有线铺设 50kg/m 钢轨，材质为 U75V，轨底坡采用 1：40。

2）车场线钢轨

车场线均铺设 50kg/m 钢轨，其材质均为 U71Mn，轨底坡采用 1：40。

3. 扣件

1）正线扣件

地面线碎石道床采用通用弹条 I 型扣件，轨距调整量为 +8mm、−12mm，最大调高量为 10mm。

高架线整体道床采用 II 型减振扣件轨距调整量为 +8mm、−16mm，水平调高量为 40mm，其中轨下调高量 10mm，铁垫板 II 下调高量 30mm（采用调高垫板调整钢轨水平，轨下允许垫 10mm，垫入调高垫板 I；铁垫板 II 下允许垫 30mm，垫入调高垫板 II）。

新建地下线整体道床采用 DT VI 2 型扣件，轨距调整量为 +8mm、−12mm，水平调整量一般为 30mm。

既有地下线整体道床铺设既有线改造扣件，此扣件是针对原有老道床仿照弹条 I 型扣件研制的，比通用弹条 I 型扣件多铺一块聚乙烯塑料垫板。轨距调整量为 −8mm、+16mm。

2）车场线扣件

试车线采用 DT VI 1 型扣件，中间弹条弹程为 10.5mm，接头弹条弹程为 9.5mm。轨距垫用以调整轨距，分中间和接头两种，各有 6、8、10、12 共 4 个号码，6、12 号为调整轨距备用。轨距调整量为 +4mm、−8mm。

车场内其余库外线木枕碎石道床铺设 DTⅣ1 型扣件，扣压件采用国家铁路的通用件 ω 弹条。除钢轨接头处 6、8 号接头轨距垫用 B 型弹条外，其余均用 A 型弹条。轨距调整量为＋4mm、－8mm，水平调整量一般为＋10mm。轨距垫用以调整轨距，又能起到隔振和绝缘作用，轨距垫有 6、8、10、12 共 4 个号码，6、12 号为调整轨距备用。钢轨接头处采用接头轨距垫。

车场库内立柱式检查坑整体道床铺设 DJK5-1 型扣件，扣压件采用国家铁路的通用件 ω 弹条。除钢轨接头处 6、8 号接头轨距垫上用 B 型弹条外，其余均用 A 型弹条。轨距调整量为＋8、－12mm，水平调整量一般为＋30mm。

4. 轨枕

1）正线轨枕

正线碎石道床部分采用Ⅱ型混凝土长轨枕，直线地段铺设 1680 对/km，半径小于等于 800m 曲线地段铺设 1760 对（根）/km。其他正线部分均采用短轨枕，其中高架部分采用Ⅲ型弹性短轨枕，后建地下线部分采用Ⅱ型弹性短轨枕，旧地下线采用既有线改造短轨枕，横断面均为矩形。直线地段铺设 1680 对/km，半径小于等于 400m 的曲线地段铺设 1760 对/km。

碎石道床地段混凝土枕预埋接触轨尼龙套管，接触轨通过支架联结重于轨枕。其他地段采用单独底座。

2）车场线轨枕

1 号线库外线采用Ⅱ类油浸防腐木枕，铺设数量为 1440 根/km。每隔 5 根普通木枕需有一根加长（2.9m）的木枕，即木枕一端加长 0.4m 用以安装接触轨支架。

库内检查坑及整体道床地段，采用弹性分开式 DJK5-1 型扣件及配套短轨枕，铺设数量为 1440 根/km。

5. 道床

1）正线道床

地面线碎石道床分面砟和底砟两层，内轨轨底中心线下面砟厚 250mm，底砟厚不小于 200mm。道床边坡 1∶1.75。直线地段砟肩宽 400mm，$R \leqslant 800$m 曲线地段外股钢轨外侧砟肩宽 500mm。无缝线路地段两侧砟肩堆高 150mm。

高架线采用整体道床，道床混凝土强度等级为 C40，道床布上下两层钢筋网。

新建地下线采用整体道床。整体道床采用 C35 混凝土。道床一般每隔 12m（枕间距 600mm 时）或 11.4m（枕间距 570mm 时）设一道 2cm 宽的伸缩缝，不足 6m 或 5.7m 的并入相邻道床段，超过 6m 或 5.7m 的按实际长度单独分段。结构伸缩缝处道床亦应设伸缩缝，伸缩缝材料为沥青木板。道床顶面横向设朝里侧的 3％排水坡。道床设上、下两层钢筋。整体道床地段接触轨底座与整体道床同时浇筑。

既有地下线站与站之间为原有整体道床，车站范围内铺设经改造的整体道床。整体道床采用 C30 混凝土，粗骨料宜选用最大粒径不大于 40mm 的碎石。道床一般每隔 12m（枕间距 600mm 时）或 11.4m（枕间距 570mm 时）设一道 2cm 宽的伸缩缝，其材料的沥青木板。道床顶面横向设朝里侧的 3％排水坡，道床设上、下两层钢筋。

2）车场线道床

库内线整体道床根据检修工艺的要求，设有墙式检查坑和立柱式检查坑整体道床。

库内一般为短轨枕式整体道床，轨道结构高度 500mm，道床混凝土强度等级为 C30。道床基础需加固处理：道床下设强度等级为 C15、厚 200mm 的素混凝土，其下又设厚 200mm 的二灰砂砾夯实，压实要求 $K_{30} \geqslant 170\text{MPa/m}$。

库外线铺设木枕碎石道床，新建线铺设混凝土枕碎石道床。

6. 道岔

1）正线道岔

（1）正线道岔结构

新建线路铺设有 60kg/m 钢轨 9 号单开道岔、5m 间距交叉渡线和复式交分道岔。既有线铺设 50kg/m 钢轨 9 号道岔及复式交分道岔。

（2）正线道岔扣件

地面线铺设通用弹条 Ⅰ 型扣件，其他新建线铺设 DTⅥ2 型扣件，既有线铺设既有线改造扣件。

（3）正线道岔轨枕和道床

地面线道岔铺设木枕碎石道床，后建线铺设混凝土枕碎石道床，其他地段道岔铺设枕式整体道床。

2）车场线道岔

（1）道岔结构

车场场铺设 50kg/m 钢轨 7 号单开道岔、5m 间距交叉渡线。

（2）道岔扣件

均铺设弹性分开式扣件。

（3）道岔轨枕和道床

车场线道岔均铺设木枕碎石道床，后建线铺设混凝土枕碎石道床。

7. 钢轨伸缩调节器

在高架线无缝线路地段，根据需要铺设单向或双向钢轨伸缩调节器。

8. 减振轨道结构

1）一般减振轨道结构

正线均铺设无缝线路，高架线路区间铺设 Ⅱ 型减振扣件。

2）中等减振轨道结构

在一般减振轨道结构基础上，铺设弹性短枕式整体道床等。

3）高等减振轨道结构

后建线铺设有减振垫浮置道床等。

4）特殊减振轨道结构

铺设弹簧浮置道床。

9. 轨道弹性过渡段

1）整体道床与碎石道床衔接，在碎石道床端采取道床厚度渐变的方法，实施轨道弹性过渡。

2）一般减振与中等减振地段衔接，因垂向变形差很小，未采取弹性过渡措施。

3）车场线库内整体道床与库外碎石道床间，因是空车、速度又低，所以未设轨道弹性过渡段。

10. 无缝线路曲线中径

碎石道床大于等于 600m、高架整体道床大于 400m、地下大于 300m 的地段铺设全区间温度应力式无缝线路。

11. 附属设备及安全设备

1）附属设备

（1）加强设备

全线和车场线场安装保持轨距良好的扣件，所以均未设轨距拉杆。

（2）线路及信号标志

供司机瞭望的标志、全部标志，标志面采用Ⅱ级反光材料。

（3）道口

道口铺设橡胶道口。

2）安全设备

（1）车挡

正线末端安装滑移式挡车器，车场场库外线安装固定式车挡，库内线采用月牙式车挡。

（2）护轨设备

在高架桥必要部位安装 15kg/m 防脱护轨。

5.3.3　轨道施工方法

1. 焊轨方法

在现场采用移动式接触焊焊接长轨条。

2. 整体道床施工

高架线采用架轨法施工，地下线采用轨排法施工。

3. 道岔整体道床施工

采用架轨法施工。用钢轨支承架将整组道岔架立，用扣件吊挂短岔枕，精调道岔后灌筑道床混凝土。该施工方法施工方便，精度容易保证，进度快。

5.3.4　轨道结构运营使用状况

天津地铁 1 号线是在既有线的基础上进行建设，新建区段采用先进技术，轨道结构较稳定，老线区段在原结构基础上进行改造，整体质量有所提高，轨道结构较稳定。尚存在以下问题：

1）1 号线末端列车折返采用单开道岔与复式交分道岔连锁搬动的形式来实现，复式交分道岔在长期频繁搬动的情况下，故障率较高，加大了养护维修难度。

2）在线路末端的地桥变化点处铺设碎石道床，此段线路由于坡度较大，且为 550m 小半径曲线，线路稳定性差，需较大维修工作量。

3）南段部分高架无缝线路铺设于钢箱梁桥上，在钢箱梁受温度影响伸缩较大，对此段无缝线路的养护带来较大难度。

4）既有线经改造的扣件稳定性较差，尤其是小半径曲线区段，轨距难以保持。

5）既有线中道岔铺设老型号 50kg/m 钢轨 9 号单开及复式交分道岔，增加了道岔型号，给道岔维修备料增加了困难。另外大部分厂家已不再生产此型号道岔配件，采购配件困难。

6）50kg/m 钢轨 9 号道岔护轨与基本轨之间采用间隔铁，在护轨有磨耗的情况下，不能灵活对查照间隔及护背距离调整。

7）接触轨膨胀接头采用插接式，连接板之间的摩擦力难以控制，加之灰尘的积累，往往导致膨胀接头不能自由伸缩。

8）弹性短轨枕地段存在一定的吊板情况，给养护维修带来困难。

9）减振接头夹板附近轨面存在马鞍形磨耗，缩短了钢轨的使用寿命。

5.4 广州地铁轨道系统

5.4.1 工程概况

广州市已经建成开通轨道交通 1、2、3 号线（含 3 号线北延段）、4 号线、5 号线、8 号线 6 条线路，共 212km（未计广佛线），124 座车站（不含 4 号线官桥、庆盛 2 座预留站、3 号线北延段机场北站）。目前，在建及计划建设的线路有 6、7、9、13 号线，约 140km。敷设方式有地下线、高架线和地面线。车辆段共 6 个，停车场 1 个。1、2、8 号线为 A 型车，接触网供电方式；4、5、6 号线为直线电机车辆，接触轨供电方式；3 号线为 B 型车，接触网供电方式。

5.4.2 轨道结构

1. 轨道结构高度

1）正线整体道床地段矩形隧道轨道结构高度在 1、2 号线为 $560+h/2$（h 为曲线超高），后建线统一为直线、曲线均为 580mm；马蹄形隧道与矩形隧道相同；圆形隧道短枕整体道床为 740mm，长枕整体道床为 780mm（直线电机系统采用 880mm）；高架线为 450mm（目前仅 4、5 号线，采用预制混凝土道床板）。减振地段根据减振结构不同，适当增加轨道结构高度。

2）车场线一般整体道床为 500mm（不含基础）。碎石道床最小高度为 625mm，试车线、出入线不小于 845mm（双层道砟）。

2. 钢轨

正线全部铺设 60kg/mU75V 普通热轧钢轨，车场线均采用 50kg/mU71Mn 钢轨。轨底坡采用 1:40。道岔区不设轨底坡。

3. 扣件

1）正线扣件

广州地铁坚持使用单趾弹簧扣件，见图 5.4-1。采用 PR 弹条，单个弹条扣压力≥5.6kN/mm。只是在各线设计中，扣件参数略有不同：

（1）在 1、2、3、8 号线扣件竖向刚度约为 25～40kN/mm，锚固螺栓采用 φ27mm 双头螺柱，扣件调高量 20mm，调距量＋2mm/－10mm。

（2）在 4、5、6、3 北线扣件竖向刚度为 40～50kN/mm，锚固螺栓采用 T30mm 六角螺栓，扣件调高量 20mm，调距量＋14mm/－18mm。

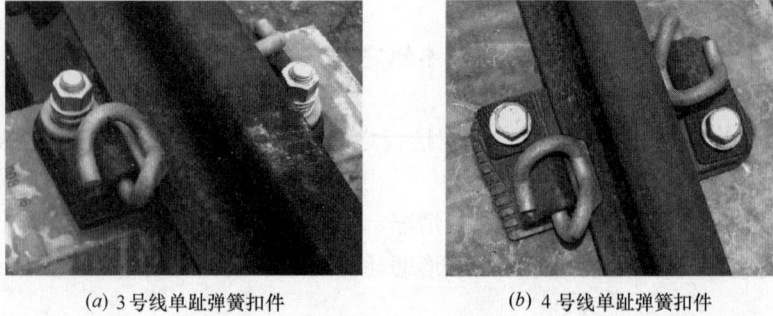

(a) 3 号线单趾弹簧扣件　　　　　(b) 4 号线单趾弹簧扣件

图 5.4-1　单趾弹簧扣件

（3）1、2、3 号线在小半径、大坡度地段，扣件间距加密一个等级至 1680 对/km 的方式进行加强。在 3 号线客村以南段，由于列车最高运行速度达到 120km/h，属国内轨道交通首条 120km/h 线路，超过地铁设计规范适用范围，因此采用条Ⅲ型分开式扣件，见图 5.4-2。大坡度、小半径地段加密为 1760 对/km。而在 4 号线直线电机系统，要求采用统一的扣件间距，采用弹条Ⅲ型分开式扣件加强。该扣件单个弹条扣压力≥11kN/mm，调距、调高量与单趾弹簧扣件相同。4 号线之后的线路通常采用这种方式予以加强。

2）车场线扣件

广州地铁车场线扣件除 1、2 号线库内外采用扣板式扣件、小半径曲线木枕上采用勾头道钉，其余线路均为国铁 A、B 型"ω"弹条（TB/T1495.2）作为扣压件。

库外线一般地段安装国铁弹条Ⅰ型扣件，配套预应力混凝土长轨枕碎石道床。

库外线小半径曲线铺设木枕、合成树脂枕，配用弹条Ⅰ型分开式扣件。

库内线采用混凝土枕用弹条Ⅰ型分开式扣件，配套混凝土短轨枕或无枕式整体道床。

图 5.4-2　弹条Ⅲ型分开式扣件

4、5、6、广佛线库内立柱式检查坑上采用工字钢托梁，扣件采用扣板式扣件。

此外，一号线西朗车辆段铺设了双趾弹簧扣件试验段，但后续线路没有采用。

车场线各种扣件，见图 5.4-3。

4. 轨枕

1）正线轨枕

广州地铁 1、2、3、8 号线铺设 C50 钢筋混凝土短轨枕，一般铺设数量 1600 对/km，大坡度、小半径地段加密一个等级。3 号线客村以南段铺设数量 1680 对/km，大坡度、小半径地段加密为 1760 对/km。

4、5、6、3 北、广佛线铺设 C60 预应力混凝土长枕，铺设数量 1600 根/km。

2）车场线轨枕

库外线一般地段铺设 C60 预应力混凝土长枕，小半径曲线地段铺设木枕或合成树脂

(a) 扣板式扣件

(b) 弹条 I 型扣件 (TB/T1495)

(c) 弹条 I 型分开式扣件

(d) 木枕或合成树脂枕用弹条 I 型分开式扣件

(e) 立柱式检查坑托梁上扣板式扣件

(f) 双趾弹簧扣件

图 5.4-3 车场线各种扣件

枕（4 号线）。一般铺设 1440 根/km。

库内线一般地段铺设短枕整体道床，铺设数量 1440 对/km；立柱式或立壁式检查坑采用直联式道床（无枕式）。

5. 道床

1）正线道床

1、2、3、8 号线地下线铺设短枕式整体道床，C30 混凝土，单层钢筋网，设双侧水沟；四号线以后的 5、6、广佛、3 北线均采用长枕整体道床，C30 混凝土，双层钢筋网，双侧水沟。

高架线仅在 4、5 号线直线电机系统铺设预制混凝土道床板，无枕。

地面线一般铺设碎石道床。

2）车场线道床

库外线铺设碎石道床，库内线一般铺设整体道床，根据检修工艺要求，铺设一般检查坑整体道床和立柱式检查坑整体道床。

6. 道岔

1）正线道岔

（1）正线道岔结构

1、2、3、8、广佛线铺设 60kg/m 钢轨 9 号直线尖轨固定辙叉单开道岔、5m 间距交叉渡线等，同时 8 号线（部分线路从老 2 号线拆解而来）根据折返需要，在折返站铺设了 9 号曲线尖轨道岔。

3 号线北延段根据列车运行速度需要，铺设了 9 号直线尖轨固定辙叉单开道岔，在直向通过速度超过 95km/h 的位置铺设 12 号道岔。

4、5、6 号线铺设了 60kg/m 钢轨 9 号曲线尖轨单开道岔、4.6m 间距交叉渡线、高锰钢整铸造辙叉及可调式护轨。此外，4 号线试铺了 9 号可动心轨单开道岔 1 组，4 号线出入线铺设了 12 号曲线尖轨单开道岔，5 号线铺设了 12 号曲线尖轨 4.4m 间距交叉渡线。

（2）正线道岔扣件

一般采用单趾弹簧扣件或弹条Ⅲ型分开式扣件。

（3）正线道岔轨枕和道床

1 号线地面段铺设木枕碎石道床，其他线路均采用整体道床。

1、2、3 号线地下线采用钢筋混凝土短枕整体道床。

4、5、6 号线采用合成树脂长岔枕整体道床。

此后的亚运线中，8 号线、3 号线北延线、广佛线均铺设了合成树脂长岔枕。

2）车场线道岔

（1）道岔结构

一般铺设 50kg/m 钢轨 7 号曲线尖轨单开道岔及其交叉渡线，均铺设高锰钢整铸辙叉。

4、5、6 号线为直线电机系统，铺设了 5 号道岔，大大节约了车辆段用地。但在 4 号线车辆段发现现有的工程车通过 5 号道岔的 $R-65m$ 导曲线难度较大，因此后建线在工程车通过的线路中铺设 7 号道岔，其后的附带曲线也相应提高半径。

（2）道岔扣件

1、2 号线车辆段道岔扣件采用勾头道钉，后建线一般安装弹条Ⅰ型分开式扣件。

（3）道岔轨枕和道床

4、5、6 号线铺设合成树脂枕碎石道床，其他线路均铺设木枕碎石道床。近期线路一般铺设混凝土岔枕。

7. 钢轨伸缩调节器

在高架线无缝线路地段，根据需要铺设单向或双向钢轨伸缩调节器。

8. 减振轨道结构

1）一般减振轨道结构

正线均铺设无缝线路、弹性分开式扣件。

2）中等减振轨道结构

1 号线铺设了轨道减振器扣件（科隆蛋），后续线路陆续铺设了弹性短轨枕、双层非线性减振扣件、LORD 扣件（试铺）。

3）高等减装轨道结构铺设有先锋扣件、梯形轨枕等。

4）特殊减振轨道结构

铺设有橡胶浮置道床、钢弹簧浮置道床。

9. 无缝线路

铺设区间温度应力式无缝线路，地下线在道岔两端设置1对缓冲轨。高架线在道岔两端根据无缝线路需要，必要时设置钢轨伸缩调节器。

10. 附属设备及安全设备

1）附属设备

（1）线路及信号标志

设置百米标、坡度标、曲线要素标、圆曲线和缓和曲线始终点标、进站预告标、站名标、停车位置标、道岔编号标、警冲标、限速标、取消限速标、一度停车标、水准基点标等，标志面采用反光材料。

（2）道口

1、2、3号线车辆段库外线铺设钢筋混凝土预制板道口；4、5号线铺设沥青道口，后建线逐渐推广嵌丝橡胶道口。

2）安全设备

（1）车挡

正线一般安装滑动式挡车器，1号线西朗站折返线安装了2组液压缓冲滑动式挡车器。新建线路一般采用液压缓冲滑动式挡车器。

库内线一般均安装月牙式车挡，库外线安装框架固定式车挡。

（2）护轨设备

4、5号线均根据规范要求，在高架桥必要部位安装防脱护轨。

5.4.3 轨道施工方法

1. 焊轨方法

一般采用移动式接触焊。

2. 整体道床施工

一般采用轨排法施工。

3. 道岔整体道床施工

般采用架轨法施工。用钢轨支撑架将整组道岔架立，用扣件吊挂短岔枕或合成树脂长岔枕，精调道岔后浇筑道床混凝土。

5.4.4 轨道结构运营使用状况

1）小半径曲线钢轨产生非正常波磨，见图5.4-4，主要在400m及以下半径比较明显，需钢轨打磨车定期打磨处理。

2）小半径曲线外股钢轨侧磨较快，见图5.4-5（300m半径，2～3年），主要集中在400m及以下半径曲线，需要定期更换处理。

图 5.4-4　钢轨非正常波磨

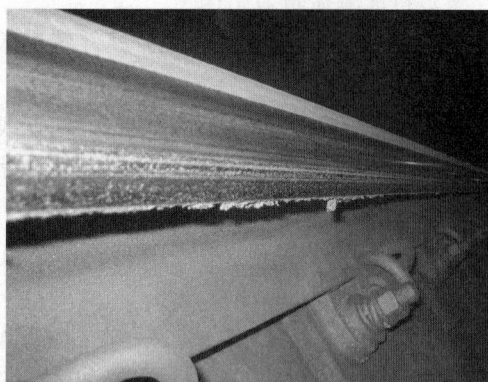

图 5.4-5　外股钢轨侧磨

3）某线有一区间钢轨出现了连续伤损的情况，见图 5.4-6，且部分伤损已达到了轻伤标准。

4）某线人防隔断门处（K13＋500 处）发生钢轨熔化、断裂现象，见图 5.4-7。

图 5.4-6　钢轨连续伤损

钢轨底部打火花

图 5.4-7　钢轨熔化、断裂

5）某线陆续出现弹条断裂现象，见图 5.4-8，在及时更换断裂弹条后，仍继续发生弹条断裂。

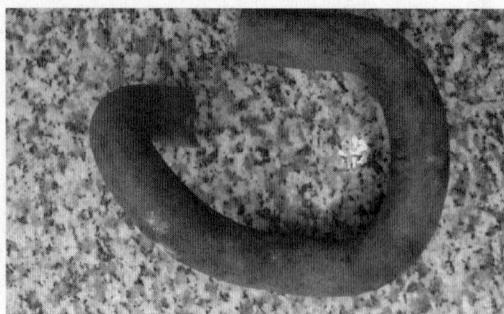

图 5.4-8　弹条折断

6）隧道内整体道床经过运营后，局部地段产生翻浆冒泥现象，主要出现在矿山法暗挖隧道地段道床与隧道结合处、水沟等部位,见图 5.4-9。

7)个别位置道床在水压作用线出项上拱现象,见图 5.4-10,主要在矿山法隧道、盾构机吊出井、始发井等位置。

图 5.4-9 整体道床翻浆冒泥

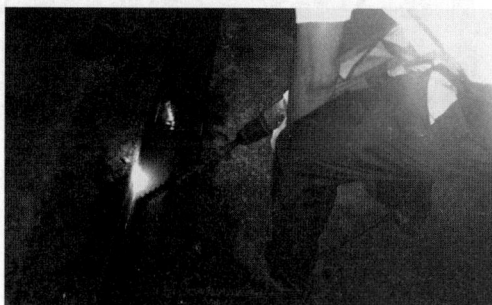

图 5.4-10 整体道床上拱

8)高架板式道床首次铺设投入运营后,出现个别道床板病害,道床板与桥面防水层结合部开裂、破损,道床板下砂浆层粉碎随雨水流出,道床抗剪销失效脱出,见图 5.4-11。

图 5.4-11 道床抗剪销失效脱出

9)某线站后折返线 2 道 W0508 道岔岔趾曲股接头处钢轨表面有条长 45mm 的横向裂纹,裂纹已贯通钢轨头部,同时卸开接头夹板检查裂纹是否贯通轨底的时候,发现外侧夹板已折断,内侧夹板第四个孔位置裂纹已裂至螺栓孔,见图 5.4-12。

10)某新线折返岔群均发生螺纹道钉断裂现象,见图 5.4-13,且多发生在曲线尖轨合成树脂轨枕道岔(双机牵引)道岔。2011 年 11 月至 2012 年 8 月,折返线道岔共发现有 50 根螺纹道钉断裂,其中 43 个断裂道钉在曲线尖轨(双机牵引)道岔,7 个在直线尖轨(单机牵引)道岔。

图 5.4-12 道岔钢轨接头孔位裂纹连通

图 5.4-13 道岔螺纹道钉折断

5.5 南京地铁轨道系统

5.5.1 工程概况

南京地铁建成运营线路共 3 条，线路总长度双线 98.5km。敷设方式有地下线、高架线和地面线。车场共 4 个，车场线总长度单线 48.586km。均为 A 型车、接触网授电方式。

5.5.2 轨道结构

1. 轨道结构高度

正线整体道床地段 1、2 号线地下线采用单线圆形、马蹄形、矩形隧道，轨道中心线处轨顶面至结构底的高度分别为 740mm、650mm、560mm。高架线（内轨顶面至梁面的高度）为 500mm。地面线（内轨中心线处轨顶面至路基面的高度）为 838mm（一般地面区间）、688mm（单体桥地段）。

2. 钢轨

正线均铺设 60kg/m 钢轨，车场线均铺设 50kg/m 钢轨，铺设无缝线路地段采用无孔新轨，其余地段采用有螺栓孔新轨。钢轨材质均为 U75V（PD3）钢轨。其型式尺寸及技术条件应符合《43kg/m～75kg/m 热轧钢轨订货技术条件》TB/T2344－2003 的规定。

3. 扣件

1）正线扣件

除道岔区外，全线共有六种扣件类型：

(1) DTⅥ2 型扣件，用于地下线及 U 形结构一般减振地段；

(2) DTⅦ2 型扣件，用于高架线一般减振地段；

(3) 弹条Ⅱ型扣件，用于地面线地段；

(4) Ⅲ型轨道减振器扣件，用于中等减振地段；

(5) Ⅰ型轨道减振器扣件，用于中等减振地段；

(6) 先锋扣件，用于高等减振地段。

地下线 DTⅥ2 型扣件为无挡肩弹性分开式，扣件垂直静刚度为 20～40kN/mm，一组扣件的防爬阻力不小于 11.5kN，轨距调整量为＋8mm、－12mm，水平调整量一般为 30mm。

高架桥 DTⅦ2 型扣件为无挡肩弹性分开式，扣件垂直静刚度为20～40kN/mm。扣件轨下垫板分橡胶垫板和复合胶板两种，即扣件的纵向阻力可以调整。具有较大的轨距水平调整量，轨距调整量为＋8mm，－16mm，水平调整量一般为 40mm。该扣件的主要特点是可以减少梁轨纵向阻力。Ⅲ型轨道减振器扣件为Ⅰ型轨道减振器扣件（应用于南京地铁1 号线）的改进型产品，采用"双刚度"的设计理念，既满足常荷载下的减振功能要求，又能保证偶然过载下的行车安全。该扣件为弹性分开式、无挡肩，其承轨板、底座与橡胶圈硫化为一整体，较充分地利用了橡胶的剪切变形，动弹性好，轨距调整量为＋8mm、－12mm，水平调整量一般为 30mm。

2）车场线扣件

车辆段和停车场，库内线一般整体道床、墙式检查坑、立柱式检查坑整体道床均铺设弹性分开式 DJK5－1 型扣件。扣压件为 ω 弹条，设绝缘轨距垫，静刚度为 30～50kN/mm，轨距调整量＋8mm、－12mm，一般调高量 30mm。库外线一般采用 DTⅣ1 弹性分开式扣件、弹条Ⅰ型扣件。

4. 轨枕

1）正线轨枕

正线采用的轨枕有预制混凝土短轨枕，木枕，预应力Ⅰ、Ⅱ型轨枕。

除部分碎石地段采用Ⅱ类木枕和预应力Ⅱ型轨枕外，其他地下线、高架线均采用短轨枕。短轨枕为无挡肩钢筋混凝土结构，横断面下部为楔形，下部伸出钢筋钩以加强与道床混凝土的联结，短轨枕采用 C50 混凝土，在工厂预制。与 DTⅥ2 型扣件、DTⅦ型扣件、Ⅲ型轨道减振器扣件分别对应使用的短轨枕长度为 450mm、560mm、520mm。

一般情况下，轨枕铺设数量：整体道床地段，高架线路纵坡大于等于 20‰ 或曲线半径小于等于 400m 地段为 1680 根/km，其余地段为 1600 根/km；碎石道床地段。曲线半径等于 400m 地段为 1680 根/km，其余地段均为 1600 根/km。对于遇梁缝、各种预埋管线、排水横沟等需调整轨枕间距时，可以在 500～650mm 间作适当调整。

2）车场线轨枕

1、2 号线库外线铺设Ⅱ类木枕（改造后），大学城停车场库外线一般铺设国铁定型的预应力Ⅱ型轨枕。库内线一般铺设短轨枕。

短轨枕混凝土强度等级为 C50。库内外线一般铺设数量均 1440 对（根）/km，立柱检查坑立柱间距为 1.2～1.4m。

5. 道床

1）正线道床

（1）地下线短枕式整体道床，道床混凝土强度等级为 C30，道床内布设双层钢筋网，纵向钢筋兼作杂散电流的排流筋。曲线超高一般采取外股钢轨抬高超高值的一半、内股钢轨降低超高值的一半办法设置。右 JD1、左 JD1 曲线因同时位于地面线及 U 形槽，曲线超高均按全超高设置。隧道内整体道床每隔 12.5m 左右设置道床伸缩缝一处，以 20mm 厚沥青板形成，并以沥青麻筋封顶。洞口 50m 及 U 形槽段，整体道床每隔 6m 左右设置道床伸缩缝一处，结构沉降缝处应设道床伸缩缝。道床伸缩缝避开短轨枕。每段道床块两端的第一根横向钢筋为 N3 扁钢。N3 扁钢及纵向每隔 2m 一根的 N2 钢筋与纵向钢筋焊接，并保证各纵向钢筋的电气连续。道岔短枕式整体道床表面应向水沟方向设 1‰～3‰ 的排水横坡，并抹面平整。

（2）高架线短枕式整体道床，每跨梁上整体道床分块布置，一般道床块长 5.9m。梁 缝处道床块的间隔为 200mm，其余道床块的间隔均为 100mm。道床混凝土强度等级为 C40，道床内设两层钢筋网。

为加强道床混凝土与梁面的联结，梁面上预埋竖向钢筋钩。

（3）地面线碎石道床及过渡段，区间道床一般采用双层碎石道床，道床厚 45cm，其 中道砟层厚 25cm，底砟层厚 20cm。单体桥地段道床采用单层碎石道床，道床厚 30cm。 道床边坡 1∶1.75；道床肩宽 40cm，曲线地段道床外侧肩宽加宽 10cm，即道床肩宽为 50cm，砟肩堆高 15cm。轨道结构高度（内轨中心线处轨顶面至路基面的高度） 为 838mm。

在地下线整体道床与地面线碎石道床间设弹性过渡段。过渡段采用预应力混凝土轨 枕，道砟层厚渐变，过渡段长 12m。

2）车场线道床

库外线铺设碎石道床，库内线一般铺设整体道床。根据检修工艺要求，铺设一般检查 坑整体道床和立柱式检查坑整体道床。

6. 道岔

1）正线道岔

（1）正线道岔结构

1 号线、1 号线南延线、2 号线铺设 60kg/m 钢轨 9 号直线尖轨单开道岔和 5m 间距交 叉渡线。道岔直向容许通过速度为 120km/h，侧向容许通过速度为 30km/h。后建线铺设 曲线尖轨 9 号道岔系列，道岔铺设时设 3～5mm 的外轨超高，以避免出现反超高。

（2）正线道岔扣件

道岔一般部位采用无螺栓弹条弹性分开式扣件、转辙器和护轨部位采用弹片扣压 钢轨。

（3）正线道岔轨枕和道床

岔枕为无挡肩钢筋混凝土短岔枕，短岔枕横截面均相同。短岔枕内预埋尼龙套管，孔 位依据道岔铁垫板钉孔确定。

2）车场线道岔

（1）道岔结构

1 号线小行车辆段及大学城停车场，2 号线马群车辆段和油坊桥停车场铺设 50kg/m 钢轨 7 号曲线尖轨道岔、9 号直线尖轨单开道岔（试车线铺设），50kg/m 钢轨 7 号交叉渡 线，均采用高锰钢整铸辙叉。

（2）道岔扣件

1、2 号线车场线道岔扣件采用弹性分开式扣件。

（3）道岔轨枕和道床

车场线道岔一般铺设木枕碎石道床。后建线铺设混凝土枕碎石道床。

7. 钢轨伸缩调节器

在高架线无缝线路地段，根据需要铺设单向或双向钢轨伸缩调节器。

8. 减振轨道结构

1）一般减振轨道结构

正线均铺设无缝线路、弹性分开式扣件。地面线铺设碎石道床，一般在曲线半径400m 及以下地段安装自动涂油器。

2）中等减振轨道结构

在一般减振轨道结构基础上，1、2 号线在分别铺设了Ⅰ型轨道减振器扣件、Ⅲ型轨道减振器扣件等。

3）高等减振轨道结构

铺设有先锋扣件、减振垫浮置道床等。

4）特殊减振轨道结构

铺设钢弹簧浮置道床。

9. 轨道弹性过渡段

1）整体道床与碎石道床衔接，一般在碎石道床端采取道床厚度渐变的方法，实施轨道弹性过渡。

2）一般减振与中等减振地段衔接，因垂向变形差很小，未采取弹性过渡措施；

3）一般减振与高等减振地段衔接，在后者采取提高垂向刚度的方法，实施轨道弹性过渡。

4）一般减振、中、高等减振与特殊减振地段衔接，在特殊减振端采取加密钢弹簧隔振器，实施轨道弹性过渡。

5）车场线库内整体道床与库外碎石道床衔接，因是空车、速度又低，所以未设轨道弹性过渡段。

10. 无缝线路

1）均铺设温度应力式无缝线路。

2）地面线温度应力式无缝线路，应加强路基沉降观测及道床阻力测试，必要时在线路铺设初期应定期进行应力放散。

3）地下线缓冲区设置 1 根 25m 的标准轨，地面线缓冲区设置 2 根短轨，高架线道岔两端设置单向钢轨伸缩调节器；

4）缓冲区内及伸缩区接头的接头夹板螺栓扭力矩达到 1000N·m 以上。

5）单元轨节长度一般 1～2km，以便于无缝线路的铺设和应力放散。

11. 附属设备及安全设备

1）附属设备

（1）加强设备

均铺设保持轨距良好的扣件，所以均未设轨距拉杆。

（2）线路及信号标志

安装两种型式标志：一种用于碎石道床地段，一种用于整体道床地段。

为确保行车安全、增加标志的显示距离，行车用标志采用反光材料作为标志面。

整体道床用标志基板采用铝板（厚度为 2～3mm）。警冲标采用红白相间图案，限速标为黄底，其余标志为白底。边框、字、箭头等均为黑色。

碎石道床用标志一般将标志面钉入标桩，标志安装在行车方向线路右侧，至相邻第一根钢轨头部外边距离不小于 2m。地下线地段，标志一般用 $\phi6$ 胀管螺栓固定在隧道边墙上，底边高于轨顶面 1.8～2.0m，警冲标置于整体道床上。高架线地段，标志一般安装在行车方向右侧电缆挂架或桥栏杆上，警冲标置于梁面上。

（3）道口

库外线一般铺设板式道口，行驶汽车较多的道口铺设橡胶道口。

2）安全设备

（1）车挡

正线和试车线均安装液压缓冲式挡车器，挡车器距铺轨端点一般为 12.5m，库内线一般均安装固定式车挡。

（2）护轨设备

在高架桥上半径小于 500m 曲线的缓圆（圆缓）点，缓和曲线部分 35m、圆曲线部分 15m 的范围内曲线下股钢轨内侧和在缓和曲线与竖曲线重叠地段，在两股钢轨的内侧安装防脱护轨。

跨越绕陵路地段、在靠近桥梁中部的两股钢轨的内侧安装防脱护轨。

5.5.3　轨道施工方法

1. 焊轨方法

一般采用闪光焊。钢轨焊接前，进行钢轨焊接试验，通过焊接接头试验后方可正式焊轨。

2. 整体道床施工

车场线整体道床采用架轨法施工。正线一般采用轨排法施工。

3. 道岔整体道床施工

采用架轨法施工。用钢轨支撑架将整组道岔架立，用扣件吊挂短岔枕，精调道岔后浇筑道床混凝土。该施工方法施工方便，精度容易保证，进度快。

5.5.4　轨道结构运营使用状况

南京地铁不同时期的轨道结构均采用先进技术，轨道结构稳定。虽然有的不尽人意，存在不足，但经过研究改进，满足了运营使用的需要，保障了行车安全。尚存在以下问题：

1）道岔木枕碎石道床，南京降水量较大，导致木枕失效较多，不如混凝土枕碎石道床稳定，维修工作量也较大。

2）2 号线东延线高架段安装Ⅲ型减振器扣件，出现道床剥离现象。

3）有的短轨枕歪斜，不垂直于钢轨。

4）钢轨材质一般为 U75V，个别地段运营使用中产生非正常钢轨波浪磨耗及轨面连续剥落掉块，经研究产生原因及整治措施，基本得到控制。

5）采用扣件类型较多，维修备料种类多。

6）隧道内落水井位置道床强度相对薄弱，造成一定的沉降，增加了维修量。

5.6 杭州地铁轨道系统

5.6.1 工程概况

杭州地铁已运营线路 2 条，线路总长度双线 66.5km。敷设方式有地下线、高架线和地面线。车场共 3 个，车场线总长度 29.680km。车辆为 B 型车，6 辆编组，接触网授电方式。

5.6.2 轨道结构

1. 轨道结构高度

1）正线整体道床地段：1、2 号线矩形隧道、U 形槽地段轨道结构高度为 560mm，马蹄形隧道为 650mm、圆形隧道为 740mm、高架线为 500mm，高等、特殊减振地段矩形隧道为 750mm、圆形隧道为 800mm，一般碎石道床为 845mm。

2）车场线整体道床为 500mm（不含基础），碎石道床最小高度为 625mm。

2. 钢轨

1、2 号线正线均铺设 60kg/m 钢轨，材质均为 U75V，车场线均铺设 50kg/m 钢轨，材质均为 U71Mn。轨底坡采用 1∶40，道岔区不设轨底坡。

3. 扣件

1）正线扣件

1 号线正线一般地段、高等及特殊减振统一安装无挡肩无螺栓弹条（ϕ18）弹性分开式 DTⅥ2 型扣件，1 号线高架线 DTⅦ2 型扣件配套使用小阻力垫板。

2）车场线扣件

1、2 号线库内线一般整体道床、墙式检查坑、立柱式检查坑整体道床均安装弹性分开式 DJK5-1 型扣件。扣压件为 ω 弹条，设绝缘轨距垫，静刚度为 30～50kN/mm，轨距调整量＋8mm、−12mm，一般调高量 30mm。库外线混凝土枕碎石道床地段安装弹条Ⅰ型扣件。

4. 轨枕

1）正线轨枕

1 号线地下线、高架线均采用钢筋混凝土短轨枕，短轨枕横断面为梯形，底部伸出钢筋钩，与国铁接轨专用线地面部分采用国铁定型的新Ⅱ型轨枕。2 号线采用预应力混凝土长枕，特殊减振、水沟过渡等特殊地段采用混凝土短枕。

1 号线正线安装压缩型减振扣件地段轨枕铺设数量：直线 1600 对/km；半径 $R>$ 800m 曲线地段 1680 对/km；400m＜半径 $R\leqslant$800m 的曲线地段 1760 对/km；半径 $R\leqslant$ 400m 的曲线地段 1840 对/km。其余地段直线及半径 $R>$800m 曲线地段 1600 对/km；400m＜曲线半径 $R\leqslant$800m 的地段 1680 对/km；曲线半径 $R\leqslant$400m 地段 1760 对/km。

辅助线整体道床轨枕铺设数量为 1600 对/km，与国铁接轨专用线碎石道床轨枕铺设数量为 1680 根/km。

2 号线正线轨枕铺设数量为 1667 根/km。

2）车场线轨枕

1、2 号线库外线，一般铺设国铁定型的新Ⅱ型预应力混凝土枕，库内线一般铺设钢筋混凝土短轨枕。

短轨枕混凝土强度等级采用 C50，预应力长枕为 C60。轨枕铺设数量，库内外线均为 1440 对（根）/km，立柱检查坑立柱间距为 1.4m。

5. 道床

1）正线及试车线道床

1 号线地下线、高架线均铺设短枕式整体道床。2 号线铺设长枕式整体道床。整体道床钢筋兼作排流筋，设两侧水沟。

1 号线高架线一般减振地段为带状整体道床，宽度一般为 800mm。为增加整体与桥面的粘结，桥面预埋联结钢筋钩。减振垫浮置道床地段道床块 2200～2400mm，下部设基底，上面铺设减振垫，其上铺设浮置道床。

与国铁接轨专用线、试车线一般铺设碎石道床。

2）车场线道床

库外线铺设碎石道床，库内线一般铺设整体道床。根据检修工艺要求，铺设一般检查坑整体道床和立柱式检查坑整体道床。

6. 道岔

1）正线道岔

（1）正线道岔结构

1、2 号线均铺设 60kg/m 钢轨 9 号曲线尖轨单开道岔、5.0m 间距交叉渡线。1 号线铺设跨区间无缝线路，道岔与区间长轨条采用冻结接头；2 号线铺设区间无缝线路，道岔前后各设"两轨三缝"，通过 2 根缓冲轨与区间长轨条连接。

（2）正线道岔扣件

道岔一般部位采用无螺栓弹条弹性分开式 DTⅥ2 型扣件、转辙器和护轨部位采用弹片扣压钢轨。

（3）正线道岔轨枕和道床

1、2 号线道岔均铺设短枕式整体道床。为信号预留转辙机坑，转辙机坑与道床水沟不连通。

2）车场线道岔

（1）道岔结构

1 号线七堡车辆段、湘湖停车场，2 号线蜀山车辆段均铺设 50kg/m 钢轨 7 号曲线尖轨单开道岔和 5.0m 间距交叉渡线，均采用高锰钢整铸辙叉。

（2）道岔扣件

道岔木枕和混凝土枕碎石道床均采用有螺栓 ω 弹条弹性分开式扣件。

（3）道岔轨枕和道床

单开道岔采用预应力混凝土岔枕，交叉渡线采用木枕。

道岔均铺设碎石道床。

7. 钢轨伸缩调节器

1 号线高架线无缝线路地段，在道岔前后铺设 10.8m 单向钢轨伸缩调节器，降低无缝线路温度力对道岔的影响。

8. 减振轨道结构

1) 一般减振轨道结构

正线均铺设无缝线路、弹性分开式扣件，地面线铺设碎石道床。一般在半径≤400m地段安装钢轨涂油器。

2) 中等减振轨道结构

过江段、换乘车站地段为降低振动对隧道结构、站内人员的影响，铺设压缩型减振扣件，有的道岔铺设轨道减振器扣件。

3) 高等减振轨道结构

铺设减振垫浮置道床。

4) 特殊减振轨道结构

铺设钢弹簧浮置道床。

5) 车辆段轨道减振

地铁1号线七堡车辆基地进行上盖物业开发，为降低地铁车辆对上盖物业的环境影响，轨道结构采取如下减振措施：

(1) 运用库内采用焊接长轨条。

(2) 在出入线、试车线及库内外线，在普通钢轨接头的非工作边安装减振接头夹板。

(3) 出入线、试车线地面段、库外线曲线段及曲线头尾外各5m范围采用迷宫式阻尼钢轨。

(4) 出入线、试车线地面段、库外线道岔区及道岔区前后各10m范围在碎石道床下铺设减振垫。出入线、试车线地段减振垫宽度为4.0m，库外线地段减振垫宽度为3.5m。

9. 轨道弹性过渡段

1) 1、2号线整体道床与碎石道床衔接（含试车线）一般在碎石道床端采取道床厚度渐变的方法，实施轨道弹性过渡。

2) 一般减振与中等减振地段衔接，因垂向变形差很小，未采取弹性过渡措施。

3) 一般减振与高等减振地段通过采用刚度较大的减振垫实现弹性过渡。

4) 一般减振与特殊减振地段衔接，在特殊减振端部采取加密钢弹簧隔振器方法，实现轨道弹性过渡。

5) 车场线库内整体道床与库外碎石道床衔接因空车、低速，未设轨道弹性过渡段。

10. 无缝线路

1号线铺设跨区间温度应力式无缝线路，2号线铺设区间温度应力式无缝线路。

11. 附属设备及安全设备

1) 附属设备

(1) 钢轨涂油器

1号线正线曲线半径≤400m地段安装钢轨涂油器，车辆段、停车场地段根据咽喉区股道布置安装钢轨涂油器。

(2) 线路及信号标志

1、2号线均安装百米标、坡度标、警冲标等线路及信号标志，标志面采用Ⅱ级反光材料。另1号线还设置了进站预警标、停车位置标等。

（3）道口

1、2 号线库外线均在库前铺设橡胶道口。

2）安全设备

（1）车挡

1、2 号线正线及试车线安装新型液压缓冲滑动式挡车器，占用线路长度 15m。库内线均安装新型摩擦式车轮挡，占用线路长度 2.5m，库外线采用框架固定式车挡，占用线路长度 3.0m。

（2）护轨设备

高架线地段按规定安装防脱护轨，减振垫浮置道床，道床中部设凸台，兼顾防脱矮墙作用。

5.6.3　轨道施工方法

1. 焊轨方法

1、2 号线均采用移动式接触焊，在施工现场直接将标准轨焊成长轨条。

2. 整体道床施工

1、2 号线正线一般采用轨排法施工，1 号线高架线采用架轨法施工。钢弹簧浮置道床一般采用预制钢筋笼法，困难地段采用现场绑扎钢筋笼法。

3. 短枕式道岔整体道床施工

采用架轨法施工。用钢轨支撑架将整组道岔架立，用扣件吊挂短岔枕，精调道岔后浇筑道床混凝土。该施工方法施工方便，精度容易保证，进度快。

5.6.4　轨道结构运营使用状况

杭州地铁 1 号线于 2012 年 11 月开通，采用国内较为先进的轨道设计技术、设备、工艺，代表了现阶段轨道工程的技术发展趋势，且运营效果较为理想。其优势主要表现在：

1）通用性强的 DTVI2 型扣件，最大限度地减少了正线扣件类型，减少了备品备件种类，减少了养护维修量，降低了运营成本，提高了运营效率。

2）跨区间无缝线路的铺设既提高了轨道结构平顺性、稳定性，又为岔区钢轨件更换预留了条件，兼顾了使用效果和运营便利。

3）不同减振轨道结构性能良好，满足了环境保护的要求，运营至今无振动噪声问题的投诉。

4）涂油器的设置减少了轮轨磨耗，降低了轮轨噪声，提高了乘坐舒适度。

1 号线作为杭州地铁第一条线路，也存在一些值得后建线注意的问题：

（1）杭州地质条件不良，既有 1 号线开通前个别地段出现了较大的不均匀沉降，虽然通过整治基本消除了沉降的影响，但占用了一定工期和增加了建设成本，后建线轨道工程应建立相关预案，与结构等专业共同研究应对不均匀沉降的针对性设计方案。

（2）杭州地下水丰富，道岔区、人防门、减振地段受结构渗水影响较大，后续线路道床排水应充分考虑隧道渗漏水的影响，保证道床排水能力，必要时可在道岔区增设废水泵房，降低积水风险。

（3）地下线高等减振地段减振垫浮置道床为满铺式结构，更换减振垫将对运营造成较大影响，后建线应优化高等减振结构型式，使其更换方便。

5.7 德黑兰地铁轨道系统

5.7.1 工程概况

德黑兰地铁建成运营线路共 2 条，线路总长度双线 46.5km，线路最大坡度 50‰。敷设方式有地下线和地面线。车场共 2 个，B 型车、接触轨授电方式。

5.7.2 轨道结构

1. 轨道结构高度

整体道床地段德黑兰地铁 1、2 号线矩形隧道轨道结构高度为 600mm，直墙拱形隧道为 600mm，马蹄形隧道为 600mm。

2. 钢轨

德黑兰地铁 1、2 号线均铺设 54kg/m 钢轨，钢轨标准长度为 18m，钢轨由奥钢联供货。轨底坡采用 1：20，道岔不设轨底坡，在道岔前后 3 根枕木进行过渡。

3. 扣件

1、2 号线铺设专为德黑兰地铁研制的无挡肩弹性分开式ⅠRM－1 型扣件，扣压件为我国铁路定型 ω_j 弹条（$\phi13$），设轨距垫。

1）扣件主要技术性能

单个弹条扣压力：≥9kN；

弹条弹程：8mm；

节点垂问静刚度：20～40kN/mm；

允许抗横向疲劳荷载 30kN，荷载循环 3×10^6 次；

防爬阻力：≥11kN/组；

预埋尼龙套管抗拔力：>60kN；

绝缘电阻：$>10^8 \Omega$；

轨距调整量：+8mm，－12mm；

一般水平调整量：+30mm。

2）扣件特点

扣压力适宜，防爬阻力较大，用于大坡道地段不需设防爬设备，能牢固锁定钢轨，弹性好，适合地铁特点，扣件在钢轨和铁垫板下分别设置带圆柱型橡胶垫板，能减缓列车动力对轨下基础的冲击，叮弥补整体道床刚性基础的不足；调轨距量大，能满足调整钢轨水平及高低的要求；扣件绝缘性能较好，能满足轨道传输信号及防杂散电流的要求。

4. 轨枕

轨枕为预应力混凝土长轨枕，轨枕长 2.4m，无挡肩，轨枕横断面为梯形，轨枕混凝土强度等级为 C60。轨枕内预埋四个尼龙套管，供安装螺旋道钉用，同时在轨枕端部预埋 4 个螺栓，供安装接触轨用。

轨枕模具是我国航天某工厂设计制造，是后张拉法。轨枕铺设数量，见表 5.7-1。

轨枕铺设数量　　　　　　　　　　　　表 5.7-1

坡度 地段	$i<20‰$	$i=20\sim30‰$	$i>30‰$
直线及 $R\geq400$m	1550 根/km	1600 根/km	1665 根/km
$R<400$m	1600 根/km	1665 根/km	1720 根/km

5. 道床

德黑兰地铁 1、2 号线是单洞双线，地下线均铺设长枕式整体道床，整体道床未布设钢筋。地下线两线整体道床中间设一共用水沟，另一侧设电缆槽，每隔 30m 预埋 PVC 管，将另一侧边墙的水排入排水沟。

6. 道岔

1）道岔结构

德黑兰地铁 1、2 号线铺设 54kg/m 钢轨 tg0.13 号单开道岔、3.2m 间距单渡线道岔。道岔直向允许通过速度为 80km/h，侧向允许通过速度为 30km/h，导曲线半径为 190m/150m，道岔全长为 22.531m。转辙器采用 AT 曲线尖轨，弹性可弯式跟端结构，辙叉为直线辙叉，护轨为分开式槽形护轨。

2）道岔扣件、轨枕及道床

铺设弹性分开式扣件，扣压件为 ω 弹条，铺设木岔枕混凝土整体道床，道床混凝土等级为 C30。在木岔枕上加设 Ⅱ 型扁钢，以加强与道床粘结。

道岔区排水：采用并排 2 根 ϕ200mmPVC 管，6m 间隔设置检查井，便于检查疏通排水管。道岔区两端排水管与区间排水沟连通。

7. 减振轨道结构

是伊朗从国外购买的弹性树脂长轨枕，即树脂长轨枕包套，又在整体道床下面铺设一层 100mm 厚的减振垫。

8. 无缝线路

根据轨道结构条件、车辆数据、德黑兰最高、最低气温及线路平纵断面数据，铺设温度应力式无缝线路。

9. 附属设备及安全设备

1）附属设备

线路及信号标志：线路标志主要有百米标、坡度标、曲线要素标、曲线始终点标、道岔编号标等。信号标志与工务有关的：限速标、停车标、终点停车标、警冲标、挡车器表示标等。1、2 号线线路及信号标志均采用一般搪瓷板。

2）安全设备

车挡：德黑兰地铁 1、2 号线正线安装固定式框架挡车器。

5.7.3　轨道施工方法

1. 钢轨焊接

在现场采用铝热焊法焊接钢轨。

2. 长枕式整体道床施工

采用轨排法施工，在隧道竣工（包括隧道结构底板垫层浇筑完毕）、测设基标、结构底板按设计要求凿毛、清理干净无浮砟、验收合格后，铺设小龙门吊车轨道。两台小龙门吊是我国上海某工厂根据德黑兰单洞双线限界而设计制造，使用效果很好。在轨排场地用扣件将 18m 标准轨和长轨枕组装成轨排，然后用轨道车将轨排运往施工现场，再用龙门吊将轨排放到线路位置，用钢轨支承架将轨排架起，根据基标调整钢轨方向、轨距、水平。每隔 3～4m 在钢轨中心线长轨枕底下，立模板浇筑混凝土支墩，支墩尺寸：0.40cm×0.45cm。待混凝土达到一定强度后，拆除钢轨支承架，浇筑道床混凝土。

这种施工方法简单，机具较轻便，工序间干扰小，施工精度容易保证，进度快，每天施工进度为 80～100m（单线）。

3. 道岔枕式整体道床施工

道岔施工在轨排场地将道岔先进行试组装，确认完好后，拆分成三部分，用轨道车将道岔运往施工现场，再用两台吊车将道岔吊到位，然后用钢轨支承架将整组道岔架起，根据铺轨基标调整好道岔方向、轨距、水平，最后浇筑道床混凝土。

5.7.4 轨道结构运营使用状况

德黑兰地铁 1、2 号线轨道结构施工监理精心、负责，施工质量好，轨道稳定，运行平稳，满足了运营使用的需要，保障了行车安全，但也有不尽人意之处。由于开始受供货时间紧，我国加工的螺旋道钉（T30）采用车削方法制造，致使小半径曲线地段有的螺旋道钉在螺纹开始处应力集中断裂，后更换成滚压制造的螺旋道钉，未再发生断裂。铺设的道岔木岔枕整体道床，木岔枕不如混凝土岔枕使用寿命长，木岔枕增加维修量。

附录 各阶段轨道结构设计文件组成、深度和技术接口

地铁工程从前期论证到最后实施,一般有规划、预可行性研究、可行性研究、总体设计、初步设计和施工图设计等阶段。轨道专业一般是从预可行性研究阶段参与。不同设计阶段应体现连续性,要在上阶段的研究设计成果及专家审查意见的基础上开展。若有优化及改变,必须有充分的技术经济论证。

1 预可行性研究

1.1 内容

1) 不同敷设地段轨道结构方案简述。
2) 不同减振地段减振轨道结构方案简述。

1.2 设计文件组成

1) 轨道结构设计说明(概述包括钢轨、扣件、道床、道岔不同减振轨道结构、无缝线路及安全设备)。
2) 图纸:不同扣件组装图、典型道床横断面图、单开道岔总布置图。不同级别减振轨道结构图。

2 可行性研究

2.1 内容

1) 不同敷设地段轨道结构方案的论证与比选。
2) 不同级别减振地段轨道结构方案论证与比选。
3) 安全设备(含车挡、护轨设备)。

2.2 设计文件组成

1) 轨道结构设计说明(简述包括钢轨、扣件、道床、道岔,不同级别减振轨道结构、无缝线路及安全设备)。
2) 图纸:各推荐比选方案的扣件组装图、典型道床横断面、单开道岔总布置图、不同级别减振轨道结构图。

2.3 互提资料

1. 需用资料

1) 线路平、剖面资料（线路提供）

2) 建筑限界图（直线地段的隧道内、高架、地面，限界提供）

3) 日平均行车对数（行车组织提供）

4) 运营条件：车辆轴重、长度、速度（行车、车辆提供）

5) 牵引网安装方式与位置（牵引网提供）

6) 隧道内及引导段排水量资料（给排水提供）

7) 环保、减振降噪要求（环保提供）

8) 水文、地质资料（项目总体提供）

2. 提出的资料

1) 钢轨类型及每公里轨枕数（给结构）

2) 道岔型号及有关道岔技术参数（给线路、结构、信号）

3) 轨道结构高度及道床型式（给结构、桥梁）

4) 工程数量（给技术经济）

5) 工务定员及用房面积（给建筑、技术经济）

6) 估算高架桥上轨道结构质量（给桥梁）

3 总 体 设 计

总体设计按一个特殊阶段对待。

适应于以下情况之一：

3.1 可行性研究阶段与初步设计阶段时间不连续，设计原则及方案变化较大

3.2 初步设计由多家设计单位分包

总体设计阶段的设计内容及深度宜介于可行性研究与初步设计阶段之间，灵活掌握。

4 初 步 设 计

4.1 设计文件组成

1. 设计说明书

1) 设计依据

（1）设计任务书；

（2）可行性研究报告的评审意见；

（3）遵循的有关规范及规定；

（4）环境保护评估报告

（5）相关专业与轨道技术接口；

（6）有关会议纪要。

2）设计范围

根据设计任务书说明本专业的设计范围。

3）设计内容

（1）钢轨

论述钢轨的选型、材质、铺设方式及焊接方法等。

（2）扣件及轨枕

论述扣件及轨枕的主要设计原则，根据设计原则进行扣件轨枕方案比选，确定扣件及轨枕推荐方案。

（3）道床

论述道床设计原则，根据设计原则，不同敷设地段道床方案比选，确定推荐方案。

（4）道岔及其扣件道床

论述推荐比选方案的道岔型号及其扣件、道床型式。

（5）减振轨道结构

论述不同减振轨道结构、确定推荐方案。

（6）不同轨道结构的弹性过渡

（7）无缝线路设计

阐述高架桥上无缝线路设计要点。

（8）轨道绝缘

根据对杂散电流防护的要求，说明轨道结构设计采取的绝缘措施。

（9）标志

说明不同地段线路及信号标志种类。

（10）车挡

论述车挡方案的技术性能，确定推荐的车挡方案。

（11）护轨设备

论述护轨设备型式和高架线的重点部位安装护轨设备的必要性。

（12）轨道主要工程数量

列表统计轨道结构主要工程数量，包括铺设不同地段的普通钢轨、长轨条、扣件、道床等的长度以及不同型号道岔、不同级别减振轨道结构、标志、车挡、护轨设备的数量等。

（13）轨道养护维修设备、组织机构、定员及工务用房；确定养护维修机具设备、工务维修组织机构及定员，工务用房及用电量等。

4）轨道施工方法

简述主要轨道施工方法。

2. 图纸

1）扣件图

包括不同地段的扣件的推荐、比选方案，仅出扣件组装图，图中应注明主要装配尺寸、材料规格。

2）道床图

包括不同地段推荐方案比选、推荐的道床图，道床图中应标注轨道高度、水沟的尺寸及位置；

3）道岔图

应包括所推荐采用的各种道岔总布置图及其道床图。在图中应确定轨枕布置方案及道岔区的道床排水系统等。

4）车挡图

推荐的主要车挡组装组及主要尺寸。

5）车辆段轨道总平面图。

6）根据工程特殊性需增加的其他图纸。

4.2　互提资料

1. 需用资料

1）可行性研究报告或总体设计审查意见（总体提供）；

2）线路平、剖面图、道岔型式、车站配线（线路提供）；

3）建筑限界图（隧道内、高架、地面。限界提供）；

4）日平均行车对数（运量。行车组织提供）；

5）车辆轴重、净重、编组、行车速度等有关车辆参数（行车、车辆提供）；

6）电缆铺设位置及数量（供电提供）；

7）隧道内、外水量资料（给排水提供）；

8）牵引网位置、杂散电流对轨道的排流要求（供电提供）；

9）路基顶面形式基床表层填料类型（路基提供）；

10）环境影响评估报告（环评提供）。

2. 提出的资料

1）钢轨类型（给结构、供电）；

2）轨道结构高度及道床型式（隧道内、高架、地面。给建筑、结构、桥梁、限界）；

3）路基基床表层需加固的地段起讫里程及其措施、碎石道床断面图（给路基）；

4）道岔型号及有关道岔技术参数（给线路、结构）；

5）工务用房面积（给建筑）；

6）轨道主要工程数量（铺轨长度、各种扣件、各类道床、各类道岔、各类车挡的数量及不同级别减振地段长度。给技术经济。）

7）高架桥上轨道结构质量（给桥梁）；

8）高架桥上无缝线路对桥梁的纵向力（给桥梁）。

5　施 工 图 设 计

5.1　文件组成

1. 设计说明书

1) 设计依据

(1) 相关规范和规定

(2) 初步设计评审意见

(3) 环境保护评估报告

(4) 有关会议纪要

(5) 相关专业与轨道技术接口

2) 设计范围

根据设计任务书，确定设计范围；

3) 设计内容

(1) 钢轨及配件

论述钢轨类型、材质及配件的规格；论述钢轨的焊接方法；

(2) 扣件及轨枕

不同地段扣件性能及轨枕，各种扣件轨枕铺设数量。

(3) 道床

不同地段道床型式及主要尺寸（轨道结构高度等）；铺轨基标的设置、道床配筋；道床、排水沟断面；道床伸缩缝的设置及材料等。

(4) 道岔及其扣件、道床

各种道岔及扣件的技术性能；道床及排水；转辙机预留位置等；

(5) 减振轨道结构

说明一般减振地段轨道减振措施、论述中、高等减振轨道结构和特殊减振轨道结构的技术性能。

(6) 不同轨道结构的弹性过渡

说明不同轨道结构的弹性过渡方法。

(7) 高架桥上和地面线无缝线路

论述高架桥上无缝线路设计要点和钢轨伸缩调节器布置、地面线一次铺设无缝线路的技术条件。

(8) 铺轨综合设计图

铺轨基标的设置、轨面标高、线路坡度、竖曲线、超高、扣件及道床型式、轨条布置、道岔位置等。

(9) 线路及信号标志

线路及信号标志材料要求及各种标志数量表。

(10) 车挡

各类车挡技术性能及使用要求。

（11）护轨设备

说明安装防脱护轨位置或护轨矮墙设置位置。

（12）轨道主要工程数量

列表计算。

4）施工技术要求及注意事项

基标设置要求、轨道施工方法、轨距水平调整及施工精度要求注意事项等。

2. 图纸

1）不同扣件组装图及零部件图和材质要求；

2）不同地段直线、曲线地段道床图

包括平面、断面图、钢筋布置图、道床排水、水沟尺寸和位置及材料规格、数量；

3）各种道岔设计图（采用通用图应注明图号，铺设图应有设计说明、道岔转辙器、辙叉及护轨布置图及构件表）；

4）各种道岔区道床及排水平面图、断面图；

5）不同轨道结构的弹性过渡段图；

6）铺轨综合图

包括轨顶标高（直线段间隔 6m，曲线地段间隔 5m）、扣件及道床型式、长轨条的布置、道岔位置道床中各设备专业横穿里程（一般来不及在此图标示、后列表提供）等及线路平面略图；

7）钢轨伸缩调节器图；

8）线路标志和信号标志图

满足加工订货和使用要求；

9）车挡图

根据工程情况，满足加工订货使用的零部件图，若采用定型产品，应提供组装示意图和主要参数。

5.2 互提资料

1. 需用资料

1）初步设计及审查意见（总体提供）；

2）线路平、剖面图及修改资料（线路提供）；

3）渡线区结构平、剖面资料（结构提供）；

4）隧道外 U 形槽结构图（结构提供）

5）隧道内与高架桥间路堑、路堤资料（路基提供）；

6）隧道内端头井结构图（结构提供）；

7）不同地段排水流量（给排水提供）；

8）杂散电流、牵引网专业对轨道的要求、接触轨的位置（供电提供）；

9）转辙机坑平、剖面布置图（信号提供）；

10）整体道床内预埋管线里程资料及技术要求（有关提供）；

11）牵引计算资料（行车组织提供）；

12）区间及车站泵房位置及相关结构图（结构提供）；

13）高架桥梁总布置图（桥梁提供）；

2. 提出的资料

1）轨道结构高度及道床横断面图（隧道内、高架、地面。给结构、限界）；

2）隧道内水沟最低点泵房里程（给给排水）；

3）不同半径曲线的超高资料（给行车组织、限界）；

4）高架桥上轨道结构与桥面板的加强联结方式（给桥梁）；

5）高架桥上无缝线路对桥梁的纵向力（给桥梁）；

6）高架桥基础不均匀沉降的允许值（给桥梁）；

7）地面线整体道床地段路基沉降的允许值（给路基）；

8）检查坑整体道床结构型式（给工艺）；

9）轨道主要工程数量（铺轨长度、各类扣件、各类道床、道岔、车挡、防脱护轨等的数量、各种减振地段长度等。给技术经济）；

10）工务用房面积（含每个车站。给建筑专业、技术经济）；

11）轨道设备的备用数量（给技术经济）；

12）经审核的有关施工图设计图（给技术经济）。

参 考 文 献

[1] 于松伟，杨兴山，韩连祥，张巍．城市轨道交通供电系统设计原理及应用［M］．西安：西安交通大学出版社，2008.

[2] 韩宝明，冯爱军，鲁放．中国城市轨道交通年度报告［R］．北京：北京交通大学出版社，2015.

[3] 游进发等．铁路工务技术手册［M］．北京：中国铁道出版社，1979.

[4] 童大埙．铁路轨道［M］．北京：中国铁道出版社，1990.

[5] 高亮．轨道工程［M］．北京：中国铁道出版社，2010.

[6] 谷爱军．铁路轨道［M］．北京：中国铁道出版社，2005.

[7] 郝瀛．铁道工程［M］．北京：中国铁道出版社，2000.

[8] 中华人民共和国铁道行业标准．TB/T 2344—2012 43kg/m～75kg/m 钢轨订货技术条件［S］．北京，2012.

[9] 中华人民共和国铁道行业标准．TB/T 2345—2008 43kg/m～75kg/m 钢轨接头夹板订货技术要求［S］．北京，2008.

[10] 中华人民共和国铁道行业标准．TB/T 3066—2002 异型钢轨技术条件［S］．北京，2002.

[11] 中华人民共和国铁道行业标准．TB/T 2347—93 钢轨用高强接头螺栓与螺母［S］．北京，1993.

[12] 中华人民共和国铁道行业标准．TB/T 2348—93 钢轨接头用弹性防松垫圈［S］．北京，1993.

[13] 中华人民共和国铁道行业标准．TB/T 2975—2010 铁路钢轨胶接绝缘钢轨技术条件［S］．北京，2010.

[14] （美）R. 克拉夫．结构动力学［M］．北京：高等教育出版社，1981.

[15] 中华人民共和国住房和城乡建设部．CJJ/T191—2012.浮置板轨道技术规范［S］．北京，2013.

[16] 张宏亮．隧道内钢弹簧浮置板轨道振动特性及其对环境影响的评价［D］．北京：北京交通大学，2008：19～28.

[17] 北京市轨道交通建设管理有限公司．QGD—001—2009 城市轨道交通弹簧浮置板轨道技术标准［S］．北京，2009：4～8.

[18] 上海铁道学院．铁路轨道及路基［M］．北京：中国铁道出版社，1982.

[19] 黄卫．科学发展观指导轨道交通建设和安全管理［J］．都市快轨交通，2006（10）：1—3.

[20] 张庆贺．地铁与轻轨［M］．北京：人民交通出版社，2002.

[21] 姜坚白．城市铁路轨道工程建设管理［J］．铁道建筑，2003（增刊）．

[22] 姜坚白．北京城市铁路振动与噪声控制对策［J］．铁道建筑，2003（增刊）．

[23] 王平．多点牵引时道岔振动力计算与分析［J］．铁道标准设计，2002（2）：23—25.

[24] 许有全．客运专线 60—18 号道岔设计方法的研究［D］．北京：北京交通大学硕士学位论文，2006.

[25] 蔡小培，李成辉，王平．滑床板摩擦力对尖轨不足位移的影响［J］．中国铁道科学，2007，28（1）：8—12.

[26] 王阿利．提速道岔滑床板结构优化研究［D］．成都：西南交通大学硕士学位论文，2007.

[27] 蔡小培．高速道岔尖轨与心轨转换及控制研究［D］．成都：西南交通大学博士学位论文，2008.

[28] 王阿利，费维周．提速道岔用改进型滑床板的结构研究［J］．铁道工程学报，2008（3）：15—19.

[29] 孙大新，曾向荣．新型相离型曲线尖轨 9 号道岔的扳动力分析［J］．都市快轨交通，2009，22

(2)：68—71.

[30]　王平，陈嵘，陈小平．高速铁路道岔设计关键技术［J］．西南交通大学学报，2010，45（1）：28—33.

[31]　徐井芒，王平，陈嵘，徐浩．高速道岔转换锁闭结构力学特性［J］．西南交通大学学报，2013，48（4）：702—707.

[32]　范俊杰．现代铁路轨道［M］．北京：中国铁道出版社，2004.

[33]　中华人民共和国住房和城乡建设部．GB 50157—2013．地铁设计规范［S］．北京：中国建筑工业出版社，2013.

[34]　中华人民共和国铁道部．TB10082—2005．铁路轨道设计规范［S］．北京：中国铁道出版社，2006.

[35]　任静．北京城市铁路轨道专业设计总结［J］．铁道建筑，2003（增刊）.

[36]　铁道部第三设计院．道岔设计手册．1975.

[37]　卢祖文等．铁路工务技术手册道岔［M］．北京：中国铁道出版社，1998.

[38]　北京城建设计研究总院有限责任公司、中国船舶重工集团公司第七二五研究所．城市轨道交通用轨道隔振器研制研究总报告［R］．2006（1）.

[39]　任静，姜坚白．钢弹簧浮置板道床在城市铁路西直门车站的应用［J］.铁道标准设计，2002.

[40]　耿传智，楼梦麟．浮置板轨道结构系统振动模态分析［J］.同济大学学报（自然科学版），2006.

[41]　张宏亮．隧道内钢弹簧浮置板轨道振动特性及其对环境影响的评价［D］.北京：北京交通大学，2008.

[42]　北京城建设计研究总院有限责任公司．阻尼钢弹簧浮置道床隔振技术研究开发研究报告［R］.2008

[43]　北京铁科工程检测中心．阻尼钢弹簧浮置道床落锤冲击减振对比试验检测报告［R］.2008

[44]　北京铁科工程检测中心．阻尼钢弹簧浮置道床试件疲劳及静载性能试验报告［R］.2008

[45]　北京铁科工程检测中心．国产化阻尼钢弹簧浮置道床北京地铁4号线试铺段现场减振检测报告［R］.2009

[46]　（美）R. 克拉夫．结构动力学［M］，北京：高等教育出版社，1981

[47]　中华人民共和国住房和城乡建设部．CJJ/T 191—2012 浮置板轨道技术规范［S］.北京，2013.

[48]　北京市轨道交通建设管理有限公司．QGD—001—2009 城市轨道交通弹簧浮置板轨道技术标准［S］.北京，2009.

[49]　中华人民共和国铁道部．TB 10082—2005 铁路轨道设计规范［S］.北京，2005.

[50]　中华人民共和国铁道部．TB 10002.3—2005 铁路桥涵混凝土和预应力混凝土结构设计规范［S］.北京，2005.

[51]　陈鹏，高亮，冯雅薇，许兆义．连续梁桥上无缝线路附加纵向力的分布规律［J］，北京交通大学学报，2007.

[52]　陈鹏，高亮，马鸣楠．空间钢桁梁桥上无缝线路梁轨相互作用耦合模型［J］，钢结构，2007.

[53]　陶凯，高亮，陈鹏．桥上无缝交叉渡线纵横向耦合模型［J］，都市快轨交通，2007.

[54]　高亮，陶凯，陈鹏．无砟桥上无缝交叉渡线力学特性的影响因素［J］，北京交通大学学报，2008.

[55]　卢耀荣．无缝线路研究与应用［M］．北京：中国铁道出版社，2004.

[56]　张未．跨区间无缝线路［M］．北京：中国铁道出版社，2001.

[57]　北京交通大学，60kg/m 钢轨合金钢拼装辙叉12号Ⅱ型提速道岔无缝化适应性研究报告［R］，2009.

[58]　广钟岩，高慧安．铁路无缝线路（第4版）［M］．北京：中国铁道出版社，2005.

[59] 北京交通大学. 郑西客运专线新渭南高架车站桥上无缝道岔设计可行性研究 [R], 2008.

[60] 蒋金洲. 桥上无缝线路钢轨附加纵向力及其对桥梁墩台的传递 [J]. 中国铁道科学, 1998.

[61] 孙大新, 高亮, 刘衍峰. 桥上无碴轨道无缝道岔力学特性分析 [J]. 北京交通大学学报, 2007.

[62] 北京交通大学. 深圳轨道交通 4 号线桥上无缝线路设计研究 [R], 2006.

[63] 北京交通大学. 北京机场线桥上无缝线路设计研究 [R], 2006.

[64] 中国铁道科学研究院. 北京轨道交通昌平线工程高架桥无缝线路设计研究 [R], 2010.

[65] 北京交通大学. 深圳 4 号线桥上道岔群无缝化可行性研究报告 [R], 2006.

[66] 中国铁道科学研究院. DTⅥ2-1 型扣件和 DTⅦ2 型扣件相关性能试验 [R], 2013.

[67] 宋敏华, 杨秀仁, 陈东, 任静. 地铁规划预留及实施关键技术—R1 线上海南站站改建工程. 北京: 中国建筑工业出版社, 2008 (9).

[68] Saurenman, Hugh J.; Nelson, James T.; Wilson, Geoege P. Wilson, Ihrig and Associates, Ine., Oakland, CA. Handbook of Urban Rai lway Transit Nosie and Vibrison Control. 1881.

[69] 孙家麒. 城市轨道交通振动和噪声控制简明手册 [M]. 北京: 北京科学技术出版社, 2002.

[70] HJ 453—2008 城市轨道交通环境影响评价技术导则 [S]. 北京: 中国环境出版社, 2009.

[71] 《交通运输类环境影响评价 (下)》. 环境保护部环境工程评估中心编. 北京: 中国环境出版社, 2012.

[72] 轨道交通行业环境影响评价技术研讨会论文集. 环境保护部环境工程评估中心编. 北京: 中国环境出版社, 2011.

[73] 林之岷. 地铁区间轨道结构动力测试试验报告 [R]. 1971.

[74] 林之岷. 道岔整体道床应力与支承块和整体道床振动加速度动测试试验报告 [R]. 1984.

[75] 温志伟. 北京市地下铁道设计研究所. 大胶垫减振降噪测试分析报告 [R]. 2004 (5).

[76] 杨宜谦, 刘鹏辉, 王巍等. 北京铁科工程检测中心. 北京地铁 6 号线一期工程梯形轨枕振动和减振效果检测报告 [R]. 2014.

[77] 杨宜谦, 刘鹏辉, 王巍等. 北京铁科工程检测中心. 北京地铁 4 号线钢弹簧浮置板道床减振效果和行车安全评估报告 [R]. 2014.

[78] 杨宜谦, 刘鹏辉, 孟鑫, 董振升等. 北京铁科工程检测中心. 北京地铁 4 号线钢弹簧浮置板道床减振效果评估报告 [R]. 2009.

[79] 杨宜谦, 刘鹏辉等. 北京铁科工程检测中心. 杭州地铁 1 号线弹簧浮置板和减振垫浮置板振动测试报告 [R]. 2012.

[80] 杨宜谦, 刘鹏辉, 王巍等. 北京铁科工程检测中心. 北京地铁 9 号线减振垫浮置板行车安全评估报告 [R]. 2012.

[81] 杨宜谦, 刘鹏辉. 建筑工程允许振动标准的理解与应用 [M]. 北京: 中国建筑工业出版社, 2013.

[82] 刘鹏辉, 杨宜谦, 尹京. 地铁隧道内不同轨道结构振动测试与分析. 振动与冲击 [J]. 2014, 33 (2). 31-35.

[83] 北京市地铁运营有限公司标准化工作委员会. QB (J) /BDY (A) XL003-2009. 北京市地铁运营有限公司企业标准技术标准工务维修规则. 北京, 2009 (12).